10©(PauloEmílio

PAULO EMÍLIO SALES GOMES

Uma situação colonial?

Organização e posfácio
Carlos Augusto Calil

Prefácio
Ismail Xavier

Copyright © 2016 by Herdeiras de Paulo Emílio Sales Gomes

Grafia atualizada segundo o Acordo Ortográfico da Língua Portuguesa de 1990, que entrou em vigor no Brasil em 2009.

Capa
Elisa von Randow

Foto de capa
Detalhe de fotos de filmes do diretor Nelson Pereira dos Santos. Ao centro: *Vidas secas*, 1963. À esq. e à dir.: *Rio, 40 graus*, 1955. Regina Filmes/ Acervo Cinemateca Brasileira/ SAv/ MinC

Preparação
Márcia Copola

Índice onomástico
Luciano Marchiori

Revisão
Valquíria Della Pozza
Jane Pessoa

Dados Internacionais de Catalogação na Publicação (CIP)
(Câmara Brasileira do Livro, SP, Brasil)

Gomes, Paulo Emílio Sales, 1916-1977.
    Uma situação colonial? / Paulo Emílio Sales Gomes ; organização e posfácio Carlos Augusto Calil ; prefácio Ismail Xavier. — 1ª ed. — São Paulo : Companhia das Letras, 2016.

    ISBN 978-85-359-2821-1

    1. Arte e sociedade 2. Cinema 3. Cinema – Brasil 4. Cinema – História I. Calil, Carlos Augusto. II. Xavier, Ismail. III. Título.

16-07278   CDD-791.4309

Índice para catálogo sistemático:
1. Cinema : História 791.4309

[2016]
Todos os direitos desta edição reservados à
EDITORA SCHWARCZ S.A.
Rua Bandeira Paulista, 702, cj. 32
04532-002 — São Paulo — SP
Telefone: (11) 3707-3500
Fax: (11) 3707-3501
www.companhiadasletras.com.br
www.blogdacompanhia.com.br
facebook.com/companhiadasletras
instagram.com/companhiadasletras

Sumário

Apresentação: Um homem fabuloso — Antonio Candido, 9
Prefácio: A crítica não indiferente — Ismail Xavier, 12

O GOSTO DA REALIDADE
Novos horizontes, 33
O ópio do povo, 37
Situação do cinema francês, 42
Uma situação colonial?, 47
Um mundo de ficções, 55
A agonia da ficção, 62
O gosto da realidade, 68
O dono do mercado, 73
A vez do Brasil, 79
Ao futuro prefeito, 84
Uma revolução inocente, 90
Importância do Geicine, 95
Pagador é promessa e desafio, 101
Os exibidores, 110

MEMÓRIA E IDEOLOGIA
A ideologia da crítica brasileira e o problema do diálogo cinematográfico, 115
Panorama do cinema brasileiro: 1896-1966, 119
A expressão social dos filmes documentais no cinema mudo brasileiro (1898-1930), 167
Pequeno cinema antigo, 176
Cinema: Trajetória no subdesenvolvimento, 186

Paulo Emílio e Jack Valenti — Glauber Rocha, 206

PERPLEXIDADES BRASILEIRAS
Conto, fita e consequências, 213
Rascunhos e exercícios, 218
O autor de *Ravina*, 225
Perplexidades brasileiras, 230
Mauro e dois outros grandes, 236
Artesãos e autores, 244
Perfis baianos, 253
Do circo de Salto a Cannes, 260
Atmosfera de euforia, 264
Primavera em Florianópolis, 270
Crimes que compensam, 277
Calor da Bahia, 284
Um filme difícil?, 290
Esplêndido amadurecimento, 294

NA LINHA DE FRENTE
Começo de conversa, 301
Falar bem e mal de Khouri, 304
Herói Massaini vítima, 307
O Primo e a prima, 310

Babá Saci Anselmo, 312
Susto bom e mau, 315
Lucidez de Brasília, 317
Novembro em Brasília, 319
Brasília: O Diabo solto no cinema, 326
Tolice × La Chinoise, 331
El Cuarto, 334
Roberto Campos em ritmo de aventura, 337
Explicapresentação, 340
Nas margens da Ipiranga, 343
Os mansos sem braveza, 347
Mazzaropi no largo do Paiçandu, 351
Cataguases Cosmos 70, 355
Bang Bang na SAC, 359
Uma nudez compensada, 362
Uma orgia saudável, 365
Fita que evoca todo um mundo, 368
Roleta-russa, 371
Os três justiceiros, 374
O medo das vozes, 377
Zézero, 380
De dentro de um cemitério, 383
No arraial da crítica, 386
A alegria do mau filme brasileiro, 388
Risco de injustiça, 390

CINEMATECA E OBSTINAÇÃO
Um pioneiro esquecido, 395
Pesquisa histórica, 399
Evocação campineira, 404
Dramas e enigmas gaúchos, 408
Visita a Pedro Lima, 413

Vinte milhões de cruzeiros, 419
A outra ameaça, 425
Funções da Cinemateca, 428
A Cinemateca e os poderes, 434
Palavras e imagens, 440
A volta aos filmes, 445
Variações municipais, 451
Cinemateca e obstinação, 457
Estudos históricos, 462
Decepção e esperança, 469
Abril em Brasília, 477
Amigos da Cinemateca, 483
Cinemateca e briga, 489
Festejo muito pessoal, 491

Posfácio: *O caminho de São Bernardo*
— Carlos Augusto Calil, 497

Índice dos textos e publicações originais, 517
Índice onomástico, 523

Apresentação
Um homem fabuloso

Antonio Candido

Paulo Emílio era um homem fabuloso, muito além dos superlativos. Quem o conheceu sabe disso, apesar da discrição extrema que havia no fundo de sua exuberância. Morto, faz lembrar o verso de Mário de Andrade: um sol quebrado.

Eu o conheci no fim de 1939, quando ele voltava de um exílio, aliás, muito divertido na Europa, para onde fora no começo de 1937 depois de uma fuga aventurosa e pitoresca do presídio de Paraíso, que coroava um ano e pouco de prisão, começando em dezembro de 1935 no dia em que fez dezenove anos. Desde então, ficamos amigos e eu sofri a sua influência insinuante: em política, cinema, concepção de vida. Nós éramos de temperamento diverso, mas ele sabia aceitar e se dar aos outros com uma generosidade incrível, feita de interesse real pelo próximo, o que é raro.

Naquela altura, uma coisa marcada nele era a impregnação da cultura europeia, depois de dois anos e meio vividos em Paris com intensidade — seguindo cursos, vendo filmes, aprendendo teoria do cinema, lendo em todas as dimensões, conhecendo gente interessante.

Ao mesmo tempo tinha um grande apego e curiosidade pelo seu país, traduzidos no desejo de ação na cultura e na sociedade. Ele fundou o Clube do Cinema (mais tarde, fundaria a Cinemateca Brasileira) e pequenos grupos heterodoxos de reflexão ou participação política; e em 1944 se alistou na malograda Batalha da Borracha, vivendo tempos na Amazônia e percorrendo o Nordeste, numa época que andar pelo sertão era empresa que hoje não se avalia.

Lembro tais coisas para o leitor deste livro prestar atenção na dialética do pensamento de Paulo Emílio, que o levou aos poucos a uma posição que se firmou nos últimos anos e era inversa à dos tempos em que o conheci. Isto é: mergulhou de tal maneira na nossa cultura, que chegou a adotar como estratégia uma negação drástica da cultura vinda de fora. Ele sabia até que ponto ela já era também de dentro; por isso mesmo a combatia, como quem luta contra um inevitável, para chegar a alguma coisa milagrosa e mais autêntica.

Os estudos deste livro mostram até que ponto o seu pensamento era original e penetrante. Nada de propriamente filosófico, mesmo porque a abstração sistemática e a posição científica não o atraíam, como não atraíam o nosso grupo. O que ele tinha era a maestria singular de dizer o necessário através de tiradas e imagens certeiras, nascidas da experiência das artes, da literatura, e de uma curiosidade apaixonada pelas coisas da vida. Da aparente difusão de propósitos extraía a maneira de captar o essencial; e isto faz dos seus escritos uma verdadeira iluminação.

Escrever lhe custava esforço. Não que não dominasse a palavra; a sua concatenação verbal era, ao contrário, prodigiosa. Mas porque só escrevia o que pensava e sentia; e queria apresentá-lo de maneira mais lucidamente autêntica. Além do mais, desdenhava a facilidade das modas, às quais não se submetia, dizendo com liberdade soberana o que lhe passava pela cabeça, da maneira que lhe parecia mais justa. A sua escrita era laboriosa porque não se baseava em clichês nem aproveitava o sulco batido. Talvez por isso mesmo ficasse tão desconfiado, achando que não tinha conseguido dizer o que era preciso, e que o mais importante tinha ficado de fora.

A publicação geral dos seus escritos, na maioria dispersos, vai mostrar que ele foi um dos nossos ensaístas mais coerentes e profundos. Vai mostrar como disse coisas de tal modo indispensáveis, que não o ler é ficar privado de uma experiência intelectual importante para esclarecer problemas da cultura brasileira. Porque, falando quase sempre de cinema, por meio dele Paulo Emílio fala da arte, da sociedade, do homem — sobretudo os do Brasil.

Prefácio
A crítica não indiferente

Ismail Xavier

Paulo Emílio Sales Gomes foi sempre um intelectual com consciência aguda de seu "lugar de fala" e das suas circunstâncias. Sua atenção ao contexto social imediato em que estava inserido marcou, ao longo da vida, sua forma de interagir com o real e assumir os projetos de caráter cultural e político em que se engajou.

Um exemplo dessa lucidez é seu texto de 1943, quando ainda estudante de filosofia, para a coletânea *Plataforma da nova geração*, só publicada em 1945.[1] Aí, ele já expressava um pensamento que marcou o seu percurso de crítico: para uma ação política consequente, é preciso conhecer a formação do país que constitui o contexto imediato desta intervenção; não se deter apenas em conceitos, teorias gerais da história que, embora balizem o pensamento, têm de ser cotejadas com a realidade que se vive aqui-agora, pois o essencial é o corpo a corpo não dogmático com a ordem social e cultural que nos cerca.

---

1. Ver Mário Neme (Org.), *Plataforma da nova geração*. Porto Alegre: Livraria do Globo, 1945. [N. A.]

Em 1954, de volta ao Brasil após oito anos na França, consolidou, dentro desse espírito, a sua atuação decisiva na criação da Cinemateca Brasileira. Em 1956, iniciou sua colaboração no Suplemento Literário de *O Estado de S. Paulo*, suplemento então dirigido por Décio de Almeida Prado. Lá escreveu até 1965, alternando seus artigos sobre célebres cineastas, como S. M. Eisenstein, Luis Buñuel, Jean Renoir, Alain Resnais e Federico Fellini, com crônicas sobre o cinema brasileiro, sua história, seus problemas.

De um lado, portanto, respondia ao leitor ilustrado e ansioso em seguir as análises do crítico com tanta experiência internacional e tantas credenciais, incluído o livro sobre Jean Vigo publicado na França em 1957, dedicadas ao "cinema legítimo" na visão do cinéfilo tradicional. De outro, uma vez proposto o diálogo nesse plano de menor tensão, Paulo Emílio desenvolvia seu trabalho mais agudo de intervenção na vida cultural e política pensada a partir do cinema brasileiro, analisando seus graves problemas na conjuntura.

Neste livro, são os textos de intervenção mais incisiva do crítico que estão em pauta, sua face militante, ao lado de outros artigos e ensaios de maior fôlego que Carlos Augusto Calil reuniu a partir de um recorte temático decisivo que encontrou sua formulação mais sintética em dois textos: "Uma situação colonial?", comunicação apresentada na i Convenção Nacional da Crítica Cinematográfica (1960), e "Cinema: Trajetória no subdesenvolvimento" (1973), publicado na revista *Argumento*, marcos de referência que ajudam a conectar as crônicas do Suplemento Literário, do jornal *Brasil, Urgente* (1963), de *A Gazeta* (1968), da revista *Visão* (1962-64), do *Jornal da Tarde* (1973) e do jornal *Movimento* (1975), ao lado das conferências em encontros e seminários, e alguns textos esparsos publicados no Brasil e no exterior.

São ensaios e artigos que compõem um percurso em que Paulo Emílio analisou, situando numa rede ampla de relações, as vicissitudes de uma cinematografia como ponto de acumulação de questões que não lhe eram exclusivas, exigindo uma noção clara de um processo de natureza global. Era preciso ir além da opinião ou mesmo da decepção com essa experiência cultural que exprimia o que ele caracterizou como "situação colonial", em 1960, numa fórmula que veio sintetizar uma percepção que, nos anos 1950, ele havia delineado ao articular a questão das performances estéticas às condições materiais de produção e circulação do cinema numa esfera pública já dominada pela indústria cultural.

Este livro organiza o seu material segundo tópicos, não segundo a cronologia, e não raro entrelaça material publicado em distintas fontes, inclusive um texto que, originalmente, perfazia todo um livro, *Panorama do cinema brasileiro: 1896-1966*. Esse panorama, enquanto amplo retrospecto de uma história segmentada em épocas, é exposição mais detalhada do que o autor retoma, de forma concisa e com maior densidade teórica, no ensaio "Cinema: Trajetória no subdesenvolvimento" (1973), peça mais contundente em sua grande síntese de um processo cultural e político.

Temos aqui reunidas múltiplas manifestações dessa consciência do "lugar de fala", notável em Paulo Emílio que, não raro, cultivava a autoexposição num tom de conversa pessoal que abrigava toda uma pedagogia voltada para o deslocamento do leitor em direção a uma forma mais lúcida de mergulho, mesmo no que havia de mais precário. Com clareza de estilo e paciência, buscava, em cada caso, a forma mais ajustada de expor o quanto a natureza do processo cultural o obrigava a reconhecer que todos — ele mesmo e seu leitor — estavam aí implicados, e seria uma obstinada alienação observar tudo à distância, com indiferença. Valia o convite ao leitor para buscar uma nova compreensão da ordem das coisas em que estava enredado um cinema que não solicitava idealizações, mas uma visão realista capaz de equacionar seus entraves, admitida a sua fragilidade e, no limite, seus lances de mediocridade.

Essa premissa foi levada ao paroxismo no momento em que Paulo Emílio foi mais provocador, como acontece, em 1973, nas crônicas do *Jornal da Tarde*, momento que ele próprio denominou de jacobino, dado o modo de pensar radical, num estilo apurado por sua maestria no uso do tom coloquial e do *understatement* que permite enunciar o chocante e surpreendente como quem expõe um saber tácito.

Em suas críticas e ensaios, a ligação entre consumo passivo e colonialismo, entre ilusões cosmopolitas e provincianismo real, foi tematizada desde os textos dos anos 1950, quando seu empenho na pesquisa histórica e no comentário ao cinema do passado para delinear processos não estava ainda acompanhado da empatia com o filme brasileiro que se expressou mais tarde, nos anos 1960-70. Em 1959, escreveu: "Compreendo que não se goste do cinema brasileiro e confesso mesmo sentir relutância em assistir aos nossos filmes" ("Perplexidades brasileiras"). Em 1973, vale a fórmula hiperbólica de afirmar a convicção subjacente às suas crônicas no *Jornal da Tarde*: o cinema brasileiro é assunto "capaz de satisfazer uma existência" ("Explicapresentação").

Em *A Gazeta*, em 1968, o seu empenho ideológico se afirmou em denúncias da repressão política e da má postura do governo na área do cinema, mas ele era mais maleável em seus focos de intervenção. Curiosamente, no engajado *Brasil, Urgente*, tabloide de intervenção política publicado pelos padres dominicanos de São Paulo em 1963, ele se apresentou dizendo que não sabia bem o que fazer de sua coluna e garantia: "Não farei política que não dou para a coisa", preâmbulo de uma série de artigos em que imprimiu uma tintura política a tudo o que escrevia. Um exemplo de seus golpes de teatro, inversões de expectativa, procura de uma dicção capaz de romper o cerimonial, não raro desconcertar.

Provocador na atitude e sutil no estilo, o crítico foi sempre muito consciente na sua excentricidade programada em diferentes quadros institucionais, seja o da universidade, seja o da crítica em periódicos, cultivando um estilo coloquial, descartando conceitos de disciplinas especializadas, recorrendo a paradoxos e valorizando a imaginação como instrumento de intervenção na conjuntura política.[2]

A primeira seção do livro, "O gosto da realidade", reúne crônicas do Suplemento Literário voltadas para a análise da situação então vivida pelo cinema no Brasil, com ênfase em uma reflexão sobre os entraves à produção. No trato de variadas questões, a tônica é a análise do que ele via como uma nova mentalidade menos ingênua que estaria se consolidando — o que chama de "agonia da ficção" — em função de experiências traumáticas como a do colapso da Vera Cruz, no qual novos setores da sociedade, incluídos os empresários, foram atropelados pela realidade do mercado e suas regras globais vigentes no Brasil. Tal novo estilo estaria emergindo nas comissões criadas na esfera do Estado e nas entidades da classe cinematográfica, numa consciência alimentada por análises mais lúcidas das leis vigentes de cunho hiperliberal, escandalosas e paradoxais na sabotagem do cinema brasileiro.

Como expressão do contraste entre distintos momentos da militância do crítico, vale comparar essas intervenções em que assume estrategicamente a atitude positiva diante dos "novos horizontes" que se abriam em 1956-61, embora não sem sublinhar a continuidade do quadro desolador e a lógica que o preside

---

2. Ver Roberto Schwarz, "A imaginação como elemento político". In: Carlos Augusto Calil; Maria Teresa Machado (Orgs.). *Paulo Emílio, um intelectual na linha de frente*. São Paulo: Brasiliense; Embrafilme, 1986. pp. 189-94. [N. A.]

("Uma situação colonial?", de 1960, é peça-chave dessa seção), assim como o artigo no *Jornal da Tarde* que a fecha: "Os exibidores" (1973) repõe o tom de combate direto diante da iniquidade renovada dos exibidores que passam a vida "procurando amesquinhar a fronteira do cinema brasileiro".

Em 1960, a comunicação de Paulo Emílio à I Convenção Nacional da Crítica Cinematográfica começa por analisar a insatisfação dos críticos com o cinema brasileiro e a frustração generalizada dos cineastas diante da precariedade de condições nas quais trabalhavam, insatisfação que não se desdobrava numa análise efetiva da economia-política de feição neocolonial do cinema, dominada pelos conglomerados de Hollywood. Ele descreve o sentimento geral e expõe as condições a ele subjacentes, de modo a chegar à sua fórmula provocativa. Essa comunicação teve enorme impacto entre realizadores e críticos como síntese contundente de uma situação que precisava ser reconhecida para que se pensasse em soluções para o avanço do cinema brasileiro. A "situação colonial", em suma, era expressão de uma assimetria já secular, pois o cinema era terreno em que se fazia nítida a divisão entre países centrais e periféricos. A vivência, em condição subalterna, dessa assimetria era a experiência dominante dos brasileiros que, não obstante, insistiram em viabilizar uma produção cinematográfica com escassos recursos, para um mercado interno que já tinha dono.

A ênfase que o crítico confere a essa situação — mais tarde trabalhada a partir da noção de subdesenvolvimento — está ligada à sua luta pela vida cultural como um diálogo sem hierarquias no qual a produção de filmes, textos e saberes deve ser um dos aspectos de uma dinâmica que se completa com um movimento de retorno deflagrado pela recepção das obras, seja do público e da crítica, seja dos cineastas e de outros artistas, sendo todas decisivas. Ele privilegia a noção de processo e, na sua luta por uma interação cada vez mais democrática entre filme e sociedade, convoca cineastas, críticos e demais setores para uma ação apoiada na análise dos fatores subjacentes à descontinuidade da produção, à sucessão de projetos de vida efêmera que favorecem o apagamento da memória e repetição de experiências malogradas.

A reposição dos impasses do cinema brasileiro foi um dos motivos do ensaio "Cinema: Trajetória no subdesenvolvimento", em 1973, que é o momento-síntese da segunda seção do livro, "Memória e ideologia".

Esta reúne o longo retrospecto acima citado, *Panorama do cinema brasileiro: 1896-1966*, e artigos voltados para tópicos específicos da história do cinema, como "A expressão social dos filmes documentais no cinema mudo brasileiro (1898-1930)", que analisa as condições de produção e a ideologia dos filmes, destacando um tratamento da paisagem na chave ufanista do "berço esplêndido" e um tratamento da vida política dentro da pragmática sintonia entre cinegrafistas e poderosos da República expressa nos filmes que deram sua contribuição ao que chamou de "ritual do poder". Duas vertentes que encontravam um contraponto em outras captações do mundo urbano e rural vindas de um segmento da produção que sofria o ataque de jornalistas preocupados com a imagem do Brasil no exterior e se indignavam com a exibição das imagens de índios, negros pobres e outras manifestações que manchavam um espelho desejável produzido por uma documentação higienizada.

"A ideologia da crítica brasileira e o problema do diálogo cinematográfico", de 1960, comenta a experiência do espectador brasileiro que usufrui do lado positivo do acesso a uma ampla oferta do cinema internacional no mercado brasileiro e se confronta com os limites trazidos pelo não domínio de línguas estrangeiras, o que restringe sua percepção das obras, não só por força desse entrave na audição, mas também pelo fato, menos discutido, do prejuízo que causa a projeção das legendas na percepção visual de quem ocupa um tempo razoável na leitura da tradução dos diálogos. Levando ao limite as consequências de tal entrave, conclui que, nas condições brasileiras, em oposição à defesa da supremacia do visual no cinema, "a ideologia mais útil e, portanto, 'verdadeira' seria a que definisse o cinema como *uma fala literária e dramática envolvida por imagens*".

"Pequeno cinema antigo", publicado na Itália em 1969, traz uma síntese do percurso de décadas em que ele termina por destacar a relação com o cinema italiano em distintas épocas. É texto que dialoga com o livro *Panorama...*, de 1966, e apresenta diagnósticos sobre cinema e subdesenvolvimento que ganharão uma formulação mais sistemática no ensaio de 1973.

"Cinema: Trajetória no subdesenvolvimento" é, sem dúvida, o ensaio de maior impacto dessa seção. O crítico alinhava toda a experiência do século, buscando as conexões que permitem explicar esta oscilação entre floração e declínio, apontando a contribuição específica de cada tendência do cinema brasileiro e as condições dentro das quais cumpriu o seu trajeto, preocupado menos em consagrar talentos do que em delinear processos, tendo em vista um balanço da história do cinema elaborado com referência aos conceitos de formação e de sistema literário, concebido por Antonio Candido no livro *Formação da literatura brasileira*.[3]

Para resumir, segundo essa formulação, um sistema de cultura vai se formando à medida que se constitui o diálogo entre autores, obras e público dentro de um contexto determinado. Ou seja, formação e amadurecimento dependem de um fio de continuidade vivido pelos agentes e expresso na acumulação que

---

3. Ver Antonio Candido, *Formação da literatura brasileira: Momentos decisivos.* São Paulo: Martins, 1959. [N. A.]

faz uma obra, significativa na literatura em questão, responder a outras dentro desse diálogo, evidenciando uma articulação que se torna mais espessa com o tempo e que se constata pela análise, sendo algo que efetivamente teve lugar, não um princípio inerente ou uma vocação inelutável.

O que vemos no ensaio de Paulo Emílio é a avaliação de um percurso lacunar do cinema, um processo de "formação truncada" desprovido do caráter mais consistente oriundo da formação do sistema literário brasileiro nos séculos XVIII e XIX. Não obstante, tal processo exibe uma tensão renovada que, uma vez equacionada, revela a lógica subjacente aos entraves e confrontos típicos da esfera pública do século XX com a hegemonia da indústria cultural e seus focos centrais, esfera em que o cinema se inseriu desde o início. Há uma demanda de sistema e um reconhecimento de sua incompletude no esboço histórico feito pelo crítico, demanda que é um pressuposto da análise e do encaminhamento de uma ação voltada para a tarefa de completá-lo. Mas seria errado detectar aí um recuo à ideia do nacional como substância. É célebre a passagem

> Não somos europeus nem americanos do Norte, mas, destituídos de cultura original, nada nos é estrangeiro, pois tudo o é. A penosa construção de nós mesmos se desenvolve na dialética rarefeita entre o não ser e o ser outro.

Ou seja, não cabe o salto num passado remoto para desencavar a suposta versão original do ser brasileiro. Além disso, essa dialética, apesar de rarefeita, supõe um movimento pelo qual se deve adensar uma afirmação de identidade a partir da experiência do oprimido — as classes populares que o crítico insere na esfera do "ocupado", em oposição à esfera do "ocupante" que compreende os setores da elite e as classes médias de que fazem parte os cineastas, incluídos os de esquerda e empenhados na discussão dos problemas do "ocupado" (Cinema Novo, por exemplo). Como ele dá toda a ênfase ao polo da recepção no processo cultural, não há como, nas condições vigentes, retirar do cinema o estigma do subdesenvolvimento, mesmo depois da emergência do Cinema Novo, movimento que abandonou os sonhos industriais e inventou uma estética de "cinema de autor" ajustado à falta de recursos de produção. O início dos anos 1970 evidenciava que esse cinema moderno estava ameaçado pelo isolamento, depois de tanto debate sobre as distintas estratégias para fazer convergir o engajamento político e as propostas estéticas, tendo no problema da comunicação com o público seu ponto de tensão.

Acumularam-se experiências e alguns triunfos estéticos, mas a natureza e a posição peculiar do cinema na sociedade exigem uma capacidade de inclusão do "ocupado" que ainda não foi alcançada. Para que o sistema chegue a termo, são necessários os três lados do triângulo (autores, obras e grande público). O cinema moderno dos anos 1960-70, embora realizado pelos intelectuais inseridos na esfera do "ocupante", enfrentou as questões do "ocupado" e as projetou nas telas, mas este não estava na plateia.

Fica adiada, uma vez mais, a superação do subdesenvolvimento. Daí o desafio do crítico dirigido, em primeiro lugar, aos cineastas do Cinema Novo a quem sempre apoiou, mas lembrando a necessidade de avançar na conquista de um público maior para selar a interação autor, obra, público e contribuir para a futura consolidação do sistema, mesmo que isso significasse alterar o peso dos fatores que os mobilizavam em seu enfrentamento com os anos de chumbo (1969-73) da ditadura. Em segundo lugar, vinha o desafio aos leitores da revista *Argumento*, os jovens universitários convocados para que não se afastassem do cinema brasileiro naquele momento de crise.

* * *

A terceira seção, "Perplexidades brasileiras", debruça-se sobre os filmes brasileiros em voga e seus autores: Khouri, Biáfora, Nelson Pereira, Carlos Coimbra, Anselmo Duarte e a emergência do cinema baiano, onde se destacaria Glauber Rocha.

Para melhor compreendê-los no que apresentavam em comum, Paulo Emílio em "Mauro e dois outros grandes" (1961) alinhava traços biográficos de cineastas de grande reputação entre os cinéfilos — Humberto Mauro, Mário Peixoto e Lima Barreto. Eles formavam um trio de autores destacados em modos de produção bem distintos, cada qual com sua escala de valores e postura estética, seja na melhor conformação do melodrama entre os anos 1920 e 1933 (ano de *Ganga bruta*), seja na realização de *Limite* (1931), obra-prima única do cinema d'avant-garde brasileiro, seja na direção do mais bem-sucedido filme industrial de gênero — *O cangaceiro* (1953). Ao analisar a resposta de cada um às condições que pressionaram seus projetos, o crítico esboça os seus perfis de modo a saltar do mais particular e contingente para alcançar as questões maiores do cinema brasileiro, apontando em figuras tão diferentes o traço comum, sintomático, da "megalomania" (não isenta de ressentimento) que ele analisa em seu aspecto contraditório, disposto a nos explicar o seu efeito positivo em certo momento, quando algo em tese negativo, condenável, adquire um sentido especial como resistência a uma conjuntura histórica. Haveria um ardil nessa mescla de imaginação e realismo presente nos autores, algo que teria alimentado a carreira deles e suas polêmicas dentro de um teatro da história.

Usei acima a expressão "autores" que, em verdade, não tinha no seu pensamento o papel adquirido nos *Cahiers du Cinéma* no momento da *"politique des auteurs"* e no Cinema Novo brasileiro como uma forma de combate ao conservadorismo da indústria cultural. No artigo "Artesãos e autores" (1961), no comentário a um "filme de autor", *Bahia de todos os santos* (1961), de Trigueirinho Neto, ele parte da comparação com *A morte comanda o cangaço* (1961), de Carlos Coimbra, produção ajustada aos parâmetros do mercado, para introduzir nuances nesta oposição entre autor e artesão, inserindo-a numa constelação ampla de fatores que expandem as referências a serem levadas em conta. Em lugar de uma adesão incisiva ao primado do autor na condução do bom cinema, prevalece a estratégia, comum em seus artigos, de inserir a discussão do exemplo em pauta no balanço de uma questão conceitual mais ampla que está na ordem do dia. Tal recusa de uma defesa cerrada da superioridade do cinema de autor o afasta de posições dogmáticas, destravando a sua percepção crítica e abrindo caminho para uma avaliação arguta do estilo, colocando suas conquistas e tropeços em correlação com os pontos de vista afirmados na obra. Daí resulta a análise rigorosa de filmes de Rubem Biáfora, Walter Hugo Khouri e Nelson Pereira dos Santos.

Dada a configuração do momento 1958-64, o relato de um conjunto de viagens para festivais e outros eventos em distintos pontos do país é oportunidade para uma reflexão que destaca uma experiência de renovação que o crítico vê se expressar tanto nos estudos quanto na crítica e na realização de filmes em contextos regionais que ele comenta com enorme interesse, citando as figuras mais atuantes, seja no Rio Grande do Sul, em Florianópolis ou Brasília, num inventário que ganha maiores detalhes no caso da viagem à Bahia, onde percebe a força maior de um cinema emergente (segmento fundamental do Cinema Novo) cujos filmes são alvo de breve comentário, ao lado de figuras-chave como o crítico Walter da Silveira e os cineastas-autores Glauber Rocha, Roberto Pires e Orlando Senna. Cabem nesse périplo do crítico referências a outros exemplos de afirmação de novos cineastas-autores, como Anselmo Duarte, o ex-ator dos dramas da Vera Cruz e das comédias da Atlântida, diretor de *Absolutamente certo* que se projetou no cenário mundial a partir da Palma de Ouro ganha por *O pagador de promessas* no Festival de Cannes.

Nesta tônica, observa-se no conjunto de textos, de forma mais enfática do que na primeira seção, a reação positiva do crítico diante da emergência de um novo momento do cinema brasileiro, pautada pelo adensamento na presença de bons filmes que engendra esperanças confirmadas em outros dois artigos: "Um filme difícil?" (1962), um elogio a *Porto das Caixas*, de Paulo César Saraceni, e "Esplêndido amadurecimento" (1963), franco elogio a *Vidas secas*, de Nelson Pereira dos Santos, que contrasta com suas reservas dirigidas às obras deste cineasta filmadas na Zona Norte do Rio de Janeiro nos anos 1950.

Na quarta seção do livro, "Na linha de frente", a cidade de Brasília se faz sede dos acontecimentos que embalam as esperanças de Paulo Emílio, tal como se evidencia em três artigos nos quais comenta sua experiência da nova capital. Renovando uma empatia revelada logo após a inauguração da nova capital, "Lucidez de Brasília" (1963) celebra a cidade como um novo laboratório de cultura que permite ver o país a partir de uma nova ótica; mais adiante, ela será um epicentro para a observação do momento luminoso do cinema nas duas versões do Festival de Brasília de que ele participou intensamente, a de 1965 — primeira versão do Festival (então, I Semana do Cinema Brasileiro), quando foi figura-chave — e a de 1968. Em "Novembro em Brasília" (1965) e "Brasília: O Diabo solto no cinema" (1968), a tônica de elogio aos filmes exibidos no Festival nas duas versões é o marco desse episódio de sua militância, numa avaliação que, na perspectiva de hoje, encontra o endosso do leitor, dado o conjunto de filmes simplesmente citados ou comentados com maior ou menor detalhe nos dois artigos. Ao mesmo tempo, tendo como pano de fundo suas análises da economia política do cinema brasileiro e da distância em relação a ele típica de certa camada de público mais elitizada, a vivência do crítico em Brasília dá ensejo a um comentário animado sobre a relação entre os filmes e a plateia do Festival onde predominava um segmento de classe média remediada que ali estava a descobrir um cinema, notadamente as pessoas com altos cargos na esfera oficial, em geral avessas a esse encontro.

Ainda nesta seção do livro, a inflexão otimista desses artigos tem como contraponto a preocupação com a ação crescente da censura no país, motivo de uma ácida crítica a este fator que poderia deter tal avanço na qualidade do cinema e no caminho do bom diálogo com o público. A ironia se renova em sua estratégia de desqualificação da censura e de personalidades associadas a outros entraves ao cinema brasileiro e à cultura, sejam figuras do mercado ou do aparelho de Estado. São exemplos os artigos "Herói Massaini vítima", "Tolice × *La Chinoise*", "Roberto Campos em ritmo de aventura", "Uma orgia saudável", "O medo das vozes" e "De dentro de um cemitério", publicados, seja no *Brasil, Urgente* (1963 — periódico de debate político editado pelos padres dominicanos de São Paulo), seja em *A Gazeta* (1968), seja no *Jornal da Tarde* (1973).

Em seu movimento final, a seção chega ao momento jacobino no qual o crítico enfrenta uma conjuntura avessa àquele sentimento de promessas, uma crise do cinema no início dos anos 1970 à qual responde com uma militância de feição nacionalista mais radical que, vale frisar, se instala nos antípodas do ufanismo. Seu movimento é explorar ao limite a premissa de que, reconhecida a legitimidade das variadas opções disponíveis a qualquer crítico de cinema, há uma efetiva diferença entre sua relação com um filme a cujo foco de produção sua fala não terá acesso, porque distante e inserido em tramas complexas decididas alhures, e sua relação com um filme inserido numa rede de interações na qual ele está diretamente implicado.

Nesse período, Paulo Emílio assume de forma mais sistemática o seu texto como crônica sociocultural sobre a experiência da sala de cinema, com referências às reações do público com que partilha a sessão do filme mais popular, como *Os mansos*, ou a do filme de autor que optou pela renovação de linguagem que desafia a plateia, como *Zézero, Bang Bang, Orgia ou O homem que deu cria* e *Vozes do medo*. No contraste entre estes dois tipos de experiência estética, ele inclui em seus comentários a relação entre as sessões de cinema e seus cursos na USP, numa narração em que aponta a diferença de reação dos jovens, de maior empatia diante de um filme de Candeias, de Tonacci, de Trevisan ou da obra coletiva coordenada por Roberto Santos, e maior distância crítica diante de *Os mansos* e *Os três justiceiros*. Há crônica social em seu relato, mas ele não deixa, em cada caso, de expor com toda a clareza a sua própria avaliação dos filmes, sempre muito atenta a pormenores reveladores, para bem e para mal. Ao ressaltar a originalidade do bom "filme difícil", observa os prejuízos trazidos por um pequeno grupo de profissionais que se arvora o direito de antecipar o julgamento para sonegar aos outros a chance de ver o filme: a equipe da censura.

Seu talento na inserção estratégica de um tom confessional, que dá colorido especial e legitima diagnósticos que desagradam ao leitor, encontra aqui, nos artigos dos anos 1970, sua versão mais irônica, com lances extraordinários de invenção bem-humorada. Ele soube nesse momento administrar a polêmica que teve seu ponto focal no "escândalo" gerado pela atenção a filmes precários, toscos na fatura, como ponto de partida para observações de caráter prospectivo, dado o seu interesse pela consolidação de um tecido de cultura popular urbana que o cinema deveria incorporar.

O comentário a filmes medíocres repõe a ocasião para reafirmar o quanto a análise compensa, faz entender melhor os processos culturais que nos dizem respeito. Como ele mesmo diz, "o filme ruim, pelo simples fato de emanar de nossa sociedade, tem a ver com todos nós, e adquire muitas vezes uma função reveladora. Abordar o cinema brasileiro de má qualidade implica uma luta tenaz contra o tédio, mas é raro que o esforço não seja compensado. O subdesenvolvimento é fastidioso, mas sua consciência é criativa" ("Explicapresentação", *Jornal da Tarde*).

A quinta seção, "Cinemateca e obstinação", retoma as questões da economia política do cinema presentes no início da coletânea, agora mais entrelaçadas à insistência no imperativo da construção da memória, motivo para uma atenção especial à pesquisa histórica. Do conjunto, vale destacar o artigo dedicado a um exemplo de grande significado naquele momento: o livro de Alex Viany, *Introdução ao cinema brasileiro*, publicado em 1958, maior esforço de sistematização de todo um percurso do cinema até então. Ao lado do debate deste livro que dá ensejo a uma reflexão mais aprofundada sobre as questões da pesquisa e seus métodos, esta seção traz breves incursões de Paulo Emílio num passado que ele recupera, seja para comentar a contribuição decisiva de figuras pioneiras da pesquisa como Pedro Lima, Ademar Gonzaga, Silva Nobre, entre outros, seja no balanço de experiências significativas de uma produção cinematográfica esquecida.

"Um pioneiro esquecido" e "Dramas e enigmas gaúchos" (ambos de 1956) se inserem no plano da crítica dirigida à ausência de memória como um fator subjacente aos preconceitos dos cinéfilos, derivados de sua desinformada repetição do dogma — o cinema brasileiro não tem história — e de sua incapacidade de observar a complexidade dos fatores que constituíam os entraves para o desenvolvimento deste cinema, naquele momento marcado por um colapso das tentativas industriais bem recentes (como a da Companhia Vera Cruz, em 1954). Esse colapso tinha a ver exatamente com tal ignorância dos fatores por parte dos empresários e com a indiferença de um Estado liberal na condução de uma política de cultura que, como ele dizia com aparente inocência, não deveria ser vista como algo "contra o cinema brasileiro", mas como algo gerado por uma elite dirigente para quem o cinema brasileiro nem sequer existia.[4] Vemos presente aqui uma de suas armas principais, a ironia. A aparente absolvição se revela um ataque contundente a uma classe que não reconhece a sua própria ignorância e a relação disso com seus interesses, que incluem o descaso pelas articulações entre o cinema e a cultura popular urbana, um tecido de experiências e uma constelação coesa de formas esquecidas porque consideradas de menor interesse.

Presente ao longo do livro, a questão da Cinemateca e da memória cultural será o tema preponderante nesta quinta seção, cujos artigos compõem o quadro contundente das agruras vividas no processo de criação da Cinemateca Brasileira. Estava lá presente, nos anos 1950, toda a argumentação que, em princípio, seria suficiente para evidenciar as funções de uma Cinemateca e suas implicações no plano da memória, autoconhecimento, pesquisa histórica e discussão estética. A preservação dos acervos reunidos em distintos suportes é assunto não apenas de interesse dos cineastas, críticos e cinéfilos mas de todos os pesquisadores

---

4. Cito um ponto forte de seu artigo "A vez do Brasil", de 1961. [N. A.]

de história no sentido mais amplo, com o consequente impacto no plano do ensino e do debate público sobre os mais variados tópicos da vida cultural, social e política.

Temos aqui escritos que fazem parte de uma militância de vida, com seus momentos de entusiasmo, menos frequentes, e de frustração, melhor dizendo, de indignação, que gera a ação e não a queixa, quando descreve sua experiência na peregrinação pelos labirintos burocráticos nas distintas esferas da República ou faz o balanço de perdas e ganhos, seguido das críticas à alienação dos poderes públicos diante do descalabro. Num lance estratégico da montagem do livro, esta seção repõe o debate dos anos 1950 presente no seu início, estando agora o comentário às vicissitudes da ação pública na área do cinema mais concentrado na questão da Cinemateca Brasileira. Esta é discutida nesta seção, em seus variados matizes, de modo a estreitar a relação entre um tópico tão central na vida de Paulo Emílio e o movimento do livro que termina com o "Festejo muito pessoal", escrito em 1977, num momento em que estava em pauta a celebração dos oitenta anos do cinema brasileiro, ocasião lapidar para o crítico novamente explorar o gênero da autobiografia e contar a história de sua passagem da indiferença para o seu grande interesse pelo cinema brasileiro, num movimento estratégico em que vai pontuando o relato pessoal com referências que não permitem ao leitor esquecer as obras cujos negativos e respectivas cópias não sobreviveram às décadas de descaso que ele sempre denunciou.

Completando o quadro, não faltam crônicas que põem em cena os inimigos da Cinemateca, valendo destacar "Cinemateca e briga" (1963), cujo tom, ao mesmo tempo hilário e impaciente, transforma a desfaçatez eventual de uma leitora mal informada em alegoria da situação geral que o obriga, em sua defesa da instituição, a reviver um teatro do absurdo marcado por mal-entendidos ou pela franca indiferença.

O retorno aos anos 1954-56 e ao "festejo" de 1977 compõem o lance final de um jogo de espelhos entre o passado e o presente sugerido ao longo da leitura da coletânea que destaca a intervenção do crítico no debate sobre problemas estruturais até hoje não resolvidos, no plano da produção, da exibição e da preservação dos filmes brasileiros.

O GOSTO DA REALIDADE

* Todas as notas numeradas são do próprio autor. As notas chamadas por asteriscos são de Carlos Augusto Calil.

Novos horizontes

Para os meios cinematográficos paulistas o ano de 1956 vai concluir-se numa atmosfera de euforia. Depois do decisivo arranco industrial promovido sobretudo pelo sr. Franco Zampari a partir de 1950 e ilustrado particularmente pela chegada ao Brasil de Alberto Cavalcanti e pelo sucesso espetacular do sr. Lima Barreto, o cinema paulista conheceu durante anos vicissitudes que davam a impressão de lenta mas inexorável agonia. A vontade de viver que tinha o cinema paulista manifestava-se pela admirável teimosia dos *independentes*, mas como acreditar nessa possibilidade de vida quando pesava sobre nós a ameaça de uma catástrofe nacional: o aniquilamento do parque industrial cinematográfico de São Paulo?

Uma apreciação em profundidade da reviravolta que está se desenvolvendo não é por enquanto possível; o processo ainda está em pleno curso e seria necessária certa perspectiva para a avaliação exata de um fenômeno cujos aspectos sociais, econômicos e culturais são intimamente entrelaçados e extremamente complexos. Mas se a causa do cinema paulista sair vitoriosa da atual emergência, penso que o acontecimento terá uma repercussão na vida brasileira que ultrapassará os horizontes da atividade cinematográfica. A vitória do cinema paulista seria ao mesmo tempo, e de maneira tão indiscutível, a vitória da inteligência, da competência e da boa-fé, que poderia causar o mais salutar dos impactos em vastos setores da vida brasileira narcotizados pelo ceticismo e pela indiferença.

O que condenou à esterilidade várias iniciativas em favor do cinema nacional foi a falta de adequação técnica e a heterogeneidade de propósitos das associações, congressos, conferências ou mesas-redondas por intermédio das quais se apelava para os poderes e para a opinião. Na melhor das hipóteses essas atividades só poderiam servir para agitar os problemas cinematográficos e mesmo quando essa agitação não perdia de vista seus propósitos iniciais, ela se limitava a provocar estímulos sentimentais dentro de fórmulas gastas ou esquemas simplistas, quando não resvalava para as palavras de ordem demagógicas.

Na fase atual a luta pelo cinema nacional em São Paulo assumiu um aspecto novo, caracterizado pela clareza das intenções e pelo horror às frases feitas. Ficou provado que um único estudo econômico objetivo é mais útil e eficaz do que cem denúncias vagas ao imperialismo. As condições para esse novo curso foram preparadas pelo esforço contínuo de várias pessoas. As monografias do sr. Cavalheiro Lima ou os relatórios do sr. Jacques Deheinzelin, que são hoje documentos básicos para qualquer ação relativa ao cinema nacional, não surgiram milagrosamente, mas foram o fruto de um longo e paciente trabalho de pesquisa e interpretação. Na crítica cinematográfica, cujo papel também foi relevante, seria injustiça não salientar o pensamento e a ação do sr. Flávio Tambellini, sempre presentes de forma decisiva no impulso inicial dado aos diferentes projetos atualmente em desenvolvimento.

Contribuiu poderosamente para a criação do clima atual a harmoniosa unidade que se estabeleceu nos meios cinematográficos paulistas. As associações dos produtores, dos técnicos e dos críticos foram renovadas ou criadas em bases sólidas e realmente representativas. Essas associações estabeleceram entre si um íntimo contato e ligaram-se, para o trabalho comum, com as instituições culturais cinematográficas, o Seminário de Cinema do Museu de Arte e a Filmoteca do Museu de Arte Moderna. O quadro completou-se com a aproximação, festejada por todos, do Sindicato dos Exibidores.

Nesse quadro de entidades profissionais e culturais sólida e espontaneamente unidas pela melhor fé nos destinos do cinema nacional, as competências e inteligências estão podendo dar o rendimento máximo. E um fato que me parece ter uma importância excepcional é a forma justa com que os poderes públicos têm reagido diante desse fenômeno. Nada ainda pode ser previsto no que se refere à esfera federal, que frequentemente se conserva tão distante das iniciativas paulistas, mas no que se refere aos governos estadual e municipal, o interesse ativo que têm demonstrado pelos projetos e sugestões que lhes foram submetidos abre largos horizontes para a cinematografia paulista. Iniciativas como o financiamento de filmes nacionais pelo Banco do Estado, ou o adicional cobrado em benefício do cinema paulista já são realidades legais e vivas. O Serviço Municipal de Cinema, dirigido pelo sr. Benedito Duarte, está em pleno funcionamento. Chamando representantes das associações profissionais e das entidades culturais para constituir Comissões de Cinema, os governos do Município e do Estado dão um vigoroso encorajamento ao esforço iniciado.

No terreno cultural o panorama não é menos promissor. As tradicionais entidades paulistanas que se dedicam aos trabalhos culturais de preservação, documentação e difusão cinematográficas ou ao ensino do cinema vão poder cumprir plenamente a sua missão graças à lei municipal que entrará em vigor em janeiro de 1957.

Os clubes de cinema têm um papel importante a desempenhar e a criação do Centro dos Clubes de Cinema do Estado de São Paulo facilitará o desenvolvimento e a generalização desses focos de cultura cinematográfica. Um trabalho em profundidade particularmente útil é o das Equipes de Formação Cinematográfica que promovem cursos de cinema em vários colégios da capital. O Grupo Cultura e Cinema já completou suas reuniões preparatórias e iniciará suas atividades em 1957. O objetivo do Grupo é alargar e aprofundar em trabalhos conjuntos a cultura cinematográfica de seus membros e, por intermédio de cursos de iniciação, estimular e orientar a formação de novos quadros. As relações entre as entidades cinematográficas e diferentes institutos universitários tendem a se estreitar. E finalmente numa defesa de tese da Faculdade de Medicina a palavra "filmologia" já foi pronunciada...

O que está sendo feito em São Paulo pelo cinema brasileiro e pela cultura cinematográfica no Brasil merece o mais caloroso apoio. Resta esperar que a qualidade dos filmes realizados permita dentro em breve uma apreciação sem apelos para circunstâncias atenuantes ou sentimentos patrióticos de responsabilidade.

[1956]

O ópio do povo

Há cerca de três anos, não me lembro exatamente a data, houve na sala do Teatro Brasileiro de Comédia uma reunião da qual não me esquecerei, numa segunda-feira que deveria ficar memorável na história do cinema brasileiro. O encontro, aberto para o público, havia sido convocado pela Companhia Cinematográfica Vera Cruz, que animada por uma promessa oficial resolvera reiniciar as suas atividades com a produção de "O sertanejo", filme escrito por Lima Barreto e que ele deveria realizar. O principal acontecimento da noitada foi a leitura pelo autor de *O cangaceiro* do roteiro de sua nova obra. Lá fiquei até o fim, já na madrugada avançada, constantemente interessado e, confesso, frequentemente fascinado. As virtudes histriônicas reveladas por Lima Barreto no correr da leitura contribuíram certamente para manter a atenção do público numeroso e heterogêneo que estava presente. Para alguns, porém, para mim em todo caso, a experiência teve um sentido mais profundo. Pela primeira vez emanava de uma situação cinematográfica brasileira uma impressão de talento e inspiração indiscutíveis. A impressão de maturidade artística dada pelo projeto convenceu-me de que, terminado o filme, *O cangaceiro* ficaria automaticamente relegado a uma posição de obra interessante sobretudo pelo que continha como promessa. O fôlego épico sugerido nesse filme anterior desenvolvia-se largamente em "O sertanejo", e, melhor do que isso, o roteiro indicava o aparecimento na obra de Lima Barreto de um lirismo íntimo ausente de seu primeiro filme de longa-metragem. Lembro de uma sequência de casamento que, por absurdo que seja, visto o filme ainda não existir, de certa forma entrou para minha antologia pessoal dos mais altos instantes da arte cinematográfica, a tal ponto as ideias e os achados da sequência em questão constituíam a matéria-prima das obras-primas. A leitura de Lima Barreto impressionou-me tanto que mais de um ano depois perguntando-me um jornalista sobre qual era o melhor filme brasileiro, respondi: "Será 'O sertanejo'".

Não foi, porém, unicamente a leitura de "O sertanejo" que tornou notável a reunião no teatro da rua Major Diogo. A sessão foi aberta por Abílio Pereira de Almeida que fez uma análise da situação econômica do cinema brasileiro. Lembro-me de uma coisa que ele disse, provavelmente a mais importante, que teve para mim e a maior parte do público o caráter de uma chocante revelação. Tratava-se do mecanismo cambial que autoriza as companhias cinematográficas estrangeiras a exportarem para os países de origem, *pelo câmbio oficial*, 70% dos lucros obtidos na exploração de seus filmes no território nacional. A denúncia desse fato, até então conhecido pelos interessados e por um círculo limitado de especialistas, lançou uma luz nova sobre as atribulações crônicas do cinema brasileiro.

Em 1952 os especialistas do PEP (Political and Economic Planning) realizaram a pedido do British Film Institute um inquérito sobre a indústria cinematográfica na Inglaterra. O alcance da maior parte das conclusões do relatório apresentado[1] é sobretudo doméstico, mas algumas interessam a todos os países que pretendem ter um cinema nacional. Com efeito, a análise global do cinema como fenômeno mundial levou o PEP à conclusão de que "*outside the United States, the maintenance of a production industry capable of meeting any significant proportion of the demand for films within the country concerned is only possible if the industry is protected*" [fora dos Estados Unidos, a sustentação de uma produção industrial capaz de ir ao encontro de uma demanda significativa por filmes nacionais só é possível se a indústria for protegida]. Ora, o que revelou a veemente denúncia formulada por Abílio Pereira de Almeida foi o fato de não somente serem irrisórias as medidas em vigor de proteção ao cinema brasileiro, mas de existir da parte de nossas autoridades, por intermédio do aludido mecanismo cambial, um verdadeiro financiamento, da ordem de cerca de 11 milhões de dólares anuais, da produção cinematográfica estrangeira.

Sendo o Brasil um país ainda economicamente subdesenvolvido, parte de sua legislação exprime essa realidade e tende a perpetuá-la. Existindo cinematograficamente quase só como mercado, não seria de admirar que nossas leis admitissem e protegessem essa situação de fato. Nesse caso a luta pelo cinema brasileiro seria mais complexa, pois de início tornar-se-ia necessária uma campanha pela revisão de leis obsoletas que estariam perturbando o desenvolvimento harmonioso desse aspecto da vida industrial brasileira. O estudo mais pormenorizado da questão revelou, porém, que o mecanismo de financiamento da produção cinematográfica estrangeira pelo Brasil não somente não tem nenhum amparo legal, mas viola frontalmente toda a legislação que regula a importação de produtos e a exportação de rendas.

1. *The British Film Industry* — May 1952 — PEP — London.

Paulatinamente a opinião brasileira vai tomando conhecimento desse estado de coisas.

Não é arbitrária a evocação daquela madrugada já longínqua: "O sertanejo" ainda não foi realizado e o Brasil continua a financiar a produção cinematográfica estrangeira. Tudo isso vem a propósito da audiência concedida na semana passada pelo presidente da República aos membros da Comissão Nacional de Cinema e demais representantes da cinematografia nacional. O objetivo principal do encontro foi a entrega ao presidente do projeto de substitutivo à lei que cria o Instituto Nacional do Cinema, preparado pela referida comissão.

Uma das primeiras tarefas da Comissão Nacional de Cinema foi enviar ao presidente da República, já faz muitos meses, um relatório extraordinariamente preciso sobre a espinhosa questão da ajuda nacional ao cinema de outros países. Durante a audiência no Catete o sr. Celso Brant, presidente da comissão, voltou ao assunto solicitando a intervenção pessoal e imediata do presidente da República para que os regulamentos existentes sejam cumpridos, cessando assim a estranha situação atual. Informaram os jornais que nessa altura o presidente perguntou se tais medidas não importariam em aumento do custo do ingresso nos cinemas, tendo-lhe sido respondido que não. É pouco provável que a resposta tenha sido tão sumária. Com efeito, chegou o momento de as autoridades da República entenderem que o sistema regulador do preço das entradas de cinema é injusto e deletérias suas consequências econômicas e culturais. Nessa matéria, tudo se passa como se o conjunto da população brasileira tivesse o mesmo nível econômico. O rico paga mais ou menos a mesma coisa que o pobre. O que está faltando para a saúde do comércio e da indústria cinematográficos no Brasil são as somas que as camadas mais abastadas da população não pagam pelo espetáculo cinematográfico. Regularizada esta situação, não só os industriais e comerciantes cinematográficos brasileiros terão melhores perspectivas econômicas, como os próprios estrangeiros terão satisfeitas suas exigências normais de lucro e não serão abalados pela cessação dos atuais privilégios cambiais.

Seria interessante examinar sociologicamente esse curioso problema dos preços da entrada de cinema no Brasil. Algumas indicações iniciais são claras. Numa economia inflacionária que atinge todos os aspectos da vida do brasileiro, a sustentação arbitrária dos preços num nível baixo transformou o espetáculo cinematográfico num símbolo de não inflacionismo. Por outro lado, a inexistência de salas destinadas a ricos, remediados e pobres mascara, até certo ponto, para a imaginação dos desfavorecidos, a realidade das diferenças sociais. Acontece que o preço dessa mistificação, palavra tomada aqui num sentido técnico, é muito caro. Nos últimos três anos o povo brasileiro pagou por ela cerca de 40 milhões de dólares. E ao mesmo tempo viu continuarem cada vez mais comprometidas as possibilidades de um cinema nacional. A política de preços vigente no Brasil transformou assim o espetáculo cinematográfico naquilo que para alguns moralistas exagerados é a própria definição do cinema: o ópio do povo.

Os militantes da causa do cinema brasileiro, reunidos nas comissões municipais, estaduais e nacionais, nas entidades de classe e culturais, têm conseguido vitórias parciais, mas importantes, durante os dois últimos anos. Segundo tudo indica, a próxima etapa deverá ser a conquista da categorização dos cinemas, da adaptação do espetáculo cinematográfico à realidade da vida social brasileira.

[1957]

Situação do cinema francês

Os filmes franceses exibidos no Brasil fornecem uma visão muito incompleta da moderna produção cinematográfica da França. Seria este o motivo da pouca satisfação que nos dá no momento o cinema francês? Ou passa ele realmente por um período ingrato? Assistindo-se a obras como *Les Diaboliques* [*As diabólicas*], do reputado e apreciável Clouzot, ou *Les Salauds vont en enfer*, do estreante Robert Hossein, tinha-se a impressão de que a insuficiência da primeira e o fracasso da segunda talvez não fossem somente manifestações do declínio da inspiração de um e da inabilidade artística do outro, mas a expressão de um mal ao mesmo tempo mais generalizado e mais profundo que estivesse atingindo o cerne do cinema francês. O último número do *Cahiers du Cinéma*,[1] inteiramente dedicado à situação do cinema francês, demonstra que esse problema se tornou o centro das preocupações de um grande número de críticos parisienses.

1. N. 71.

É conhecida a heterogeneidade do quadro de redatores da revista, sendo por isso inútil procurar-se em suas contraditórias manifestações um diagnóstico comum para a crise do cinema francês. Todos, porém, constatam a existência da crise e concordam em defini-la em termos de mediocridade, o que já constitui uma indicação importante.

Essa crise artística é contemporânea de uma indiscutível prosperidade econômica, tornada possível pela política de ajuda empreendida pelo governo e cujos resultados foram realmente notáveis, pelo que se depreende da entrevista de dois redatores do *Cahiers du Cinéma* com Jacques Flaud, diretor-geral do Centre National de la Cinématographie. O que também inquieta o alto funcionário é não existir no terreno artístico uma correspondência a esse avanço econômico. É possível mesmo que alguns aspectos do processo de mediocrização do cinema francês estejam intimamente ligados à prosperidade suscitada pelas leis de amparo. O legislador se preocupou muito em encorajar a exportação. Os produtores recebem uma bonificação de 21% sobre as receitas repatriadas, o que é considerável, pois as taxas para outras indústrias amparadas oscilam entre 10% e 15%. O resultado foi que progressivamente os produtores cinematográficos adquiriram uma mentalidade de exportadores. Com os olhos fixos nos mercados externos, a utilização de estrelas e astros estrangeiros tornou-se a norma. Ao lado de atores de reputação comercial internacional, escolhem-se assuntos seguros, de autores conhecidos, como, por exemplo, Victor Hugo. Tivemos há pouco em São Paulo a ilustração do fenômeno com *O corcunda de Notre-Dame*, que andou por aí.

O resultado de tudo isso é inquietador. Se por um lado, em 1956, 40% das rendas provieram do estrangeiro, por outro o cinema francês perdeu muito de sua personalidade e substância. Não é difícil imaginar o momento em que ele não terá mais aos olhos do público mundial a qualidade de francês que o singularizava e ficará patente então o quanto era ilusória sua saúde. Cabe lembrar o precedente histórico do cinema alemão no período final do cinema silencioso, quando numa deliberação de internacionalizar-se deixou de ser alemão e perdeu o interesse para o mundo. Os esforços ingleses de superprodução dos anos imediatamente posteriores à última guerra tiveram o mesmo sentido, sendo os resultados igualmente malogrados. Um dos segredos da vitalidade do cinema norte-americano nas telas de boa parte do mundo é ter se conservado sempre, independentemente das variações da qualidade, profundamente norte-americano.

Mas não é só sob o ângulo da exportação que as leis de amparo estão tendo consequências estéticas desconcertantes. Como juridicamente só os produtores são beneficiados, os realizadores tendem a participar ativamente da produção ou mesmo a assumir todas as responsabilidades. Jacques Flaud observa que nessas condições os criadores adquirem gradativamente uma mentalidade de industriais e começam a temer o risco. As mesmas personalidades artísticas do cinema que antigamente procuravam a cumplicidade oficial contra a timidez dos produtores em abordar os chamados assuntos *difíceis* ou em experimentar novos atores são hoje as primeiras a recomendar prudência. A situação criada não é boa e ameaça as possibilidades de rejuvenescimento e renovação do cinema francês. A solução será evitar a utilização das leis de amparo de forma puramente automática. Aliás, a legislação prevê a intervenção de critérios de qualidade. A simples aplicação decidida desse corretivo bastará provavelmente para anular a discrepância entre os resultados econômicos e artísticos do apoio estatal ao cinema.

Quando observamos o que se passa no estrangeiro, não devemos perder de vista os possíveis ensinamentos dessas situações para nós. O primeiro é a confirmação de que no mundo moderno nenhum cinema nacional pode subsistir e se desenvolver sem o amparo de toda uma legislação especial. O exemplo francês também nos ensina que não basta um funcionamento matemático das leis protecionistas. A qualidade não é uma consequência automática da quantidade. Há entre elas uma interdependência íntima, e ambas são condicionadas a um deliberado esforço estatal.

Boa parte do número especial do *Cahiers du Cinéma* transcreve um debate oral diante do magnetofone [gravador] do qual participaram seis críticos franceses.[2] Promovendo esse encontro a revista não teve a ilusão de chegar a conclusões positivas, mas procurou simplesmente evocar alguns problemas. Na realidade o resultado é um manancial de sugestões interessantes. O terreno comum da meia dúzia de críticos é a sua extrema severidade, em vivo contraste com algumas opiniões estrangeiras expostas em outra parte da revista.

Os críticos franceses não têm em geral um interesse cinematográfico exclusivo, todos participam ativamente de uma forma ou de outra da vida intelectual e literária do país. Isso faz com que hesitem, para o julgamento, entre um ponto de vista superior de cultura e preocupações de ordem sociológica ou mesmo de pura cozinha profissional. Eles julgam com cuidado o cinema médio, procurando distingui-lo, nem sempre com muitos resultados, do cinema superior, *o cinema de autores*, fórmula durante muito tempo consagrada, mas ultimamente criticada e posta em dúvida por André Bazin. Os franceses procuram sempre encontrar autores no cinema norte-americano, mas quando justificam o interesse constante que têm por esse cinema, acabam sempre por se referir à inesgotável vitalidade dos gêneros, o western, o policial, o social. A fraqueza da produção francesa corrente re-

---

2. André Bazin, Jacques Doniol-Valcroze, Pierre Kast, Roger Leenhardt, Jacques Rivette e Eric Rohmer.

sidiria na impossibilidade de repousar em gêneros tradicionais e definidos.

Os interesses culturais amplos dos críticos franceses os levam a procurar os pontos de interseção entre a literatura e o cinema na esperança de esclarecer alguns aspectos da crise atual. O cinema francês do período imediatamente anterior à guerra encontrava o seu *substratum* numa combinação do populismo literário de um Eugène Dabit com as criações surrealizantes de um Jacques Prévert. Atualmente o que existiria de comparável? A onda existencialista passou sem deixar sulcos profundos no cinema. Jovens cineastas como Alexandre Astruc ou Roger Vadim estariam mais próximos do grupo literário saído de La Table Ronde do que de Sartre.

A leitura da conversa dos seis críticos suscita no estrangeiro a curiosidade por Roger Vadim. Naturalmente não é ele o único cineasta pelo qual o grupo se interessa. Há, por exemplo, uma admiração profunda e unânime por *Un Condamné à mort s'est échappé* [*Um condenado à morte escapou*], porém seu autor, Bresson, é um veterano de quem já nos acostumamos a esperar o máximo. Ao passo que Roger Vadim Plemiannikov ainda não fez trinta anos. Nossa curiosidade é aguçada pela discordância entre a crítica dos jornais cotidianos e a das revistas. Para a primeira Vadim estaria sobretudo voltado para os sucessos de bilheteria, ao passo que *Cahiers du Cinéma* não hesita em defini-lo como o único cineasta francês moderno. Vadim já realizou dois filmes. *Et Dieu créa la femme* [*E Deus criou a mulher*] e *Sait-on jamais...* Devemos ficar atentos. Tanto mais que, segundo tudo indica, esses filmes são de natureza a provocar as iras da Orientação Moral dos Espetáculos.

[1957]

Uma situação colonial?[1]

Encerrou-se o Festival História do Cinema Italiano no mesmo dia em que se instalou a I Convenção Nacional da Crítica Cinematográfica. A significação cultural do Festival e a natureza do temário que serviu de eixo à Convenção constituem um convite à reflexão acerca da situação do cinema no Brasil em todos os seus aspectos culturais, industriais e comerciais. O exame em bloco de questões tão diversas como, por exemplo, a análise de mercados e o estudo de ideologias estéticas pode, à primeira vista, causar certa estranheza. No entanto, o método inverso é que ofereceria o perigo de elucubrações artificiais e estéreis, porque destacadas da realidade. Em cinema, de forma ainda mais clara do que em outros terrenos da atividade humana, há uma solidariedade total entre as tarefas mais prosaicas e as construções mais finas.

O denominador comum de todas as atividades relacionadas

1. Este artigo, com pequenas modificações, foi apresentado sob a forma de tese à I Convenção Nacional da Crítica Cinematográfica.

com o cinema é em nosso país a mediocridade. A indústria, as cinematecas, o comércio, os clubes de cinema, os laboratórios, a crítica, a legislação, os quadros técnicos e artísticos, o público e tudo o mais que eventualmente não esteja incluído nesta enumeração mas que se relacione com o cinema no Brasil apresentam a marca cruel do subdesenvolvimento. Assim como as regiões mais pobres do país se definem imediatamente aos olhos do observador pelo aspecto físico do habitante e da paisagem, todos os que nos ocupamos de cinema no Brasil escapamos dificilmente a um processo de definhamento intelectual que mais cedo ou mais tarde acaba imprimindo características reconhecíveis à primeira vista. Mesmo os que, como se diz, vencem na vida não se furtam à regra. Importadores e exibidores atingem a prosperidade, mas apenas como reflexos de realidades sociais situadas fora de nossas fronteiras. São incapazes de violar as regras envelhecidas de um jogo que há muito deixou de corresponder às exigências de nosso dinamismo nacional. Sua prosperidade não está condicionada ao processo de emancipação e enriquecimento da comunidade. A situação de coloniais implica crescente alienação e a depauperação do estímulo para empreendimentos criadores. Esses homens práticos não estão na realidade capacitados para nenhuma ação de consequências no quadro geográfico e humano brasileiro. Podem ter ideias e fazer projetos, mas sempre dentro dos limites estreitos ditados por uma situação externa diante da qual se sentem desarmados. Não encontrando canais para se concretizar na realidade, a imaginação desses homens definha como qualquer outro órgão sem função. Guardam, entretanto, suficiente lucidez para perceberem suas próprias capitulações e até que ponto, apesar da prosperidade pessoal, foram vencidos. Daí a insatisfação em que vivem, imediatamente perceptível ao observador atento.

Outros que às vezes são os mesmos acima citados prosperam na produção de filmes nacionais. Aqui a norma é igualmente a capitulação, somente que o obstáculo apontado como intransponível é o próprio público. Produzem determinado gênero de filmes que eles próprios desprezam, alegando ser o único tipo de cinema brasileiro que o público aceita. No fundo, esses homens, cuja atividade principal é às vezes a importação e exibição de fitas estrangeiras, estão convencidos de que o público brasileiro é infenso ao cinema nacional. As fitas que fabricam, aliás, não são propriamente cinema para o público, mas o prolongamento de espetáculos que este admira no rádio, televisão ou teatro ligeiro. Essas fitas brasileiras não se incluem na ração maior ou menor de cinema introduzida nos hábitos do povo. Tal necessidade é satisfeita pelas fitas estrangeiras. O que assegura o sucesso das fitas a que nos referimos é o fato de não serem comparadas pelo espectador aos produtos de outros países. Cria-se assim uma harmoniosa combinação de pontos de vista entre os produtores e o público desses filmes brasileiros. Para ambos, cinema mesmo é o de fora, e outra coisa é aquilo que os primeiros fazem e o segundo aprecia. Essa situação suscitou no produtor uma mentalidade particular, uma dissociação de natureza quanto aos filmes fabricados dentro e fora do país. Ele se interessa por uma legislação de amparo ao cinema nacional, mas não passa por sua cabeça que o objetivo final possa ser o de colocar os filmes brasileiros em pé de igualdade com os estrangeiros. Seu horizonte está restringido à criação de condições favoráveis ao prolongamento e ampliação de suas atividades habituais. Na medida em que são apenas produtores, esses homens não se encontram, como os importadores e exibidores típicos, completamente alienados dos interesses da comunidade a que pertencem. Sua alienação refere-se ao próprio cinema.

Esse tipo de filme brasileiro é, pois, mau, mas oferece alguma compensação financeira. As fitas com intenções artísticas, além de não serem boas, fracassam na bilheteria. A razão é óbvia.

O público compara e retrai-se diante de um cinema que os estrangeiros fazem muito melhor. E assim chegamos ao outro setor da cinematografia nacional, o dos homens que nutrem ambições desenvolvimentistas no terreno artístico e industrial. Esses produtores, diretores, técnicos ou artistas são pessoas vinculadas ao movimento de crítica e cultura cinematográfica. A primeira observação a ser feita é que, com frequência, não são os mesmos de alguns anos atrás. Além disso, seu número decresceu. Esse desfalque nos quadros e a sua instabilidade refletem uma situação brasileira bastante contraditória. Como em toda parte, o cinema exerce no Brasil uma atração muito grande sobre a juventude, mas não lhe oferece condições normais de atividade. O entusiasmo arrefece e muitos são compelidos a procurar outra profissão, se possível em áreas próximas, pois a decisão de abandonar, às vezes dolorosa, é raramente encarada como definitiva. As fidelidades que o cinema provoca ajudam a compreender certa continuidade de esforços que apesar de tudo tem sido assegurada. Os que teimam em permanecer não o fazem, contudo, impunemente. O desgaste é grande e se traduz por uma constante lamentação. O sistemático malogro do empreendimento gera a frustração, e esta é má conselheira. Embora esses homens conheçam a raiz do mal — pois cabe-lhes o mérito de terem esclarecido metodicamente através de inquéritos, monografias e relatórios a conjuntura cinematográfica brasileira —, cada vez que o insucesso acolhe um filme no qual estão diretamente empenhados, não resistem ao reflexo automático de individualizar culpados dentro da própria equipe técnica e artística, entre distribuidores e exibidores ou na redação dos jornais. A amargura envenena a atmosfera, e a energia e o tempo gastos em mesquinharias são um precioso capital dilapidado.

    O ramo de atividades especialmente culturais não fica imune ao clima reinante na cinematografia brasileira. Os responsáveis por um dos problemas fundamentais, o da cinemateca, são obrigados a concentrar a parcela maior da força de pensamento e trabalho muito menos nas tarefas educativas e culturais do que no esforço para criar condições que possibilitem essas tarefas. A ação junto aos poderes públicos municipais, estaduais e federais, executivos e legislativos, exige um tipo de perseverança que atinge os limites do encarniçamento. Não há outra maneira de enfrentar o ritual e o ritmo processual brasileiro, reflexos de um sistema burocrático totalmente ultrapassado e que cria os maiores obstáculos ao funcionamento eficaz dos poderes públicos. A paciência e a teimosia passam por virtudes, e o são quando gratificadas progressivamente com resultados. A longo prazo, entretanto, a ação sem consequências ponderáveis provoca certa secura capaz de alterar profundamente uma personalidade. A missão cultural e educativa de uma cinemateca necessita de espíritos abertos e oxigenados. Anos a fio de desgaste num labor ingrato podem muito bem, chegado o momento das autênticas realizações, tornar inadequada para prosseguimento da tarefa uma pessoa que para ela se preparou durante dez anos. Ainda aqui deve-se levar em conta o que isso significa como desperdício de energia social.

As instituições que promoveram durante os últimos seis anos os grandes ciclos de projeções culturais manifestam um justificado orgulho por esses empreendimentos. Os Grandes Momentos do Cinema, a Homenagem a Erich von Stroheim, a Retrospectiva do Cinema Internacional, os Dez Anos de Filmes sobre Arte e os festivais históricos dedicados ao cinema norte-americano, francês e italiano são com efeito manifestações que não temem a comparação com o que se tem feito de melhor, no gênero, nos países mais adiantados do mundo. É preciso, no entanto, convir que se o mérito dessas iniciativas cabe à Cinemateca do Museu de Arte Moderna do Rio de Janeiro e à Cinemateca Brasileira, de São Paulo, elas só se tornaram possíveis graças à generosidade das cinematecas estrangeiras para com as congêneres brasileiras. Trata-se de etapas importantes no processo cultural cinematográfico brasileiro para o aperfeiçoamento dos quadros técnicos e artísticos da indústria e para dar à crítica, sobretudo a mais jovem, as perspectivas históricas que lhe faltavam. Ao mesmo tempo, porém, não é esse evidentemente o trabalho que se espera das cinematecas no terreno da difusão. Esses grandes festivais foram reservados para setores privilegiados do Rio e de São Paulo, ao passo que a verdadeira tarefa educativa impõe a sua extensão, horizontal e vertical, a toda a comunidade brasileira, através de escolas, bibliotecas, museus, sindicatos e órgãos espontâneos de cultura como os clubes de cinema. O cinema é, no nosso tempo, a única arte democrática e popular; é escandaloso que as oportunidades de elevar o nível de apreciação estejam exclusivamente reservadas a uma minoria geográfica e social da comunidade brasileira. As cinematecas têm a desculpa de precisarem conciliar o trabalho cultural de difusão com os problemas de manutenção, enquanto não entrarem em vigor os acordos previstos com os poderes públicos. Essa explicação revela por si só até que ponto ainda não obteve reconhecimento a função das cinematecas no panorama geral de nosso subdesenvolvimento.

À primeira vista, os que se dedicam sobretudo a escrever sobre cinema — críticos e ensaístas — não seriam necessariamente atingidos pelo clima depressivo que envolve os outros setores. Um exame um pouco mais acurado demonstra que não há fuga possível da geografia e do tempo. A situação da crítica não deixa de oferecer semelhanças, num plano diverso, com a dos importadores e exibidores de filmes a que nos referimos. Como estes, o crítico cuida de algo que recebe passivamente e sobre o que não possui elementos de influência. O crítico do *New York Times* dialoga com Kazan e o de *France Observateur* com Clouzot. A crítica e o diálogo marcam os cineastas e camadas ponderáveis do público. Por motivos óbvios, o crítico brasileiro não dialoga com os autores das obras importadas. Sua possibilidade limita-se, na melhor das hipóteses, a influir sobre os distribuidores ou a censura. O crítico não nutre ilusões a respeito de um público cujo subdesenvolvimento se manifesta também na apreciação cinematográfica. Esse estado de espírito o conduz a transformar a crítica em simples conversa pública a respeito de seus entusiasmos e ojerizas. Seu único diálogo é com os confrades e num tom que ignora os leitores eventuais. A falta de comunicação na comunidade faz tender o crítico ou ensaísta a orientar o seu espírito, cada vez mais, para as coletividades onde nascem os filmes que aprecia. Assim como a prosperidade do importador está condicionada a realidades econômicas estrangeiras, o enriquecimento cultural do crítico gira progressivamente na órbita de um mundo cultural distante. Como o primeiro, acaba marcado pelos sintomas da alienação. Esse fenômeno lança alguma luz sobre a ambiguidade das posições do crítico brasileiro frente à produção cinematográfica de seu país. O filme nacional é um elemento perturbador para o mundo, artificial mas coerente, de ideias e sensações cinematográficas que o crítico criou para si próprio. Como para o público ingênuo, o cinema brasileiro também é *outra coisa* para o intelectual especializado. Atacando com irritação, defendendo para encorajar ou norteado pela consciência de um dever patriótico, o crítico deixa transparecer sempre o mal-estar que o impregna. Todas essas posições, e particularmente o sarcasmo demolidor, são véus utilizados para esconder o sentimento mais profundo que o cinema nacional suscita no brasileiro bem formado — a humilhação.

Esse panorama sucinto de diversas categorias da cinematografia brasileira sugere claramente que a mediocridade reinante não emana das pessoas empenhadas nas diferentes tarefas, mas é o resultado direto de uma conjuntura muito precisa. Através do exame de condição dos distribuidores, produtores, encarregados de cinematecas, críticos e ensaístas, delineiam-se com precisão as linhas de uma situação colonial. Se introduzirmos, cedendo ao gosto da imagem, um comentário a respeito das chamadas co-produções, isto é, a utilização por cineastas estrangeiros de nossas histórias, paisagens e humanidade, caímos plenamente na fórmula clássica sobre a exportação de matéria-prima e importação de objetos manufaturados.

[1960]

Um mundo de ficções

Há vinte e poucos anos, quando cheguei a Paris pela primeira vez, meu interesse principal era a política. Decorria daí uma curiosidade muito grande pela figura dos homens públicos. Como os grandes do dia não eram acessíveis a um estudante sem relações, restava-me o consolo de encontrar chefes depostos. Procurei ver Alexander Kerensky em seu pequeno apartamento na Villa-de-la-Réunion e aproveitei a primeira oportunidade para visitar Washington Luís no Hotel Vernet. Comunista que eu era, minha interpretação dos acontecimentos da vida política brasileira processava-se através das brochuras editadas em espanhol pela III Internacional em Moscou. De acordo com esses documentos, alguns assinados por Ercole, que mais tarde soube ser pseudônimo de Palmiro Togliatti, as revoluções brasileiras eram fundamentalmente consequências e expressões das rivalidades imperialistas entre a Inglaterra e os Estados Unidos. A de 1930, por exemplo, teria sido fomentada por este último país, e a vitória do movimento chefiado por Getúlio Vargas seria na realidade um êxito para o imperialismo norte-americano. Já naquele tempo esses esquemas pareciam-me por demais sumários, mecânicos, e, encorajado pela ingenuidade, resolvi aproveitar o encontro com Washington Luís para testá-los. Como não podia, decentemente, perguntar ao venerando estadista se ele era um agente inglês, procurei saber dele se havia tomado conhecimento do interesse eventual de círculos norte-americanos pela vitória da Revolução de 1930. O rosto do presidente deposto, cuja vermelhidão natural era acentuada pela barbicha branca, abriu-se num largo sorriso de compreensão, e ele respondeu num tom de didatismo paternal: "Qual o quê, meu filho! Eu nunca ouvi falar nisso, mas se esses rumores existiram, eram certamente difundidos pelo próprio dr. Getúlio para dar a impressão de que era muito apoiado". Essa resposta inesperada deixou-me perplexo e desconcertou meu plano de inquérito. Diferentemente de hoje, em que o nome do velho presidente evoca automaticamente para as imaginações a ideia de honradez, naquele tempo era quase sinônimo de pouca inteligência; optei por essa explicação fácil quando, graças a outros encontros, tornou-se evidente que para o exilado do Hotel Vernet o problema imperialista simplesmente não existia, estando ele sinceramente convencido de ter sido presidente de uma nação plenamente soberana. Experiências renovadas, pessoais ou literárias, com homens públicos brasileiros ou estrangeiros, exilados ou não, levaram-me a abandonar as explicações psicológicas simplistas em termos de inteligência ou burrice. Surpreendi-me em constatar até que ponto a situação particular de um homem público num país subdesenvolvido favorece o florescimento da ficção. Estadistas, ministros e parlamentares da esfera conservadora enredam-se progressivamente numa concepção do mundo afetivamente compensadora, intelectualmente coerente, mas efetivamente absurda em razão do destaque cada vez mais pronunciado da realidade. A dramática lucidez de chefes de países subdesenvolvidos, como a evocada em *A engrenagem*, de Sartre, é fenômeno recente e participa da corrente de desmistificação atualmente em curso com tantas consequências para os povos atrasados.

O aprofundamento da reflexão faz-nos, aliás, compreender que as forças que se opunham às conservadoras não escapavam por sua vez ao desvio ficcionista. Ainda a respeito do imperialismo, se por um lado se chegava ao ponto de ignorar sua existência, por outro a imagem da penetração dos interesses estrangeiros proposta pelo setor revolucionário era com excessiva frequência a expressão de uma fantasia bastante arbitrária. As brochuras da III Internacional foram instrumentos irrisórios para a compreensão da realidade brasileira. As formulações da ideologia anti-imperialista que alimentou minha juventude constituíam um romance. Mais do que isso, a polêmica ideológica nos países subdesenvolvidos foi durante décadas uma batalha de Itararé, isto é, um acumpliciamento na irrealidade das forças em presença.

Hoje, só o cinema me preocupa, ou melhor, tudo me interessa, mas em função do cinema. A fase de empenho pelos problemas globais da sociedade serviu, contudo, de preparo útil à meditação cinematográfica específica. Esse campo delimitado de pensamento e ação oferece ao observador numerosos traços que decorrem da conjuntura delineada nesta crônica à guisa de introdução. A cinematografia brasileira, como a política geral dos países subdesenvolvidos, tem sido um mundo de ficções. Durante anos a fio ninguém teve ideia de como as coisas se passavam; os dados nos quais se assentava a produção e o comércio dos filmes brasileiros eram bem mais fantasiosos do que o enredo das fitas.

O número de pessoas que se interessa pelo assunto cinematográfico brasileiro foi sempre muito reduzido. Para entendermos esse fenômeno, é preciso lembrar que até há bem pouco tempo reinou entre nós, muito generalizada, uma mentalidade essencialmente importadora. No primeiro volume de suas memórias, Gilberto Amado — que adolescente foi empregado no Recife de uma firma de importações — fornece-nos a lista surpreendente de objetos corriqueiros de consumo que o Brasil fazia vir de fora antes da Primeira Guerra Mundial. Ainda durante a década de 1920, em mesas paulistanas, não apenas nas mansões das famílias patrícias mas também nas casas de trato simples, a manteiga servida era a vermelha da Dinamarca e os palitos, Marquesinhos se não me engano, provinham de Portugal. Imaginar naquele tempo o Brasil fabricando automóvel, por exemplo, seria uma insensatez. "Petróleo" era termo técnico de pouco uso e gasolina pertencia ao rol das coisas que só o estrangeiro produz. O fato de importarmos palitos explica como era importante nutrirmos a ideia de que um brasileiro inventara o aeroplano em Paris. Essas alusões a um passado que me parece recente, pois dele me lembro com nitidez, ajudam-nos a perceber o que se passa atualmente com o filme. Como antigamente o palito, a manteiga, o automóvel ou a gasolina, o filme é ainda hoje considerado como algo que por definição deve ser estrangeiro. O fato de não termos cinema, ou de praticamente só realizarmos maus filmes, seria, de acordo com uma opinião tão arraigada que não sentia necessidade de explicitar-se, com frequência, parte da realidade brasileira básica. "O Brasil não produz filmes como não produz cerejas", disse alguém simplificando esse ponto de vista.

Esse resquício tenaz da mentalidade importadora criou um clima extremamente desfavorável ao empreendimento cinematográfico brasileiro. Como quase ninguém se ocupava do assunto, os problemas relativos à indústria e ao comércio do cinema foram até há bem pouco tempo temas virgens entre nós. Os pioneiros que em diferentes épocas se lançaram à aventura não encontravam elementos de informação válidos e acessíveis que os orientassem. Acontece que a ação exige plano, e este implica visão global de uma conjuntura. Sem o amparo de informações ordenadas e de um sistema de ideias constituído objetivamente e testado pela experiência contínua, nossos produtores criavam para uso próprio, de acordo com suas inclinações e preferências, concepções baseadas em dados esparsos, incertos ou obscuros, e por isso fatalmente disparatadas. O aglomerado de ideias acabava adquirindo certa consistência interna, mas não devido a uma melhor adequação aos fatos, e sim porque a busca da coerência, mesmo na fantasia, faz parte da natureza do espírito humano. A lógica que articulava as ideias de nossos produtores era a da ficção. Quando, depois de muitas lutas, às vezes heroicas, chegava a hora da capitulação, o produtor acusava de ingratidão a realidade sociológica, quando não racionalizava o acontecido em termos menores de psicologia. Na verdade, ele jamais se medira com a realidade, sempre a ignorara e nela não se inseria. Diante de uma realidade incompreensível, o produtor refugiava-se num sistema compensatório de ficções, causa do seu malogro.

Durante os primeiros trinta anos do século, os produtores brasileiros agiam bastante isoladamente. A partir de 1930, adquiriram um mínimo de espírito associativo e ensaiaram em conjunto algumas reivindicações junto aos poderes públicos. Expressões de um setor extremamente modesto na hierarquia social e economia da nação nunca encontraram muita audiência. Esses homens da classe média — numa época em que essa fração da sociedade brasileira ainda era extremamente débil — representavam apenas a si próprios e os seus pequenos interesses profissionais, não tinham atrás de si amparos financeiros sólidos, não podiam arguir a respeito do interesse do público pelas suas produções, não tinham sequer autoridade para avançar argumentos de ordem cultural, e sobretudo não estavam capacitados para estimular a imaginação modorrenta dos governantes com largas perspectivas industriais e econômicas. Os primeiros entendimentos entre os produtores cinematográficos e os poderes públicos assumiram a forma de uma troca de favores, da qual é exemplo típico a lei da obrigatoriedade do complemento nacional. Os fabricantes adquiriram certa garantia para o escoamento de seus jornais cinematográficos mais ou menos publicitários e as autoridades públicas obtinham destaque para suas monótonas inaugurações e visitas. Satisfazendo pequenos interesses e não perturbando os grandes, isto é, não alterando o statu quo do mercado, a obrigatoriedade do complemento nacional estabilizou-se. É apenas nesse exemplo de nível tão inferior que observamos um resultado concreto e de efeito contínuo produzido pelos numerosos encontros da classe cinematográfica com os sucessíveis governos de Getúlio Vargas. Os ensaios de legislação em favor da fita brasileira de longa-metragem exigiam, para serem delineados de maneira efetiva, uma soma de conhecimentos que os interessados brasileiros não possuíam, a respeito da natureza e do funcionamento da indústria e do comércio cinematográficos em escala universal. Esse esforço de lucidez, por outro lado, não poderia vir de nossas autoridades públicas, contaminadas, em matéria de filme, pela mentalidade importadora. Os dirigentes governamentais alimentavam a imaginação ingênua ou o cálculo matreiro mas inoperante dos produtores deixando-se consagrar à distância, em publicações ou filmes, como amigos número um do cinema brasileiro. Getúlio Vargas, presidente ou ditador, governadores ou interventores dos estados mais prósperos prestaram-se metodicamente a esse ritual de ilusão.

Há pouco mais de dez anos manifestou-se um fenômeno que ficará como um marco na história do empreendimento cinematográfico brasileiro: personalidades da alta hierarquia social paulista lançaram-se à aventura cinematográfica. Como seus predecessores pequenos, esses grandes burgueses foram igualmente orientados por ficções e malograram. Este acontecimento de vulto criou, contudo, condições para o florescimento de algo totalmente novo na consciência cinematográfica brasileira: o gosto da realidade.

[1960]

A agonia da ficção

Durante os últimos quarenta anos, nunca faltaram jornalistas empenhados em fazer a promoção do cinema brasileiro. Essa atividade, porém, não refletia desejos manifestados por algum setor considerável da opinião pública. O hábito do cinema foi adquirido entre nós pelo consumo de filmes estrangeiros. A quantidade e a qualidade do produto nacional foram sempre modestas e jamais adquiriram o caráter de continuidade que condiciona a procura de qualquer mercadoria. O público brasileiro adotou inteiramente os heróis, os temas, os sentimentos e as paisagens do filme importado, e não sentia falta do cinema nacional.

A ação dos cronistas tinha uma natureza militante, eles procuravam inculcar nos espectadores uma consciência cinematográfica nacional. As armas empregadas eram os apelos, como o célebre e pouco seguido slogan de Pedro Lima: "Toda fita brasileira deve ser vista por todos". As campanhas destinadas a inflamar a imaginação do leitor e mobilizar sua vontade frequentemente perdiam pé na realidade. Qualquer acontecimento de maior relevo, como a construção de um estúdio ou os projetos de uma nova companhia, era interpretado como perspectiva de vir a ser o Brasil em breve um sério rival de Hollywood.

O fervor, a veleidade e a inocência dos cronistas os aproximavam muito do mundo de ficção dos produtores cinematográficos. Eram, aliás, muitas vezes os mesmos homens, quando não no espaço, no tempo. O núcleo de jornalistas militantes em prol da cinematografia brasileira foi tradicionalmente constituído por cronistas que haviam sido produtores ou que aspiravam a sê-lo. Apesar da diferença de tom — os primeiros com o amargo travo da frustração e os outros animados por otimismo ainda não experimentado — participavam todos em medida igual do tecido de irrealidades que embaraçava qualquer ação lúcida e consequente em favor do cinema brasileiro.

A mudança da situação, no fim da década de 1940, não foi resultado do aparecimento de melhores ideias baseadas em análises pertinentes da realidade cinematográfica brasileira. O papel vanguardista foi assumido pelos fatos. A fundação da Vera Cruz trouxe no bojo de suas contradições a possibilidade de melhoria do pensamento sobre a cinematografia no Brasil.

É curioso constatar as similitudes entre a grande aventura cinematográfica paulista de há onze anos e alguns empreendimentos do passado, não as tentativas relativamente ambiciosas de Ademar Gonzaga ou Carmem Santos, mas os tímidos ensaios de Francisco Santos na Pelotas de antes da Primeira Guerra Mundial ou de Amilar Alves em Campinas, nos primórdios dos anos 1920. Deve ser salientado o fato do pelotense, do campineiro e do ítalo-paulistano Franco Zampari serem igualmente pessoas que desejaram passar da produção teatral para a cinematográfica. A produção e a difusão de uma peça de teatro fazem parte de um mesmo movimento. Uma peça montada entra automaticamente em contato com seus consumidores. Tanto Zampari quanto seus humildes predecessores tinham uma grande confiança no escoamento quase automático da fita desde que esta estivesse pronta. Estavam no fundo convencidos de que as salas de cinema existem para passar qualquer filme. Não sentiam até que ponto a produção, a distribuição e a exibição de filmes são atividades solidárias. No campo cinematográfico em qualquer momento dado, a indústria e os setores atacadista e varejista do comércio constituem, apesar da proliferação de iniciativas aparentemente independentes, um todo uno, sólido e coerente. Um produtor que surja apenas como tal perturba a harmonia preexistente e é acuado a soluções de emergência para difundir suas fitas. Esses recursos são sempre deficitários e tendem a excluir o produtor, como um corpo estranho, do mundo cinematográfico real. O gesto de Francisco Santos, entregando em 1913 *O crime dos Banhados* a um caixeiro-viajante inidôneo que percorria o interior do Rio Grande do Sul, prenuncia a entrega, quarenta anos depois, da produção da Vera Cruz a uma distribuidora que não tinha a mínima razão de interessar-se pelo florescimento da firma brasileira.

O que levava as pessoas à resolução de produzir filmes era frequentemente um estímulo imediato e enganador. Em 1912, obtinha-se facilmente no Brasil filme virgem e máquinas de filmar a preços razoáveis. Essa circunstância animou Francisco Santos e muitos outros, mas dois anos depois, mesmo que estivessem dispostos a continuar produzindo, e não era o caso, isso não teria sido possível em razão da absoluta penúria de filme virgem. A irrupção em torno de 1950 da Vera Cruz, Maristela e Multifilmes foi provocada por uma lei do Congresso Nacional que concedia grandes facilidades para a importação de equipamentos destinados a estúdios. Contudo, logo em seguida o Poder Executivo congelava o preço das entradas de cinema numa modalidade que, conforme veremos oportunamente, prejudicava exclusivamente o filme brasileiro.

O malogro da Vera Cruz e dos outros dois consideráveis empreendimentos paulistas não conheceu, como as tentativas anteriores, a melancolia suplementar de passar quase despercebido. O vulto do acontecimento impressionara os espíritos, e o protesto pelo que estava acontecendo não ficou apenas registrado na amargura de algumas crônicas jornalísticas. Num grande número de reuniões públicas, críticos, técnicos e artistas procuraram debater o problema, e seu esforço encontrava eco na imprensa de informação e em amplas camadas da comunidade. Não estávamos mais diante de um esforço isolado de cronistas, mas de uma verdadeira corrente de opinião. Persistiam, no entanto, a debilidade e a confusão das ideias. O comunismo era então uma presença viva na sociedade brasileira e dava o tom aos diferentes movimentos em favor do cinema nacional. Acontece que a compreensão do que se passa no mundo real nunca foi o ponto forte dos comunistas brasileiros. Eles limitavam-se a aplicar ao terreno cinematográfico os esquemas e fórmulas de denúncia então em curso. Falava-se muito em imperialismo, mas em nenhum momento foi esclarecido, mesmo parcialmente, o sistema que sufoca o desenvolvimento do cinema nacional.

Na verdade, não havia nos referidos congressos e conferências clima para o exercício de um pensamento propriamente racional. Como os dados exatos das questões em pauta eram ignorados, tudo banhava numa atmosfera de mistério, no sentido mágico da expressão. Os interesses estrangeiros eram praticamente definidos em termos de espíritos maléficos, poderosos, onipresentes e ambíguos ou então encarnados por tal personalidade política brasileira ou um funcionário de empresas americanas. Os discursos, declarações, manifestos e moções não tinham a natureza de um empreendimento lógico, tratava-se de exorcismos. Essas diferentes manifestações públicas da primeira parte da década de 1950 eram reflexos do passado, as últimas e mais vigorosas afirmações do mundo fictício no qual se envolvera desde o começo do século o empreendimento cinematográfico brasileiro.

As ideias que iriam marcar o futuro próximo, isto é, o nosso presente, nasciam no processo de declínio da Vera Cruz. A Companhia arregimentara grande número de funcionários brasileiros e estrangeiros. No ambiente de crise que logo se manifestou, um publicista brasileiro e um cinegrafista francês tiveram a curiosidade aguçada no sentido de melhor compreender as motivações mais gerais do que estava sucedendo. Ambos provavelmente sempre tiveram certo gosto pelos assuntos econômicos e administrativos, mas nem Cavalheiro Lima ou Jacques Deheinzelin tinham se preparado para o relevante papel que acabaram assumindo no panorama cinematográfico nacional. As descobertas iniciais não foram, aliás, o fruto de um estudo deliberado. Se tivermos que escolher a data do nascimento de uma nova mentalidade cinematográfica brasileira, penso que devemos fixar a tarde em que Cavalheiro Lima folheava um número do *Motion Picture Herald*, nos escritórios da rua Major Diogo, enquanto esperava o momento de ser recebido por Franco Zampari. Apesar de conhecer mal o inglês, sua curiosidade foi despertada por umas linhas a respeito do Brasil em que se falava do sistema de exportação dos lucros das companhias cinematográficas estrangeiras. Como justamente Chick Fowle saía da sala de Zampari, Cavalheiro Lima pediu-lhe que traduzisse aquela passagem. Foi através de meia dúzia de linhas de uma revista corporativa americana, transpostas em português incerto por um cinegrafista inglês, que se teve a revelação inesperada de que o Brasil subvencionava a produção cinematográfica estrangeira.

Um fato novo da maior gravidade veio atualizar dramaticamente a discussão do problema cinematográfico brasileiro. O Congresso Nacional teria aprovado um projeto de lei que autoriza a dublagem em língua portuguesa dos filmes estrangeiros exibidos no Brasil. A notícia é tão inesperada e pouco sensata que preferimos a ela nos referir no condicional, enquanto não tomarmos conhecimento dos termos exatos do documento aprovado na Câmara dos Deputados e enviado ao Senado. A implantação da dublagem seria o pior ato já praticado pelas nossas autoridades públicas contra a arte cinematográfica em geral e contra a cinematografia brasileira, em particular.

[1960]

O gosto da realidade

Não adianta muito ter boas ideias fora do tempo. Bertrand Russell lembra que durante cem anos a ideologia feminista foi divulgada sem consequências práticas, bastando, porém, para assegurar o seu triunfo, que a Revolução Industrial exigisse a participação direta da mulher na produção de bens de consumo.

Seria pouco sensato atribuir a tradicional ineficiência da cinematografia brasileira à ausência de pessoas com boas ideias a respeito dessa modalidade especial de indústria e comércio. O aparecimento, na década de 1920 ou 1930, do Rui Barbosa (para não fugirmos à mitologia nacional) da cinematografia não teria alterado nossa situação de importadores de divertimento. Fazia parte, porém, de nossa imaginação coletiva de povo subdesenvolvido, esse anseio constante por certo tipo de personalidades cuja função sentíamos bem qual era mas sem defini-la claramente. Não esperávamos que elas promovessem o progresso nacional. Pedíamos apenas que se ilustrassem, sobretudo diante do estrangeiro, para nosso orgulho. Estou colocando essas considerações no passado, mas tudo isso é muito próximo. O que nos fascinou nos físicos saídos de nossa jovem universidade foram as informações correntes a respeito do prestígio de que gozavam no estrangeiro. Quando surgiu em São Paulo a efervescência cinematográfica dos fins dos anos 1940, descobriu-se subitamente que o Brasil possuía, também em cinema, um Santos Dumont, um Rui Barbosa, isto é, revelou-se ao grande público que Alberto Cavalcanti existia: como aqueles no Campo de Bagatelle ou na tribuna de Haia, este triunfara nos estúdios cinematográficos de França e Inglaterra. É uma perda de tempo imaginar o que teria acontecido se Santos Dumont tivesse recebido a missão de fabricar aeroplanos no Brasil, na década de 1920. Mas o fato de Rui Barbosa não ter conseguido eleger-se presidente da República deve reter nossa atenção, pois confirma a ideia de que a função desses homens não era a de resolver problemas nacionais, e sim a de serem admirados, não eram messias, mas astros. Se fosse permitido inventar uma expressão útil, eles poderiam ser definidos como "bodes exultórios".

A publicidade que acompanhou a volta de Cavalcanti ao Brasil para dirigir a produção da recém-fundada Companhia Vera Cruz procurou apresentá-lo na dupla qualidade de orgulho nacional e messias salvador. Seria errôneo interpretar esse fato em termos de simples técnica comercial. Para os industriais paulistas, a vinda do brasileiro que se ilustrara no cinema europeu devia constituir o fato novo e decisivo pelo qual o cinema nacional aspirava confusamente. Retrospectivamente é fácil constatar que o verdadeiro fato novo foi o de pessoas do gabarito econômico-social de Franco Zampari, Francisco Matarazzo Sobrinho, Anthony Assunção e Artur Audrá terem feito uma incursão na cinematografia brasileira. O insucesso dos empreendimentos, o retraimento mais ou menos rápido dos grandes nomes da indústria paulista, nada disso retira da bela aventura de 1950 seus resultados positivos permanentes. Tudo o que tem sido feito de útil e importante na cinematografia brasileira durante os últimos dez anos — e que constitui apenas preparo para as grandes expectativas da década de 1960 — decorre harmoniosamente da fundação da Companhia Cinematográfica Vera Cruz. Espíritos teimosos persistem em falar em erro, pois ainda não compreenderam que o único erro fatal é não existir. Tivessem todos os erros as consequências estimulantes da audácia de Franco Zampari!

Fizemos referência em crônica anterior ao fato de que dos quadros da Vera Cruz em declínio surgiram pessoas como Cavalheiro Lima e Jacques Deheinzelin, que iniciaram a investigação a respeito da conjuntura cinematográfica brasileira. O constante agravamento da situação levava a Companhia a solicitar o amparo dos poderes públicos e, pouco a pouco, tanto o publicista quanto o cinegrafista vieram a participar ativamente dos entendimentos e discussões com órgãos executivos, legislativos e de crédito. Essas tarefas práticas os obrigavam a ampliar e aprofundar seus inquéritos. Novos horizontes foram se abrindo sucessivamente e quando a Vera Cruz entrou em colapso, ambos estavam em excelente situação, se não para evitá-lo, pelo menos para compreendê-lo e em breve encontrariam um terreno novo para exercer sua competência nas comissões de cinema criadas sucessivamente junto aos poderes públicos municipal, estadual e federal.

Já sabemos que é tradicional a participação de jornalistas cinematográficos, simbolizados pelo veterano Pedro Lima, na luta pelo cinema brasileiro. A peculiaridade do período que nos ocupa, a década de 1950, facultou aos críticos paulistas a ação em estágio superior. Como seus predecessores cariocas, Flávio Tambellini, o nome paulista que melhor ilustra o tipo de militância que comento, fazia na sua coluna jornalística incessantes apelos aos poderes públicos. Evitava, porém, as sugestões globais mais ou menos platônicas assim como as indignações polêmicas e dirigia-se sobretudo aos poderes municipais e estaduais, ignorando praticamente naquela fase o longínquo Executivo federal. Os artigos tinham endereço certo e objetivo determinado. Não houve prefeito municipal, por mais transitória que tenha sido sua passagem pelo poder, nem governador que não tenham recebido apelos e sugestões. A quantidade de propostas feitas por Tambellini foi grande e a improvisação não podia e não devia ser evitada, pois não chegara ainda a hora da planificação. O crítico, aliás, não partia do pressuposto otimista de que as autoridades públicas iriam executar de motu proprio as ideias contidas nos artigos. Estes tinham o papel de iscas. A principal virtude da ação de Tambellini foi a de ter como objetivo central não a simples propagação de ideias mais ou menos boas, mas a articulação entre os poderes públicos e o quadro de técnicos e críticos paulistas que assumira por direito de atividade e presença a missão de levar avante as tarefas iniciadas pelos industriais de 1950.

Quando em 1955 João Accioli Neto, secretário da Educação na administração do prefeito Lino de Matos, criou comissões de assessoria artística, a de cinema adquiriu desde logo uma estrutura e um relevo singulares. Os estudos e esforços preliminares de Jacques Deheinzelin, Flávio Tambellini e Cavalheiro Lima, combinados agora com a experiência dos críticos Francisco Luís de Almeida Sales e Benedito Junqueira Duarte, assumiram a forma de uma lei, cujo comentário será feito aqui oportunamente e que constitui na legislação brasileira importante medida parcial de amparo à cinematografia nacional. O exemplo municipal estimulou a criação de comissões de cinema na esfera estadual e federal, sendo a última substituída mais tarde por um Grupo de Estudo da Indústria Cinematográfica, subordinado ao Ministério da Educação. O tom otimista com que faço essa enumeração não deve criar ilusões. A articulação entre os diferentes poderes públicos e o quadro militante da cinematografia brasileira é um acontecimento importante à luz, porém, de um processo em desenvolvimento. Por enquanto, nada de decisivo foi conquistado. A configuração da conjuntura cinematográfica brasileira, sobretudo agora que pesa a ameaça da implantação da dublagem dos filmes estrangeiros em língua portuguesa, oferece ao observador que não possua elementos de apreciação a respeito da dialética interna dos acontecimentos a perspectiva mais desoladora para o futuro do filme nacional. O histórico pormenorizado dos trabalhos das diferentes comissões de cinema junto aos respectivos poderes públicos correria o risco de dar ao leitor um sentimento de gratuidade estéril.

O espírito não aguilhoado pela pressa encontra, contudo, alimento para o otimismo desde que se impregne, frente ao cinema brasileiro, da estimulante incerteza stendhaliana diante do amor. Tudo é inseguro, mas tudo é possível.

As comissões de cinema tiveram sobretudo uma função de escola. Os empreendimentos práticos assumiram, inclusive quando malogrados, a validez de experiência que melhora o conhecimento. Pessoalmente foi nessa escola que tudo aprendi a respeito da conjuntura cinematográfica brasileira. Sua missão foi a de difundir o gosto amargo mas exaltante da realidade. O abandono das ficções e do cortejo penoso de frustrações que necessariamente as acompanhavam não é o resultado de um progresso puramente intelectual. Nosso estado de espírito reflete modificações sociológicas profundas que estão criando condições totalmente novas para o cinema no Brasil. A i Convenção Nacional da Crítica Cinematográfica realizada em São Paulo no mês passado foi a oportunidade para a cristalização das ideias e para a tomada de consciência da fase superior em que vai entrar a cinematografia brasileira. Ao que tudo indica, chegou a hora das boas ideias renderem.

[1960]

O dono do mercado

O mercado cinematográfico brasileiro tem dono. Eis o resumo e a conclusão a que leva uma primeira reflexão sobre o cinema no Brasil. O dono é o fabricante de fita estrangeira. Os oradores que a este propósito falam em conquista de mercado não utilizam a fórmula adequada ao caso. A ideia de conquista, com sua tonalidade imperialista, não se coaduna com o que foi na realidade a implantação do comércio cinematográfico entre nós nos primórdios do século. Havia um mercado a ser criado e a tarefa foi executada pelas firmas cujos nomes pontuam a era primitiva do cinema, Pathé, Nordisk, Itala, Cines, Vitagraph e Biograph. Nasceu, floresceu e consolidou-se um mercado exclusivo para o filme vindo de fora, não por deliberação de vontades, mas como decorrência de uma situação de fato. Os brasileiros que ingressavam no ramo o faziam como importadores e exibidores, isto é, como agentes das marcas francesas, italianas, dinamarquesas ou americanas. Nos primeiros tempos houve lugar para todos, mas a década de 1920 assistiu a lutas memoráveis no comércio cinematográfico. O vitorioso foi sempre o representante do grupo estrangeiro mais forte. Poder-se-ia nessa fase falar de conquistas, mas não em detrimento dos interesses nacionais, pois o cinema brasileiro praticamente não tinha papel nesses acontecimentos. É claro que a ideia de fabricar filmes veio ao espírito de muitos atacadistas e varejistas, isto é, aos distribuidores e donos de sala que comerciavam com o filme estrangeiro. Houve diversas tentativas, das quais participou inclusive Francisco Serrador, a personalidade mais marcante suscitada pelo novo comércio, mas todas pecaram pela descontinuidade. O filme brasileiro era concebido em termos de curiosidade episódica e não como produto destinado a alimentar um mercado. O comerciante de fitas estrangeiras participava eventualmente da fabricação do filme nacional, sem empenho, contudo, quase como uma fantasia ou um passatempo. Não era possível ao distribuidor ou exibidor brasileiro preocupar-se a sério com o cinema nacional sem descurar da mercadoria dos fabricantes estrangeiros, aos quais estavam ligados por uma forte solidariedade de interesses. Todo importador de fita que se associou em determinado momento com a fabricação de filmes nacionais nunca levou o empreendimento às suas consequências naturais. Chegou sempre o momento em que precisou escolher e cada vez optou, como é normal, pelo lucro auferido com a fita pronta e importada. A continuidade quase milagrosa da produção cinematográfica brasileira durante décadas foi assegurada pela teimosia de um artesanato cujos produtos encontravam um trabalhoso e insatisfatório escoamento nos quadros do comércio organizado. No panorama do cinema em território brasileiro, a produção de fitas nacionais constituiu tradicionalmente uma atividade marginal.

Como nosso mercado cinematográfico foi criado para o filme estrangeiro e desenvolveu-se em função dos seus interesses, estruturou-se espontaneamente na vida social brasileira a ideia de que essa situação era inalterável. A legislação cinematográfica em nosso meio reflete esse estado de espírito. Tudo se passa como se os responsáveis por esses assuntos se preocupassem antes de mais nada em manter o statu quo, o que leva os espíritos polêmicos a denunciar a ação corruptora dos interesses estrangeiros junto aos nossos homens públicos. Na realidade, este fenômeno nunca tem papel determinante nos acontecimentos. A explicação fácil em termos de corrupção é uma das múltiplas manifestações de um pensamento preguiçoso. A hipótese só teria validez se pudéssemos admitir um mecanismo essencialmente baseado na venalidade e cuja continuidade tivesse sido assegurada durante várias décadas. Ainda não foi feita a análise crítica pormenorizada da legislação cinematográfica brasileira, que começa aparentemente em 1921, mas é muito pouco plausível que ela revele uma ação corruptora permanente. Urge que alguém, cujo gosto o leve a esse gênero de estudos e que possua a indispensável formação sociológica, empreenda a análise histórica deste aspecto particular de nossa legislação. Não se trata de inquérito puramente universitário destinado a esclarecer um fragmento do passado. Um trabalho desta ordem se constituiria certamente num instrumento de muito valor para um empreendimento atualíssimo que é o de compreender, para agir em consequência, todas as facetas econômicas, sociais, legislativas e psicológicas das barreiras que impedem o florescimento do cinema nacional. O fato de conhecermos mal as forças que tolhem nosso desenvolvimento cinematográfico e a conjuntura na qual nos debatemos enfraquecem o rendimento das disposições e boas vontades que ultimamente em grande número desejam servir à causa do cinema brasileiro. Com excessiva frequência, desde 1915, temos lutado contra fantasmas criados pela nossa imaginação ingênua de povo subdesenvolvido ou contra as máscaras de uma realidade totalmente deformada pela ignorância.

É mais do que tempo de conhecermos a fisionomia exata de nossa adversidade. Desde que me dispus a pensar de forma consequente sobre cinema brasileiro, senti de maneira aguda a minha insuficiência. Procurando remediá-la, não encontrei as satisfações esperadas e compreendi que minha pouca idoneidade não era tanto uma falha pessoal quanto o reflexo de uma falta de conhecimentos bastante generalizada. Os esforços indiscutivelmente fecundos dos críticos e técnicos reunidos nas diversas comissões de cinema, aos quais presto novamente homenagem, devem ser encarados não como ponto de chegada, mas como o início de decifração da realidade. Seria, entretanto, totalmente absurdo cessar a reflexão ou a ação em torno do cinema brasileiro enquanto não temos à mão o resultado de pesquisas sociológicas a respeito de nossa legislação ou a coleta e interpretação de dados promovidas por especialistas em economia e estatística. A meditação sistemática, mesmo apoiada em bases insuficientes e pouco elaboradas, permite progresso; quanto à ação, é quase desnecessário lembrar que constitui uma das formas indispensáveis de conhecimento.

O empirismo no qual ainda nadamos não deve, portanto, desencorajar a reflexão em torno do postulado de que o mercado cinematográfico brasileiro tem dono, que este é o produtor estrangeiro e que tudo tem concorrido para a permanência e estabilidade dessa situação. Não devemos ser severos demais com a pouca imaginação dos nossos legisladores. Eles cuidavam do que existia e para eles, como para a esmagadora maioria da opinião, tal não era o caso do cinema brasileiro. Por outro lado, tomavam conhecimento de que numerosos brasileiros ganhavam a vida em profissões ligadas de um ou de outro modo ao cinema e reconheciam a existência de uma *classe cinematográfica* que era naturalmente constituída pelas diferentes categorias indissoluvelmente associadas aos interesses da importação de fitas prontas. Todas as medidas tomadas em favor da classe cinematográfica brasileira tinham o sentido de abrir maiores facilidades para a importação. Os legisladores preocupavam-se mesmo, eventualmente, com o desemprego nos setores menos favorecidos da corporação. A solução encontrada era a redução dos direitos de importação dos filmes impressos, que segundo o terceiro considerando do decreto nº 21 240 de 4 de abril de 1932 "virá permitir a reabertura de grande número de casas de exibição, com o que lograrão trabalho numerosos desempregados". Quando o legislador resolve amparar a atividade dos laboratórios, a medida tomada consiste igualmente em criar novos privilégios para a importação, conforme o primeiro parágrafo do artigo 31 do decreto nº 20 493 de 24 de janeiro de 1946: "As cópias de filmes estrangeiros, qualquer que seja o seu número, ficam isentas do pagamento da taxa cinematográfica desde que sejam reveladas no Brasil". O amparo à importação tornou-se de tal maneira a norma na legislação brasileira que, durante a guerra, uma comissão constituída no Ministério da Educação para estudar medidas de estímulo à produção cinematográfica nacional concluiu seus trabalhos com a recomendação, atendida pelas autoridades, de que se concedesse isenção de direitos aos filmes estrangeiros impressionados.[1] Mesmo quando restabelecidas, as taxas alfandegárias foram quase simbólicas. Até há três anos, o filme estrangeiro era importado pagando direitos aduaneiros correspondentes a oito cruzeiros o quilo, e hoje paga apenas um cruzeiro por metro, e mais cinquenta centavos quando a fita é colorida. É muito mais fácil e barato importar filmes prontos do que película virgem, matéria-prima indispensável para se fabricarem fitas no Brasil.

1. Este fato é contado por Cavalheiro Lima no relatório que apresentou na I Convenção Nacional da Crítica Cinematográfica. Ele me parece um pouco surpreendente demais. A fonte desta informação precisa ser examinada mais acuradamente.

Este espírito importador, ou seja, a ideia da fita pronta, estava tão enraizado que impregnou, como observou com acuidade Cavalheiro Lima, a legislação de amparo ao cinema brasileiro. Com efeito, ela não se interessa em criar as condições básicas para a fabricação de fitas. Tanto as medidas relativas à proporção de fitas brasileiras que os cinemas devem exibir quanto as que procuram garantir a porcentagem no lucro se referem ao filme já pronto. Essas iniciativas não tinham por objetivo suscitar uma indústria e uma arte cinematográficas brasileiras, em cuja possibilidade os promotores não acreditavam, mas exprimiam apenas um sentimento de medíocre paternalismo. Tratava-se de assegurar estabilidade e um mínimo de integração às atividades marginais dos artesãos da cinematografia brasileira.

O melhor exemplo, porém, de que para a legislação brasileira a única realidade cinematográfica ponderável é a do filme estrangeiro surge quando, revelando-se insuficientes as facilidades habituais, nossas autoridades deliberaram amparar economicamente os produtores de todos os filmes exibidos no Brasil, com exceção única dos brasileiros.

[1961]

A vez do Brasil

Seria totalmente errado supor que as sucessivas administrações públicas brasileiras não tenham dado importância ao cinema. Preocuparam-se muitíssimo; apenas, para nossos homens de governo, cinema era sinônimo de fita importada. O melhor exemplo desta preocupação e desta limitação governamental nos é fornecido pela política de congelamento dos preços de entradas de cinema mantida anos a fio, e que se extinguiu somente em 1957. A administração pública considerou de bom alvitre não permitir que a elevação geral dos preços atingisse os bilhetes de cinema. A intenção do poder governamental era provavelmente promover um clima psicológico favorável. No meio de uma inflação generalizada, o povo tinha o consolo de ver mantido o preço de sua diversão favorita. Esta política evitava ainda às autoridades alguns dissabores, pois as condições do espetáculo cinematográfico, concentrando num mesmo horário grande número de consumidores, prestam-se, como também os sistemas de transporte, às manifestações coletivas de descontentamento.

Ao mesmo tempo, porém, que tomavam essas medidas drásticas de contenção, nossos homens públicos mostraram-se extremamente atentos aos interesses dos produtores das fitas importadas. A fim de compensar a diminuição do lucro provocada pelo congelamento, autorizou-se às companhias cinematográficas estrangeiras a exportação, pelo câmbio oficial, das rendas auferidas pelas suas fitas em território nacional. Tudo ocorria como se os preços das entradas tivessem sido substancialmente majorados, mas exclusivamente em benefício do filme estrangeiro. Para este, o congelamento era uma ficção, mas para a fita brasileira uma dura e inapelável realidade.

Conforme observou Cavalheiro Lima no relatório apresentado à 1 Convenção Nacional da Crítica Cinematográfica, os produtores brasileiros foram obrigados a deflacionar, em pleno regime de inflação e quando surgia uma tentativa de industrializar nosso cinema, sem o amparo de qualquer reajuste nas vendas, a fim de amortizar os investimentos realizados. Ficou assim condenado ao desaparecimento o parque industrial cinematográfico paulista, cujos três estúdios, Vera Cruz, Maristela e Multifilmes, haviam há pouco tempo sido criados graças ao estímulo de uma lei do Congresso concedendo facilidades para a importação de equipamento cinematográfico. Seria estéril procurar ver, nessas medidas contraditórias, uma legislativa de amparo e outra executiva de aniquilamento, a expressão de uma luta de forças do bem e do mal em relação à cinematografia brasileira. Nenhuma dessas medidas deriva de uma política concertada frente ao cinema brasileiro. A lei do Congresso foi um gesto improvisado de estímulo, produto de uma boa vontade esporádica e finalmente inconsequente por estar desligada de um contexto de iniciativas complementares. Por outro lado, é evidente que a portaria do congelamento não foi dirigida contra o cinema brasileiro. A iniciativa foi tomada simplesmente como se o cinema brasileiro não existisse.

É preciso ter muita paciência com os nossos homens públicos no tocante aos assuntos cinematográficos brasileiros. Se se tratasse de corrupção ou obtusidade, a tarefa do comentarista seria facilitada. O que complica o trabalho dos que se empenham na resolução do problema é o fato de nossos estadistas terem diante do cinema brasileiro o comportamento de crianças que não sabem o que fazem ou o que fazer. E a criança, como hoje toda gente sabe, é conservadora, teimosa e facilmente cruel.

O papel dos que assumiram a responsabilidade de cuidar do cinema brasileiro é esclarecer, persuadir, educar os nossos homens públicos. O processo já está em curso, como demonstram os resultados parciais obtidos pelas diferentes comissões de cinema na esfera municipal, estadual e federal, e cada dia que passa o terreno amadurece para uma tomada definitiva de consciência. Os progressos da ideia de cinema brasileiro na opinião geral do país têm sido extremamente rápidos de alguns anos a esta parte. Continuam infensos ao fenômeno sobretudo os setores mundanos da alta burguesia e os quadros políticos. Nossos filmes, atores e técnicos ainda são contemplados com distante ironia pelos veranistas de Guarujá ou com simpatia complacente e paternalista pelos homens públicos, mas já está muito próximo o momento em que o cinema brasileiro fará parte integrante dos devaneios de uns e das preocupações dos outros.

A transformação do cinema brasileiro de uma veleidade de uns poucos pioneiros, ou de uma atividade de artesãos modestos e teimosos, em necessidade social implicando para sua satisfação uma série de iniciativas legislativas, industriais, políticas e econômicas, é um acontecimento fascinante a cujo desenrolar assistiremos na próxima década, e que merece ser acompanhado de perto não apenas pelos críticos e outros especialistas de cinematografia, mas igualmente pelos jovens economistas, sociólogos e psicólogos dotados de competência universitária e daquele equilíbrio entre o sentido do concreto e a fantasia imaginativa, indispensável para revelar a face ainda encoberta de uma nova realidade. Quanto aos escritores, músicos, pintores, escultores, não é preciso chamar-lhes a atenção para o que irá acontecer, pois serão certamente solicitados e envolvidos, sendo lícito pensar que muitos deles darão a sua medida maior na criação coletiva do cinema brasileiro.

A convicção de que está chegando a hora do cinema nacional não se apoia exclusivamente em acontecimentos recentes de grande envergadura que tiveram como eixo o assunto, como a I Convenção Nacional da Crítica Cinematográfica ou a criação de uma organização reunindo todos os críticos brasileiros, ou ainda a proliferação intensa em todo o território nacional de associações espontâneas de cultura preocupadas fundamentalmente com o cinema feito ou a se fazer em nosso país. Esses fenômenos poderiam afinal de contas ser interpretados como o resultado eficaz de um movimento vanguardista e pioneiro, e não como algo espontâneo exprimindo correntes profundas da opinião. Melhor que o exame desses acontecimentos, que são consequências de deliberação consciente, será o exame da insensível transformação operada no espírito de pessoas não diretamente empenhadas nos assuntos da cinematografia brasileira. À indiferença generalizada de alguns anos atrás, só perturbada por acontecimentos de vulto como a estreia da Vera Cruz ou o êxito de *O cangaceiro*, substituiu-se um estado de espírito difícil de ser configurado, e que por minha parte definirei como sendo de aflição. As pessoas se afligem pelo fato do cinema brasileiro ser tão mau. Muitos ainda se escondem atrás do sarcasmo e da ironia, porém o mal-estar que ressentem diante de nosso cinema adquire raízes sempre mais profundas. Estamos aflitos porque nosso cinema nos humilha. Sua mediocridade torna-se cada dia mais insuportável, não porque os filmes se tenham tornado piores, mas porque assumem aos nossos olhos uma importância que não lhes concedíamos antigamente. No dia em que descobri essa modificação de consciência dentro e fora de mim, e que constatei em seguida a generalidade do fenômeno, percebi que a situação estava salva, e que se anunciavam novos tempos para a cinematografia brasileira. Tecera-se na opinião uma estrutura de necessidade. Morreu a indiferença pelo cinema brasileiro. Na semana passada, desta coluna o escritor Paulo Hecker Filho proclamou o seu desamor por *Hiroshima*, sua admiração por Cayatte e ao mesmo tempo desfechou sem muito propósito um ou dois ataques ao cinema brasileiro. Seria pouco acurado interpretar as referências do comentarista em termos de maldade gratuita. O fato de abordar tema cinematográfico levou-o insensivelmente a manifestar a aflição que também o possui em relação ao nosso cinema.

Do momento em que está criada a necessidade, não haverá mais obstáculos intransponíveis para que se promovam as condições favoráveis à conquista de nosso mercado para os nossos filmes.

[1961]

Ao futuro prefeito

O objetivo desta série de artigos sobre a conjuntura cinematográfica brasileira não é só informar, mas eventualmente influir. O senso da oportunidade aconselha-nos a tratar no momento de questões da alçada do governo municipal paulistano. Aproxima-se a eleição do prefeito de São Paulo, e, como acontece sempre nessas ocasiões, os candidatos estão à procura de formulações para suas plataformas. De um tempo a esta parte, são cada vez mais numerosos os que incluem em seus programas e promessas os mais variados projetos de natureza cultural, o que não deixa de ser encorajador como sintoma. Nenhum esquece o cinema, a respeito do qual solicitam ideias aos respectivos assessores. Estes dirigem-se aos meios cinematográficos paulistanos e surpreendem-se ao constatar o quanto é fácil a um candidato a prefeito fazer, no terreno cinematográfico, promessas de grande alcance as quais — e aqui entra o elemento realmente inesperado — poderão ser fielmente cumpridas. Bastaria ao prefeito escolhido pelo povo tomar em consideração uma lei já existente e empregar na sua plena execução os recursos arrecadados para este fim. Trata-se da lei nº 4854, de 30 de dezembro de 1955. A iniciativa desta lei foi tomada durante a gestão dos prefeitos Juvenal Lino de Matos e Wladimir de Toledo Piza. Nenhum deles, entretanto, havia prometido em suas plataformas cuidar de cinema nacional ou de cultura cinematográfica. Se o primeiro enviou mensagem à Câmara Municipal e o segundo promulgou e iniciou a execução da lei, isto se deve à Comissão Municipal de Cinema, criada em 1955 pelo então secretário de Educação, João Accioli, e cujo primeiro presidente foi o poeta Rossine Camargo Guarnieri.

Foi para essa Comissão, integrada entre outros por Almeida Sales, Lima Barreto, Flávio Tambellini, B. J. Duarte, Plínio Garcia Sanchez, Walter George Durst e Jacques Deheinzelin, que este último preparou o relatório *Situação econômica e financeira do cinema nacional*.[1] Esse documento, que acompanhou o projeto de lei enviado pelo prefeito aos vereadores, é até hoje a melhor coisa que se escreveu sobre a conjuntura cinematográfica brasileira. Jacques Deheinzelin não dispõe de todos os elementos de informação de que necessitava, e é evidente que hoje os dados que utiliza precisariam ser atualizados. O método de pesquisa empregado continua, entretanto, inteiramente válido, assim como a escolha dos diferentes terrenos de inquérito. O estudo atento desse trabalho é condição indispensável para qualquer desenvolvimento dos estudos a respeito do cinema brasileiro encarado do ângulo econômico e financeiro. A objetividade e a concisão são ainda características que fazem desse relatório, de importância histórica, um modelo no gênero.

Muita gente ainda pensa que o cinema brasileiro não floresce industrialmente porque é mau, isto é, porque o público não gosta

---

1. Esse texto foi editado pela Prefeitura do Município de São Paulo em uma brochura onde consta igualmente a íntegra da lei nº 4854.

de nossos filmes. Não vamos discutir por enquanto a qualidade do cinema nacional, assunto que temos deixado deliberadamente de lado por não se inserir na ordem de preocupações desta série de artigos. A ideia, entretanto, de que o público brasileiro considerava ruins os filmes feitos no país e por isto não os assistia, era bastante generalizada e empregada para explicar a estagnação do cinema brasileiro. Uma das demonstrações fundamentais contidas no relatório Deheinzelin foi a da acentuada preferência do público pelas fitas nacionais. O rendimento médio destas é bem maior que o das fitas estrangeiras. Não é, portanto, por falta de público que o cinema brasileiro não progride. Encontramos o motivo do nosso subdesenvolvimento numa esfera que nada tem a ver com o sufrágio dos espectadores. Nosso filme é colocado no mercado em tal situação de inferioridade frente ao concorrente estrangeiro que, por maior que seja seu êxito comercial, dificilmente são pagas as despesas com a produção. O filme importado em geral chega ao mercado brasileiro com o seu custo de produção já amortizado. Do momento que seja coberto o preço da cópia, no máximo 150 mil cruzeiros, a fita já está dando lucro, ao passo que a produção nacional só começará a render depois de pagos os 7 milhões de cruzeiros que custou. Uma fita estrangeira que renda para o produtor 1 milhão permite-lhe um lucro de 850 mil. Uma brasileira nas mesmas condições significa um déficit de 6 milhões. A estrangeira pode ser vista no Brasil por 100 mil pessoas, e a brasileira por 600 mil, ainda assim a primeira será um êxito comercial e a segunda um fracasso.[2] A respeito da situação da fita estrangeira e da nacional no mercado brasileiro, devem ser levadas em conta outras considerações, algumas quase tão importantes quanto a que foi delineada; mas esta é suficiente para

---

2. Sobre esse assunto, ver o trabalho apresentado por Cavalheiro Lima na I Convenção Nacional da Crítica Cinematográfica.

demonstrar a impossibilidade de uma indústria cinematográfica brasileira num sistema de mercado aberto e de livre concorrência. Sobre este assunto, as conclusões do relatório Deheinzelin são idênticas às dos trabalhos do mesmo gênero feitos no estrangeiro, notadamente o livro *The British Film Industry*, publicado pelo organismo inglês PEP (Political and Economic Planning). A ideia principal é que uma indústria cinematográfica *normal* só pode existir num país que reúna uma série de condições ideais e que no mundo moderno essas condições são satisfeitas apenas pela América do Norte. Os cinemas italiano, inglês, francês, espanhol, argentino, mexicano etc. vivem graças a uma série de medidas que visam dificultar a importação de fitas estrangeiras, assim como de iniciativas destinadas a estimular diretamente a produção nacional. No Brasil, como vimos em artigos anteriores, é precisamente a política inversa que tem sido praticada.

Não entraremos hoje no exame das diferentes medidas que são da esfera federal ou estadual e que envolvem problemas de alfândega, câmbio, financiamento, taxas, ou de simples administração, como, por exemplo, a sonegação de rendas. Limitemo-nos a tratar dos suplementos de renda que podem ser obtidos para o filme brasileiro e voltemos assim ao terreno municipal paulistano e à lei nº 4854. Este mecanismo de suplementação é uma das vigas mestras da política cinematográfica da Itália, da França e dos outros países onde se cuida do cinema nativo. Trata-se, em última análise, de canalizar para o produtor nacional uma parcela dos recursos que o governo recolhe através da tributação do comércio cinematográfico. O que torna mais complexa a situação brasileira é o fato de, entre nós, estar o imposto de diversões públicas afeto constitucionalmente aos municípios. Esta dificuldade pode e deve ser enfrentada, e é nesta perspectiva que a lei paulistana nº 4854 foi o mais importante e promissor acontecimento no Brasil em matéria de legislação cinematográfica.

Não se pediu ao município que desviasse em favor do cinema uma parcela dos seus recursos habituais oriundos do imposto de diversões públicas, mas recolhesse as somas necessárias através de um adicional aplicado aos bilhetes de entrada dos cinemas. Por imposição constitucional, só os filmes produzidos em São Paulo são favorecidos, mas a lei prevê um sistema de reciprocidade que entrará em execução desde que iniciativas legais semelhantes sejam tomadas em outros municípios brasileiros. Atualmente, os produtores paulistas recebem 15% (ou 25% quando a fita é considerada boa) da renda obtida por suas películas no município de São Paulo. Apesar de ainda circunscrito apenas ao município paulistano, este sistema de premiações constituiu-se em vigoroso estímulo para o cinema nacional. Mas a lei nº 4854 não se limita a amparar a indústria, ela se preocupa também com a cultura cinematográfica e prevê convênios entre a Prefeitura e instituições dedicadas à conservação e à difusão cultural de filmes ou ao ensino da técnica e da arte cinematográfica.

O exemplo paulistano ainda não foi seguido efetivamente por nenhum outro município brasileiro, apesar de existirem iniciativas em curso em muitas cidades, como o Rio, Porto Alegre, Curitiba, Campinas, Marília etc. Atribui-se o fato em grande parte a uma onda de ceticismo criada pela opinião generalizada de que a lei paulistana não funciona bem. A impressão corrente é que os fundos arrecadados pela Prefeitura são totalmente desviados de sua destinação natural de amparo às atividades industriais e culturais cinematográficas de São Paulo. A asserção é exagerada. A maior parte dos recursos auferidos através da lei, com efeito, não são empregados na forma por ela prevista. Cada ano, entretanto, tem sido posto no orçamento o suficiente para pagar, sempre com muito atraso, as porcentagens devidas aos produtores. As previsões culturais da lei têm sido bastante sacrificadas. Por enquanto, a Prefeitura só assinou dois convênios, de duração de um ano, com instituições culturais, e o cumprimento dos compromissos municipais foi laborioso, lento e pouco satisfatório. Mesmo assim, foi sobretudo graças a esses convênios que o Seminário de Cinema pôde obter um mínimo de equipamento, e a Cinemateca Brasileira assegurar durante os últimos anos uma continuidade medíocre mas real. Em suma, o funcionamento da lei nº 4854, a não ser na parte da arrecadação, tem sido precário, mas apesar disso teve resultados favoráveis para a indústria e, em nível bem inferior, para a cultura cinematográfica em São Paulo.

Os candidatos a prefeito podem, pois, com a consciência tranquila, assegurar que estão em condições não só de favorecer a indústria cinematográfica, mas de dar a todos os bairros da cidade a possibilidade de elevar o nível de apreciação do público pela única arte democrática de nosso tempo, assim como de finalmente levar o cinema à escola.

E para honrar os compromissos assumidos, bastará ao eleito cumprir fielmente a lei nº 4854.

[1961]

Uma revolução inocente

Para cuidar adequadamente de cinema brasileiro, é necessário imaginação, isto é, capacidade de condicionar os estudos teóricos e as providências práticas a uma situação ainda inexistente, pelo menos na aparência. Trabalhar tendo como objetivo apenas a melhoria ou o aperfeiçoamento do estado cinematográfico em que nos encontramos é um gasto ilusório e irrisório de energias. A modalidade e o grau de estratificação que a conjuntura cinematográfica brasileira atingiu tornam ineficazes os ensaios tímidos de reformismo. O que a situação presente sugere e comporta é uma revolução.

Apesar de muito usada nos comícios eleitorais e nos editoriais políticos — é verdade que sempre envolvida por um tecido de ressalvas atenuadoras — a palavra "revolução" ainda provoca temor, mesmo quando aplicada a um terreno delimitado e inocente como o da cinematografia. Inúmeros espíritos não veem com clareza o que seja uma revolução. Esta lhes sugere a ideia de algo muito planejado, deliberado, forçado, cujo intuito é o de substituir uma coisa por outra, porém dentro de um mecanismo no qual a liberdade de escolha fosse muito grande, isto é, num contexto onde a revolução pudesse, indiferentemente, ser ou não praticada. A revolução seria a consequência da opção de consciências organizadas, e implantada pela violência da vontade. Esta concepção romântica dificulta a compreensão de como se processam os acontecimentos não só na vida social como um bloco mas igualmente em setores delimitados e modestos da atividade humana, como o cinematográfico.

A revolução é muito menos vanguardística do que à primeira vista parece. Quando se torna possível, é porque já se encontra pronta dentro do corpo social, ao cabo da longa e complexa gestação. A sua eclosão tem a harmoniosa inelutabilidade do nascimento. A violência que implica é incomparavelmente menor e mais útil do que a necessária para impedi-la. As forças que a revolução enfrenta, mesmo quando possuem, graças ao fenômeno da inércia, aparências de estabilidade estão por definição e na realidade em declínio e condenadas. O ato revolucionário decisivo é tão simples como um soco num paralítico, escrevia Leon Trótski, e eventualmente tão pouco agradável, acrescentamos nós.

A imaginação revolucionária consiste em vislumbrar no presente as formas de um futuro que já se encontra configurado e vivo, e agir em consequência, enquanto os reacionários e conservadores perdem literalmente o seu tempo procurando restaurar ou conservar aparências. A complexidade da história admite, porém, que um nascimento revolucionário seja truncado, mas o organismo social não se presta ao aborto. Quando a violência inútil impede que a revolução frutifique, surgem situações que evocam a do monstro Eumergue, personagem mitológico inédito, que passou muitas décadas no ventre materno, feto adulto, cabeludo, dotado de enormes unhas, de consciência, e que conheceu a luz do dia para morrer.

Essa variação sociológica e literária é útil para a descrição da perspectiva que se abre para o cinema brasileiro. Nesse domínio, mentalidade reacionária, conservadora ou reformista são quase sinônimos. Trata-se de pessoas que aceitam como cinema brasileiro o statu quo vigente. Fazem-no por desinteresse, inadvertência, distração ou pessimismo. Em regra geral, situam-se fora dos meios cinematográficos, embora na própria corporação existam representantes dessa mentalidade, velhos profissionais combalidos por anos de atividade medíocre, ou intelectuais roídos pelo ceticismo. Essa gente dificilmente consegue enxergar além das duas dúzias de maus filmes que o Brasil produz anualmente. É uma perda de tempo examinar quais os motivos técnicos, artísticos e intelectuais que conferem à nossa produção um nível tão inferior, como igualmente não adianta imaginar providências que assegurem maior estabilidade aos produtores atualmente empenhados no ramo. Seria admitir como normal uma situação que se tornou impossível, pois decorre de um mundo morto e enterrado, o de um Brasil que aceitava o subdesenvolvimento e que na ilusão de atenuá-lo apelava para o recurso definidor do estatuto colonial, a importação de objetos manufaturados. Fazer filmes é mais difícil do que fabricar sabonete ou sapato, sendo por isso compreensível que a importação maciça do divertimento manufaturado tenha permanecido como um dos mais tenazes resquícios do lamentável passado brasileiro. Por outro lado, porém, é incomparavelmente mais fácil implantar uma indústria cinematográfica do que a siderúrgica, a petrolífera ou a automobilística. É sobretudo depois de termos realizado a proeza de criá-la no país que a conjuntura cinematográfica brasileira aparece cada vez mais como incompreensível, inadmissível e escandalosa. O recurso é apelarmos para a imaginação revolucionária. O ponto de partida para uma planificação cinematográfica brasileira seria ter em vista para um futuro bastante próximo a produção anual de cinquenta filmes, cifra que deverá alçar-se gradativamente a cem. É curioso verificar até que ponto é suficiente formular esse projeto, aparentemente tão distante da situação atual, para sentir como ele corresponde não a necessidades futuras, mas à satisfação de desejos coletivos atuais. Melhor do que isso, o normal teria sido que o processo se tivesse iniciado há mais de dez anos, a partir da constituição da Companhia Vera Cruz, e que atualmente a nossa produção já estivesse situada na casa dos cem. Está estatisticamente comprovado que desde aquele momento o público cinematográfico brasileiro demonstra, cada vez que se lhe oferece a oportunidade, a sua preferência pelo produto nacional, sendo igualmente útil recordar que durante a última década esse público foi, em todo o mundo, provavelmente o que mais se desenvolveu numericamente. Se a indústria de divertimento não fincou pé definitivamente entre nós durante os anos 1950, foi exclusivamente em virtude da cegueira demonstrada nesse particular por nossas autoridades públicas. Longe de mim a ideia de que o cinema deva ser em nosso país um empreendimento estatal. No Brasil moderno e durante um período de tempo que não avaliaremos, a indústria cinematográfica será um produto de iniciativa privada. Compete ao governo apenas tomar a série de medidas básicas indispensáveis ao desenvolvimento econômico desses empreendimentos do capitalismo particular.

Ainda aqui, o postulado da imaginação revolucionária relativo aos cem filmes anuais indica um dos caminhos a seguir, orientação, aliás, que nada tem de pioneira, pois foi a trilhada pelos italianos, franceses, ingleses, mexicanos e outras nações que acharam útil permitir a eclosão e a permanência de um cinema nacional. É preciso desafogar o mercado cinematográfico brasileiro, a fim de abrir vez para os nossos cem filmes anuais. As medidas de caráter alfandegário e cambial para atingir esse objetivo são de uma simplicidade linear. Ao grau de amadurecimento que as questões cinematográficas estão chegando entre nós, a elevação de muitos e muitos milhares por cento de tal ou qual taxa ou imposto de importação será hoje uma medida de rotina.

No mundo moderno, a revolução assume às vezes o aspecto de medidas rotineiras, como demonstrou a administração trabalhista britânica ao executar as mais profundas modificações sociais sofridas pela Inglaterra durante um século. É claro que uma revolução fere interesses, mas satisfaz outros numa proporção tão incomparavelmente superior que os primeiros podem ser negligenciados.

A revolução cinematográfica brasileira atingirá alguns interesses imediatos de industriais e comerciantes estrangeiros e de alguns brasileiros a eles associados. Graças à propaganda comunista e nacionalista, cuja miopia na matéria é tradicional, atribui-se uma força extraordinária aos representantes dos interesses cinematográficos estrangeiros no Brasil. Examinando a questão de perto, constata-se que a única fonte do poder desses delegados de fábricas americanas ou europeias é a completa indiferença manifestada até há pouco tempo pelo fato cinematográfico nos altos setores da vida política brasileira. No mais, são apenas os *public relations* habituais que cumprem as suas tarefas normais de criar para os produtos que vendem uma atmosfera acolhedora e simpática. Na perspectiva em que nos colocamos, os tão decantados interesses cinematográficos estrangeiros não passam de um paralítico à espera do soco.

Tudo isso indica que a revolução cinematográfica é possível. Irá ela efetivar-se? Procuraremos a resposta na plataforma cinematográfica do candidato Jânio Quadros, lançada em São Paulo em janeiro de 1960, e nas primeiras medidas relativas ao cinema tomadas pelo presidente da República durante as últimas semanas.

[1961]

Importância do Geicine

Já decorreram vários meses do encerramento da I Convenção Nacional da Crítica Cinematográfica, e ainda não encontrei oportunidade para comentar pormenorizadamente as teses apresentadas. Muitas delas, entretanto, inclusive algumas que não foram aceitas pelo plenário, são ricas em ideias e sugestões, merecendo maior difusão e uma análise atenta. Os temas que abordam têm com frequência interesse permanente — sobretudo quando envolvem problemas estéticos, sociológicos ou morais —, o que faculta a discussão a qualquer momento, sem perda de atualização.

Esta introdução em forma de desculpa é uma explicação que forneço aos autores de teses que manifestaram curiosidade em conhecer o meu ponto de vista sobre seus trabalhos. Alguns interpretaram como indiferença o silêncio, que era apenas adiamento, e manifestaram certa decepção. Na realidade, seria imperdoável que o tão esperado diálogo nacional iniciado durante a Convenção fosse abandonado sem mais aquela. Se os brasileiros que se interessam por cinema não se dispuserem ao constante exame crítico das diversas expressões do pensamento cinematográfico do país, correremos o risco de estiolar-nos novamente no ar rarefeito das províncias, geográficas e estéticas. Ou adquirimos uma perspectiva nacional, o que implica um entrosamento cada vez mais íntimo com o borbulhar de ideias e iniciativas que surgem nas mais diversas partes do território, ou seremos incapazes de enfrentar as tarefas que aí estão, a solicitar o nosso pensamento e a nossa ação.

Se por enquanto cuidei tão pouco das teses é porque estava ocupado sobretudo em cumprir, na parte que me toca, uma das mais importantes decisões da I Convenção. Os cem críticos cinematográficos reunidos em São Paulo verificaram, com efeito, que boa parte deles havia permanecido bastante alheia à problemática do cinema nacional. Resultou, da autocrítica, o compromisso de analisarem os fatores internos e externos responsáveis pelo atraso do nosso cinema. Resolveram ainda "assumir atitude clara e definida perante os problemas que sufocam a nossa indústria, esforçando-se por libertar o Brasil da sua condição de país cinematograficamente subdesenvolvido". Tais resoluções subentendiam uma censura e advertência a muitos que escrevem sobre cinema em jornais e revistas, e pessoalmente não tive dúvida em enterrar a carapuça na minha própria cabeça. Quando comecei, para obedecer por meu lado às resoluções coletivas da Convenção, a me documentar a respeito de cinema brasileiro e a escrever sobre ele de modo mais metódico, fui o primeiro a me surpreender com o interesse e o estímulo que encontrei nessa tarefa. Compreendi então que se processara em mim, durante os últimos anos, uma evolução da qual não havia tomado plena consciência. Se me entreguei com tanta facilidade ao cumprimento das determinações da Convenção, foi porque na verdade já me encontrava amadurecido para participar do esforço coletivo em prol da cinematografia brasileira. A Convenção fora apenas o momento de cristalização definitiva de algo já perfeitamente constituído dentro do meu espírito. Ao constatar finalmente não ser esse um fenômeno individual, pois o mesmo sucedera a um número considerável de colegas de todo o Brasil, não tive mais dúvidas acerca da importância histórica da i Convenção, isto é, do fato de significar, essa reunião de jornalistas cinematográficos de todo o Brasil, por um lado, o coroamento harmonioso do longo esforço de estudo, divulgação e persuasão, executado principalmente pelas comissões de cinema de âmbito municipal, estadual e nacional, e, por outro, o início de tempos novos, a passagem da luta pela cinematografia brasileira a uma etapa superior de desenvolvimento. Aqui novamente causa surpresa averiguar a que ponto já estão maduras as condições sociais indispensáveis à eclosão da cinematografia nacional, a começar pela primeira, básica, isto é, a existência de um público que não cessa de crescer por motivos não só demográficos mas também por outros igualmente determinantes, como a concentração urbana e o enriquecimento nacional; além do que esse público, de dez anos a esta parte, tende a preferir espontaneamente o produto nacional ao estrangeiro. O problema não é criar um cinema, mas simplesmente desimpedi-lo, deixar que exista. Na verdade, só falta, só estava faltando, o toque mágico da decisão governamental, o "abre-te-sésamo" de algumas medidas federais, de caráter aduaneiro, tarifário, cambial e bancário, para que se revelem aos nossos olhos pasmados os tesouros latentes e insuspeitados de uma grande cinematografia brasileira. A fórmula mágica foi encontrada, a vara de condão que vai apresentar o gênio cinematográfico brasileiro aí está, já se forjou o instrumento da ação libertadora, é o Grupo Executivo da Indústria Cinematográfica, o Geicine.

Em sua Sexta Resolução, a i Convenção da Crítica Cinematográfica exprimia ao então presidente eleito da República "a confiança na rápida execução das medidas de apoio e proteção à indústria cinematográfica brasileira constantes de documento por Sua Excelência assinado, em reunião da classe cinematográfica". Esse documento, plataforma cinematográfica do candidato Jânio Quadros, foi divulgado pela imprensa nas primeiras semanas de janeiro de 1960. Lido com interesse, não provocou, todavia, nenhum impacto, devido talvez às circunstâncias eleitorais em que foi lançado, o que sempre dá margem a certo ceticismo. Quando, porém, cerca de um ano depois, nas primeiras semanas do seu governo, o presidente da República criou o Geicine, a sua plataforma cinematográfica adquiriu subitamente uma prodigiosa realidade. Com efeito, o critério que presidiu à constituição do Geicine confere a esse órgão uma perfeita adequação, como instrumento para executar sem maiores delongas as principais ideias expostas na plataforma cinematográfica.

O que, antes de mais nada, e com razão, impressionava o sr. Jânio Quadros em janeiro de 1960 era a "formidável ausência federal no setor do cinema brasileiro". O candidato denuncia como um "privilégio odioso" as condições de facilidade e amparo criadas para o filme pronto importado, em contraste com o pesado tributo que pesa sobre a importação da película virgem, isto é, a matéria-prima indispensável para se produzirem fitas no país. A reação do sr. Jânio Quadros contra a mentalidade importadora vai, entretanto, mais longe, ao aludir ele à necessidade de um "imediato estudo para verificar a necessidade e o interesse da instalação de uma fábrica de filme virgem".

Não há traço, no documento do candidato Jânio Quadros, de nacionalismo demagógico ou xenófobo. O que deseja e promete fazer é "normalizar as condições de concorrência entre o produto nacional e o não nacional". Para isso, além das medidas preliminares alfandegárias, tarifárias e cambiais, destinadas a abrir terreno no mercado interno para o produto cinematográfico brasileiro, e as de crédito, destinadas a estimular a iniciativa industrial privada, a plataforma alude a um corolário de iniciativas complementares, como a criação de um organismo distribuidor em regime de sociedade comercial de economia mista; a premiação, com critérios qualitativos, de 0 a 25%, sobre a renda nacional obtida pelos filmes brasileiros; a instituição do ingresso único oficial, como meio para fiscalizar as rendas no mercado interno; a encampação da Companhia Cinematográfica Vera Cruz, em associação com o governo do estado de São Paulo, para exclusiva locação a produtores; sem mencionar outras medidas, igualmente fundamentais, como as de "apoio e estímulo às entidades culturais de cinema e as de ensino cinematográfico".

Pois bem, a Diretoria Executiva do Geicine, com os seus membros oriundos de órgãos como a Cacex, o BNDE, a Sumoc, o CPA e as Carteiras de Crédito do Banco do Brasil, além de representantes dos ministérios interessados, tem em mãos todos os elementos para iniciar sem perda de tempo a efetivação das ideias e projetos contidos na plataforma cinematográfica do sr. Jânio Quadros. Pareceu-me muito acertado colocar na direção executiva sobretudo funcionários dos órgãos governamentais encarregados de realizar as determinações da Presidência da República, à qual o Geicine está diretamente subordinado. Os representantes das diversas categorias cinematográficas estão reunidos num Conselho Consultivo que funciona ao mesmo tempo como Comissão de Cinema do Conselho Nacional de Cultura, incumbido de aconselhar e planificar a atividade governamental em matéria artística e intelectual. A tarefa do CC do Geicine nessa primeira fase de sua atuação está singularmente facilitada pelo fato de não precisar preocupar-se com programa, pois este já se encontra perfeitamente delineado na plataforma cinematográfica Jânio Quadros.

Um papel de grande responsabilidade é o do presidente do Geicine, de coordenar os resultados da atividade da Diretoria Executiva e do Conselho Consultivo para submetê-los à decisão do presidente da República, e em seguida fiscalizar a sua execução eficiente e rápida. O sr. Jânio Quadros indicou para o cargo Flávio Tambellini. Essa escolha é uma prova suplementar de perfeita coerência entre as ideias que o presidente da República emitiu quando candidato e as intenções que nutre agora que está no poder. Flávio Tambellini foi com efeito o principal assessor cinematográfico do sr. Jânio Quadros como governador de São Paulo e como candidato à Presidência da República.

Tudo está em seu lugar exato para o desencadear de acontecimentos cinematográficos esperados por uns poucos durante várias décadas, e desejados pela esmagadora maioria da opinião nacional durante os últimos dez anos.

[1961]

Pagador é promessa e desafio:
Uma glória que obriga a pensar

A vitória do Brasil em Cannes apanhou os brasileiros completamente desprevenidos. Pouca gente aqui segue com atenção os acontecimentos do cinema nacional, e as experiências tornaram essa minoria um tanto cautelosa.

A entrega da Palma de Ouro a *O pagador de promessas* provocou no Brasil uma autêntica reviravolta em matéria de cinematografia. Os desinteressados se viram obrigados a, de repente, sem nenhum preparo, tomar conhecimento da existência de um cinema brasileiro. Os que já o conheciam e nele acreditavam, acusaram-se de pouca fé, pois na realidade ninguém achava o Brasil capaz de produzir um filme tão bom, mas tão bom que pudesse competir com o que houvesse de melhor num festival de prestígio como o de Cannes.

No Brasil, por enquanto, muito poucos viram *O pagador de promessas*, mas, devido ao prêmio, o entusiasmo já é grande. E será muito maior quando a fita for exibida.

Pela primeira vez, ou quase, pois o espectador médio brasileiro ainda não esqueceu *O cangaceiro*, ele encontrará harmonizados, numa só película, elementos que sempre conheceu dissociados: de um lado, uma alta qualidade dramática, e do outro, a nacionalidade brasileira. A primeira, o espectador médio encontrava nos filmes estrangeiros. Quanto às obras nacionais, mesmo quando dotadas de algumas qualidades, dificilmente poderiam aspirar ao qualificativo de obra de arte.

Eis que surge, porém, *O pagador de promessas*. Tão bom como qualquer ótimo filme estrangeiro, e ao mesmo tempo profundamente brasileiro pelo tema, pela fala, pela humanidade, pela paisagem.

A emoção e o orgulho do brasileiro diante de *O pagador de promessas* são um tecido de sentimentos complexos que ora fazem pensar na Petrobras ora na Taça Jules Rimet.

Não é fácil, para um estrangeiro, sentir o que se passa com a nação brasileira, de uns vinte anos pra cá. Durante esse período, transformou-se a natureza do nosso patriotismo. Ao orgulho ingênuo, cuja expressão exemplar foi o episódio Santos Dumont, substitui-se um sentimento nacional, cada vez mais aprofundado e consistente.

O Brasil pôs de lado a montanha de justificações consoladoras, encarou francamente a sua própria imagem, reconheceu-se como país subdesenvolvido e tratou de buscar as emancipações e o enriquecimento. A vontade de possuir um cinema nacional, manifestada frequentemente de forma inepta ou ilógica mas sempre com admirável teimosia, insere-se nesse processo de tomada de consciência e luta.

Cada vez que o Brasil tentou afirmar-se industrialmente na fabricação de filmes, procurou ao mesmo tempo reconstituir o seu passado cinematográfico. No início dos anos 1930, Ademar Gonzaga e Pedro Lima se lançavam ao pioneirismo industrial, que culminaria na organização da Cinédia, ao mesmo tempo que pesquisavam os esforços cinematográficos brasileiros desde a chegada das primeiras câmeras de filmar ainda em fins do século passado.

Mais tarde, paralelamente ao grande empreendimento de Franco Zampari com a Vera Cruz, realizavam-se as primeiras retrospectivas do cinema brasileiro. Nos dias de hoje, o interesse cada vez mais generalizado por dois cineastas do passado — Humberto Mauro e Mário Peixoto — é inseparável do atual surto do cinema nacional.

É como se a existência de uma tradição fosse estímulo poderoso para os que procuram acreditar na implantação definitiva do cinema nacional. Buscam-se no passado razões que ajudem a dissipar um obscuro sentimento de inferioridade e temor. Se há mais de trinta anos fomos capazes de criar fitas de valor universalmente reconhecido como *Ganga bruta* e *Limite*, o que nos impede hoje de criar obras-primas? Esse raciocínio simplista, afora o seu valor positivo de estimulante, está impregnado da mais falsa ideologia — a que se baseia na noção sumária de que o problema do cinema brasileiro é fazer bons filmes.

Na realidade, os que foram feitos no passado nada resolveram, e toda gente está lembrada do que sucedeu com *O cangaceiro*, cujo triunfo mundial coincidiu com o colapso da Companhia Cinematográfica Vera Cruz.

A história do filme nacional é, nas palavras de uma testemunha cronista, "um rosário de malogros e frustrações", e uma análise do passado e do presente da cinematografia brasileira nos coloca diante de uma conjuntura que pouco tem variado e que possui todas as condições necessárias para impedir, entre nós, o florescimento da indústria cinematográfica.

O triunfo de *O pagador de promessas* poderá fazer um bem imenso ao cinema brasileiro e provocar em nossas camadas políticas dirigentes a destruição definitiva de uma mentalidade que, em matéria de filmes, permanece colonial.

Para os nossos quadros executivos e legislativos em seu conjunto, filme ainda é sinônimo de estrangeiro. Se os nossos homens públicos não tomam medidas em favor do cinema brasileiro, é simplesmente porque dele não tomam conhecimento em suas vidas cotidianas.

Os nossos deputados, ministros e senadores têm, em maior ou menor grau, experiências cinematográficas. Todos vão ao cinema à procura de diversão ou mesmo de prazer artístico ou intelectual, mas é óbvio que praticamente só assistem a fitas estrangeiras.

O cinema nacional resume-se para eles no complemento obrigatório ou em películas vistas aqui e ali por dever de ofício. Quando eventualmente algum problema cinematográfico brasileiro é levado a um homem público da nossa terra, não é fácil evitar que o assunto seja examinado como algo de vago, longínquo e fastidioso.

Agora, os nossos ministros, deputados e senadores vão, como todos os brasileiros, assistir e apreciar muito *O pagador de promessas*. Se a boa surpresa causada pela Palma de Ouro levasse nossos homens públicos bem-intencionados a estudar de perto o assunto cinematográfico, seus sentimentos seriam de escandalizada estupefação diante das condições que regem a prática dessa indústria entre nós.

Também pode ocorrer — e essa é a pior hipótese — que *O pagador de promessas* tenha um efeito tranquilizante para as consciências públicas do nosso país. Os nossos legisladores e governantes podem chegar ao raciocínio segundo o qual o aparecimento de *O pagador de promessas* é a prova de que já está maduro o ambiente para a eclosão de um cinema de qualidade.

Todavia, se isso não suceder, as boas almas não perderão a tranquilidade e arguirão que a culpa cabe aos nossos diretores, artistas e técnicos, que se revelam incapazes de reproduzir as façanhas de *O cangaceiro* e *O pagador de promessas*.

Restar-nos-ia perguntar-lhes o porquê de um intervalo tão grande — cerca de dez anos — entre um e outro. Num programa de TV dedicado a *O pagador de promessas*, Francisco Bacelar perguntou dramaticamente lá pelas duas horas da manhã: "Será que vamos esperar mais dez anos para assistir ao próximo filme brasileiro bom?".

Pois é possível que isso aconteça, a não ser que a ocasião de nosso triunfo em Cannes permita enfim que os nossos homens públicos de maior autoridade e responsabilidade compreendam de uma vez por todas quais são os problemas do cinema brasileiro.

Tais problemas são vários e mesmo os mais complexos são de compreensão relativamente simples. Se os nossos homens de governo de fato desejarem enfronhar-se na problemática do cinema nacional, nada lhes será mais fácil. Bastará que se dirijam ao órgão governamental competente, o Grupo Executivo da Indústria Cinematográfica, conhecido como Geicine, criado pelo presidente Jânio Quadros em obediência à sua plataforma eleitoral. Consultando relatórios e demais documentação reunida no Geicine, qualquer pessoa de mediano bom senso terá equacionados no espírito os problemas básicos da cinematografia brasileira.

Por motivos que a história da nossa economia esclarece e que já foram longamente estudados em *Visão* (17 de março de 1961), a tendência da legislação brasileira sempre foi estimular a importação de fitas estrangeiras, em detrimento das possibilidades de produção cinematográfica local.

Pode-se afirmar, sem exagero, que houve um momento em que o Brasil praticamente financiava as películas estrangeiras aqui exibidas. Senão, vejamos. Durante anos a fio os lucros colhidos em nosso mercado pelos filmes importados eram remetidos para o exterior em dólares obtidos no câmbio oficial. Essa situação escandalosa fazia com que o lucro auferido por um produtor estrangeiro fosse multiplicado por dois ou mesmo três, conforme as ocasiões, no ato da remessa para fora. Esse privilégio só cessou em 1957.

O protecionismo ao produto cinematográfico estrangeiro já não se manifesta de forma tão direta como há cinco anos, mas continuamos a reconhecê-lo a cada passo, pelo exame da legislação brasileira em questão de cinematografia.

Como, segundo a Constituição, o imposto de diversões públicas é da alçada do município, ao governo federal resta a taxa de censura. Esse tributo foi criado em 1932, e sete anos depois a taxa foi fixada em quarenta centavos por metro linear. Já na época da sua criação, há 23 anos, a taxa foi fixada em níveis baixos. Que aduzir ao fato de não ter sido até hoje alterada? Apenas o seguinte:

A tarefa principal do Serviço Federal de Censura seria fiscalizar a execução de alguns dispositivos legais de amparo ao cinema nacional, que foram obtidos ainda durante o regime Vargas mas ficaram inoperantes por ausência de meios de controle junto às 3700 salas disseminadas num imenso território.

A elevação de uma taxa, que se tornara puramente simbólica, forneceria os recursos indispensáveis ao trabalho de fiscalização. Essa medida, que só favoreceria os interesses brasileiros, foi, porém, posta para trás pelos importadores maciços de filmes estrangeiros.

Não é difícil compreender a mentalidade particular adquirida por esses comerciantes. Habituados a toda sorte de bonificações, principalmente a da remessa de lucros pelo artifício cambial, reagiam vivamente à ideia de terem de pagar alguma coisa.

Em suma, a importação e a exibição de fitas estrangeiras vieram a ser consideradas, não só pelos principais interessados mas ainda em documentos brasileiros oficiais, como serviços de interesse público.

Só uma visão de realidade a tal ponto distorcida pela mentalidade importadora pôde admitir a permanência das normas ainda em vigor a respeito da compra no exterior, de um lado, do filme impresso, isto é, de uma mercadoria já pronta; e do outro, do filme virgem, quer dizer, de matéria-prima para fabricação nacional. Pois o primeiro paga menos imposto alfandegário que o segundo. Acrescente-se a isso que o filme virgem paga 7% de imposto de consumo, ao passo que a fita estrangeira pronta está isenta. E, para completar o contorno desse quadro absurdo, lembremos que a importação da fita pronta é processada sem cobertura cambial.

Essa série de anomalias faz do mercado cinematográfico brasileiro algo de delirante, quando comparado ao que se passa no exterior. Com suas 3700 salas e seus mais de 300 milhões de espectadores anuais, o Brasil suporta em cada exercício financeiro aproximadamente 680 filmes, ao passo que os 2 bilhões e 300 milhões de espectadores dos Estados Unidos se satisfazem com 525 fitas anuais.

Em nosso mercado abarrotado, o lucro auferido pelos filmes não é grande, mesmo porque o preço do cinema entre nós é dos mais baixos do mundo. Para a película estrangeira, todavia, que já entra aqui amortizada e praticamente sem pagar nada, o que for ganho, mesmo pouco, já é lucro. Mas qual é a situação do produto cinematográfico brasileiro dentro desse mercado louco, no qual deve basear a sua sobrevivência?

Um dos estudos preparados pelo Geicine para o ministro da Indústria e Comércio demonstra a inviabilidade do cinema brasileiro, se a conjuntura atual não se modificar em sua base. As conclusões do trabalho se tornam tanto mais cruéis quando se sabe que os autores partiram do pressuposto otimista de que alguns paliativos em curso dariam o máximo de resultados.

O custo de um filme brasileiro médio é orçado em quase 15 milhões. Seria necessário, para que se constituísse uma indústria, que a renda média do produtor fosse pelo menos 10% superior àquela soma.

Mesmo que se calcule a renda média do filme brasileiro como 50% superior à do filme estrangeiro, em virtude do cumprimento estrito das leis de obrigatoriedade de exibição das fitas nacionais, e que depois se admita que o aumento do preço dos ingressos duplique a rentabilidade, mesmo dentro dessas perspectivas otimistas a renda média não atingiria 11 milhões, isto é, ainda ficariam faltando mais de 4 milhões de cruzeiros para cobrir o custo de produção.

Se acrescentarmos a essas somas, já bastante teóricas, outras resultantes do pleno rendimento das leis municipais de amparo, existentes no Rio e em São Paulo, assim mesmo não se alcançariam os 15 milhões de custo de um filme nacional médio.

O comentário do estudo do Geicine para o ministro da Indústria e Comércio não podia ser mais objetivo e melancólico: "Por esses cálculos, verifica-se que, mesmo levando em conta a produção em uma situação futura, a renda média dos filmes brasileiros será inferior ao custo básico *atual* de um filme nacional, em preto e branco".

Não há por onde fugir. Poderão continuar a ser feitas no Brasil fitas em geral muito ruins, e raramente alguma boa, mas a implantação de uma indústria cinematográfica em nosso país é inviável, a não ser que o poder público tome algumas medidas básicas.

Já houve quem sugerisse nada mais, nada menos do que a nacionalização do comércio exterior em matéria cinematográfica. Mesmo sem considerar os reflexos psicológicos que uma medida dessa ordem provocaria, é evidente que a ideia não tem por ora nenhuma razão de ser.

Dentro do princípio mais ortodoxo de mercado aberto, é possível criar condições para um cinema brasileiro contínuo e coerente. A matéria já está pensada e estudada pelos funcionários governamentais que integram o Grupo Executivo da Indústria

Cinematográfica. Tudo gira em torno de duas medidas básicas: (a) a incidência do imposto de consumo sobre o filme cinematográfico impresso; e (b) a total liberação dos preços de entrada dos cinemas. É a partir daí que existirá um mercado interno saneado, no qual poderá deitar raízes a indústria cinematográfica brasileira.

Se a glória de O *pagador de promessas* não abrir um período de euforias ilusórias acerca da nossa situação de fato, mas, ao contrário, colocar os nossos homens públicos diante de responsabilidades pesadas e históricas, então a fita do produtor Oswaldo Massaini e do cineasta Anselmo Duarte não ficará na história apenas como uma grande obra de arte, mas igualmente como instrumento do nosso tardio mas irreversível amadurecimento social e econômico.

[1962]

Os exibidores

Os cinemas da capital voltam ao noticiário de ocorrências quase policiais da cidade. Novamente, a fiscalização do Instituto Nacional do Cinema se vê constrangida a suspender durante alguns dias a atividade de algumas salas: seus proprietários violam deliberadamente as resoluções governamentais que procuram assegurar a presença do filme nacional no mercado cinematográfico do país.

A arrogância do comércio de cinema contra o produto brasileiro tem raízes históricas que se aprofundam no século. Até aproximadamente 1911 os produtores de filmes nacionais e os donos de salas eram mais ou menos as mesmas pessoas, criando-se assim uma harmoniosa coincidência de interesses. Essa modesta idade do ouro foi fugaz. Aquele pequeno mundo artesanal onde o que era brasileiro tinha a sua vez foi destruído pela irrupção dos atacadistas — os distribuidores de filmes — que fizeram do varejo cinematográfico — as salas de exibição — algo exclusivo para o cinema estrangeiro.

A história do cinema brasileiro irá certamente dedicar capítulos inteiros ao mal que há mais de sessenta anos o comércio cinematográfico causa ao filme nacional. A lógica interna do acontecimento é rigorosa. Nossos comerciantes vincularam suas vidas ao produto estrangeiro importado; para eles era importante que tudo se passasse como se o cinema nacional não existisse. Não deixa de ser compreensível a irritação que os tomava cada vez que eram obrigados a constatar que as coisas não corriam como seria de se desejar, como seria normal que ocorressem.

O filme brasileiro, com efeito, sempre teimou em existir. Esse enjeitado, esse rejeitado, esse marginal não cessava de vir bater às portas do comércio e ocasionalmente era preciso dar acolhida ao penetra subdesenvolvido, ou porque os distribuidores estrangeiros se constrangiam às vezes — raramente — a praticar uma diplomacia complacente ou ainda quando este ou aquele coproprietário de sala — a do Congresso em São Paulo ou o Royal de Recife — manifestava um inesperado arroubo patriótico ou regionalista. Mas sempre que se cogitava de legislar em torno do assunto as forças vivas do comércio partiam em guerra e venciam. O estado de direito, apesar de sempre tão relativo entre nós, nunca favoreceu nosso cinema.

Foi preciso ocorrer a Revolução de outubro de 1930 para o panorama sofrer uma pequena alteração. Dois anos depois o governo provisório decreta a obrigatoriedade do complemento nacional que só será executada em 1934. Durante o intervalo, o comércio lutou até conseguir uma compensação: a redução drástica nas taxas de importação da fita de longa-metragem. Obtida esta, o comércio voltou à carga contra o jornal cinematográfico brasileiro. Mas o governo estava interessado em divulgar suas inaugurações: os comerciantes perderam a batalha e o complemento ficou. A única conquista do cinema nacional durante o Estado Novo foi a obrigação dos cinemas exibirem uma fita brasileira de longa-metragem, uma vez por ano. O número passou para três só em 1946, no governo, novamente provisório, do presidente Linhares. E assim por diante, até os 86 dias atuais.* Em cada uma dessas etapas o comércio guerreou e nunca capitulou. Vencido nas esferas administrativas, lançou-se tradicionalmente na guerrilha do não cumprimento das determinações governamentais e teve muito êxito. Delegados de poderosos interesses estrangeiros, os comerciantes de cinema no Brasil sempre se sentiram fortes e nunca lhes faltou audácia e garra. O comércio cinematográfico em nossos dias tem as costas apenas mornas. As guerrilhas que alimenta contra o INC estão condenadas.

 O líder dos exibidores paulistas é ativo, múltiplo, eloquente e zangado. Gosto dele e de seu nome, Borba Vita, que evoca bandeirante e vida. Esta não lhe falta, mas de bandeirante não tem nada: passou a vida procurando amesquinhar a fronteira do cinema brasileiro. Ainda me deterei um dia na poesia que encontro em tantos nomes da profissão cinematográfica paulistana. Penso agora num homem que quero muito bem, cujo nome evoca o primeiro dos carbonários mas que não é nada disso.

[1973]

---

* A cota de tela em 2016 para a produção cinematográfica brasileira é de 28 dias no ano, para cinemas de apenas uma sala, e de, no máximo, 63 dias (em média) por sala, para conjuntos de sete salas.

MEMÓRIA E IDEOLOGIA

A ideologia da crítica brasileira e o problema do diálogo cinematográfico

Quando o cinema se tornou dialogado perdeu a universalidade espontânea que possuía. Motivos diversos levaram-no, contudo, a aparentar essa característica. Os grandes produtores visam o mercado internacional. Sendo para eles importante levar em consideração o público dos mais diferentes países, esse cálculo foi correntemente interpretado como permanência da universalidade.

Em muitos países, a dublagem dos filmes estrangeiros na língua nacional é a regra. Acontece que a voz é parte tão fundamental da personalidade como qualquer setor da anatomia. Os "frankensteins" belos — a junção, por exemplo, do corpo de Elizabeth Taylor e do timbre de Catherine Verdier — mas, por definição, monstruosos mantêm no público a ilusão da familiaridade.

A convenção da universalidade do cinema dialogado foi, finalmente, fortalecida pela cumplicidade da crítica. Os críticos do mundo inteiro fazem de conta que não tem importância o fato de não entenderem a língua falada numa porção considerável das fitas que discutem. Todos desprezam a dublagem e estão certos.

Ao mesmo tempo, porém, apenas porque o letreiro superposto permite compreender do que se trata, se convencem de que estão plenamente capacitados para julgar películas dialogadas em línguas que desconhecem.

O fator decisivo para a boa consciência dos críticos é a ideologia que professam, a saber, a de que o cinema é uma arte essencialmente visual. O desconforto em seguir a dialogação através dos letreiros é atenuado pela convicção de que nada de essencial foi perdido.

Infelizmente para nós, é impossível estabelecer fronteira entre a banda imagem e a sonora. Assim como o timbre da voz faz parte integrante do ser, o som, as vozes, o sentido e o som das palavras pronunciadas são inseparáveis das imagens na constituição da natureza do filme dialogado.

Somos espectadores diminuídos perante os filmes cuja língua ignoramos. Não selecionarei um primeiro exemplo que ampare facilmente a minha tese. Escolho *Man of Aran* [*O homem de Aran*, 1934], obra em que o diálogo é escasso e desimportante na economia geral da obra. Há, entretanto, no filme de Flaherty valores que decorrem simultaneamente da máscara humana e do sentido de voz. Esses valores nos escapam e podem ser plenamente apreendidos apenas por um espectador da ilha de Aran.

Conversando com críticos suecos e com o cineasta Ingmar Bergman, tive subitamente a sensação vertiginosa do ponto a que meu conhecimento da obra deste último era fragmentário. Do autor cinematográfico posso saber alguma coisa, mas ignoro a qualidade de sua literatura e o grau de sua integração plástica. Quanto ao diretor de atores, aprecio a forma de um personagem chorar, mas não me atinge a maneira pela qual Bergman faz Max von Sydow pronunciar algumas palavras cruciais.

(Não sei se o conhecimento da língua sueca me faria gostar mais, ou menos, da obra de Bergman. Afirmo simplesmente que recebo menos do que existe, e que nada me permite afirmar que haja maior significado naquilo que compreendo do que naquilo que ignoro.)

O cinema sueco, o japonês, o russo, e outros, que tantos dentre nós amamos tanto, constituem na realidade universos acessíveis numa proporção bem limitada. Quando as fitas são dialogadas em línguas mais próximas, atenua-se o grau de alienação. Seu desaparecimento, todavia, está condicionado a uma circunstância pouco frequente — a de se ouvir a língua estrangeira tão bem como a própria.

Essas verificações nos desagradam, e tendemos então a opor-lhes um sistema de concepções e convenções derivadas da primeira ideologia estética que o cinema conheceu, ainda na era do diálogo escrito, e que o situavam como arte autônoma e essencialmente visual. O critério para determinar o grau de "verdade" de uma ideologia é a sua utilidade. O que justifica a ideologia autonomista e visual é apenas o fato de ter sido, em seu tempo, a que melhor amparou o progresso do cinema.

(O filme dialogado em língua desconhecida propõe outro problema embaraçoso, inclusive para os partidários mais ferrenhos da posição "visualista". Os letreiros sobrepostos alteram a plasticidade da imagem e sobretudo a necessidade de lê-los perturba as disposições ideais de contemplação. Mesmo no terreno estrito da imagem, assistimos a um filme estrangeiro em piores condições de qualidade, e, principalmente, tempo, do que o espectador original.)

O espectador norte-americano ou francês está diminuído ou pleno em se tratando de *Citizen Kane* [*Cidadão Kane*] ou de *La Règle du jeu* [*A regra do jogo*]. O brasileiro não conhece essa alternativa porque até hoje não houve um bom filme dialogado nacional.

Por que não houve um bom filme dialogado brasileiro?

O número de respostas válidas a esta pergunta é certamente muito grande, e vamos aqui sugerir apenas uma, à luz do que foi exposto.

A escola para o cinema nacional tem sido a do espectador de filmes estrangeiros. Nessas condições, é permitido conjeturar de maneira bastante generalizada que os nossos cineastas nunca assistiram, em toda a sua plenitude, a uma fita dialogada. As lições das películas estrangeiras só podiam ser totalmente apreendidas através das sequências sem fala. Será por acaso que os bons momentos do cinema brasileiro são sempre calados?

Os cineastas nacionais precisam encontrar outra escola, a da descoberta e da invenção, para o problema do diálogo. Mas, para isso, precisam libertar-se definitivamente da ideologia morta que lhes foi inculcada pela crítica, a respeito da preponderância do visual em cinema.

Seria ótimo se eles caíssem no exagero contrário. A margem de oportunismo das ideologias é sempre muito grande. Nas condições brasileiras atuais, a ideologia cinematográfica mais útil e portanto "verdadeira" seria a que definisse o cinema como *uma fala literária e dramática envolvida por imagens*.

[1960]

Panorama do cinema brasileiro: 1896-1966

PRIMEIRA ÉPOCA: 1896 A 1912

Em 1896, o cinema chegou ao Brasil. Ignora-se o nome do empresário, mas a máquina chamava-se Omniographo, sendo que as exibições desenrolaram-se numa sala da rua do Ouvidor, o coração do velho Rio antes da inauguração da Avenida. Longamente os jornais comentaram a novidade e o aparelho deve ter funcionado duas ou três semanas. Depois disso o Omniographo se eclipsou para provavelmente ressurgir mais tarde, com outro nome.

A partir das primeiras semanas de 1897, aparelhos denominados Animatographo, Cineographo, Vidamotographo, Biographo, Vitascopio, ou mesmo Cinematographo, são apresentados no Rio, em Petrópolis, e logo em seguida em São Paulo e outras cidades importantes. Os prestidigitadores acrescentam o cinema aos seus números e torna-se frequente a presença das fitinhas curtas de então nos programas dos teatros de variedades e dos cafés-concertos. A nova invenção é manipulada por artistas ambulantes, em geral estrangeiros, dotados de algum conhecimento mecânico.

A primeira sala fixa foi instalada no nº 141 da rua do Ouvidor, em 31 de julho de 1897, e chamou-se Salão de Novidades. Cinema era novidade francesa e o local passou logo a ser o Salão Paris no Rio, nome com que cumpriu seu papel na história do cinema no Brasil e do filme brasileiro. O principal dono do empreendimento era Pascoal Segreto.

Eram os Segreto um grupo de irmãos imigrados da Itália, em épocas diversas, e no momento que nos ocupa vamos encontrar quatro deles no Rio: Gaetano, Afonso e Luís, além de Pascoal. É de se presumir que Gaetano devia ser o mais velho: não traduziu o nome e já constituíra família. Tinha um serviço de distribuição de jornais e participava igualmente das atividades do Salão. Pascoal devia andar pelos trinta anos e os dois outros irmãos, certamente mais jovens, trabalhavam para ele. Moravam todos nos andares superiores do salão de diversões da rua do Ouvidor.

Além do cinema, o Salão Paris no Rio oferecia grande variedade de divertimentos visuais e mecânicos. Contudo, as vidas animadas constituíam a principal atração e, como havia necessidade de se renovar constantemente o repertório, emissários de Pascoal Segreto seguiam com frequência para Nova York ou Paris, a fim de obter vistas novas e aparelhamento mais aperfeiçoado. Afonso era em geral o encarregado dessas missões.

Em 1898, voltando ele de uma das suas viagens, tirou algumas vistas da baía de Guanabara com a câmera de filmar que comprara em Paris. Nesse dia — domingo, 19 de junho —, a bordo do paquete francês *Brésil*, nasceu o cinema brasileiro.[1] Daí por

---

1. Esses e muitos outros dados relativos aos primórdios do cinema brasileiro se encontram no importante trabalho de Vicente de Paula Araújo, *A bela época do cinema brasileiro* [que só seria publicado em livro no ano de 1976, pela Editora Perspectiva, de São Paulo].

diante, sucedem-se as filmagens. Dia 29, Afonso registrou o cortejo que conduziu ao cemitério os despojos de Floriano Peixoto e, no dia 15 de julho, o desembarque de Prudente de Morais e comitiva no Arsenal de Marinha. Os pontos importantes da cidade foram focalizados: o largo do Machado, a praia de Santa Luzia, a igreja da Candelária, o largo de São Francisco de Paula... A rua do Ouvidor, apesar de sua importância, era estreita e demasiado sombreada para se prestar a filmagens que exigiam luz natural.

Chegaram, pois, até nós, e razoavelmente bem, as circunstâncias em que foram rodadas no Brasil as primeiras dezenas de metros de película virgem. Muito mais difícil será fixar quando foram projetadas pela primeira vez as "vistas" nacionais. Os jornais cariocas de julho e da primeira semana de agosto de 1898 noticiam com frequência a próxima apresentação de vistas locais no Animatographo do Salão Paris no Rio; contudo, nenhuma dessas anunciadas exibições se realizará até 8 de agosto, data em que o estabelecimento foi totalmente destruído por um incêndio. Só alguns meses depois, em janeiro de 1899, é que se reabriu o Salão, sendo que a exibição de filmagens de assuntos brasileiros tornou-se então habitual. Mas é possível que as primeiras atualidades de Afonso Segreto tenham sido projetadas no ano anterior, se não no Rio, pelo menos em Campos, no estado do Rio, onde por ocasião do incêndio estava Pascoal Segreto montando uma sucursal de sua próspera empresa de diversões.

Durante alguns anos foram os irmãos Segreto os principais exibidores de filmes e, até pelo menos 1903, os únicos produtores dos escassos filmezinhos nacionais de atualidades. Prosseguiu Afonso Segreto nas suas viagens de negócios aos Estados Unidos e à Europa e, ao que tudo indica, lá pelos meados de 1900, não mais voltou ao Brasil. As tarefas técnicas de filmar e revelar foram então assumidas por outros colaboradores de Pascoal Segreto, cujos nomes a pesquisa ainda não descobriu.

O desaparecimento de Afonso Segreto, e o silêncio que os parentes guardaram em torno dele, fez com que seu nome caísse num quase total esquecimento; é fácil traçar os dados biográficos de qualquer um dos seus irmãos, mas precisamente os dele tornam-se obscuros e no final se perdem com suas pegadas. Teria prosseguido com seus trabalhos no exterior? Ou teria voltado para cá e se dedicado a outras atividades? Pascoal e Gaetano deixaram muitos sulcos na vida carioca até o dia em que foram levados ao Cemitério São João Batista, onde se encontram sob o jazigo em mármore de Carrara, com figuras simbolizando a Arte Teatral e a Imprensa amparadas pelo Anjo da Morte. Já a passagem de Luís Segreto foi mais modesta nos meios artísticos nacionais. Mas a respeito de Afonso Segreto, o primeiro nome do cinema brasileiro, não se sabe rigorosamente nada.

Os dez primeiros anos de cinema no Brasil são paupérrimos. As salas fixas de projeção são poucas, e praticamente limitadas a Rio e São Paulo, sendo que os numerosos cinemas ambulantes não alteravam muito a fisionomia de um mercado de pouca significação. A justificativa principal para o ritmo extremamente lento com que se desenvolveu o comércio cinematográfico de 1896 a 1906 deve ser procurada no atraso brasileiro em matéria de eletricidade. A utilização, em março de 1907, da energia produzida pela usina do Ribeirão das Lajes teve consequências imediatas no Rio de Janeiro. Em poucos meses foram instaladas umas vinte salas de exibição,[2] sendo que boa parte delas na recém-construída avenida Central, que já havia desbancado a velha rua do Ouvidor como centro comercial, artístico, mundano e jornalístico da capital federal. Esse súbito florescimento do comércio cinematográfico em 1907 influiu diretamente na produ-

---

2. Vicente de Paula Araújo registra dezoito inaugurações de salas novas, entre 10 de agosto e 24 de dezembro de 1907.

ção de filmes brasileiros. Seguindo a trilha aberta pelo pioneiro Pascoal Segreto, alguns dos novos empresários cinematográficos procuraram se dedicar simultaneamente à importação, exibição e produção de filmes. Assim fizeram os italianos José Labanca e Jácomo Rosário Staffa, até então empresários do jogo do bicho; assim fizeram os franceses Marc Ferrez e filhos, instalados como fotógrafos. O mesmo caminho ainda foi seguido pelo alemão Cristóvão Guilherme Auler, fabricante de móveis da rua do Ouvidor, e pelo espanhol Francisco Serrador. Tal entrosamento entre o comércio de exibição cinematográfica e a fabricação de filmes explica a singular vitalidade do cinema brasileiro entre 1908 e 1911.

Todas as filmagens brasileiras realizadas até 1907 limitavam-se a assuntos naturais. A ficção cinematográfica, ou melhor, a fita de enredo, o "filme posado", como se dizia então, só apareceu com o surto de 1908. Pairam ainda dúvidas sobre a primeira fita de ficção realizada no Brasil, mas a tradição aponta *Os estranguladores*, filme de grande relevo na história do cinema brasileiro. Não são levados em muita consideração os filmezinhos produzidos por Francisco Serrador em São Paulo, provavelmente em 1907, filmes posados por um duo de cantores que sonorizavam a projeção escondidos atrás da tela. Não se tratava propriamente de fitas de enredo.

Vicente de Paula Araújo localizou uma comédia projetada em junho de 1908, no Grande Cinematographo Pathé: *Nhô Anastácio chegou de viagem*. É uma séria concorrente ao título de primeira fita brasileira de ficção.

> Narrava as peripécias de um roceiro que veio passear no Rio de Janeiro, desembarcou na estação da Central, andou pelas ruas, viu a Caixa de Conversão, entrou no Palácio Monroe, visitou o Passeio Público, enamorou-se de uma cantora e tudo se complicou com a

chegada súbita da esposa. Por fim, a série de quiproquós, a perseguição cômica, a reconciliação geral, o happy end...[3]

Foi filmada por Júlio Ferrez e interpretada por José Gonçalves Leonardo. "'É a primeira vez', escreveu um cronista da época,[4] 'que se fazem entre nós fitas desse gênero.'" Devia ser *Nhô Anastácio*, uma fita curta, com uns quinze minutos de duração no máximo. Vinte dias após o lançamento de *Nhô Anastácio*, já estava pronto um filme brasileiro de mais de meia hora, o celebrado *Os estranguladores*, de Antônio Leal.

Durante muito tempo foi o português Antônio Leal apresentado e aceito como o fundador e criador do cinema brasileiro. Teria ele não só realizado o primeiro filme de enredo mas sido ainda o operador das primeiras filmagens feitas no Brasil. A dissipação dessas lendas não diminui em nada a importância de Leal. Em 1904 ainda o encontramos como fotógrafo de *O Malho* e com ateliê instalado à rua do Ouvidor. Sem dúvida foi no ano seguinte que começou a filmar, mas só decorrido algum tempo é que se criaram condições para que ele se transformasse num cinegrafista profissional, o melhor da época na opinião da imprensa contemporânea. Em maio de 1907, recebe Leal o difícil encargo de cinematografar, por conta talvez do empresário Jácomo Rosário Staffa, a operação das xifópagas realizada pelo dr. Chapot-Prévost. No ano seguinte, associa-se ele a José Labanca para fundar a firma Photo Cinematographia Brasileira, inicialmente apenas uma "fábrica de vistas" mas que logo em seguida se concentraria nos filmes de enredo. Duas comédias curtas de Leal, *Os capadócios da Cidade Nova* e *O comprador de ratos*, são quase contemporâneas

---

3. Vicente de Paula Araújo, op. cit.
4. Figueiredo Pimentel, *Gazeta de Notícias*, 20 jun. 1908. Citado por Vicente de Paula Araújo.

de *Nhô Anastácio*, comédias estimuladas certamente pelo êxito que o filme de Júlio Ferrez alcançou. A realização, porém, de *Os estranguladores* colocou a empresa de Labanca e Leal na liderança da auspiciosa produção de 1908.

Dois anos antes um crime terrível havia causado funda impressão no Rio: dois adolescentes, os irmãos Paulino e Carluccio Fuoco, sobrinhos e empregados de um joalheiro da rua da Carioca, foram estrangulados por uma quadrilha composta de Gerônimo Pegatto, proprietário do barco *Fé em Deus*, de Carletto e Epitácio, dois comparsas, e do contrabandista Eugênio Rocca, apelidado o Cabotino do Crime, devido ao seu tipo enfatuado, cheio de recursos histriônicos. Folhetos de literatura de cordel circularam logo com versos sobre a crueldade de Rocca e sobre o destino trágico dos jovens Fuoco. Um cinegrafista de Pascoal Segreto filmou Rocca, Carletto e Pegatto, na Casa de Detenção. O Teatro Lucinda apresentou no palco *Os estranguladores* ou *Fé em Deus*. Figueiredo Pimentel e Rafael Pinheiro, ambos conhecidos jornalistas, escreveram o drama *A quadrilha da morte*, que serviu de roteiro para o filme *Os estranguladores do Rio*, conhecido depois como *Os estranguladores*, que Leal devia lançar em julho de 1908. Contornadas algumas dificuldades que surgiram com a polícia, a fita iniciou sua carreira triunfal no cinema de Labanca, o Palace da rua do Ouvidor, nos primeiros dias de agosto.

Calcula-se que *Os estranguladores* foi exibida mais de oitocentas vezes, constituindo um empreendimento sem precedentes no cinema brasileiro. Tinha setecentos metros, isto é, quase quarenta minutos de projeção, e compunha-se de dezessete quadros: — 1º Trama do crime; 2º Na avenida Central; 3º Embarque na Prainha; 4º Na ilha dos Ferreiros; 5º Primeiro estrangulamento; 6º A procura da pedra; 7º Desembarque em São Cristóvão; 8º O assalto; 9º Segundo estrangulamento; 10º Divisão das joias; 11º A pega; 12º O informante; 13º Prisão do primeiro bandido; 14º Nas matas de Jacarepaguá; 15º Prisão do segundo bandido; 16º Dois anos depois; 17º Na prisão.

Entre os colaboradores e intérpretes que Leal reuniu em *Os estranguladores* encontram-se vários nomes que estarão sempre presentes nessa fase primitiva do cinema brasileiro: Emílio Silva, Francisco Marzulo, João de Deus, Antônio Serra e João Barbosa.* Notadamente Antônio Serra voltará a aparecer como diretor de cena de quase todos os filmes de enredo da Photo Cinematographia Brasileira.

Encorajados diante do sucesso desse filme, resolveram os produtores aumentar a metragem de suas fitas, lançando-se a moda de aproveitar histórias calcadas nos crimes mais espetaculares da época. A filmografia de Leal, cujo momento áureo parece ser o ano de 1909, contém títulos que resumem toda a crônica policial do tempo: a professorinha de São Paulo que anavalhou o noivo na terça-feira de Carnaval é evocada em *Noivado de sangue* ou *Tragédia paulista*. Um assassinato que ficou famoso nos círculos mundanos do Rio inspirou *Um drama na Tijuca*. Quando o estrangulador Miguel Trad esquartejou sua vítima Elias Farhat e a despachou dentro de uma mala, não só Leal e Labanca sentiram-se atraídos pelo macabro tema: Marc Ferrez também enviou seu filho Júlio acompanhado de artistas a São Paulo e Santos com o objetivo de reconstituir os fatos nos próprios locais da tragédia. Tiveram as fitas rivais título idêntico, *A mala sinistra*, e foram lançadas quase ao mesmo tempo. Houve uma terceira fita sobre o mesmo episódio, filmada por Alberto Botelho,[5] jovem fotógrafo da *Gazeta de Notícias*, e que iniciava sua carreira cinematográfica em São Paulo.

---

* Em *70 anos*, consta também o nome de Eduardo Leite. [N. E.] [Para a autoria das notas de edição neste ensaio, ver página 518 deste volume.]
5. Peri Ribas, "Il Cinema in Brasile fino al 1920". In: *Cinema Brasiliano*. Gênova: Silva, 1961, p. 24, nota 2.

O cinema brasileiro não se especializou, porém, só em enredos de crimes. De 1908 a 1911, foram ensaiados no Rio todos os gêneros de espetáculo cinematográfico: melodramas tradicionais como *A cabana do Pai Tomás*, *O remorso vivo* e *João José*; dramas históricos como *Dona Inês de Castro*, *A Restauração de Portugal em 1640* e *A República Portuguesa*; patrióticos como *A vida do barão do Rio Branco* ou abordando temas religiosos como *Os milagres de Santo Antônio* e *Os milagres de Nossa Senhora da Penha*. Os temas carnavalescos tiveram início com os filmes *Pela vitória dos clubes* e *O cordão*. Numerosas foram também as comédias, baseadas algumas na atualidade política, como *Zé Bolas e o Famoso telegrama nº 9* — onde era ridicularizado o chanceler argentino Zeballos, adversário de Rio Branco —, e *Pega na chaleira*, sátira aos bajuladores mais em evidência na política do país. Outras comédias como *Os capadócios da Cidade Nova*, *O comprador de ratos*, *O 9º mandamento*, *Uma lição de maxixe* e *Um cavalheiro deveras obsequioso** seguiam uma linha mais do gênero de sketches criticando os costumes da época. Oportuno destacar aqui, entre as comédias mais longas, *As aventuras de Zé Caipora*, com oitocentos metros e mais de vinte quadros narrando as peripécias de um matuto.

A maior parte desses filmes — cômicos ou dramáticos, curtos ou longos — foi realizada por Antônio Leal e José Labanca, que dominaram a produção nacional durante os dois anos que permaneceram juntos na Photo Cinematographia Brasileira. Mas houve um gênero no qual foram vencidos pelos concorrentes, notadamente Cristóvão Guilherme Auler e Francisco Serrador: o dos chamados filmes cantantes ou falantes.

Desde os primeiros anos do século foram numerosas as apresentações no Rio, em São Paulo e em outras capitais, de espe-

---

* Em *70 anos*, consta também o título *Passaperna e companhia*. [N. E.]

táculos de origem estrangeira, e nos quais havia a combinação de cinematógrafo e gramofone. Já o filme cantante brasileiro exigia que os artistas se escondessem atrás das telas e acompanhassem com a voz a movimentação das imagens. Esse tipo de espetáculo, que Serrador teria iniciado em São Paulo no ano de 1908, adquiriu no Rio de Janeiro de 1909 a 1911 um desenvolvimento verdadeiramente surpreendente.

Eram de início filmezinhos curtos: Eduardo das Neves cantava um número de seu repertório, ou então Santiago Pepe e Claudina Montenegro interpretavam e cantavam em dueto um trecho de ópera. Fitas curtas desse gênero foram produzidas às centenas; contudo, logo começou a moda das operetas mais ou menos completas, mais ricas de enredo e movimentação. Não escapou nenhum título prestigioso do repertório internacional: *A viúva alegre*, *O conde de Luxemburgo*, *A geisha*, *Sonho de valsa*, *A condessa descalça*... Algumas dessas fitas — com a trupe completa de intérpretes atrás da tela — foram apresentadas centenas de vezes. Intensa era a rivalidade entre os produtores, e assim houve um momento em que nada menos de três versões cinematográficas de *A viúva alegre* disputavam o favor do público: uma de Leal, outra de Auler, e uma terceira do tipo brejeiro, fabricada talvez por Serrador,* que se dedicava cada vez mais aos programas picantes, impróprios para menores, senhoras e senhoritas. Não faltou uma paródia, *O viúvo alegre*, de Mauri.

O que houve, porém, de mais interessante no gênero falado e cantado foram os filmes-revistas de atualidade política. Retornava-se, assim, à antiga tradição da revista de fim de ano, ilustrada não havia muito por Artur Azevedo. Em *O chantecler*, o título já era uma alusão a Pinheiro Machado, o chefe da vida política na época. *O cometa*, escrito por Raul Pederneiras, fez também bastante sucesso, bem como *606*, cujo título completo era *606 contra*

---

* Em *70 anos*, em lugar do nome Serrador, está o de Pascoal Segreto. [N. E.]

o espiroqueta pálido. Mas nenhum desses filmes teve o êxito financeiro e artístico de *Paz e amor*. Exibida mais de mil vezes, a partir de março de 1910, e saudada por toda a imprensa, essa produção de Auler, filmada por Alberto Botelho, foi a primeira verdadeiramente a se enquadrar no gênero de filme-revista, focalizando as principais figuras e acontecimentos político-sociais. Com roteiro e versos de José do Patrocínio Filho, o filme mal poupa o presidente Nilo, que aparece sob o transparente pseudônimo de El Rei Olin. Já Rui Barbosa e Hermes da Fonseca surgem como tais, disputando o principal personagem feminino, a Presidência. Outros personagens femininos como A Imprensa, a Banda Alemã e a Viúva Alegre têm atuação destacada como símbolos da sociedade de então, ao lado de Compadre Xícara e Pajé-Acioly, reconhecidos imediatamente como os políticos Pires Ferreira e Nogueira Acioly. A ação era conduzida por Tibúrcio da Anunciação, personificação do matuto que *A Careta* tornara popularíssimo: chega o herói para conhecer o Mundo da Lua, então sob o governo do Rei Olin. Como Cicerone, é-lhe oferecida A Imprensa, que ele recusa por ser essa senhora sabidamente faladeira e venal. Quem o acompanha então nas aventuras é "Mussiú Baboseira", em quem o público imediatamente reconhece o poeta-profeta Múcio Teixeira. Terminava o filme com uma apoteose ao *Minas Gerais*, navio de guerra recentemente adquirido que fizera do Brasil — na opinião de alguns patriotas — a terceira potência naval do mundo.

Ismênia Mateos era a intérprete do principal personagem feminino de *Paz e amor*. Seria ela ainda a figura central de *A geisha*, *Sonho de valsa*, *A marcha de Cádiz*, *O cordão* e inúmeras outras fitas de menor importância. Enorme era o entusiasmo do público por essa sua deusa que — segundo consta — tinha bela voz e "uma plástica maravilhosa", como muitos anos depois ainda recordará um cronista.[6] Mas não foi o cinema que a popularizou,

---

6. Pedro Lima, *Selecta*, ano x, n. 44, 1 nov. 1924.

pois quando Auler foi procurá-la para posar nos tais famosos filmes cantados, Ismênia Mateos estava no auge de sua carreira artística. Os lineamentos de sua biografia assemelham-se aos de muitas atrizes de então: nascida no estrangeiro, a meninice nos meios teatrais, as andanças pela América do Sul, o encontro do amor no Rio... Perdurando ou não o amor, foi no Brasil que tantas daquelas "divas" prolongaram sua carreira no teatro, com incursões no cinema de mistura às vezes com o mundanismo elegante e boêmio da belle époque.

Nos primórdios de 1911, reinava ainda animação nos meios da produção cinematográfica, enquanto Serrador lançava *A serrana*, opereta de costumes portugueses "inteiramente bailada e cantada, sem nenhuma declamação", era exibida a revista *606*, filmada por Paulino Botelho, o irmão mais velho de Alberto, também fotógrafo de imprensa e que o cinema acabara por conquistar. Continuava intensa a concorrência entre Auler e Serrador, cada qual apresentando o seu *Conde de Luxemburgo*. Alberto Moreira — principal criador do filme-revista — realizou um drama cinematográfico declamado, *A República Portuguesa* ou *5 de Outubro*. Salvatore Lazzaro, um empresário que até então não cuidara de cinema, produziu por sua vez *O guarani*, em quatro partes,[7] com intérpretes-cantores contratados em Buenos Aires. A publicidade apresentava o filme como "a única ópera lírica completa feita até hoje".[8] Todo esse esforço era, porém, um canto de cisne. Em junho de 1911 era exibida *A dançarina descalça*, de Auler, o último filme cantante. Os dois últimos filmes mudos de enredo, a comédia *O casamento de Esteves* e o drama *Triste fim de uma vida de prazeres*, já datavam de 1910. Encerrava-se assim, em

7. Vicente de Paula Araújo informa que Leal havia filmado em 1908 *Os guaranis*, peça do palhaço negro Benjamim de Oliveira, baseada na obra de Alencar.
8. Citado por Vicente de Paula Araújo.

meados de 1911, um ciclo particularmente movimentado, talvez brilhante mesmo do cinema nacional. Em 1912, foi realizado apenas um filme de enredo no Rio de Janeiro, e que nem foi exibido, censurado pela Marinha de Guerra por ter focalizado a vida do cabo João Cândido, líder da rebelião dos marinheiros contra o uso da chibata como punição.

Intensifica-se a crise: quase todos aqueles que participavam ativamente da fabricação de filmes nacionais abandonam as lides cinematográficas. Argumentistas, roteiristas e diretores de cena que haviam surgido, aos poucos vão retornando às suas origens jornalísticas e teatrais. O desinteresse generalizado atinge também os primeiros produtores e dele não escapa nem um Pascoal Segreto, que cada vez mais se dedicará apenas ao teatro ligeiro. Agrava-se a deserção: Labanca abandona definitivamente a profissão cinematográfica. Permanece Serrador, mas sua frutuosa carreira no cinema apoia-se agora exclusivamente no comércio do filme produzido no estrangeiro. Rompe-se a antiga solidariedade de interesses entre os fabricantes de filmes nacionais e o comércio local de cinematografia. Os que persistem em fazer filmes nacionais encontram crescente dificuldade em exibi-los. Entre esses teimosos, encontramos Leal, os irmãos Botelho, e alguns outros poucos técnicos e cinegrafistas que não desistem. Viriam eles a assegurar um mínimo de continuidade entre a época que se encerra em 1912 e a seguinte, que cobrirá os próximos dez anos.

SEGUNDA ÉPOCA: 1912 A 1922*

Após o colapso assinalado em 1911-12, a continuidade do cinema brasileiro repousou inicialmente na atividade de alguns

* Em *70 anos*, a segunda época se inicia em 1913. [N. E.]

cinegrafistas, ou seja, técnicos em filmagem. Não foi, entretanto, realizando filmes de enredo que esses profissionais conseguiram ganhar a vida: tanto Antônio Leal — veterano com sete anos de atividades cinematográficas — como Paulino e Alberto Botelho dedicam-se sobretudo aos documentários e jornais cinematográficos. E quando eventualmente filmam um enredo, não é por terem encontrado um empresário interessado em seus serviços técnicos, pois serão seus próprios produtores nessas raras investidas no campo do cinema de ficção.

A ideia de que o crime compensa — pelo menos como enredo de filme — deve ter inspirado os responsáveis pelas produções que tentaram arrancar o cinema nacional do marasmo em que mergulhara por volta de 1912. Historicamente, a ideia é certa, e havia sido testada entre nós com o grande êxito de *Os estranguladores*, de Leal, e de outras fitas de crime, nacionais ou estrangeiras. De qualquer forma, os únicos três filmes de enredo realizados no Brasil em 1913 giram em torno desse tema: *O caso dos caixotes*, *O crime de Paula Matos* e *O crime dos Banhados*, trindade de crimes famosos e recentes, como convinha para atingir maior público.

O caso dos caixotes, também conhecido como *O roubo dos 1400 contos*, inspirou-se num assalto sensacional. *O crime de Paula Matos* focaliza o assassinato do industrial Adolfo Freire por Augusto Henriques, nomes que encontravam muito eco na imaginação popular. Ambos esses filmes, realizados no Rio pelos irmãos Botelho, eram filmes médios, em três partes, isto é, davam cerca de quarenta minutos de projeção. Já o terceiro filme, *O crime dos Banhados*, era um supermetragem, com quase duas horas de projeção.

O produtor desse filme foi o velho ator português Francisco Santos, que se aposentara do palco e resolvera, por desfastio, fazer cinema na cidade gaúcha de Pelotas. Inspirava-se a fita num bárbaro episódio de recentes lutas políticas que haviam culminado no massacre de uma família inteira, na Fazenda de Passo da Estiva. Os nomes dos personagens são fictícios, o móvel do crime aparece como sendo o roubo, mas não se podia iludir o público com esses e outros disfarces diante de um episódio que lhe era extremamente familiar; foi, sem dúvida, devido a tal reconhecimento que o filme teve assegurada uma longa carreira.

Na próspera Pelotas da industrialização do charque, o patriarca Francisco Santos, dono de uma sala de cinema e ligado ainda a outros negócios, escrevia, produzia, dirigia, filmava e interpretava seus filmes. Além de *O crime dos Banhados*, chegou a completar mais duas produções, *Álbum maldito* e a comédia *Os óculos do vovô*, supondo-se que ambos não atingiram a importante metragem do primeiro. Informa Peri Ribas que Francisco Santos era afilhado de Camilo Castelo Branco, e assim teria aproveitado o famoso romance *Amor de perdição* para um filme, como homenagem ao padrinho. Isso em 1914. Com a eclosão da Primeira Guerra Mundial e devido à restrição de filme virgem, o trabalho teve que ser interrompido.[9]

Nesse ano, com efeito, em consequência ou não da guerra, as atividades cinematográficas no Brasil foram mínimas. Além dos esforços de Francisco Santos, só encontramos registro de mais uma fita de enredo, *A estrangeira*, escrita e dirigida em Petrópolis por um adolescente de quinze anos: Henrique Pongetti. Aos poucos, porém, recomeçou o movimento. Enumera Peri Ribas mais de uma dúzia de firmas produtoras criadas no Rio e em São Paulo durante os quatro anos que durou o conflito. Os novos nomes são em geral italianos: Michele Milani, Franco Magliani, Italo Dandini,* Arturo Carrari, Guelfo Andaló, os irmãos Lambertini, Eduardo Vitorino, Vittorio Capellaro, Paulo Aliano, Gilber-

---

9. Peri Ribas, "Il Cinema in Brasile fino al 1920". In: *Cinema Brasiliano*, op. cit.
* Em *70 anos*, em lugar de Italo Dandini está Cesare Dandini. [N. E.]

to Rossi, Paulo Benedetti, William Jansen... Os diretores desse grupo eram na maioria homens com alguma experiência teatral, quando não artistas profissionais que vieram para o Brasil em turnê, como Vittorio Capellaro. Os cinegrafistas, às vezes muito bons, como Benedetti ou Rossi, pertencem à categoria daqueles imigrantes ricos de habilidade artesanal, sem os quais o desenvolvimento tecnológico brasileiro seria sem dúvida mais precário. A essa lista de estrangeiros — sem dúvida incompleta — devem ser acrescentados alguns brasileiros que vieram ampliar o grupo nacional, até então representado quase que exclusivamente pelos Botelho. Pouco mais de meia dúzia dá uma ideia aproximada do novo contingente: Simões Coelho, Fausto Muniz, Salvador de Aragão, Antônio Campos, João Stamato, José Medina, Luís de Barros... A esses cinegrafistas e diretores, acrescentemos o jornalista Irineu Marinho, que pelo menos durante o ano de 1917 teve um estimulante papel de produtor. Mas até aproximadamente 1922-23 os cineastas de maior relevo serão Luís de Barros no Rio e José Medina, em São Paulo.

Luís de Barros nasceu no Rio, em 1893. Aos dezenove anos vamos encontrá-lo em Paris, estudando pintura na Academia Julien. Acompanhou igualmente as aulas de cenografia de Francesco Mallerba, na Academia de Brera, de Milão. Em Paris, frequentou assiduamente os estúdios de Léon Gaumont, onde aprendeu junto ao diretor Dubois os rudimentos da profissão; de volta ao Rio, aproximou-se de Italo Dandini e João Stamato, com os quais em 1914 iniciou-se profissionalmente em cinema. Da longa carreira de Luís de Barros, que se prolonga até nossos dias [1966], os dez primeiros anos terão maior significação para o cinema brasileiro, verificando-se que de 1919 a 1920 foi ele certamente a figura mais positiva no Rio.

José Medina nasceu em 1894, em Sorocaba, estado de São Paulo. Estudou pintura decorativa no Liceu de Artes e Ofícios de

São Paulo. Em 1910, interessou-se pelo cinema ao ver Alberto Botelho realizar algumas filmagens, na Fábrica Votorantim, nos arredores de Sorocaba: a entrada para a profissão cinematográfica data de seu encontro com o cinegrafista Gilberto Rossi, em 1918.

O fato de termos facilmente enumerado cerca de vinte novos cineastas pode levar a crer que foi grande a florescência dos filmes de ficção no período do cinema brasileiro que ora focalizamos. Contudo, a média anual entre 1912 e 1922 foi apenas de seis filmes. Da quase paralisação dos anos 1912-14, chegamos a uma produção relativamente abundante de dezesseis filmes em 1917, para haver uma brusca queda no ano seguinte, com uma medíocre reação até 1922.

Já nos referimos aos raros filmes dos anos 1912-14. Na produção que se desenvolve a partir de 1915, o que chama logo a atenção é o número de fitas inspiradas na nossa literatura. *Inocência* e *A Retirada da Laguna* foram baseadas nos romances de Taunay; de Bilac foi aproveitado *O Caçador de Esmeraldas*; e de Macedo, *A Moreninha*. Bernardo Guimarães foi lembrado para as bases de *O garimpeiro*, enquanto de Aluísio Azevedo aproveitou-se *O mulato*, apresentado com o título *O Cruzeiro do Sul*. A obra de José de Alencar foi naturalmente o ponto de partida para maior número de filmes: *O guarani* (duas versões), *Iracema*, *Ubirajara* e *A Viuvinha*. Um conto de Monteiro Lobato serviu de inspiração para *O faroleiro*. Já Medeiros e Albuquerque, Cláudio de Sousa e Coelho Neto escreveram enredos especialmente para o cinema, sendo que o de Coelho Neto para um filme em série, *Os mistérios do Rio de Janeiro*, do qual foi realizado só o primeiro episódio.

A participação do Brasil na guerra provocou um número razoável de filmes, sobretudo se levarmos em conta que essa participação foi exclusivamente simbólica: *Pátria e bandeira*, com história escrita por Cláudio de Sousa, focalizando a espionagem alemã em nosso território, foi uma das produções que contaram com a cooperação das Forças Armadas, inclusive da nossa incipiente aviação militar. A essa ingênua veleidade patriótica feita no Rio corresponde outra realizada em São Paulo, *Pátria brasileira*, cuja filmagem foi seguida de perto por Olavo Bilac. Mais curiosa ainda deveria ter sido a fita que recebeu um título francês, *Le Film du Diable*, com letreiros em versos de Bastos Tigre, a ação desenrolando-se no Rio e na Bélgica invadida pelos alemães. A mesma inspiração presidiu o primeiro desenho animado brasileiro, *O Kaiser*, do caricaturista Seth, e que não deve ser confundido com *O castigo do Kaiser*, filme posado em 1918. Datam também desse período alguns ensaios patrióticos como *O Grito do Ipiranga* e *Tiradentes*. Com esse surto de filmes mais ou menos históricos, a crônica criminal perdeu aquela antiga vitalidade, mas em 1920 retorna com *O crime de Cravinhos*, filme baseado num famoso assassinato que teria sido encomendado por uma fazendeira paulista, conhecida como a Rainha do Café. O assalto a um banco italiano de São Paulo inspira também os cineastas da época, que não tardam em levar a história para a tela sob o título de *O furto dos 500 milhões*.

Apesar do interesse documental, ressentiam-se essas fitas da pressa nas filmagens de histórias que não podiam esperar para não perder a oportunidade. Muito mais elaborados deveriam ser os filmes *A Quadrilha do Esqueleto* ou *Rosa que se desfolha*, cujos crimes eram imaginários, exigindo assim uma ordenação mais trabalhada e lúcida. Foram essas duas fitas produzidas pela empresa Veritas Film, de Irineu Marinho, jornalista, diretor de *A Noite*, personalidade importante, cujo ingresso no mundo do filme deve ter significado uma grande esperança para o nosso cinema. Poderia ter sido o Auler do novo período que se iniciava. Mas após quatro fitas Irineu Marinho abandona definitivamente as atividades cinematográficas.

Luís de Barros é o responsável por mais de meia dúzia de filmes do período que ora focalizamos. *Perdida*, o primeiro a ser realizado, teve larga repercussão na crônica da época, por contar talvez com a participação de Leopoldo Froes, ator já famoso nos meios teatrais. Sobre *Vivo ou morto*, o segundo filme de Luís de Barros, os testemunhos que ficaram foram unânimes em reconhecer seu grande interesse: é a história de uma mulher extremamente elegante e vaidosa, abandonada pelo amante. A dama — interpretada pela atriz italiana Tina d'Arco — jura que ele há de voltar. Desenrola-se então a intriga em meio das mais complicadas peripécias até o momento em que o cadáver do amante é-lhe entregue afinal. Triunfante, com uma taça de champanhe na mão, ela exclama: "Ele voltou!". Esse melodrama eivado de situações ridículas teve um elenco de artistas de prestígio e foi filmado em cenografias cuidadosamente montadas. Os documentos fotográficos evocam o cinema francês de antes da guerra; contudo, os contemporâneos foram surpreendidos pela vivacidade e agilidade da interpretação.

Para o leitor de hoje, a maior parte dos velhos filmes de Luís de Barros não passa de simples título com alguns nomes de intérpretes, e uma ou outra foto. Mas, sempre que se aprofundam as investigações a respeito dos trabalhos que realizou até aproximadamente 1920, avulta a importância de sua contribuição ao cinema brasileiro. Não é, pois, de estranhar que na ocasião fosse ele o cineasta mais procurado pelos jovens como os cariocas Pedro Lima e Ademar Gonzaga ou o paulista Antônio Tibiriçá.

José Medina, diferentemente do que sucedeu com Luís de Barros, só mais tarde dará sua melhor medida. Dentro do período que nos ocupa, realizou ele, em três anos, uma dúzia de filmes. *Como Deus castiga* era uma longa história em dez partes, situada na Espanha de 1850, toda feita de carrascos e inocentes. A ação de *Perversidade* já era mais moderna: um patrão simula um roubo, com o intuito de provocar a prisão de um empregado por cuja mulher se enamorara. Baseada num roteiro do estudante de direito Canuto Mendes de Almeida, *Do Rio a São Paulo para casar*, ao contrário das outras, vem a ser uma fita de história leve e ação rápida, sem resquício de melodrama. Mas de todos os filmes de Medina realizados nessa época só chegou até nossos dias *Exemplo regenerador*, datado de 1919. Trata-se de um filme de curta-metragem, cujo enredo todo moralizante se desenvolve com relativa fluidez: um mordomo exemplar simula um romance com a patroa a fim de provocar ciúmes no marido negligente, alertando-o para o cumprimento dos deveres conjugais. Aparentemente, a estrutura dos filmes nacionais por volta de 1919 era baseada ainda numa rígida compartimentação em episódios; desejando demonstrar ao seu companheiro de equipe, Gilberto Rossi, a possibilidade de se praticar no Brasil a continuidade cinematográfica, Medina teria realizado *Exemplo regenerador* em algumas horas apenas. Contudo, nos filmes *Como Deus castiga* ou *Perversidade*, de maior duração e mais ambiciosos, nada indica que tenham sido aproveitados os recursos que ele revelou na pequena experiência da lição do mordomo.

Depois de Luís de Barros e José Medina, cabe igualmente uma menção especial a um terceiro cineasta do período: Vittorio Capellaro. Foi esse italiano o principal responsável pela voga dos filmes inspirados em obras literárias brasileiras. Entre 1915 e 1918, adaptou *Inocência, Iracema, O guarani, O mulato* e *O garimpeiro*; num outro período do cinema nacional, vamos encontrá-lo como o autor de nova versão de *O guarani*. Nenhum filme de Capellaro foi preservado, excetuando-se *O caçador de diamantes*, de 1933. Lamentavelmente, a crítica histórica tende a julgar as primeiras obras desse autor à luz do pesado academicismo dessa produção tardia, pois é bem provável que suas fitas primitivas, baseadas nos romances brasileiros, tivessem a graça e o frescor que faltaram a esse *Caçador de diamantes*.

Mas da coleção de filmes inspirados na nossa literatura, o que provocou na época maior impressão foi sem dúvida *Lucíola*. Produzida e cinematografada pelo veterano Leal, a fita adquiriu as características de um melodrama mundano, com algumas semelhanças com *Vivo ou morto*. Coube à atriz Aurora Fúlgida viver na tela a heroína de Alencar. Alguns cronistas viram *Lucíola* quando ainda adolescentes, e anos mais tarde registravam com calor suas impressões, fazendo-nos vislumbrar o encantamento de toda uma geração de estudantes pela erótica atriz dos anos 1916-17. Durante o período que abordamos neste capítulo, além de em *Lucíola*, trabalhou ela no filme *O dominó misterioso*, uma das produções de Irineu Marinho. Seu nome verdadeiro era Amélia Cocaneanu. Nascida em Bucareste, fugiu de casa aos dezessete anos para ser bailarina. Alcançou o objetivo, e por ocasião de uma turnê pela América do Sul, para não fugir à regra, encontrou no Rio um amor e ficou pelo Brasil. O fato de ter posado apenas para duas fitas aumenta a singularidade do impacto que causou.

Antônia Denegri, atriz preferida de Luís de Barros, teve momentos de alguma popularidade, mas nem sempre vinculados aos filmes ou peças que interpretou. Nascida na Califórnia em 1901, veio pequena para o Brasil, onde fez um curso de bailarina, ao mesmo tempo que se iniciava no teatro, na Companhia Lucinda; teve algum mérito, porém modesto. Maior fama alcançaram no teatro as atrizes Abigail Maia — a Ceci de uma das versões de *O guarani* — e a portuguesa Otília Amorim, que participou igualmente de alguns filmes de Luís de Barros, entre os quais *Alma sertaneja*, em 1919. Nesse filme, Otília Amorim aparecia nua, o que não foi esquecido; sua precursora foi Miss Ray, que tivera a audácia de aparecer também nua numa sequência com o demônio no *Le Film du Diable*, brasileiríssimo apesar do título.

E aqui convém lembrar que entre as atrizes que mais se destacaram no período incluem-se duas brasileiras, Iolanda Dini* e Iracema de Alencar, precisamente a heroína de *Iracema*. Seu nome real era Ida Kerber, nascida em 1899 no Rio Grande do Sul. Aos dezessete anos, foge com o namorado para tentar o teatro. Ingressou na Companhia Itália Fausta e estreou no Rio de Janeiro no papel de Hamadríade.

Quanto aos atores, nada há de especial a registrar. Alguns veteranos da primeira fase, como Leonardo Loponte e João de Deus, reaparecem aqui com frequência, assim como alguns diretores, entre os quais Vittorio Capellaro e Franco Magliano** como intérpretes das próprias fitas. Repetindo o fenômeno das atrizes principais, quase todos os astros são estrangeiros oriundos do teatro, predominando no Rio os portugueses, e em São Paulo, os italianos.

Esta segunda época do cinema brasileiro está bem longe da importância e do brilho da primeira. Embora entre 1912 e 1922 o comércio cinematográfico tivesse se desenvolvido consideravelmente, tornou-se cada vez mais difícil o acesso da produção nacional aos circuitos de salas. De um modo geral, os filmes conseguem ser exibidos graças apenas à benevolência de um ou outro proprietário de cinema. Certa aproximação de homens de prestígio como Irineu Marinho, Olavo Bilac, Coelho Neto ou Medeiros e Albuquerque durou pouco, desde que essa aproximação fora suscitada pela breve animação que reinou em 1917, ano em que a produção atingiu o seu ponto mais alto. Tomada em conjunto, a realização de filmes de enredo foi precária e escassa; os sessenta filmes posados encerram uma porcentagem considerável de

---

* Esta frase é do texto *70 anos*. No original consta apenas Iracema de Alencar, "a única brasileira nata". [N. E.]
** O nome de Franco Magliano foi cortado em *70 anos*. [N. E.]

curtas-metragens, destinados às vezes à mais variada publicidade comercial, indo desde a propaganda de loteria até a divulgação de remédios contra a sífilis. Por outro lado, a imprensa que poderia colaborar exercendo sua influência na opinião do público acaba por não tomar mais conhecimento da produção cinematográfica que se define cada vez mais como uma atividade marginal.

Em 1922, o presidente Epitácio Pessoa encarrega uma comissão de organizar as comemorações do Centenário da Independência, e entre os planos elaborados está incluído o cinema. Falou-se então muito na realização de um grande filme histórico, cujo roteiro seria escrito por Coelho Neto, sendo que o diretor da Exposição do Centenário, dr. Pinto de Almeida, chegou a sugerir um projeto dividido em quatro partes. A ideia foi tomando vulto: o empresário Mocchi, arrendatário do Teatro Municipal, dispôs-se a participar do empreendimento, o deputado Cincinato Braga, em nome de toda a bancada paulista, propôs que fossem produzidas várias fitas, para dar maior realce às festas programadas... Apesar de todo esse movimento, o "filme do Centenário" não foi feito. Observaram as pessoas bem informadas que o governo deveria ter encarregado do trabalho uma companhia estrangeira. Tudo ocorreu como se não existissem no Brasil pessoas capazes de realizar um filme posado.

O cinema acabou por participar intensamente das comemorações do Centenário, mas em forma de documentários e jornais da atualidade. Não houve cinegrafista do Rio, de São Paulo ou de qualquer outra cidade que não tivesse recebido encomendas de trabalhos nesse ano de 1922: ficou claro que no Brasil o único cinema possível era o natural. É a partir dessa melancólica situação, de fato, que se iniciará a terceira época do filme brasileiro de enredo.

TERCEIRA ÉPOCA: 1923 A 1933

Para todos... e *Selecta* eram em 1923 as duas revistas brasileiras que mais se interessavam por cinema. O que não impediu que Mário Behring e Paulo Lavrador, respectivamente os redatores principais, nutrissem pelo nosso filme de enredo o maior desprezo. "Esse fantasma que é a cinematografia nacional", escreve Behring, "sem artistas, sem técnicos, sem diretores de cena, sem estúdios, e, finalmente, sem dinheiro." E conclui Paulo Lavrador: "Seria melhor que não existisse".[10] Paradoxalmente, ao mesmo tempo que difundiam essas ideias, tanto *Selecta* quanto *Para todos...* transformavam-se nos maiores veículos da primeira campanha contínua e sistemática em favor do cinema brasileiro de ficção. O que tornou possível esta curiosa contradição foi sem dúvida o liberalismo daquelas publicações, bem como a tenacidade e paixão com que alguns jovens se dispuseram a lutar pelo cinema no Brasil. Pedro Lima em *Selecta*, e Ademar Gonzaga em *Para todos...*, ambos mais tarde na revista *Cinearte*, procuraram orientar e conjugar a ação de grupos em geral jovens, ignorando-se uns aos outros, dispersos pelo país. É desse momento em diante que se manifesta uma verdadeira tomada de consciência cinematográfica: as informações e os vínculos fornecidos por essas revistas, o estímulo do diálogo e a propaganda, teceram uma organicidade que se constitui como um marco a partir do qual já se pode falar de um movimento de cinema brasileiro. Mesmo as manifestações hostis — justas ou injustas — contra o filme de enredo revelaram o interesse pela nossa produção, praticamente ignorada num passado próximo.

Entre 1923 e 1933, foram completados cerca de 120 filmes,

10. *Para todos...*, 1 mar. 1924 e 18 out. 1924.

isto é, o dobro da década anterior. Qualitativamente, o avanço foi ainda mais considerável, surgindo nessa época os nossos clássicos do cinema mudo. A coexistência do cinema mudo e falado de 1929 a 1933 justifica por certo o fato extraordinário de terem sido feitas no ano de 1930 cerca de vinte fitas. Realmente, o cinema falado desempenhou um papel estimulante na nossa produção, mas isso antes de 1934, quando então houve um colapso quase tão radical quanto o de 1911 ou de 1921.

Outra característica da pujança deste terceiro período é o aparecimento de focos de criação em pontos diversos do território além de Rio e São Paulo. Em 1923, filma-se em Campinas, Recife e Belo Horizonte, estendendo-se o movimento ao Rio Grande do Sul e diversas cidades mineiras do interior, sendo que numa delas, Pouso Alegre, já em 1921 haviam sido ensaiadas fitas de enredo.

O homem de Pouso Alegre é Francisco de Almeida Fleming, nascido em Ouro Fino, no ano de 1900. Pertencendo a uma família de recursos, dona de alguns cinemas na região, bastante cedo Almeida Fleming maneja uma câmera; aos vinte anos realiza seu primeiro filme posado, de curta-metragem, *A canção do bandido*, seguindo-se *In hoc signo vinces*, fita mística mais longa e ambiciosa, com reconstituições de época. Essa ambição não se desmentiu nas duas outras fitas que fez com alguns anos de intervalo, *Paulo e Virgínia* e *O vale dos martírios*. Os precários recursos técnicos disponíveis em Pouso Alegre e Ouro Fino, somados à bisonha adaptação do então popularíssimo romance de Bernardin de Saint-Pierre e ao argumento original de Almeida Fleming, redundaram em melodramas que beiravam o cômico involuntário. Contudo, apesar de todas as falhas e imperfeições, foi com esses dois filmes que Francisco de Almeida Fleming ingressou de forma honrosa na história do cinema brasileiro. O talento inato de Fleming em dirigir as cenas — fazendo esquecer o grotesco de certas cenografias ou o tom carregado das situações — bem como a sutileza que soube imprimir à pantomima e à mímica dos intérpretes parecem ter salvado todo o conjunto, e até o elenco, no qual figurava apenas um profissional, Paulo Rosanova, de São Paulo.

Em Belo Horizonte, o pioneiro dos filmes de enredo foi Igino Bonfioli, nascido em 1886 na província de Verona, chegando ao Brasil antes do fim do século: é bem o exemplo do artesão italiano imaginoso e hábil, tão presente no amanhecer do nosso cinema. O dinheiro que ganhou filmando documentários para a Exposição do Centenário foi gasto na produção de *Canção da primavera*, seguida alguns anos mais tarde por *Tormenta*. Esses filmes, bem como mais uns quatro ou cinco realizados em Belo Horizonte até 1934, não passaram de um esforço sem maior repercussão, mesmo local. José Silva foi o responsável por três dessas produções, *Boêmios*, *Perante Deus* e *Calvário de Dolores*,* tendo apelado para a colaboração dos veteranos Antônio Leal e Paulino Botelho, e em seguida para a de Almeida Fleming. É provável que *Entre as montanhas de Minas*, de Manuel Talon, tenha conseguido alcançar maior repercussão do que as outras que passaram quase despercebidas.

A presença de Almeida Fleming e do ator Paulo Rosanova no genérico de algumas produções belo-horizontinas indica o liame existente entre as tentativas de Pouso Alegre e o movimento da capital do estado. Já o mesmo entrelaçamento não se verificou em Guaranésia, onde Américo Masotti — durante sua breve vida — animou um grupo que produziu pelo menos *Corações em suplício*; aliás, os nomes conhecidos que se destacam no núcleo dessa cidade são os de pitorescos aventureiros como um Rolando ou um Kerrigan, que ainda aparecerão neste capítulo.

---

* *70 anos* não inclui este último filme. [N. E.]

Mas a cidade mineira que deu real importância cinematográfica ao estado foi Cataguases. Encontramos aí Pedro Comello, tipo humano que já nos é familiar: o do artesão italiano experiente e empreendedor. Foi ele o iniciador em cinematografia de Humberto Mauro, a primeira personalidade de primeiro plano revelada pelo cinema brasileiro. Filho de pai italiano e mãe mineira, nasceu ele em 30 de abril de 1897 na Fazenda São Sebastião em Volta Grande, distrito de Além Paraíba.

Iniciam-se em 1925 as experiências de Comello e Humberto Mauro. Munidos de uma Pathé-Baby, filmam uma história de cinco minutos, *Valadião, o Cratera*, onde há um bandido que rouba uma mocinha e a leva para uma pedreira. No segundo ensaio, *Os três irmãos*, há uma jovem com amnésia e um incêndio, sendo que nessa altura já trabalham com uma câmera comprada no Rio. Já em 1926, realizam *Na primavera da vida*, história de contrabando de cachaça pelo rio Pomba, e que é exibida com êxito nas cidades da região. Entusiasmados com os resultados dessas produções, dois comerciantes de Cataguases asseguram os recursos para o prolongamento da aventura artística de Comello e Mauro. Entretanto, desentendem-se no início das filmagens de *Tesouro perdido*; afasta-se Comello, produzindo mais tarde *Senhorita agora mesmo*, especialmente para sua filha Eva Nil, artista sensível e vibrátil, principal intérprete feminina de *Na primavera da vida*. Vemo-la figurar ainda em vários filmes do Rio e Belo Horizonte.

Humberto Mauro, que completara sua formação graças ao grupo da revista *Cinearte*, não era mais um aprendiz. Com *Tesouro perdido*, iniciou ele em 1927 a primeira carreira contínua, coerente e bela que o cinema do Brasil conheceu. Além de *Tesouro perdido*, a fase de Cataguases compreende mais dois filmes igualmente importantes, *Brasa dormida* e *Sangue mineiro*. Já participava então de sua equipe Edgar Brasil, o primeiro cinegrafista brasileiro a igualar e ultrapassar os melhores artesãos estrangeiros, como Rossi ou Benedetti. A próxima etapa de Humberto Mauro será no Rio de Janeiro; só quando lá chegarmos é que poderemos avaliar o que ele representou para o nosso cinema mudo.

O movimento gaúcho teve importância bem menor do que o mineiro, tanto em quantidade como em qualidade. Após as tentativas de Pelotas — anteriores à Primeira Guerra Mundial — só em 1927 serão realizados novamente filmes de enredo no estado. Concentra-se a produção em Porto Alegre, limitando-se até 1933 a meia dúzia de filmes, alguns com razoável distribuição, sobretudo no interior. Mas nenhum deles alcançou exibição comercial fora do Rio Grande do Sul. Destacam-se três nomes: José Picoral, Eduardo Abelim e Eugenio Kerrigan. Enquanto o primeiro foi apenas um esforçado cinegrafista, Abelim, chofer de táxi, desdobrou-se em atividades de ator, produtor, diretor e eventual fotógrafo. "Sobretudo foi um sedutor", segundo o definiu uma atriz que após trabalhar ao seu lado em *Castigo do orgulho* ou *Pecado e vaidade* enveredou pelo mau caminho. Antes de se fixar em Niterói, com uma reduzida empresa de cinema publicitário, Abelim foi palhaço de pequenos circos ambulantes. A modesta aventura de sua vida aproxima-o de numerosos tipos semelhantes que episodicamente transitaram pelo pobre cinema nacional.

Kerrigan possui, certamente, maior envergadura; já vimos seu nome no ciclo mineiro e quando focalizarmos Campinas, onde iniciou sua carreira, procuraremos delinear sua fisionomia; acrescentemos apenas, por ora, que o filme *Amor que redime*, resultado da associação entre Kerrigan e Abelim, foi talvez a produção gaúcha de maior relevo. É o que se deduz dos artigos escritos na época por Pedro Lima e Fridolino Cardoso. Na mesma linha de *Castigo do orgulho* ou *Pecado da vaidade* — sem falar de *Em defesa do irmão* —, *Amor que redime* devia ser um melodrama urbano, moralista e sentimental. Conhece-se melhor, pelo menos o enredo, de *Revelação*, cuja primeira parte girava em torno de uma situação bem moderna de conflito industrial, para cair em seguida — apesar de certa preocupação com a cor local — numa caricatura de filme de aventuras. A história foi de Lobo da Costa, responsável também pelo argumento de *Um drama nos pampas*; vamos encontrá-lo ainda como produtor de *Ranchinho do sertão*, que forma com a anterior a dupla mais tipicamente gaúcha de toda a série. Ao movimento cinematográfico regional acrescente--se, pois, o nome desse escritor rio-grandense. Quanto aos artistas mais constantes desses elencos, salientam-se Ivo Morgova, Nely Grant e Roberto Zango, ator característico que causou impressão.

Dentre os ciclos regionais, o que mais produziu foi o pernambucano, com um total de treze filmes em oito anos. No centro das atividades encontramos dois jovens ourives, Edson Chagas e Gentil Roiz. O círculo não tardou em se alargar, participando da realização de filmes cerca de trinta jovens, entre vinte e 25 anos: jornalistas, pequenos funcionários, comerciantes, artesãos, operários, atletas, músicos, atores de teatro... Em meio de polêmicas e divergências, após muita briga, fundaram nada menos de nove firmas sucessivas, diferentes e rivais. Estrelas surgiram, como Almeri Esteves e Rilda Fernandes, nomes que se tornaram familiares dos leitores de *Cinearte*; outro nome que deve ser registrado é o do ator, argumentista e diretor Jota Soares, mais tarde o cronista do ciclo cinematográfico de Recife.

Os primeiros filmes, *Retribuição* e *Jurando vingar*, eram de aventuras e tesouros escondidos, figurando alguns personagens que lembravam caubóis. Os temas regionais aparecem com os jangadeiros de *Aitaré da praia* ou com os coronéis e cultivadores de cana de *Reveses* e *Sangue de irmão*; a nota curiosa de *Filho sem mãe* é que nessa fita aponta um cangaceiro. Com seus melodramas mundanos de grande cidade, Recife é assunto em *A filha do advogado*, bem como teria sido alvo da comédia satírica *Herói do século XX*, onde Pedro Neves imitava Buster Keaton. Já o ambiente de *Dança, amor e ventura* busca o exotismo de um acampamento de ciganos onde se passa a intriga. Quanto ao drama religioso, pagou também Recife o seu tributo com *História de uma alma*, reconstituição fiel da vida de Santa Teresa de Lisieux. Eram demasiado precárias as condições técnicas, artísticas e econômicas dessas produções pernambucanas; só mesmo o fervor juvenil e o orgulho regional de fazer cinema explicam a continuidade do esforço, que não foi em vão, diante de alguns resultados alcançados. As fitas eram exibidas num pequeno cinema da rua Nova, o Royal, onde o coproprietário Joaquim Matos transformava cada estreia de fita pernambucana numa verdadeira festa, com a rua embandeirada, a fachada enfeitada com rosas e a sala perfumada com folhas de canela profusamente espalhadas pelo chão. No trabalho de Lucila Ribeiro Bernardet sobre cinema pernambucano,* conta-nos ela que algumas dessas estreias tinham tanta repercussão quanto as mais importantes regatas, partidas de futebol ou bailes de Carnaval. O custo de algumas das produções foi pago com esses lançamentos no Royal, o que muito impressionou o grupo de *Cinearte*, preocupado com a dificuldade de se exibirem as fitas brasileiras. Mas sempre que o cinema pernambucano tentava transpor as fronteiras do estado, fracassava; apenas um filme logrou ser apresentado comercialmente no Sul do país.

Nos vários ciclos regionais que percorremos, a iniciativa de realizar filmes foi tomada em geral por pequenos artesãos ou jovens técnicos. Em Campinas, foi um intelectual em plena maturidade que se fez pioneiro: Amilar Alves. Esse cineasta, que

---

* Lucila Ribeiro Bernardet, *O cinema pernambucano de 1922 a 1931: Primeira abordagem*. São Paulo: USP, 1970. (Dissertação de mestrado apresentada à Faculdade de Filosofia, Letras e Ciências Humanas.) Acervo Cinemateca Brasileira. Publicado com o título *Ciclo do Recife*, em *Retrospectiva*, Rio de Janeiro, n. 13, 1971.

em 1923 já tinha mais de quarenta anos, teve uma infância áspera: menino ainda, perdeu o pai, vítima da febre amarela. Sem recursos, chegando a alcançar apenas o segundo ano do Grupo Escolar, foi num absoluto autodidatismo que se tornou jornalista, filólogo, poeta e dramaturgo. Suas comédias, *Qui, quae, quod* e *Tagarelices de papagaio*, foram bastante divulgadas entre os amadores do interior, sendo que a primeira ainda é solicitada à SBAT por pequenos grupos teatrais. Ensaiador predileto de d. Nery, primeiro bispo de Campinas, liderava todo o movimento campineiro de teatro amador. *João da Mata*, um drama regional com diálogos impregnados de dialeto caipira, era sua peça mais importante; quando resolveu adaptá-la ao cinema, encontrou na cidade tudo de que necessitava em matéria financeira, artística e mesmo técnica. Seu fotógrafo Tomás de Tullio será o cinegrafista de quase todas as fitas do ciclo campineiro. A julgar pelos poucos fragmentos que chegaram até nossos dias, o filme *João da Mata* não só conservou e transmitiu a visão da realidade cabocla que a peça continha, mas realçou os seus valores. O êxito de bilheteria em Campinas e redondezas cobriu largamente os oito contos que a fita custou; em São Paulo, mesmo numa apresentação descuidada houve lucro, e no Rio, embora não tenha sido explorada comercialmente, uma exibição especial no Cinema Central, em 3 de novembro de 1923, valeu-lhe a mais calorosa crítica nos jornais cariocas.

Tal sucesso comercial e artístico da fita de Amilar Alves ateou fogo na imaginação campineira: fundaram-se companhias produtoras, terrenos foram adquiridos para a construção de estúdios... Foi nesse clima propício que surgiu um personagem que se fazia chamar conde Eugenio Maria Piglinioni Rossiglione de Farnet, e que logo após preferiu adotar o nome de Eugenio C. Kerrigan. Afinal, seu nome verdadeiro seria Eugenio Centenaro, segundo afirma Georges Sadoul, baseando-se nas pesquisas de

Caio Scheiby sobre o cinema campineiro.[11] Mas é como Kerrigan que prolongará sua carreira até o Rio Grande do Sul, conforme já foi visto. Dirige em Campinas *Sofrer para gozar* — melodrama rural brasileiro que se desenvolve em parte num *saloon* provido de roleta e crupiê chinês — e colabora numa versão de *A carne* de Júlio Ribeiro. Contudo, neste último filme a figura predominante é Felipe Ricci, que já dirigira *Mocidade louca*; juntamente com Tomás de Tullio, vem ele a ser o principal cineasta do movimento campineiro desde que Amilar Alves — apesar de todo o sucesso de *João da Mata* — não voltou à experiência cinematográfica.

Acrescentando-se *Alma gentil*, de Antônio Dardes Nero, temos cinco produções completas entre 1923 e 1926. Depois de quatro anos de intervalo, em 1930, Felipe Ricci e Tomás de Tullio conseguirão realizar ainda *Os falsários*. Essa meia dúzia de fitas modestas, pouco vistas, com exceção da primeira, constituem a contribuição de Campinas ao cinema mudo nacional.

E chegamos à capital paulista, onde a produção cinematográfica é relativamente intensa entre 1923 e 1933. Com cinquenta filmes aproximadamente, São Paulo ultrapassa o Rio durante esses dez anos, pelo menos em quantidade. Em matéria de qualidade, tem-se a impressão de que são numerosas as fitas de mérito razoável, mas extremamente raras as obras marcantes.

A equipe formada por José Medina, Gilberto Rossi e Canuto Mendes de Almeida, que já tinha nos dado *Do Rio a São Paulo para casar*, realiza ainda *Gigi*, baseada num conto de Viriato Correia. Há em seguida certa dispersão do grupo, indo Canuto Mendes de Almeida associar-se a Jaime Redondo, produtor de *Passei minha vida num sonho*; para esse produtor, dirige *Fogo de palha*, comédia dramática em torno de um caça-dotes, vindo ainda a

---

11. Georges Sadoul, *História do cinema mundial*. São Paulo: Martins, 1963. v. 2, p. 498.

participar mais tarde da realização de *Escrava Isaura*. Nesse período, Canuto Mendes de Almeida faz críticas de filmes em jornais, vindo a ser o autor do primeiro livro importante sobre cinema publicado no Brasil.[12] Não se conclua, daí, que os filmes nos quais colaborou tenham tido algo de excepcional; mas não resta dúvida de que foi ele uma das personalidades mais consistentes do cinema na época.

Quanto a José Medina, acompanhado sempre do cinegrafista Rossi, realizou naqueles anos *Fragmentos da vida*, sua obra-prima e o melhor filme paulista de então; adaptando à cidade de São Paulo um conto de O. Henry, "Soap", construiu Medina um trabalho extremamente simples, de uma graça comovente, que é hoje revisto com crescente interesse pelos estudiosos. Muito contribuiu também para a alta qualidade de *Fragmentos da vida* o gosto fotográfico de Gilberto Rossi; já alguns anos antes fora ele um fator decisivo na valorização de *O segredo do corcunda*, drama situado numa fazenda de café e dirigido por Alberto Traversa, italiano que chegou ao Brasil com alguma experiência cinematográfica e que realizou ainda *Risos e lágrimas*, em Niterói.

O nome seguinte do cinema paulista que provocou maiores esperanças foi certamente o de Adalberto Almada Fagundes. Proprietário da Fábrica Santa Catarina — considerada a maior indústria de louças da América do Sul —, era figura destacada no mundo dos negócios. O estúdio que fez construir na Barra Funda foi o primeiro do Brasil a merecer realmente essa denominação. Ligou-se a várias rodas cinematográficas, inclusive ao inefável Kerrigan, afirmando-se que depois de lançada sua primeira produção, *Quando elas querem*, conseguira aumentar consideravelmente o capital da sua empresa, graças ao interesse de um grupo do qual participaria o velho Matarazzo, que era então o símbolo

12. *Cinema contra cinema*. São Paulo: Cia. Editora Nacional, 1931.

da própria indústria paulista. Por outro lado, Almada Fagundes não queria ser apenas um fabricante de louças e de filmes: tinha preocupações artísticas, gostava de teorizar sobre a obra de arte, escrevendo alguns textos que impressionaram muito o grupo de *Cinearte*. Mas tudo se limitou afinal a *Quando elas querem*, filme de média-metragem. Industrialmente, foi um parto da montanha. Resta-nos destacar a modernidade do tema, girando em torno de conflitos industriais, bem como a linguagem, provavelmente a mais evoluída no seu tempo.

Já devia parecer então bastante antiquado o estilo do veterano Vittorio Capellaro, que em 1926 realizou uma nova versão de *O guarani*, e em 1933 o tardio *Caçador de diamantes*. Não é ele, todavia, o único a insistir nessa trilha: dois israelitas que se iniciam na produção, Jorge Konchin e Isaac Saidenberg, escolhem respectivamente *Iracema* e *Escrava Isaura*. Na mesma linha ainda de reconstituição, anote-se o insólito *Anchieta entre o amor e a religião* e um filme bem primário, *Abnegado do gentio*.

Alma do Brasil, de Líbero Luxardo e Alexandre Wulfes, filmado em Mato Grosso, moderniza o gênero de reconstituição histórica, associando habilmente um documentário sobre as Forças Armadas à evocação da Retirada da Laguna. Inspirados na vitória da Revolução de 1930, não tardaram a aparecer filmes cívicos e militares, como *Amor e patriotismo* ou *Alvorada de glória*. *Às armas* já foi anterior e se ocupava do serviço militar obrigatório; seu diretor era um jovem crítico de prestígio crescente, ligado ao grupo de *Cinearte*: Otávio Gabus Mendes. Nem a presença de generais importantes como Hastinfilo de Moura ou Bertoldo Klinger faltou a essas fitas patrióticas, concordando eles em posar eventualmente para algumas das cenas. Anos antes José del Picchia havia abordado a Revolução de 1924 em *O trem da morte*, cuja intérprete principal era a esposa do célebre tenente Cabanas, a atriz Olga Navarro.

A fita religiosa — outra constante da história do cinema brasileiro — estava na ocasião representada em São Paulo por *Rosas de Nossa Senhora*, de Pascuale di Lorenzo, o mesmo que dez anos antes já produzira um filme com idêntico título. No intervalo, só conhecemos de Pascuale di Lorenzo um filme policial situado no Carnaval paulista, *O mistério do dominó negro*. Ainda com inspiração mística, temos *O descrente*, de autoria de Francisco de Simone, nome relativamente obscuro, apesar de o reencontrarmos no elenco de *Enquanto São Paulo dorme*, de Francisco Madrigano. Era este último conhecido vilão de numerosos filmes e diretor de alguns deles, como *Euphemia*, nome da heroína, aproveitado num título de mau gosto que chegou a irritar a crítica da época. As fitas enumeradas neste parágrafo, bem como outras que será desnecessário mencionar, receberam severo julgamento da crônica, na modestíssima medida em que foram vistas.

Quem conseguiu vasto público para algumas das suas produções foi Antônio Tibiriçá. Esse jovem advogado, como já vimos, começara sua carreira com *Joia maldita*, dirigida por Luís de Barros, responsável também por *Hei de vencer*, a segunda produção de Tibiriçá. Este era um filme de aventuras, com aviões pilotados por Anésia Pinheiro Machado e João Ribeiro de Barros, que com seus famosos raides logo se transformariam em heróis nacionais. Não foi, contudo, essa fita que assegurou notoriedade e dinheiro a Antônio Tibiriçá, mas a seguinte, dirigida por ele próprio, e que se chamou *Vício e beleza*. A publicidade acentuava: "Inconveniente para senhoras" ou "Só para homens". O gênero não era novidade, pois numerosos filmes estrangeiros apresentados como científicos, e ocasionalmente proibidos, já haviam provocado ásperos protestos da imprensa. *Vício e beleza* era, porém, mais ambíguo do que os congêneres de outros países, conseguindo sem maiores empecilhos fazer uma rendosa carreira, não só em todo o território nacional mas igualmente no Uruguai e na

Argentina. O próximo êxito de Tibiriçá será *O crime da mala*, baseado no drama de Pistone e Maria Fea, que também inspirou a Madrigano um filme com título idêntico. Enquanto isso, *Vício e beleza* fazia escola, e em pouco tempo sucederam-se *Depravação*, *Morfina*, *Veneno branco*, *Messalina*...
  Luís de Barros — a quem se devem *Messalina* e *Depravação* — tudo tentou em matéria de gêneros cinematográficos. Num só ano, precisamente em 1923, vemo-lo filmar uma farsa no gosto americano, uma peça típica brasileira, e uma aventura sem nacionalidade: *Augusto Aníbal quer casar*, *A capital federal* e *O cavaleiro negro*. O chamado "gênero livre" não lhe foi, contudo, favorável. Afastou-se temporariamente do cinema e, após cuidar da publicidade de uma agência americana, vem a ser o gerente da Cia. de Variedades Tró-ló-ló. Retornando ao cinema, teve muito sucesso dirigindo Genésio Arruda e Tom Bill numa série de filmes falados, os primeiros produzidos no Brasil, ainda pelo sistema de discos. Dirigiu sucessivamente *Acabaram-se os otários*, *Lua de mel* e *O babão*. Alcançou êxito duradouro o personagem encarnado por Genésio Arruda, oriundo — como tantos outros caipiras do cinema e do teatro — do popular Jeca Tatu, criação de Monteiro Lobato.
  Outro tipo de farsa cinematográfica surgiu naqueles anos, no Rio e em São Paulo, em filmes como *A Lei do Inquilinato*, de William Schocair, ou *Filmando fitas*, de Antônio Rolando. Próximas das tradições do circo e do teatro ligeiro nacional, é possível que essas comédias curtas e despretensiosas contivessem sugestões aproveitáveis, pois tanto Schocair quanto Rolando eram personalidades pitorescas e com alguma experiência em comum nos meios cinematográficos norte-americanos. Antônio Rolando chegou mesmo a trabalhar em vários filmes nos Estados Unidos; quando voltou ao Brasil, anunciou que um grupo de magnatas estava disposto a inverter 2 milhões de dólares para fundar definitivamente o cinema nacional. Dissipada a fantasia, seguiu para

Campinas a fim de orientar a produção local. Lá desentendeu-se, durando pouco sua função de orientador. Logo após fez então *Filmando fitas* — o único filme que conseguiu de fato realizar na sua vida repleta de lendas e boemia. Entre 1923 e 1933, a produção carioca foi pouco expressiva em quantidade. Houve temporadas em que o Rio não só produziu menos filmes do que São Paulo, mas ainda ficou atrás inclusive de Minas e Pernambuco. Quando Luís de Barros entrou em crise e partiu para São Paulo, o único produtor carioca que trabalhou com certa continuidade foi Paulo Benedetti, um daqueles últimos técnicos italianos da velha raça dos pioneiros. No passado, Benedetti já produzira um filme de experiência, *Uma transformista original*, tendo sido cinegrafista de várias equipes. Em 1924, torna-se o proprietário do melhor laboratório do Rio, obtendo bons lucros como encarregado dos letreiros para filmes estrangeiros. Quando achou finalmente que chegara a hora de produzir, lançou *A gigolette*, e a seguir, *O dever de amar* e *Esposa do solteiro*, dirigidas por italianos da sua confiança: Vittorio Verga responsabilizou-se pelas duas primeiras, ficando a terceira a cargo de Carlo Campogalliani, vindo especialmente da Itália para esse fim. Contudo, o que Benedetti fez de mais importante, artisticamente, foi criar condições para a realização de *Barro humano*, pelo grupo de jovens entusiastas de *Cinearte*: Ademar Gonzaga, Pedro Lima, Paulo Wanderley e Álvaro Rocha. *Barro humano* — feito em condições quase amadorísticas, desde que a equipe só trabalhava aos domingos e feriados — e *Brasa dormida*, que Humberto Mauro produziu na mesma ocasião, em Cataguases, vieram demonstrar que o cinema brasileiro começava a dominar os recursos narrativos. Isso, porém, ocorria em 1928, quando toda a linguagem cinematográfica, laboriosamente construída durante vinte anos na Europa e na América do Norte, já se encontrava condenada pela revolução sonora. Entretanto, o Brasil faria ainda cinema mudo durante cinco anos, até aproximadamente 1933. Muitos desses filmes mudos foram exibidos sonorizados pelo sistema de discos, o que não alterava em nada o fato de terem sido concebidos dentro das normas do cinema silencioso.

É dentro desse período que nasce a Companhia Cinédia, até certo ponto consequência e prolongamento da revista *Cinearte* e da campanha em favor do cinema nacional. Foi a Cinédia um centro de atração: Gabus Mendes veio de São Paulo, Gentil Roiz de Pernambuco, e — principalmente — de Cataguases, Humberto Mauro, que assina o primeiro filme da Companhia, *Lábios sem beijos*. Estará também até certo ponto vinculada a esse estúdio a produção de um filme que adquiriu prestígio quase lendário: *Limite*, realizado por um jovem de dezoito anos,* Mário Peixoto. E será finalmente ainda no quadro da Cinédia que Humberto Mauro apresenta em 1933 *Ganga bruta*, o melhor filme que realizara até então, e uma das indiscutíveis obras-primas do nosso cinema.

Além de *Ganga bruta*, os lançamentos de 1933 foram *Onde a terra acaba*, de Gabus Mendes e Carmem Santos, presença atuante no mundo cinematográfico; *Honra e ciúmes*, feito por Tibiriçá em São Paulo; *Casamento é negócio*, eco tardio do cinema pernambucano em Maceió; e *O caçador de diamantes*, de Capellaro. Lamentavelmente, a realização dessas fitas se arrastou durante dois anos, período que foi de transformações decisivas para o cinema: mesmo uma fita excelente como *Ganga bruta* era um belo exemplo em 1933 de um cinema morto.

Ainda uma última fita foi lançada em 1933, *A voz do Carnaval*, improvisada por Ademar Gonzaga e Humberto Mauro no estúdio da Cinédia. Nela estreou a cantora Carmen Miranda.

Na nova crise de produção em que entrava o nosso cinema,

---

* Na verdade, 22 anos. Após a sua morte, descobriu-se que Mário Peixoto havia nascido em 1908.

A voz do Carnaval anunciava agudamente uma das principais direções que tomaria o filme brasileiro na sua luta pela sobrevivência num mercado invadido pelas fitas importadas.

QUARTA ÉPOCA: 1933 A 1949

No período de 1933 a 1949, a produção é quase exclusivamente carioca. Delineia-se em São Paulo um projeto industrial ambicioso, estúdios chegam a ser levantados, mas o resultado do esforço redunda apenas num filme, *A eterna esperança*... Numa busca mais profunda, encontraremos ainda uma fita com o palhaço Arrelia, filmada pelo veterano Gilberto Rossi, e outra de Oduvaldo Viana. As demais cento e vinte e tantas fitas de enredo, realizadas durante esses dezesseis anos, são todas produzidas no Rio, com exceção de uma em Minas e outra em Pernambuco.

Artisticamente, permanece Humberto Mauro a figura de maior relevo; deixa a Cinédia e se associa inicialmente a Carmem Santos, atriz e empresária de origem portuguesa atuando no cinema brasileiro desde 1919. No começo da década de 1930, constitui ela sua própria companhia, a Brasil Vita Filmes, e constrói estúdios onde anos depois conseguirá completar seu empreendimento de maiores proporções: *A Inconfidência Mineira*. Humberto Mauro dirigiu três filmes para Carmem Santos: *Favela dos meus amores*, *Cidade-mulher* e *Argila*. Com *Favela dos meus amores* — o mais importante dos três — volta o nosso cinema aos morros cariocas, não para procurar celerados, como fez a polícia de *A joia maldita*, mas para simplesmente contemplar com simpatia e lirismo uma parcela do povo. Os filmes de Humberto Mauro que se seguiram, *Descobrimento do Brasil* e *Os bandeirantes*, são reconstituições históricas, encomendadas por instituições públicas. O primeiro tem um frescor de tratamento histórico que é raro em qualquer cinematografia. Daí por diante, Humberto Mauro só realizará documentários e filmes educativos, com exceção da fita de enredo *O canto da saudade*, que se situa fora do período ora examinado; sua produção para o Instituto Nacional do Cinema Educativo incluirá, entretanto, alguns curtas-metragens posados, de iniciação literária, como, por exemplo, *O apólogo*.

Wallace Downey, americano responsável pela repercussão de *Cousas nossas*,[13] produzia exclusivamente filmes musicais, associando-se às vezes à Cinédia. Dessa aproximação surgiram muitos filmes, que tiveram o mérito de lançar cinematograficamente atores como Mesquitinha, Oscarito ou Grande Otelo, que assegurarão ao filme nacional um contato com o público há muito perdido.

A década de 1930 girou em torno da Cinédia, em cujos estúdios firmou-se uma fórmula que asseguraria a continuidade do cinema brasileiro durante quase vinte anos: a comédia musical, tanto na modalidade carnavalesca quanto nas outras que ficaram conhecidas sob a denominação genérica de "chanchadas". Apesar do interesse e comunicabilidade de *Bonequinha de seda*, de Oduvaldo Viana, esse tipo de comédia ligeira não foi tentado muitas vezes entre nós. Tampouco o melodrama musical fez escola — como seria de se esperar — embora tenha sido prodigioso e duradouro o êxito popular de *O ébrio*, de Vicente Celestino e Gilda de Abreu. Eventualmente, a Cinédia lançava uma fita dramática de nível mais alto, como *Pureza*, baseada no romance de José Lins do Rego.

Revelaram também alguma preocupação de qualidade os filmes *Grito da mocidade* e *Aves sem ninho*, as primeiras produções de Roulien, de volta ao Brasil após obter relativo sucesso em Hollywood. Produziu ele ainda dois ou três filmes que não chegaram a

---

13. Filme produzido em São Paulo e composto exclusivamente de números de variedades e musicais. Foi o primeiro grande êxito do cinema falado brasileiro.

ser exibidos, por uma curiosa fatalidade de sucessivos incêndios que provocaram a perda de todas as cópias negativas e positivas.

A produção de fitas de enredo — que já não fora grande na década de 1930 — quase cessou nos primórdios dos anos 1940. Em 1942, houve apenas dois filmes; entretanto, a partir do ano seguinte avoluma-se o número, até atingir cerca de vinte filmes em 1949. Neste período, a recém-fundada Atlântida foi a companhia de maior importância, criação de Moacir Fenelon, Alinor Azevedo e José Carlos Burle. Estreia com *Moleque Tião*, filme que deu o tom das primeiras produções: procura de temas brasileiros e relativo cuidado na fatura dos trabalhos. Logo, porém, predominou a chanchada, particularmente após a associação da Atlântida à poderosa cadeia de exibição de Luís Severiano Ribeiro. Esse encontro entre a produção e o comércio exibidor lembra a harmoniosa e nunca repetida conjuntura econômica que reinou no cinema brasileiro entre 1908 e 1911. Em 1947, porém, o resultado mais evidente da almejada confluência de interesses industriais e comerciais foi a solidificação da chanchada e sua proliferação durante mais de quinze anos. O fenômeno repugnou aos críticos e estudiosos. Contudo, um exame atento é possível que nos conduza a uma visão mais encorajante do que significou a popularidade de Mesquitinha, Oscarito, Grande Otelo, Ankito, Zé Trindade, Dercy Gonçalves, Violeta Ferraz... Os personagens grotescos foram naturalmente o centro de gravidade da chanchada, o que não impediu que se configurasse pelo menos um tipo de galã: Anselmo Duarte.

Durante o período que estamos focalizando, foi a vida nacional sacudida por episódios políticos dramáticos: golpe comunista, golpe integralista, golpe de Getúlio Vargas, golpe contra Getúlio Vargas, nossa participação na Segunda Guerra Mundial... Mas só este último acontecimento inspirou nossa ficção cinematográfica no drama *O brasileiro João de Sousa*; duas chanchadas também foram feitas, *Samba em Berlim* e *Berlim na batucada*, de Luís de Barros, cuja fecundidade nessa época foi extraordinária, pois realizou cerca de 25 filmes. Uma larga experiência e desenvoltura fizeram dele o homem ideal para o tipo de fita produzida às pressas e sem maiores preocupações. Ocasionalmente, aceitava a incumbência de dirigir fitas de mais responsabilidade, como *O cortiço* ou *Inocência*; e aí então o resultado era penoso. Em todo caso, a tentativa de filmar o romance de Aluísio Azevedo ou o de Taunay exprime uma intenção de cinema mais alto, intenção que animou igualmente os projetos baseados em textos de Jorge Amado, *Terra violenta* e *Estrela da manhã*, que não passaram de experiências melancólicas. Em *Vinte e quatro horas de sonho*, apelou-se para o que possuía o teatro nacional de mais prestigioso no momento: o autor Joracy Camargo e o grupo de Dulcina. *Uma aventura aos quarenta*, do ator e autor teatral Silveira Sampaio — então em plena ascensão —, sugeriu a possibilidade de uma comédia cinematográfica mais leve e sofisticada. Contudo, a experiência ficou como simples exemplo isolado, sem consequências. Não há razão para esconder que nos últimos anos do período que estudamos era mesmo a chanchada o que havia de mais estimulante e vivo no cinema nacional.

QUINTA ÉPOCA: 1950 A 1966

O ano de 1950 assinala a volta de São Paulo ao cenário cinematográfico brasileiro. A Companhia Vera Cruz — empreendimento grandioso — e iniciativas ponderáveis como a Maristela e a Multifilmes conferiram ao retorno paulista um tom sensacional. Tudo levava a crer que a indústria de São Paulo — o setor mais avançado da produtividade nacional — resolvera se ocupar do cinema até então manipulado por modestos artesãos e jovens idealistas. É verdade que no Rio, durante os últimos três ou quatro anos, a produção cinematográfica, estimulada pelos comerciantes da Atlântida, não mais dependia de artesãos e muito menos de sonhadores. Os paulistas, entretanto, rejeitaram qualquer paralelo entre o que pretendiam fazer e aquilo que se fazia no Rio: renegando a chanchada, ambicionaram realizar filmes de classe e em muito maior número. Com esse objetivo, contratou a Vera Cruz técnicos da Itália e da Inglaterra, trazendo de volta Alberto Cavalcanti, o patrício que se ilustrara no cinema francês e inglês. Numerosos outros estrangeiros, vindos por conta própria e com maior ou menor experiência de cinema nos países de origem, constituíram ou completaram os quadros técnicos e artísticos da Maristela e da Multifilmes.

Esse período da cinematografia paulista foi rico em filmes e acontecimentos: os meios intelectuais, artísticos e de negócios tomaram afinal conhecimento do nosso cinema, que ficou sendo assunto constante nas rodas. Não há dúvida de que as promessas de melhoria do padrão técnico e artístico foram razoavelmente cumpridas, a partir de *Caiçara*, confirmando-se em muitos outros: *Ângela, O comprador de fazendas, Terra é sempre terra, Veneno, Sinhá moça, Uma pulga na balança...* Contudo, diferentemente de Lima Barreto — que com *O cangaceiro* inaugurou um gênero que permanece ainda vivo e fecundo [em 1966] — os diretores desses filmes, quase todos estrangeiros, não deixaram marcas duradouras da sua passagem pelo cinema nacional. Afastou-se Cavalcanti dos grupos que o haviam contratado, mas antes de voltar para o estrangeiro logrou realizar uma comédia paulistana, *Simão, o Caolho*, e um drama nordestino, *O canto do mar* — trabalhos que não comprometem a sua filmografia e enriquecem a nossa. Com *O Saci*, inspirado numa história de Monteiro Lobato, Rodolfo Nanni ensaiou um cinema brasileiro muito promissor, no gênero juvenil.

A esse variado e estimulante cinema paulista correspondia uma situação carioca igualmente animadora, surgindo sintomas de melhoria geral e renovação até da própria chanchada, notadamente em *Tudo azul*, de Moacir Fenelon e Alinor Azevedo. Outros filmes procuravam inserir drama e comédia num contexto fiel da crônica carioca. Citam-se como exemplos *Agulha no palheiro*, primeiro filme do jornalista e crítico de cinema Alex Viany, e *Amei um bicheiro*, dirigido pelo estreante Jorge Ileli e por Paulo Wanderley, da geração anterior, integrante da velha equipe de *Cinearte* e um dos responsáveis por *Barro humano*.

Como se não bastassem tantas atividades válidas, nesse início dos anos 1950, eis Humberto Mauro que reaparece com um novo filme de enredo, após ter se ocupado durante dez anos exclusivamente de cinema educativo. Voltando ele à região de Minas, onde nasceu e viveu, realizou *O canto da saudade*, obra inspirada e plena, que permanece distante do burburinho de São Paulo e Rio.

A grande euforia provocada pelo surto paulista desvaneceu-se em 1954; malograra a tentativa de produzir industrialmente cinema no Brasil. O fracasso dos grandes empreendimentos não provocou, porém, o colapso temido por muitos. Durante a década de 1950, o aumento da produção foi constante, chegando a se estabilizar em torno de mais de trinta filmes anuais no fim do período. Não esmorecia a vitalidade da fita musical e da comédia popularesca, ao contrário das previsões; houve certa diversificação na chanchada, sobretudo com o aparecimento de Amácio Mazzaropi que trouxe de volta a figura do caipira representado por Genésio Arruda. Durante dez anos, foi Mazzaropi a principal contribuição paulista à chanchada brasileira, embora não tivesse aquela crueza burlesca do seu antecessor, compondo um Jeca impregnado de um sentimentalismo que Genésio evitava. No mesmo período, delineia-se no Rio a silhueta muito mais atual de Zé Trindade, personagem bizarro e rico de cafajeste maduro e sem o menor encanto mas cuja confiança em si próprio fascina as mulheres.

Não desapareceu o filme com intenções artísticas, e entre 1955 e 1959 são produzidos: *Rio, 40 graus, O sobrado, A estrada, Osso, amor e papagaios, Rio, Zona Norte, Estranho encontro, O grande momento, Cara de fogo, Fronteiras do inferno, Ravina...* Dois realizadores se destacam: Nelson Pereira dos Santos e Walter Hugo Khouri.

Rio, 40 graus, a fita de estreia de Nelson Pereira dos Santos, foi considerada na época principalmente uma utilização das lições do neorrealismo italiano. Prossegue crescente o interesse despertado por esse filme, não se cogitando mais hoje em vinculá-lo a qualquer tendência estética estrangeira; ao contrário, o que surpreende agora em *Rio, 40 graus* é constatar a profundidade da impregnação brasileira, tanto nos personagens como nas situações. Após alguns filmes desiguais, Nelson Pereira dos Santos realizou *Vidas secas* em 1963. A adaptação do texto antológico de Graciliano Ramos resultou num filme que, pesquisando e refletindo a condição subumana do vaqueiro nordestino, coloca-se pela sua universalidade entre os melhores já realizados no Brasil. É outra a tendência artística de Walter Hugo Khouri: preocupa-se pouco com a sociologia que o envolve, procurando exprimir sentimentos universais em filmes enraizados nos padrões estrangeiros. Dentre o grupo paulista — no qual estreou — foi o único a atingir uma obra contínua e pessoal. Sua filmografia relativamente extensa revela uma pertinácia exemplar e rara coerência estilística. Desde *O gigante de pedra* e *Estranho encontro*, seus dois primeiros filmes, até *Noite vazia* e *Corpo ardente*, realizado em 1966, cada fita vem significando para Khouri uma aproximação do ideal estético a que se propôs. O rigor, contudo, não o impede de fazer promessas de concessão à bilheteria, promessas de natureza erótica, que o cineasta, aliás, não cumpre.

Os filmes de Nelson Pereira dos Santos e Walter Hugo Khouri constituem uma parcela apenas do todo complexo, variado e rico que é o cinema brasileiro contemporâneo. Os trinta filmes anuais produzidos a partir de 1960 distribuem-se de forma equilibrada entre os mais variados gêneros. A farsa popularesca cede terreno aos filmes ligeiros de Carlos Hugo Christensen ou aos melodramas modernizados de Nelson Rodrigues. O ciclo do cangaço adquire novo alento, enquanto o cinema urbano estrutura um personagem convincente no galã mestiço e vulgar encarnado por Jece Valadão.

Os cinco primeiros anos da década de 1960 são dominados, entretanto, pelo fenômeno baiano, que se constitui de um conjunto de filmes realizados na Bahia, produzidos alguns por baianos e outros por sulistas: *Bahia de todos os santos* e *O pagador de promessas* destacam-se sobremaneira, o primeiro pelo pioneirismo da sua função, e o segundo pelo equilíbrio de sua fatura. Projeta-se então, no cinema propriamente baiano, a figura de Glauber Rocha, que em 1961 estreou com *Barravento* e a seguir realizou esse poderoso *Deus e o Diabo na terra do sol*.

É a erupção do chamado Cinema Novo, movimento notadamente carioca, que engloba de forma pouco discriminada tudo o que se fez de melhor — em matéria de ficção ou documentário — no moderno cinema brasileiro. Seu quadro de excelentes diretores de fitas de enredo já é grande, tendendo sempre a aumentar dia a dia: Glauber Rocha, Paulo César Saraceni, Joaquim Pedro de Andrade, Ruy Guerra, Luís Sérgio Person, Leon Hirszman, Carlos Diegues, Sérgio Ricardo, Walter Lima Jr.... Depois de *Cinco vezes favela*, filme desigual mas revelador, produzido em 1962, tornou-se o Cinema Novo o responsável por quase todos os filmes nacionais importantes que têm aparecido nos últimos anos: *Os cafajestes, Porto das Caixas, Deus e o Diabo na terra do sol, Os fuzis, Esse mundo é meu, Menino de engenho, A grande cidade, O desafio, São Paulo S.A., O padre e a moça...*

Dois filmes importantes estão fora das fronteiras do Cinema Novo: *Vereda da salvação* e *A hora e vez de Augusto Matraga*. Anselmo Duarte aprofundou no primeiro a seriedade da busca iniciada em *O pagador de promessas*. *A hora e vez de Augusto Matraga* assinala a volta de Roberto Santos ao cinema de ficção. Em 1958 fora o autor do admirável *O grande momento*, equivalente em São Paulo ao que realizava Nelson Pereira dos Santos no Rio.

Algumas das melhores fitas realizadas atualmente renovam a antiga tradição de encontros da literatura brasileira com o cinema e confirmam que desapareceu finalmente o abismo que durante décadas divorciou o cinema nacional das elites intelectuais e artísticas do país.

A produção em nossos dias aparece razoavelmente diversificada. Entre os filmes artisticamente mais ambiciosos e aqueles endereçados ao público das antigas chanchadas, desenvolve-se uma produção intermediária corrente cujo bom nível é assegurado por profissionais competentes como Carlos Coimbra, Roberto Farias ou Roberto Pires. A razoável continuidade do filme brasileiro de enredo durante os últimos anos pode levar o observador superficial à conclusão de que existe uma indústria cinematográfica funcionando normalmente em nosso país. Tal não acontece. Os interesses do comércio cinematográfico nacional giram em torno do cinema importado, prosseguindo o mercado atual saturado pelo produto estrangeiro. São obrigados os nossos filmes a enfrentar o desinteresse e a consequente má vontade do comércio, conseguindo exibição graças apenas ao amparo legal.

Uma das consequências dessa situação injusta é levar produtores e cineastas a se preocuparem demasiadamente com a exportação dos respectivos filmes, superestimando a importância dos festivais internacionais. As inteligências e energias ficam assim distraídas do único objetivo que realmente importa ao nosso filme: o público e o mercado brasileiro. O problema não é aumentar o número de filmes a serem apresentados no exterior, mas sim diminuir o número de fitas estrangeiras aqui exibidas. Será preciso reconquistar, em modernos termos industriais, a harmoniosa situação que existiu no Brasil de 1910: a de solidariedade de interesses entre os donos das salas de cinema e os fabricantes de filmes nacionais.*

[1966]

* O lançamento do livro *70 anos de cinema brasileiro* provocou reação violenta do grupo que apoiava Walter Hugo Khouri contra o Cinema Novo. Em artigo publicado no *Diário de São Paulo* (SP) em 28 de fevereiro de 1967, intitulado "Um livro espúrio", José Júlio Spiewak, porta-voz do grupo, acusava Paulo Emílio de pseudointelectual, cineasta frustrado e criptoesquerdista em função de supostamente ter valorizado o filme *Deus e o Diabo na terra do sol*, "monumento de demagogia, de provincianismo, de teratologia e de festivo-esquerdismo". A queixa, na verdade, era de que o balanço de Paulo Emílio só citava rapidamente — e não reconhecia na devida conta — a obra de Khouri. O leitor pode constatar que a crítica não procedia, mas não deve esquecer o contexto político da denúncia. O Brasil vivia a ditadura militar, em que estava implantada uma caça às bruxas contra qualquer suspeito de comunismo.

A expressão social dos filmes documentais no cinema mudo brasileiro (1898-1930)

O cinema brasileiro, no conjunto, ainda é um desconhecido. Nestes últimos anos a pesquisa progrediu no delineamento do que foi o nosso filme de enredo, mas no que tange ao documental estamos começando apenas a vislumbrá-lo. Vejamos qual é a situação dentro do período de tempo que me compete tratar.

O livro [então inédito] de Vicente de Paula Araújo — *A bela época do cinema brasileiro (1896-1912)* — é a primeira aproximação consistente do cinema primitivo brasileiro, isto é, o que foi praticado dos fins do século xix até aproximadamente a eclosão da Primeira Guerra Mundial. Cabe notar que durante esse período houve produção documental em vários pontos do território brasileiro — pelo menos no Rio Grande do Sul e Paraná, em São Paulo e Minas Gerais e na Bahia e Amazônia — e que a pesquisa de Paula Araújo se limita ao Rio. Fora da capital federal, os únicos territórios vislumbrados com alguma segurança foram os paulista e gaúcho, graças ao trabalho de Maria Rita Galvão, Jean-Claude Bernardet e Antonio Jesus Pfeil.

Encerrado o ciclo primitivo do cinema brasileiro, a nossa ignorância tem, diante dos anos que vêm logo depois, a sensação de um vazio total, tanto mais surpreendente que sabemos que durante esse tempo — mais ou menos uma década — o filme de enredo foi raro e a continuidade do cinema brasileiro assegurada quase exclusivamente pelo documental.

A partir do centenário de nossa independência política até o fim do cinema mudo, sabemos muito mais, de forma porém muito pouco satisfatória. Com efeito, nosso conhecimento do documental brasileiro entre a Exposição de 1922 — este ano crucial — e a Revolução de 30 é um subproduto de trabalhos que têm como objetivo o filme de enredo.

É dentro desses limites drásticos que vou me aventurar a sugerir a importância do filme documental brasileiro mudo como registro sociocultural e matéria-prima para eventuais interpretações.

Como em toda parte, o cinema brasileiro começou por se aplicar a registros isolados da realidade que logo se encadeiam em forma de descrição, a qual, por sua vez, se ampliando, tende para a narrativa.

Desde as primeiras filmagens em 1898, dois temas se afirmaram acompanhando, aliás, a trilha já traçada pela fotografia: o Berço Esplêndido e o Ritual do Poder.

O Berço Esplêndido é o culto das belezas naturais do país, notadamente da paisagem da capital federal, mecanismo psicológico coletivo que funcionou durante tanto tempo como irrisória compensação para o nosso atraso. O cinema recém-aparecido foi posto a serviço do culto e nele permaneceu muito tempo apesar da qualidade tosca e monotonia dos resultados. Por um lado a qualidade fotográfica das amplas paisagens naturais não era das melhores e por outro nada há de mais parecido com uma floresta ou uma montanha do que outra floresta e outra montanha. Apesar disso a moldura pão-de-açúcar-corcovado-tijuca do Rio colonial e pestilencial do fim e começo de século foi exaustivamente registrada. Em seguida as câmeras partiram para outras paisagens: Icaraí, Paquetá, Petrópolis, e cada vez mais longe para registrar as cascatas de Piracicaba ou a margem do rio das Velhas. Paulo Afonso e o Amazonas ficariam para mais tarde, se bem que já apareçam então fitas de metragem mais ambiciosa — *Visita ao Brasil* ou *Brasil selvagem* — onde pelo menos o Berço Esplêndido embalava índios ainda numa relativa tranquilidade. Nesse período, e fora do culto das belezas naturais, o então tenente Reis filma, orientado por Roquete Pinto, os índios com os quais as caravanas de Rondon se defrontavam.

O Ritual do Poder se cristaliza naturalmente em torno do presidente da República. Do primeiro presidente civil ao último militar da Primeira República, o cinema brasileiro não deixou escapar nenhum: Prudente de Morais, Rodrigues Alves, Campos Sales, Afonso Pena, Nilo Peçanha, Hermes da Fonseca, são todos filmados presidindo, visitando, recebendo, inaugurando e, eventualmente, sendo enterrados. O interesse desses documentos devia às vezes se ampliar para além do simples registro de uma personalidade, notadamente quando o tema era a parada militar do Sete de Setembro depois de aberta a Avenida, ou então os navios de guerra encabeçados pelos couraçados *Minas Gerais* e *São Paulo* que tinham tornado o Brasil, aos olhos dos contemporâneos, uma das três maiores potências navais do mundo. Tirante os navios e a Avenida, o que os presidentes mais inauguravam eram estátuas: Barroso, Osório, Tamandaré, Saldanha, Floriano, Mauá etc.

Boa parte das personalidades do tempo foi filmada, ocasionalmente fora do Ritual do Poder: Rui Barbosa, o cançonetista Eduardo das Neves, Pereira Passos, o palhaço negro Benjamim de Oliveira, Alcindo Guanabara, a dançarina Bugrinha, Lopes Trovão, Pinheiro Machado, Joaquim Nabuco, Rio Branco. Os dois últimos aparecem juntos nos filmes em torno da III Conferência Internacional Americana e os funerais de ambos foram abundantemente registrados pelo cinema. Os oradores populares eram apanhados gesticulando nos meetings tradicionais do largo São Francisco. Nessa altura de nossa evocação os rituais documentados pelo cinema não são mais os do poder e possuem uma natureza mais popular. As primeiras filmagens de concentrações na praça Tamarindo em 13 de maio ocorreriam pouco mais de dez anos depois da Abolição e a porção maior dos participantes era constituída por ex-escravos. Cada 15 de novembro o jacobinismo florianista ainda fervilhava nas comemorações da jovem República.

É bastante provável, porém, que os registros de comemorações não fossem os mais interessantes. Filmou-se muito no Rio, notadamente depois da consolidação e expansão do comércio cinematográfico, asseguradas a partir de 1907 pela produção industrial de eletricidade. Ano após ano a vida da cidade foi fartamente registrada. Foi nesse tempo que nasceram e se desenvolveram as corridas de cavalos, o iatismo, o futebol. Cada Carnaval foi meticulosamente documentado em seus aspectos populares e mundanos, assim como a variação da moda feminina e o aparecimento de novas danças, como o maxixe. Houve um filme de trezentos metros sobre a operação das Marias xifópagas pelo célebre dr. Chapot-Prévost. Nas sucessivas reportagens sobre o corso das quartas-feiras em Botafogo apareciam entre as carruagens e cavaleiros os primeiros automóveis. Cinematografistas traziam para as telas minuciosas descrições do cultivo, colheita, preparação e embarque do café, fundamento da brisa de prosperidade que permitiu o saneamento e modernização da capital, cujas etapas foram acompanhadas pelas câmeras. Por ocasião do jubileu da Estrada de Ferro Central do Brasil, o funcionamento do eixo de nossas comunicações foi extensamente filmado, quase tanto quanto a rebelião dos marinheiros da esquadra contra o uso da chibata. Os grandes criminosos, como Pegatto, Rocca e Carletto, que estrangularam os irmãos Fuoco, ou os catorze militares que assassinaram dois estudantes na Primavera de Sangue, eram enfocados pelos cinegrafistas durante a instrução do processo e o julgamento, material esse que depois de exibido como jornal era incorporado a filmes de ficção que procuravam reconstituir os crimes. Aliás, o cinema de enredo dessa época — a fita posada como então se dizia — frequentemente emanava da vida da cidade de uma forma quase tão direta quanto o documental. Esses filmes são também, à sua maneira, registros socioculturais, porém elaborados, estilizados e que não caberiam nesta enumeração de temas que já se alonga e que poderia ser prolongada até provocar nossa exaustão. Lendo o *Balão cativo* de Pedro Nava, que veio morar no Rio dentro do período de que estamos cuidando, a gente constata que não há assunto de maior ou menor ressonância pública levantado pelo memorialista que não tenha sido registrado pelo velho cinematógrafo.

Ainda falta, porém, a referência a um gênero documental bastante diverso dos anteriores e que teve muita voga e que talvez seja o mais significativo. Não se trata mais de cuidar de acontecimentos ou de atividades de certa relevância, mas de filmagens bastante ocasionais, pegando pessoas na rua, nas praças, engraxando o sapato ou lendo jornal, olhando o mar da amurada do Passeio Público ou conversando nos cafés. E as famílias e casais de namorados passeando na Quinta, recentemente aberta ao público. Os malandros, capoeiras valentões ou pacíficos seresteiros, postados nas imediações da rua Visconde de Itaúna, reagiam vivamente, julgando tratar-se de um trabalho policial de identificação. Essa atividade de cinegrafista sem assunto foi exercida por todos e comentada em verso e prosa pelos cronistas dos jornais de 1907-08 também sem muito assunto, como sempre, aliás.

Que triste sina agora nos solapa
E nossa calma intérmina provoca,

Hoje, o infeliz carioca,
Se do fotógrafo
Por um acaso venturoso escapa,
Surge na fita de um cinematógrafo.

Outro cronista:

Cuidado! muito cuidado! Em guarda, rapazes ativados à conquista, homens de aparência respeitável que não desprezam o *flirt*, ali está a máquina reveladora, que registra o olhar cobiçoso, o aceno imprudente, tudo, tudo, tudo, enfim!

Constato que dediquei mais tempo do que pretendia aos primeiros quinze anos do documental brasileiro, apesar de me ter limitado à produção carioca. Ainda faltam outros tantos para chegar ao término do período que me propus e vou ser obrigado a acelerar o comentário em torno desta segunda parte. A aceleração será, aliás, facilitada pela minha ignorância, agora maior, e pela evidência de que praticamente todos os temas tratados pelo documental primitivo são retomados com maior ou menor frequência no período posterior e não teriam sentido aqui as monótonas referências a uma evolução técnica preguiçosa — que muitas vezes é involução — ou à atualização subordinada automaticamente ao fluir dos dados da realidade que, no entanto, propõe eventualmente um tema novo, como, por exemplo, as revoluções a partir de 1922.

Será útil assinalar ainda que, na medida em que a produção se adentra no Brasil, através de cinegrafistas-viajantes do Rio e de São Paulo, ou de surtos de filmagem em muitos outros pontos do país, ocorre um fato importante. O Berço Esplêndido tende a se dissipar e o enfoque principal se orienta para o homem que habita o Brasil. Esses filmes, feitos na maior inocência e sem a menor intenção polêmica, provocam reações muito vivas. A principal publicação especializada da época, *Cinearte*, era em geral contra os documentais — achando que todos os recursos deviam ser canalizados para o cinema de enredo. A revista se preocupa também com a imagem do Brasil que esses filmes poderiam transmitir no caso de serem projetados no exterior. Algumas rápidas citações são suficientes para dar uma ideia da repulsa de alguns setores da opinião contra esses filmes e do tom da campanha desencadeada contra eles.

> Nenhum país como o Brasil se presta mais sobejamente a ser filmado. Pode-se asseverar que ele é essencialmente fotogênico. Por que explorar somente o seu sertão e a população deste ainda inferior? [...] Precisamos de filmes que mostrem as nossas obras de arte, as nossas avenidas, todas as nossas riquezas, enfim. Todos somos mais ou menos como o famoso S. Tomé: só cremos no que vemos. E o estrangeiro, então, quando, ralado de inveja, não acredita nem mesmo no que os seus olhos enxergam...

Outro cronista protesta contra a presença dos filmes de "mato, índios nus, macacos etc." e pergunta: "E se for para o estrangeiro?".

Um terceiro cronista escreve:

> Quando deixaremos desta mania de mostrar índios, caboclos, negros, bichos e outras *avis rara* desta infeliz terra, aos olhos do espectador cinematográfico? Vamos que por um acaso um destes filmes vá parar no estrangeiro? Além de não ter arte, não haver técnica nele, deixará o estrangeiro mais convencido do que ele pensa que nós somos: uma terra igual ou pior a Angola, ao Congo ou coisa que o valha. Ora vejam se até não tem graça deixarem de filmar as ruas asfaltadas, os jardins, as praças, as obras de arte etc., para

nos apresentarem aos olhos, aqui, um bando de cangaceiros, ali, um mestiço vendendo garapa em um purungo, acolá, um bando de negrotes se banhando num rio, e coisas deste jaez.

Cinegrafistas de origem estrangeira são atacados porque mostram "índios ferozes e pretos colhendo banana" e são acusados de "fazer passar os brasileiros por gente de cor".

Para um dos diretores de *Cinearte* o importante é que os americanos se convençam de "que os habitantes do Brasil não são pretos, e a nossa civilização, afinal de contas, é igualzinha à deles...".

A pesquisa sobre as reações da opinião diante desses filmes documentais ainda está longe de ser completada. O que se pode afirmar desde logo é que ao lado das impressões da revista *Cinearte* surgiram outras na imprensa carioca de uma tonalidade diversa. Para muito articulista liberal esses filmes revelavam uma verdade a ser meditada. O depoimento de Oliveira Viana numa série de artigos publicados algum tempo depois no *Jornal do Commercio* é, porém, o mais revelador. Para esse intelectual conservador os documentais foram um impacto e, diante da miséria revelada, ele pergunta angustiado para a opinião e para o poder público o que pode ser feito.

Para o diretor de *Cinearte*, Mário Behring, diretor da Biblioteca Nacional e chefe da Maçonaria Brasileira, que, diferentemente de seus redatores, favorecia o documental, "a função do cinema seria levar a civilização para o interior do Brasil". A missão do documental foi outra: levar para o litoral a visão do atraso insuportável do interior.

Em 1909 Figueiredo Pimentel escrevia: "Os fatos sensacionais que ocorrem no Brasil, as grandes solenidades que entre nós se realizarem, serão perpetuadas em fitas cinematográficas". E no mesmo ano João do Rio comentava: "Um rolo de cem metros na caixa de um cinematografista vale muito mais que um volume de história, mesmo porque não tem comentários filosóficos". Os dois cronistas escreviam partindo do princípio de que os filmes seriam conservados. Poucos anos depois Roquete Pinto tentou fazê-lo, reunindo como núcleo de uma futura cinemateca etnográfica, etnológica, os documentais de Reis, que passou a vida — de tenente a coronel — filmando durante as expedições Rondon. Em 1956 encontrei o que restava desses filmes apodrecidos numa sala úmida da Quinta da Boa Vista.

Uma parcela mínima dos filmes documentais realizados entre 1898 e 1930 existe hoje para o estudioso consultar. Eu tenho certeza de que muita coisa ainda pode ser recuperada. Mas não é possível esperar mais.

[1974]

Pequeno cinema antigo

O Brasil se interessa pouco pelo próprio passado. Essa atitude saudável exprime a vontade de escapar a uma maldição de atraso e miséria. O descaso pelo que existiu explica não só o abandono em que se encontram os arquivos nacionais, mas até a impossibilidade de se criar uma cinemateca. Essa situação dificulta o trabalho do historiador, particularmente o que se dedica a causas sem importância como o cinema brasileiro.

Há dez anos, apenas meia dúzia de pessoas tinha curiosidade pelo passado de nosso cinema. No estrangeiro, o único era Georges Sadoul, o que não espanta, pois o historiador francês procurava conhecer a história do cinema de *todos* os países. Hoje um grupo razoável sente necessidade de conhecer o que foi nosso cinema. As pesquisas obedecem à norma válida para qualquer ramo do conhecimento: abordar criticamente o passado brasileiro com o espírito de servir o presente e o futuro, mas ao mesmo tempo se impregnar de simpatia. Escrever sobre cinema brasileiro não é mais uma tarefa pioneira: já se constituiu no país um pequeno público leitor familiarizado com algumas dezenas de nomes de cineastas e títulos de filmes. É óbvio que essa enumeração não teria qualquer poder evocativo para o leitor estrangeiro.

O aparecimento do cinema na Europa Ocidental e na América do Norte na segunda metade dos anos 1890 foi o sinal de que a Primeira Revolução Industrial estava na véspera de se estender ao campo do entretenimento. Esse fruto da aceleração do progresso técnico e científico encontrou o Brasil estagnado no subdesenvolvimento, arrastando-se sob a herança penosa de um sistema econômico escravocrata e um regime político monárquico que só haviam sido abolidos respectivamente em 1888 e 1889. O atraso incrível do Brasil, durante os últimos cinquenta anos do século passado e outro tanto deste, é um pano de fundo sem o qual se torna incompreensível qualquer manifestação da vida nacional, incluindo sua mais fina literatura e com mais razão o tosco cinema.

A novidade cinematográfica chegou cedo ao Brasil, e só não chegou antes devido ao razoável pavor que causava aos viajantes estrangeiros a febre amarela que os aguardava pontualmente cada verão. Os aparelhos de projeção exibidos ao público europeu e americano no inverno de 1895-96 começaram a chegar ao Rio de Janeiro em meio deste último ano, durante o saudável inverno tropical. No ano seguinte, a novidade foi apresentada inúmeras vezes nos centros de diversão da capital, e em algumas outras cidades. Em 1898, foram realizadas as primeiras filmagens no Brasil.

Durante dez anos, porém, o cinema vegetou, tanto como atividade comercial de exibição de fitas importadas quanto como fabricação artesanal local. A explicação, como sempre, está no retardo do país. No caso específico, o que impedia o desenvolvimento do cinema no Rio, para não falar no resto do território ainda mais arcaico, era a insuficiência da energia elétrica. Nos poucos locais da capital da República que dispunham dessa comodidade, o menor temporal ou ventania interrompia o fornecimento, como ainda hoje acontece em largas porções relativamente prósperas — pois possuem eletricidade — do interior brasileiro. Só em 1907 houve no Rio energia elétrica produzida industrialmente, e então o comércio cinematográfico floresceu. A abertura contínua de dezenas de salas no Rio, e logo em São Paulo, animou a importação de filmes estrangeiros, e foi seguida de perto por um promissor desenvolvimento de uma produção cinematográfica brasileira. Um número abundante de curtas-metragens de atualidades abriu caminho para numerosos filmes de ficção cada vez mais longos.

O quadro técnico, artístico e comercial do nascente cinema era constituído de estrangeiros, notadamente italianos cujo fluxo imigratório foi considerável no final do século xix e nos primórdios do xx. Em matéria de técnica a incapacidade do brasileiro tornara-se tradicional. Essa situação aflitiva provinha do tempo recente em que o trabalho com a mão era — o mais simples — obrigação de escravo, e função de estrangeiro, o mais complexo. Tais atividades eram consideradas indignas de pessoa bem-nascida, isto é, qualquer brasileiro, a partir da segunda geração, com a pele não muito escura. Cinema era tido como difícil, e qualquer tarefa de filmagens, laboratório ou simplesmente projeção foi de início executada exclusivamente por estrangeiros. Só mais tarde alguns brasileiros, vindos da profissão então recente de fotógrafo de jornal, aprenderam a manejar uma câmera. No terreno mais propriamente artístico, os encenadores e intérpretes provinham de elencos dramáticos em turnê sul-americana ou de grupos aqui radicados onde predominava o elemento estrangeiro. Certa tradição dramática brasileira, outrora brilhante, havia fenecido na obediência a uma das leis do subdesenvolvimento: as decadências prematuras. Os diretores e intérpretes brasileiros só tornaram-se mais numerosos quando o cinema se impregnou de gêneros teatrais ligeiros, revistas e operetas. Quanto aos homens que abordaram o cinema como negócio, eles não pertenciam ao mundo comercial estabilizado e rotineiro dominado por portugueses. Eram quase sempre italianos, frequentemente aventureiros, em cujas vidas pitorescas não pesava muito o lastro da respeitabilidade. Esses empresários argutos eram, ao mesmo tempo, produtores, importadores e proprietários de salas, situação que condicionou ao cinema brasileiro um harmonioso desenvolvimento, pelo menos durante poucos anos.

Entre 1908 e 1911, o Rio conheceu a idade do ouro do cinema brasileiro, classificação válida à sombra da cinzenta frustração das décadas seguintes. Os gêneros dramáticos e cômicos em voga eram bastante variados. Predominaram inicialmente os filmes que reconstituíam os crimes, crapulosos ou passionais, que impressionavam a imaginação popular. No fim do ciclo o público era sobretudo atraído pela adaptação ao cinema do gênero de revistas musicais com temas de atualidade. Os artistas se postavam atrás da tela, falando ou cantando os textos de maneira a coincidir com as imagens mudas projetadas. Foram igualmente filmados numerosos melodramas e assuntos com críticas aos costumes urbanos. Essa idade do ouro não poderia durar, pois sua eclosão coincide com a transformação do cinema artesanal em importante indústria nos países mais adiantados. Em troca do café que exportava, o Brasil importava até palito e era normal que importasse também o entretenimento fabricado nos grandes centros da Europa e da América do Norte. Em alguns meses o cinema nacional eclipsou-se e o mercado cinematográfico brasileiro, em constante desenvolvimento, ficou inteiramente à disposição do filme estrangeiro. Inteiramente à margem e quase ignorado pelo público, subsistiu, contudo, um debilíssimo cinema brasileiro.

Do grande número de pessoas ativas até 1911, perseveraram apenas os cinegrafistas. Ao lado dos curtas-metragens de atualidade, que lhes asseguravam a subsistência, esses pioneiros teimosos se aventuraram ocasionalmente a realizar um filme dramático. De

1912 em diante, durante dez anos, foram produzidos anualmente apenas cerca de seis filmes de enredo, nem todos com tempo de projeção superior a uma hora. Os novos recrutas da profissão, técnicos, artistas ou encenadores, são ainda predominantemente italianos, mas já apontam alguns brasileiros tanto no Rio como em São Paulo, cidade cuja importância crescia e onde se verificava uma atividade cinematográfica paralela à da capital da República. "Paralela" é a expressão exata, pois os cineastas de uma e outra nunca se encontravam, mais do que isso, se ignoravam quase totalmente. Entre os filmes desse tempo, destacam-se os calcados sobre obras célebres da literatura brasileira, principalmente as do período romântico. Anote-se igualmente a comicidade involuntária dos assuntos que tomaram como pretexto a participação puramente simbólica do Brasil na Primeira Guerra Mundial. A linguagem desse cinema marginalizado permanecera extremamente primitiva. O filme brasileiro se estiolava dentro de uma estrutura dramática rigidamente compartimentada, na qual a definição dos caracteres e situações assim como o desenvolvimento do enredo ficavam na inteira dependência dos letreiros explicativos. Essa situação medíocre vigorou até os primórdios da década de 1920. Daí por diante, sucedem-se os sinais de vitalidade. Nessa ocasião, os brasileiros já são maioria no quadro do cinema nacional, mas os únicos técnicos razoáveis ainda serão, durante algum tempo, os italianos.

Aproximadamente a partir de 1925, dobra a média de produção anual, e há progresso na qualidade. Além do Rio de Janeiro e São Paulo, produzem também as capitais de Pernambuco, Rio Grande do Sul e Minas Gerais. Nesta última província surgem movimentos e personalidades promissoras até em pequenas cidades do interior. Paulatinamente esses diversos grupos estabelecem contatos através de jornalistas do Rio e de São Paulo que se interessam de forma militante pelos nossos filmes, delineando-se assim, pela primeira vez, uma consciência cinematográfica nacional. Um ou outro diretor consegue trabalhar com certa continuidade. Há uma progressão orgânica de filme para filme e surgem obras que atestam um incontestável domínio de linguagem e expressão estilística. Em torno de 1930, nasceram os clássicos do cinema mudo brasileiro e houve uma incursão válida na vanguarda mais ou menos hermética. Era tarde, porém. Quando o nosso cinema mudo alcança essa relativa plenitude,[1] o filme falado já está vitorioso em toda parte.

A história do cinema falado brasileiro abre-se com um longo e penoso reinício. Durante as décadas de 1930 e 1940, a produção se limita praticamente ao Rio, onde se criam estúdios mais ou menos aparelhados. Algumas leis paternalistas de amparo asseguram o prolongamento dos péssimos jornais cinematográficos e, numa fase posterior, obrigam as salas a exibir uma pequena porcentagem de filmes brasileiros de enredo. Alguns comerciantes de cinema importado dispõem-se a produzir filmes a fim de beneficiarem-se a si próprios com o cumprimento da lei. Desta maneira, restabeleceu-se, pela primeira vez desde 1911, certa solidariedade de interesses entre o comércio de exibição e a fabricação nacional. O resultado mais evidente foi a proliferação de um gênero de filmes — a comédia popularesca, vulgar e frequentemente musical — que desolou mais de uma geração de críticos. Uma visão mais aguda permitiria vislumbrar, nessas fitas destinadas aos setores mais modestos da sociedade brasileira, algumas virtualidades que mereceriam estudo e desenvolvimento. Durante vinte anos esse gênero — que só decaiu no cinema quando foi absorvido pela televisão — registrou e exprimiu alguns aspectos e aspirações do

---

1. Plenitude apenas artística. Comercialmente o cinema nacional permanecia marginalizado. A exibição dos filmes brasileiros era mais do que precária e dependia inteiramente da boa vontade de um ou outro dono de sala. Só foram realmente vistas pelo público algumas raras obras que por um motivo qualquer as distribuidoras estrangeiras incluíam ocasionalmente em seus circuitos de salas.

panorama humano do Rio de Janeiro. As tentativas de um cinema melhor não são frequentes. Pouquíssimos diretores do cinema mudo permanecem na profissão e conseguem, eventualmente, conciliar a voz das canções com temas de realidade social. A crítica de costumes, filão que não só o cinema mas também o magro teatro brasileiro sempre abordaram com proveito, aponta aqui e ali, de forma despretensiosa mas eficaz. Acontecimentos como uma rebelião militar de inspiração comunista ou a instauração no país de um regime fascista não deixaram traços em nosso cinema. Nossa participação modesta na Segunda Guerra Mundial suscitou três filmes de circunstância, duas comédias e um drama. Também não foram felizes as adaptações de romances brasileiros célebres, antigos ou modernos. Estas últimas anunciavam a preocupação social, que já invadira a literatura do país e que mais tarde se tornaria tão aguda no panorama cinematográfico brasileiro.

Os anos 1950, a última década que nos cabe tratar, se abrem em São Paulo, onde um imaginoso manager italiano tenta implantar a indústria cinematográfica logo após ter promovido um importante movimento teatral. Revelou-se enganosa a semelhança entre os dois tipos de empreendimento. O ato de produzir e representar uma peça é um só, ao passo que realizar e exibir um filme são duas operações diversas. Os filmes relativamente custosos de São Paulo foram entregues a firmas distribuidoras estrangeiras pouco interessadas na audaciosa tentativa industrial, cuja vida foi efêmera. O saldo mais positivo consistiu na melhoria técnica graças à vinda de experimentados especialistas ingleses. Da Itália, vieram encenadores e cenógrafos — que serviam igualmente aos propósitos teatrais em curso — e até roteiristas. O resultado final foi uma dúzia de filmes razoáveis com acentuado ressaibo de cosmopolitismo improvisado e já meio fora de moda. O maior êxito comercial e cultural derivou de uma incursão na temática do banditismo rural brasileiro.

O malogro industrial não teve consequências fatais. Durante a década de 1950, a produção, com o Rio novamente à frente, não cessou de aumentar, chegando a estabilizar-se em torno de trinta filmes anuais. O principal beneficiário da herança do esforço cosmopolita foi um pequeno grupo paulista que adquiriu fisionomia própria e cuja influência se manifesta fortemente no cinema oficial de nossos dias. Justifica-se, pois, que se defina a ideologia do grupo apesar da pobreza de sua contribuição à cultura nacional. Essa definição facilitará, aliás, a compreensão de um traço curioso no fenômeno do subdesenvolvimento: a tonalidade especial que pode assumir o anseio de ascensão individual no statu quo da sociedade. A afirmação dos aspectos exteriores da riqueza e do poder, isto é, o arrivismo, pode coexistir ou ser totalmente substituída pela vivência de sentimentos fantasiosos atribuídos à elite, nostalgia, pessimismo e gosto pela decadência, enfocados na mais total ausência de senso crítico e de humor. Os arrivistas do espírito desejam atingir verdades universais e permanentes do ser humano acima de qualquer conjuntura social definida. As intenções sublimes não se separam, porém — e aqui o grupo entra realmente em comunhão com a camada social à qual aspira —, de um conservantismo que pode eventualmente descambar na delação.* Esse tipo de arrivista é recrutado nas camadas modestas de uma pequena burguesia citadina de origem europeia. Durante algum tempo, o empenho maior do grupo foi reagir passionalmente contra o cinema do após-guerra, notadamente o italiano, que dignificava uma humanidade que lhes era biograficamente

---

* Paulo Emílio alude aos artigos publicados na grande imprensa de São Paulo por José Júlio Spiewak, porta-voz do grupo liderado por Rubem Biáfora e Walter Hugo Khouri, denunciando-o pelo seu "pseudointelectualismo" e "criptoesquerdismo". Cf. *Diário de São Paulo*, 28 fev. 1967, e *O Estado de S. Paulo*, 2 mar. 1967, p. 21.

próxima mas à qual desesperavam em dar as costas. Seus filmes revelam no melhor dos casos um talento de feitura perdido na indigência dos argumentos e roteiros.

A influência do cinema italiano do após-guerra não teve apenas o efeito negativo acima registrado. Cineastas do Rio e de São Paulo adaptaram a lição ao nosso cinema, tendo resultado obras profundamente nacionais sem a menor semelhança com eventuais modelos originais. Os autores desses filmes provinham do Partido Comunista, tão medíocre no terreno político brasileiro quanto o fascismo ou o liberalismo. Um jovem intelectual comunista encontrava, porém, no Brasil do após-guerra estímulo para a imaginação e gosto pela realidade nos livros de alguns autênticos grandes escritores membros do Partido. Essa formação literária, aliada ao método cinematográfico italiano de identificação com o universo social circundante, condicionou a eclosão de quase todos os filmes significativos realizados durante os anos 1950. A ressalva é para permitir a inclusão de alguns êxitos isolados e para marcar o reaparecimento de um veterano do cinema mudo com um filme regional saboroso e maduro. No fim da década a produção, quantitativamente considerável, quase só apresenta filmes vulgares, de natureza cômica ou, em número menor, sentimental. O cinema de 1959 era tão ruim que, num momento dado, as expectativas se cristalizaram em torno de uma bobagem bem cuidada e custosa do grupo dos arrivistas do espírito.*

* Muito provavelmente, Paulo Emílio se refere ao filme *Estranho encontro* (1958), de Walter Hugo Khouri, pelo qual chegou a se interessar e no qual vislumbrou "brilhante exercício de estilo", apesar dos diálogos medíocres. Considerava então Khouri "uma grande esperança para o cinema brasileiro". Ver artigo "Rascunhos e exercícios" (1958), na página 218 deste volume.

No fim dos anos 1950 e início dos 1960, o Brasil vivia momentos de aguda esperança e tornava, por contraste, ainda mais desalentador o panorama cinematográfico. Já estavam, porém, agindo os jovens desconhecidos que iriam provocar uma reviravolta no cinema brasileiro, sintonizando-o com o tempo nacional e conferindo-lhe, pela primeira vez, um papel pioneiro no quadro de nossa cultura.

[1969]

Cinema: Trajetória no subdesenvolvimento

O cinema norte-americano, o japonês e, em geral, o europeu nunca foram subdesenvolvidos, ao passo que o hindu, o árabe ou o brasileiro nunca deixaram de ser. Em cinema o subdesenvolvimento não é uma etapa, um estágio, mas um estado: os filmes dos países desenvolvidos nunca passaram por essa situação, enquanto os outros tendem a se instalar nela. O cinema é incapaz de encontrar dentro de si próprio energias que lhe permitam escapar à condenação do subdesenvolvimento, mesmo quando uma conjuntura particularmente favorável suscita uma expansão na fabricação de filmes.

É o caso da Índia, com uma produção das maiores do mundo. As nações hindus possuem culturas próprias de tal maneira enraizadas que criam uma barreira aos produtos da indústria cultural do Ocidente, pelo menos como tais: os filmes americanos e europeus atraíam moderadamente o público potencial, revelando-se incapazes de construir por si um mercado. Abriu-se assim uma oportunidade para os ensaios de produção local que durante décadas não cessou de aumentar e em função da qual teceu-se a rede comercial da exibição. Teoricamente a situação era ideal: uma nação ou um grupo de nações com cinema próprio. Tudo isso ocorria, porém, num país subdesenvolvido, colonizado, e essa atividade cultural, aparentemente tão estimulante, na realidade refletia e aprofundava um estado cruel de subdesenvolvimento.

Farei abstração aqui do papel do capital metropolitano inglês na florescência do cinema hindu, para só me deter na significação cultural do fenômeno. Pelos assuntos abordados o filme hindu permanece fiel às tradições artísticas do país e o ritmo majestoso com que são tratadas — notadamente quando os temas são mitológicos — eventualmente confirma essa impressão. A raiz mais poderosa dessa produção é, entretanto, constituída por ideias, imagens e estilo já fabricados pelos ocupantes para consumo dos ocupados. O manancial de onde derivam os filmes hindus em nosso século foi fabricado nas últimas décadas do XIX pela indústria gráfica inglesa — e respectiva literatura — através da vulgarização de uma alta tradição plástica, de espetáculo e literária. A massa de oleogravuras e textos, impregnada pelo culto da "Mother India", raramente escapa do mais conformista e esterilizante comercialismo, herdado tal qual pelos filmes produzidos no país. Os cineastas hindus que depois da independência procuram reagir contra a tradição coagulada pela manipulação do ocupante se voltam necessariamente para temas e ritmos inspirados pelo cinema estrangeiro. O esforço de progresso apenas cultural num quadro de subdesenvolvimento geral leva os cineastas a se debaterem diante da adversidade, ao invés de realmente combatê-la.

No Japão, que não conheceu o tipo de relacionamento exterior que define o subdesenvolvimento, o fenômeno cinematográfico foi totalmente diverso. Os filmes estrangeiros conquistaram de imediato uma imensa audiência e foram de início o estímulo principal na estruturação do mercado consumidor do país. Essa produção de fora era, no entanto, por assim dizer, japonizada pelos *benshis* — os artistas que comentavam oralmente o desenrolar dos filmes mudos —, que logo se transformaram no principal atrativo do espetáculo cinematográfico. Na verdade, o público japonês também nunca aceitou o produto cultural estrangeiro tal qual, isto é, os filmes mudos apenas com os letreiros traduzidos. A produção nacional, ao se desenvolver, não encontrou dificuldades em predominar, principalmente depois da chegada do cinema falado, que dispensou a atuação dos *benshis*. Diferentemente do que ocorreu na Índia, o cinema japonês foi feito com capitais nacionais e se inspirou na tradição, popularizada mas direta, do teatro e da literatura do país.

No mundo do cinema subdesenvolvido, o fenômeno árabe — que foi inicialmente sobretudo egípcio — não possui a nitidez do hindu. Nos países norte-africanos e do Oriente Próximo a carapaça de cultura própria também não foi propícia ao alastramento do filme ocidental, mas o resultado aqui foi um desenvolvimento da exibição incomparavelmente mais lento do que na Índia. O pouco interesse pelo filme ocidental não foi acompanhado no mundo árabe pelo florescimento da produção local. A penetração imperial tendeu naturalmente a fornecer ao habitante dessas regiões uma ideia de si próprio adequada aos interesses do ocupante. Se aqui isso não levou à criação de um cinema equivalente ao hindu, deve-se provavelmente à tradição anti-icônica nas culturas derivadas do Corão. A indústria cultural do Ocidente encontrou escassa imagem original para servir de matéria-prima na produção de *ersätze* destinados aos próprios árabes. A fabricação de imagem árabe foi intensa mas destinada ao consumo ocidental: o modelo nunca se reconheceu. O eixo do espetáculo corânico — mesmo dançado — é o som, e o cinema árabe só se desenvolveu realmente a partir do falado. O cinema islâmico à primeira vista parece mais subdesenvolvido do que o da Índia.

Está muito longe de ser presença dominante inclusive nas salas do Egito e do Líbano, os principais produtores, mas em compensação é provável que sua economia seja mais independente. Como suas matrizes não são as oleogravuras exóticas de fabricação europeia mas a técnica fotográfica do Ocidente — através da qual os árabes acabaram por aceitar a imagem como componente de sua autovisão —, os filmes egípcios e dos outros países árabes tomaram diretamente como modelo a produção ocidental. Parecem menos autênticos do que os hindus, mas a natureza do vínculo com o espectador é a mesma: dentro da maior ambiguidade e amesquinhados pela impregnação imperial, uns e outros asseguram a fidelidade do público por refletirem, mesmo palidamente, a sua cultura original.

Essa evocação de alguns traços das situações cinematográficas subdesenvolvidas mais importantes do mundo pode servir de introdução útil à nossa. A diferença e a parecença nos definem. A situação cinematográfica brasileira não possui um terreno de cultura diverso do ocidental onde possa deitar raízes. Somos um prolongamento do Ocidente, não há entre ele e nós a barreira natural de uma personalidade hindu ou árabe que precise ser constantemente sufocada, contaminada e violada. Nunca fomos propriamente ocupados. Quando o ocupante chegou, o ocupado existente não lhe pareceu adequado e foi necessário criar outro. A importação maciça de reprodutores, seguida de cruzamento variado, assegurou o êxito na criação do ocupado, apesar da incompetência do ocupante agravar as adversidades naturais. A peculiaridade do processo, o fato do ocupante ter criado o ocupado aproximadamente à sua imagem e semelhança, fez deste último, até certo ponto, o seu semelhante. Psicologicamente, ocupado e ocupante não se sentem como tais: de fato, o segundo também é nosso e seria sociologicamente absurdo imaginar a sua expulsão como os franceses foram expulsos da Argélia. Nossos acontecimentos históricos — Independência, República, Revolução de 1930 — são querelas de ocupantes nas quais o ocupado não tem vez. O quadro se complica quando lembramos que a metrópole de nosso ocupante nunca se encontra onde ele está, mas em Lisboa, Madri, Londres ou Washington. Aqui apontaria algum parentesco entre o destino hindu ou árabe e o nosso, mas a luz que o seu aprofundamento lançaria sobre os respectivos cinemas seria indireta demais. Basta por ora atentar para a circunstância do emaranhado social brasileiro não esconder, para quem se dispuser a enxergar, a presença em seus postos respectivos do ocupado e do ocupante.

Não somos europeus nem americanos do Norte, mas, destituídos de cultura original, nada nos é estrangeiro, pois tudo o é. A penosa construção de nós mesmos se desenvolve na dialética rarefeita entre o não ser e o ser outro. O filme brasileiro participa do mecanismo e o altera através de nossa incompetência criativa em copiar. O fenômeno cinematográfico no Brasil testemunha e delineia muita vicissitude nacional. A invenção nascida nos países desenvolvidos chega cedo até nós. O intervalo é pequeno entre o aparecimento do cinema na Europa e na América do Norte e a exibição ou mesmo a produção de filmes entre nós nos fins do século xix. Se durante aproximadamente uma década o cinema tardou em entrar para o hábito brasileiro, isso foi devido ao nosso subdesenvolvimento em eletricidade, inclusive na capital federal. Quando a energia foi industrializada no Rio, as salas de exibição proliferaram como cogumelos. Os donos dessas salas comerciavam com o filme estrangeiro, mas logo tiveram a ideia de produzir e assim, durante três ou quatro anos, a partir de 1908, o Rio conheceu um período cujo estudioso Vicente de Paula Araújo não hesita em denominar A Bela Época do Cinema Brasileiro. Decalques canhestros do que se fazia nas metrópoles da Europa e da América, esses filmes em torno de assuntos que no momento interessavam a cidade — crimes, política e outros divertimentos — não eram fautores de brasilianismos apenas na escolha dos temas, mas também na pouca habilidade com que era manuseado o instrumental estrangeiro. As fitas primitivas brasileiras, tecnicamente muito inferiores ao similar importado, deviam aparecer com maiores atrativos aos olhos de um espectador ainda ingênuo, não iniciado no gosto pelo acabamento de um produto cujo consumo apenas começara. O fato é que nenhum produto importado conheceu no período o triunfo de bilheteria deste ou daquele filme brasileiro sobre crime ou política, sendo de anotar que o público assim conquistado incluía a intelligentsia que circulava pela rua do Ouvidor e pela recém-inaugurada avenida Central. Essa florescência de um cinema subdesenvolvido necessariamente artesanal coincidiu com a definitiva transformação, nas metrópoles, do invento em indústria, cujos produtos se espalharam pelo mundo suscitando e disciplinando os mercados. O Brasil, que importava de tudo — até caixão de defunto e palito —, abriu alegremente as portas para a diversão fabricada em massa e certamente não ocorreu a ninguém a ideia de socorrer nossa incipiente atividade cinematográfica.

O filme brasileiro primitivo foi rapidamente esquecido, rompeu-se o fio e nosso cinema começou a pagar o seu tributo à prematura e prolongada decadência tão típica do subdesenvolvimento. Arrastando-se na procura da subsistência, tornou-se um marginal, um pária numa situação que lembra a do ocupado, cuja imagem refletiu com frequência nos anos 1920, provocando repulsa ou espanto. Esse tipo de documento, quando verdadeiro, nunca é belo e tudo ocorria como se a inabilidade do cinegrafista concorresse para revelar a dura verdade que traumatizou não só os cronistas liberais da imprensa carioca mas também um conservador como Oliveira Viana. Essas imagens da degradação humana afloravam também nos filmes de enredo que iam sendo produzidos ocasionalmente e que vez ou outra obtinham exibição normal graças à complacência, sempre passageira, do comércio norte-americano. Era pela força das coisas que essas fitas se mostravam contundentes, pois os denodados lutadores do filme brasileiro que surgiram na era do mudo se esforçavam em impedir a imagem da penúria, substituída pela fotogenia amável de inspiração norte-americana.

Logo após o estrangulamento do primeiro surto cinematográfico brasileiro, os norte-americanos varreram os concorrentes europeus e ocuparam o terreno de forma praticamente exclusiva. Em função deles e para eles o comércio de exibição foi renovado e ampliado. Produções europeias continuaram a pingar, mas durante as três gerações em que o filme foi o entretenimento principal, cinema no Brasil era fato norte-americano e, de certa forma, também brasileiro. Não é que tenhamos nacionalizado o espetáculo importado como os japoneses o fizeram, mas acontece que a impregnação do filme americano foi tão geral, ocupou tanto esforço na imaginação coletiva de ocupantes e ocupados, excluídos apenas os últimos estratos da pirâmide social, que adquiriu uma qualidade de coisa nossa na linha de que nada nos é estrangeiro, pois tudo o é. A amplíssima satisfação causada pelo consumo do filme americano não satisfazia, porém, o desejo de ver expressa uma cultura brasileira que, sem ter uma originalidade básica — como a hindu ou a árabe — em relação ao Ocidente, fora se tecendo com características próprias indicativas de vigor e personalidade. A penetração do cinema amesquinhou muito as artes do espetáculo tradicionalmente tão vivas em todo o país, mas elas sempre encontraram meios de permanecer, o que faz pensar que correspondem a necessidades profundas de expressão cultural. A chegada do rádio deu novo alento às formas ou elementos sonoros dessas artes de espetáculo. Na primeira oportunidade que se ofereceu, a cultura popular violou o monopólio norte-americano e se manifestou cinematograficamente. Por ocasião da implantação do cinema falado, que coincidiu com a grande crise de Wall Street, houve um transitório alívio da presença norte-americana, seguido imediatamente pelo renascimento de nossa produção. Durante cerca de dois anos a cultura caipira, originalmente comum a fazendeiros e colonos e de larga audiência nas cidades, tomou forma cinematográfica, o mesmo sucedendo com nossa expressão musical urbana. Esses filmes tiveram imensa audiência em todo o Brasil, mas em breve as coisas cinematográficas do país voltaram ao eixo norte-americano e o cinema brasileiro mais uma vez pareceu morrer, isto é, retornou à condição de marginal rejeitado apesar da qualidade artística crescente de algumas de suas obras da década de 1930. A obrigatoriedade de exibição forneceu uma base sólida para a produção de filme curto documental, destituído agora da função reveladora que anteriormente o caracterizara tão agudamente. Continuou em todo caso a refletir com melancolia a área do ocupante, notadamente as cerimônias oficiais. De uma maneira geral, entretanto, o cinema falado foi, mais do que o mudo, propício à expressão nacional.

O fenômeno cinematográfico que se desenvolveu no Rio de Janeiro a partir dos anos 1940 é um marco. A produção ininterrupta durante cerca de vinte anos de filmes, musicais e de chanchada, ou a combinação de ambos, se processou desvinculada do gosto do ocupante e contrária ao interesse estrangeiro. O público plebeu e juvenil que garantiu o sucesso dessas fitas encontrava nelas, misturados e rejuvenescidos, modelos de espetáculo que possuem parentesco em todo o Ocidente mas que emanam diretamente de um fundo brasileiro constituído e tenaz em sua permanência. A esses valores relativamente estáveis os filmes acrescentavam a contribuição das invenções cariocas efêmeras em matéria de anedota, maneira de dizer, julgar e de se comportar, fluxo contínuo que encontrou na chanchada uma possibilidade de cristalização mais completa do que anteriormente na caricatura ou no teatro de variedades. Quase desnecessário acrescentar que essas obras, com passagens rigorosamente antológicas, traziam, como seu público, a marca do mais cruel subdesenvolvimento; contudo, o acordo que se estabelecia entre elas e o espectador era um fato cultural incomparavelmente mais vivo do que o produzido até então pelo contato entre o brasileiro e o produto cultural norte-americano. Neste caso o envolvimento era inseparável da passividade consumidora ao passo que o público estabelecia com o musical e a chanchada laços de tamanha intimidade que sua participação adquiria elementos de criatividade. Um universo completo se construía através da sucessão de filmes norte-americanos, mas a absorção feita através do distanciamento o tornava abstrato, enquanto os fragmentos irrisórios de Brasil propostos por nossos filmes delineavam um mundo vivido pelos espectadores. A identificação provocada pelo cinema americano modelava formas superficiais de comportamento em moças e rapazes vinculados aos ocupantes; em contrapartida a adoção, pela plebe, do malandro, do pilantra, do desocupado da chanchada sugeria uma polêmica de ocupado contra ocupante.

 O eco do lucro alcançado por essa produção carioca despretensiosa e artesanal teve, nos primórdios de 1950, um papel determinante na tentativa paulista de um cinema mais ambicioso no nível industrial e artístico. Alguns motivos do malogro são claros. Os produtores cariocas eram comerciantes da exibição e a conjuntura criada nos anos 1940 lembrava a bela época do cinema brasileiro no começo do século. Os empresários paulistas que se lançaram à aventura vinham de outras atividades e nutriam a ilusão ingênua de que as salas de cinema existem para passar qualquer fita, inclusive as nacionais. Culturalmente o projeto foi igualmente desastrado. Não reconhecendo a virtude popular do cinema carioca, os paulistas resolveram — encorajados por quadros técnicos e artísticos chegados recentemente da Europa — colocar o filme brasileiro num rumo totalmente diverso daquele que estava seguindo de maneira tão estimulante. Quando descobriram, mais ou menos ao acaso, o veio do cangaço ou apelaram conscientemente para a comédia do rádio, nascida nos mambembes do interior e do subúrbio, já era tarde.

A animação provocada pela tentativa industrial foi, porém, positiva e o seu fracasso não alterou a ascensão quantitativa e qualitativa do filme brasileiro. A marginalização de nosso filme de enredo não era mais, como antigamente, um fenômeno aparentemente tão natural que ninguém tomava conhecimento dele a não ser os diretamente interessados. O fato de setores ponderáveis da área ocupada terem se chamuscado com o cinema nacional fez dele um assunto mais sensibilizante. Sua mediocridade não impedia sua função e não escondia sua presença. As ocasionais e paternalistas medidas de amparo do poder público começaram a ser cobradas com exigência crescente. Mais de uma vez o governo forneceu a ilusão de que estava sendo delineada uma política cinematográfica brasileira, mas a situação básica nunca se alterou. O mercado permaneceu ocupado pelo estrangeiro de cujos interesses o nosso comércio cinematográfico é, no conjunto, o representante direto. A ação governamental, pressionada pelo desejo de lucro dos produtores brasileiros, representando na circunstância o interesse dos ocupados, se limitou sempre a procurar obter junto aos ocupantes estrangeiros e nacionais uma pequena reserva de mercado para o produto local. Como a solidariedade fundamental do poder público é com o ocupante, do qual emana, é claro que a pressão do último sempre foi decisiva. Mesmo depois do cinema ter perdido em favor da televisão a predominância no campo do entretenimento, não se alterou substancialmente o escandaloso desequilíbrio entre o interesse nacional e o estrangeiro. De qualquer maneira a concessão, por mais modesta que fosse, assegurou um respiradouro para o nosso cinema de ficção. A habitual impregnação estrangeira não impediu que os filmes continuassem nos refletindo muito. A voga do neorrealismo, logo após o término da guerra, teve consequências extremamente frutuosas para nós. Aconteceu que o difuso sentimento socialista que se alastrou a partir do fim dos anos 1940 envolveu muita gente de cinema e particularmente as personalidades mais criativas surgidas após o malogro do surto industrial em São Paulo. O próprio comunismo político, ortodoxo e estreito, acabou tendo uma função cultural na medida em que por um lado procurava, mesmo desajeitadamente, compreender a vivência dos ocupados e por outro encorajava a leitura de grandes escritores membros ou simpatizantes do Partido, Jorge Amado, Graciliano Ramos ou Monteiro Lobato. Esse clima intelectual e mais a prática do método neorrealista conduziram à realização de alguns filmes do Rio e São Paulo que glosavam artisticamente a vida popular urbana. O antigo herói desocupado da chanchada foi suplantado pelo trabalhador, mas nos espetáculos cinematográficos que essas fitas proporcionavam, os ocupados estavam muito mais presentes na tela do que na sala. Em matéria de construção dramática consistente e eficaz, essas obras deixaram longe não só a tenaz chanchada carioca mas também os produtos mais ou menos diretos da efêmera industrialização paulista. No terreno das ideias a contribuição que trouxeram foi ainda maior. Sem ser propriamente políticas ou didáticas, essas fitas exprimiam uma consciência social corrente na literatura pós-modernista mas inédita em nosso cinema. Além de um vasto elenco de méritos intrínsecos, esses poucos filmes realizados por dois ou três diretores constituíram o tronco poderoso do qual se esgalhou o Cinema Novo.

O Cinema Novo é, depois da Bela Época e da Chanchada, o terceiro acontecimento global de importância na história de nosso cinema, cabendo notar que apenas o segundo teve um desenvolvimento harmonioso, devido a sua melhor adequação e submissão à condição geral do subdesenvolvimento. Como o da Bela Época, o Cinema Novo viveu uma meia dúzia de anos sendo que ambos tiveram o seu destino truncado, o primeiro pela pressão econômica do império estrangeiro, o segundo pela imposição política interna. Apesar da diversidade de circunstâncias o que sucedeu a um e outro se insere no quadro geral da ocupação. O Cinema Novo é parte de uma corrente mais larga e profunda que se exprimiu igualmente através da música, do teatro, das ciências sociais e da literatura. Essa corrente — composta de espíritos chegados a uma luminosa maturidade e enriquecida pela explosão ininterrupta de jovens talentos — foi por sua vez a expressão cultural mais requintada de um amplíssimo fenômeno histórico nacional. Tudo ainda está muito perto de nós, nenhum jogo fundamental foi feito ou desfeito e os dias que correm não facilitam a procura de uma perspectiva equilibrada sobre o que aconteceu. Resta a possibilidade de uma visão genérica em termos de ocupado e ocupante que nos aproxime da significação do Cinema Novo no processo.

Qualquer estatística de variada origem que a imprensa divulga confirma o que percebe a intuição ética a respeito da deformidade do corpo social brasileiro. Toda a vida nacional em termos de produção e consumo que possam ser definidos envolve apenas 30% da população. A força produtora urbana e rural com identidade nítida, os estratos medianos em sua complexa graduação, as massas dos comícios de antigamente e que hoje só o futebol é autorizado a estruturar, tudo está englobado na minoria hoje de 30 milhões, o único povo brasileiro a respeito do qual alcançamos um conceito e sobre o qual podemos pensar. A impressão que se tem é a de que o ocupante só utiliza uma parcela pequena de ocupados e abandona o resto ao deus-dará em reservas e quilombos de novo tipo. Esse resto, hoje de 70 milhões, vai fornecendo a conta-gotas o reforço de que o ocupante lança mão para certas atividades como, por exemplo, a construção de Brasília ou a interminável reconstrução do monstro urbano paulistano, a face mais progressista de nosso subdesenvolvimento. Nessas ocasiões as poucas centenas de milhares que escapam ao universo informe das muitas dezenas de milhões adquirem uma identidade: candango ou baiano.

Foi precisamente de iniciativas governamentais na segunda metade dos anos 1950 que surgiu a procura de um melhor equilíbrio nacional. O ocupante sem imaginação libelou a animação social que daí decorreu com um slogan: a subversão em marcha. É possível que o próprio ocupante otimista, desejoso de ver integrados à nação os 70% de marginais, não atinasse para a singularidade da situação criada. O fenômeno brasileiro é daqueles cuja originalidade está a exigir uma expressão nova. À palavra "subversão", tacanha e em última análise ingênua, pode ser oposta a noção de superversão, que resume com maior probidade as ocorrências que se desenvolveram até meados de 1964. A realidade que então se impôs foi a de que os verdadeiros marginais são os 30% selecionados para constituir a nação. O estabelecimento de canais comunicantes entre esta minoria e o universo imenso dos restantes estava a exigir o deslocamento dos eixos habituais da história brasileira. Um primeiro passo consistia em encorajar o descobrimento ativo por parte de todos do que possa ser a vida humana. O poder público participou da nobre esperança — notadamente através de um método de alfabetização cuja prática chegou a ser delineada — que impregnou até uma mensagem presidencial, documento que por esse motivo será um dia um dos clássicos da democracia brasileira. O setor artístico jovem, inseparável do público intelectual igualmente jovem que suscitou, foi sem dúvida o que melhor refletiu o clima criativo e generoso então reinante, inclusive através de obras dotadas de valores permanentes. Nesse terreno foi grande o papel do cinema.

Os quadros de realização e, em boa parte, de absorção do Cinema Novo foram fornecidos pela juventude que tendeu a se dessolidarizar da sua origem ocupante em nome de um destino mais alto para o qual se sentia chamada. A aspiração dessa juventude foi a de ser ao mesmo tempo alavanca de deslocamento e um dos novos eixos em torno do qual passaria a girar a nossa história. Ela sentia-se representante dos interesses do ocupado e encarregada de função mediadora no alcance do equilíbrio social. Na realidade esposou pouco o corpo brasileiro, permaneceu substancialmente ela própria, falando e agindo para si mesma. Essa delimitação ficou bem marcada no fenômeno do Cinema Novo. A homogeneidade social entre os responsáveis pelos filmes e o seu público nunca foi quebrada. O espectador da antiga chanchada ou o do cangaço quase não foram atingidos e nenhum novo público potencial de ocupados chegou a se constituir. Apesar de ter escapado tão pouco ao seu círculo, a significação do Cinema Novo foi imensa: refletiu e criou uma imagem visual e sonora, contínua e coerente, da maioria absoluta do povo brasileiro disseminada nas reservas e quilombos, e por outro lado ignorou a fronteira entre o ocupado dos 30% e o dos 70%. Tomado em conjunto, o Cinema Novo monta um universo uno e mítico integrado por sertão, favela, subúrbio, vilarejos do interior ou da praia, gafieira e estádio de futebol. Esse universo tendia a se expandir, a se complementar, a se organizar em modelo para a realidade, mas o processo foi interrompido em 1964. O Cinema Novo não morreu logo e em sua última fase — que se prolongou até o golpe de Estado que ocorreu no bojo do pronunciamento militar — voltou-se para si próprio, isto é, para seus realizadores e seu público, como que procurando entender a raiz de uma debilidade subitamente revelada, reflexão perplexa sobre o malogro acompanhada de fantasias guerrilheiras e anotações sobre o terror da tortura. Nunca alcançou a identificação desejada com o organismo social brasileiro, mas foi até o fim o termômetro fiel da juventude que aspirava a ser a intérprete do ocupado.

Desintegrado o Cinema Novo, os seus principais participantes, agora órfãos de público catalisador, se dispersaram em carreiras individuais norteadas pelo temperamento e gosto de cada um, dentro do condicionamento estreito que envolve todos. Nenhum deles, porém, se instalou na falta de esperança que cercou a agonia desse cinema. A linha do desespero foi retomada por uma corrente que se opôs frontalmente ao que tinha sido o cinemanovismo e que se autodenominou, pelo menos em São Paulo, Cinema do Lixo. O novo surto situou-se na passagem dos anos 1960 para os 1970 e durou aproximadamente três anos. A vintena de filmes produzidos se situou, com raras exceções, numa maior ou menor área de clandestinidade decorrente de uma opção fortalecida pelos obstáculos habituais do comércio e da censura. O Lixo não é claro como a Bela Época, a Chanchada ou o Cinema Novo, onde se formou a maior parte de seus quadros. Estes poderiam, em outras circunstâncias, ter prolongado e rejuvenescido a ação do Cinema Novo cujo universo e tema retomam em parte, mas agora em termos de aviltamento, sarcasmo e uma crueldade que nas melhores obras se torna quase insuportável pela neutra indiferença da abordagem. Conglomerado heterogêneo de artistas nervosos da cidade e de artesãos do subúrbio, o Lixo propõe um anarquismo sem qualquer rigor ou cultura anárquica e tende a transformar a plebe em ralé, o ocupado em lixo. Esse submundo degradado percorrido por cortejos grotescos, condenado ao absurdo, mutilado pelo crime, pelo sexo e pelo trabalho escravo, sem esperança ou contaminado pela falácia, é, porém, animado e remido por uma inarticulada cólera. O Lixo teve tempo, antes de perfazer sua vocação suicida, de produzir um timbre humano único no cinema nacional. Isolada na clandestinidade, esta última corrente de rebeldia cinematográfica compõe de certa forma um gráfico do desespero juvenil no último quinquênio. Não foi, porém, somente através do Lixo que o nosso filme se vinculou de maneira aguda às preocupações brasileiras do período. O setor documental com intenções culturais e didáticas reassumiu, em nível de consciência e realização mais alto, a função reveladora que o gênero desempenhara anteriormente. Focalizando sobretudo as formas arcaicas da vida nordestina e constituindo de certa forma o prolongamento, agora sereno e paciente, do enfoque cinemanovista, esses filmes documentam a nobreza intrínseca do ocupado e a sua competência. Quando se voltou para o cangaço esse cinema o evocou com uma profundidade — só igualada num recente programa de televisão —[1] de que a melhor ficção fora incapaz.

Qualquer filme exprime ao seu jeito muito do tempo em que foi realizado. Boa parte da produção contemporânea participa alegremente do atual estágio de nosso subdesenvolvimento: o Milagre brasileiro. Apesar do ocupante permanecer desinteressado em relação ao nosso cinema,[2] a presente euforia dos donos do mundo encontra meios de se transmitir a muitos de nossos filmes. Ela se manifesta sobretudo em comédias ligeiras — também em um ou outro drama epidérmico — situadas quase sempre em invólucros coloridos e luxuosos que espumam prosperidade. O estilo é próximo dos documentais publicitários cheios de fartura, ornamentados por imagens fotogenicamente positivas do ocupado e pelo bamboleio amável de quadris nas praias da moda, combinadas ao louvor de autoridades militares e civis. Essa simulta-

---

1. *Confronto*, de Humberto Mesquita. Emissão da TV Gazeta (Canal 11), jul. 1973.
2. A recíproca nunca foi verdadeira. O ocupante foi tratado, em geral, de maneira respeitosa pelo cinema mudo, foi gozado pela Chanchada e fustigado pelo Cinema Novo, ao mesmo tempo que uma tendência nascida do malogro industrial paulista se interessava pelo tédio existencial do ocupante ocioso.

neidade audiovisual um pouco insólita não significa que um setor qualquer do poder público tenha inspirado — dentro da fórmula de que hoje o circo complementar do pão é o sexo — o erotismo que irrompeu no cinema brasileiro de uns anos para cá. A ideia divertida infelizmente não é verdadeira; foi certamente propalada por espíritos desconfiados e insensatos, mas chegou a intrigar as altas esferas. Essa facilidade de circulação da tolice nos tempos que correm esclarece em todo caso a relutância oficial diante do condimento mais atraente que possui o espetáculo de um Brasil milagroso, com muito apetite e tendo como satisfazê-lo, morando bem e vestindo-se melhor, trabalhando pouco e sem problemas de locomoção. O erotismo desses filmes, apesar do afobamento, da vulgaridade ineficaz, da tendência autodestruidora em acentuar nos quadris as nádegas e no seio a mama, é com efeito o que têm de mais verdadeiro, particularmente quando retratam a obsessão sexual da adolescência. De qualquer maneira e apesar de tudo vão essas fitas cumprindo bem a missão de tentar substituir o produto estrangeiro. Não obstante a proliferação, constituem elas apenas uma parte da centena de filmes brasileiros produzidos anualmente dentro do tecido habitual de embaraços, ainda intacto, criado pelos interesses das metrópoles.

O leque extremamente variado de produtos que o cinema nacional de hoje propõe ao mercado confirma a sua vocação em exprimir e satisfazer a complexa gradação de nossa cultura. Se a chanchada e parcialmente o melodrama foram aspirados pela televisão, o filme caipira não perdeu vigor nas cidades grandes e pequenas. Estas últimas alentam dramas e comédias associadas a cantores sertanejos e outros filmes sentimentais de diversa natureza que percorrem quase despercebidos os mercados mais densos. A safra atual de aventuras rurais derivada do cangaço é vista exclusivamente no interior ou, talvez, numa ou noutra capital menor. Um público difícil de definir e localizar exatamente assegura a continuidade de dramas psicológicos situados na esfera mais alta — a figura do ocupante não é encarnada apenas pelo frascário da comédia erótica — ou procura espelhar a crise no relacionamento familiar e no comportamento social da população mediana. Filmes históricos nascem de uma superprodução faustosa ou de um empenho intelectual e artístico exemplar e as duas categorias, tão discrepantes, têm função útil: a primeira fornece uma sucessão de cromos convencionais que correspondem, porém, a uma de nossas matrizes, a cultura cívica primária, enquanto a segunda suscita reflexão crítica a respeito do que fomos e somos. A autoridade pública encoraja uma com benevolência e recua vivamente diante da outra.

A legislação paternalista — promulgada para compensar a ocupação do mercado pelo estrangeiro — pode ter consequências econômicas de algum vulto e a frequente retração governamental diante de nossos melhores filmes inclina os seus autores a buscar financiamento nas metrópoles culturais, onde adquiriram prestígio intelectual desde os tempos do Cinema Novo, em parte graças à moda Terceiro Mundo nos países do Primeiro. Os melhores quadros de nosso cinema ainda derivam, com efeito, do cinemanovismo e de suas adjacências ou mesmo dos precursores imediatos. A ruptura na natureza do processo criativo em que se envolveram, entre doze e dezoito anos atrás [1955-61], impediu qualquer amadurecimento coletivo. O salve-se quem puder ideológico e artístico iniciado em 1968 deslocou o eixo da criatividade, a crise individual substituindo a social e permitindo que quarentões vividos experimentassem uma nova juvenilidade. Os fragmentos da crença antiga foram manipulados e triturados pelo deus ou demônio íntimo de cada um, mas continuou fecundante a poeira da construção coletiva sonhada por todos. As obras individuais das maiores figuras que o cinema brasileiro já conheceu estão longe de terem sido completadas, elas continuam a se tecer diante de nossos olhos e seria prematuro tentar abarcá-las. A amizade teve papel importante na constituição do cinemanovismo e a permanência da camaradagem nascida na idade do ouro indicaria a persistência de uma comunhão cuja face nova ainda não se revelou. Há um clima nostálgico no moderno filme brasileiro de qualidade e é possível que esteja se delineando em torno do índio o sentimento nacional de remorso pelo holocausto do ocupado original. O que há de mais profundamente ético na cultura brasileira nunca cessará de dessoldar-se do ocupante. Cabe ainda sublinhar o fato de que o melhor cinema nacional não tem mais como antigamente um destinatário certo e assegurado. Seus autores defrontam um público não identificado envolvido pela rede do comércio e são constrangidos a conviver com a burocracia ocupante desconfiada quando não hostil. A ocorrência de uma larga comunicação com os espectadores é por demais ocasional para dissipar o intrincado mal-estar em que se debatem. Nos piores momentos a alternativa para a opacidade é o vácuo. Nessas condições não é de espantar que na busca de reconhecimento se voltem para a cultura das metrópoles e com isso prejudiquem a nossa.

 Se em determinado momento o Cinema Novo ficou órfão de público, a recíproca teve consequências ainda mais aflitivas. O núcleo de espectadores recrutados na intelligentsia — particularmente em seus setores juvenis — tendia por um lado a se ampliar socialmente e por outro a se interessar por outras faces do filme brasileiro além da cinemanovista. A deterioração da conjuntura estimulante dos inícios de 1960 fez com que o público intelectual que corresponde hoje ao daquele tempo se encontre órfão de cinema brasileiro e voltado inteiramente para o estrangeiro onde julga às vezes descobrir alimento para sua inconfidência cultural. Na realidade ele encontra apenas uma compensação falaciosa, uma diversão que o impede de assumir a frustração, primeiro passo para ultrapassá-la. Rejeitando uma mediocridade, com a qual possui vínculos profundos, em favor de uma qualidade importada das metrópoles com as quais tem pouco o que ver, esse público exala uma passividade que é a própria negação da independência a que aspira. Dar as costas ao cinema brasileiro é uma forma de cansaço diante da problemática do ocupado e indica um dos caminhos de reinstalação na ótica do ocupante. A esterilidade do conforto intelectual e artístico que o filme estrangeiro prodiga faz da parcela de público que nos interessa uma aristocracia do nada, uma entidade em suma muito mais subdesenvolvida do que o cinema brasileiro que desertou. Não há nada a fazer a não ser constatar. Este setor de espectadores nunca encontrará em seu corpo músculos para sair da passividade, assim como o cinema brasileiro não possui força própria para escapar ao subdesenvolvimento. Ambos dependem da reanimação sem milagre da vida brasileira e se reencontrarão no processo cultural que daí nascerá.

[1973]

Paulo Emílio e Jack Valenti

Glauber Rocha

Nem todo mundo sabe que há dias morreu em São Paulo um dos homens mais inteligentes e cultos do Brazyl — isto para não falar de suas outras inesgotáveis virtudes — Paulo Emílio Sales Gomes, o responsável por uma ideologia cinematográfica internacionalista, popular, democraticamente revolucionária.

Paulo Emílio foi o biógrafo de Humberto Mauro, que em 1977 completa 80 anos, ao lado do Cinema Brazyleiro — levantando as rayzes da Epopeya Cinematográfica dos Anos 20, cinegrafia povoada pelo Mestre de Cataguazes, o inventor do Cinema Nacyonal, *a pura significação nascente* (José Guilherme Merquior), o campo fértil onde frutificaram as sementes do Cinema Novo nos anos 60.

Off o gênio solitário de Mário Peixoto (ninguém viu *Limite* mas todos sabemos que, segundo Eisenstein, ali estava o fio genial do futuro cinema sulamericano...) —* os ciclos regionais (sobre-

---

* Glauber Rocha ainda não tinha visto *Limite*, o que só ocorreu em 1978, quando a Funarte promoveu sessões do filme, no Rio de Janeiro. Eisenstein nunca

tudo Rio & São Paulo & Campinas & Pernambuco) fracassaram vitimados pelo mercado possuído.

Paulo Emílio levantou o véu de uma sutil contradição no processo colonizatório do Século xx, *surpreendente* variante até hoje ignorada pelos economistas "literários", aqueles que vão descobrindo a dialética do *Produto Audyo Vizual*, ignoram a superestrutura da colonização econômica, que é a colonização cultural veiculada pela lavagem cerebral *publicitária e filozofyka do consumidor ocupado*.

No ensaio "Uma situação colonial?", Paulo Emílio despertaria a novíssima geração de cinecríticos e cineclubistas candidatos a cineastas e *apenas* inspirados pelo exemplo de *Rio, 40 graus*, o modelo independente de Nelson Pereira dos Santos que respondia ao fracasso industrial, quase multinacional (*a Columbia Pictures entrava como distribuidora*) da Companhia Cinematográfica Vera Cruz S.A., São Paulo, investimento de "Ciccillo" Matarazzo no projeto de Alberto Cavalcanti, *instalar um engenho cinematográfico nos trópicos, colher a cana e fazer o açúcar e mandar o material ser refinado* (*montado e sonorizado, assim como escrito e dirigido*) *nas Oropas, haja visto que foram importados roteiristas, cenógrafos, diretores, fotógrafos, montadores e estiva geral...* — coincidente com a queda de Vargas, em 1954.

O Cinema Novo, iniciado nos tempos de Jânio/Jango desenvolveu em contínua produção a luta pela *substituição das importações*, alargando e organizando um vasto mercado subvertido pela dominação irregular das empresas distribuidoras estrangei-

---

escreveu sobre o filme. O texto a ele atribuído era de autoria de Mário Peixoto, que o distribuía ampliando o mito do filme genial. A farsa só foi revelada após a morte de Peixoto em 1992. O livro *Mário Peixoto: Escritos sobre cinema*, organizado por Saulo Pereira de Mello (Rio de Janeiro: Aeroplano, 2000), reproduz o texto apócrifo.

ras, sobretudo Roliuidianas, elastecendo a *Lei de Obrigatoriedade* segundo as novas necessidades de economia&política&estética do público.

O Cinema Novo, sobretudo, inseriu a *questão Cinematográfica na questão nacional*, recuperando um atraso histórico de 60 ANOS, quando, nesta época, a ignorância sobre cinema em nossa terra era tamanha que ilustres cronistas escreviam seriamente que não se podia dizer o EU TE AMO em lugar do I LOVE YOU ou que *nossos atores não tinham o pique do Gary Cooper* e, o mais grave, quando sofisticados intelectuais enchiam as páginas de jornais publicitando transversalmente os *valores de Hollywood*, reprimindo em suas Teses e Críticas as tentativas dos cineastas brasileiros construírem um *Cinema Novo num paiz humilhocaricaturado pelas chanchadas que copiavam as comédias da Metro&CYA ou pelos melodramas veracruzianos* donde apenas escapa *O cangaceiro*, de Lima Barreto, demonstrando o erro da Vera Cruz na importação de pessoal qualificado (*recomendação de Jack Valenti, Presidente da Motion Pictures, esta semana em Brazylya, aconselhando os rumos do Cinema Brazyleyro...*) — destruindo as possibilidades genéticas de nossa sociedade luzomorazarykafrykana.

Os exibidores não foram os maiores inimigos do Cinema Novo, porque estes filmes, mesmo sabotados, foram e continuam a passar, nem também a Censura que corta o Cinema Novo com tranquilidade burocrática, nem os empresários eventualmente interessados (*o Banco Nacional de Minas Gerais emprestou a produtores iniciantes que davam como garantia o próprio filme sujeito a censura e sem mercado certo porque as distribuidoras Nacionais eram especializadas em chanchadas como a de Herbert Richers, no Rio, ou a de Oswaldo Massaini em São Paulo*).

Paulo Emílio colocou o principal inimigo do Cinema Novo, naquele momento uma *fase do cinema brasileiro*, na figura de Hollywood e do Cinema Estrangeiro em geral.

Não vai nenhuma xenofobya, nem radicalismo ideológico pequeno-burguês: o pensamento de Paulo Emílio traduzia o óbvio: *se o mercado econômico era ocupado; se o mercado cultural se transformava em vítima desta violenta penetração de imagens e sons, estruturando violência em todos os níveis; se o público, cego pelo filme estrangeiro que não mostra nem a paisagem, nem a cultura, nem o povo brasyleyro, não tem, sequestrado pelo mercado negado, direito de ver seus próprios filmes, como podem continuar os filmes brasyleyros recusados pelo destinatário povoado de outros fantazmas?* — Os mitos de Hollywood, da Cineccitá, da Gaumont, da Toho, da Mosfilm, da Ufa/Konztantyn, da Pelmex e, herança clamorosa, da Atlântida, papel-carbono da sevícia cultural.

A Televisão Brasyleyra se desenvolveu ligada ao rádio, ao teatro, ao jornalismo, excluindo o *cinema, seu natural veículo* porque a produção cinematográfica exibida pela TV é quase toda Roliudiana, pois é mais barato importar o produto, dublá-lo e remontá-lo aqui, do que produzir filmes brasileiros para TV.

O raciocínio se sectariza pela confusão entre Cinema e TV, como se um filme, em *vídeo ou negatif*, de *qualquer bitola*, não fosse um Produto Audyo Vizual, um PAV, que é projetado pelo Canal Televisivo não sendo a TV uma *expressão* mas um *meio*, como a *câmera*, a *máquina de escrever, a faca só lâmina* de João Cabral de Melo Neto.

Desta geleia que se tornou a TV, reproduzindo xoz Milionáryos de Roliude, novelas de *Grande Hotel* e jornalismo censurado, o principal responsável sempre foi a direta orientação *cultural* do Ocupante, não apenas pela dialética da Publicidade, mas pela inconsciente subserviência *intelectexistencial* de nossos *telemen* aos modelos colonizadores.

Gilberto Freyre (e Josué de Castro), cuja redescoberta é o último Fogo de Zeus nesta Patrya neurotyzada (*usura e vil tristeza*, Luís de Camões) — revela como índios, negros e trabalhadores foram colonyzados por uma ideologia *louka*, a Portuguesa, onde índios, e sobretudo negros entram como argamassa fundamental sem *Direitos Humanos* não restabelecidos mesmo depois da Abolyção, degenerando na geopolítica da fome, aquela infraestrutura psiquicamente colonizada que não se pode nominar, projetar seu Eu que alimenta a Nação alienada nos festejos da Casa-Grande como este Festival Cinematográfico em Brazylya: *Produtores e Cineastas Brazyleyros de um lado, Exibidores Brazyleyros & Motion Pictures liderados por Jack Valenti e Harry Stone (o homem de Valenti no Rio) do outro — os dois Partidos, o do Cinema Brazyleyro e do Cinema Estrangeyro diante da Justiça de Geisel.*

As acintosas, desonestas e agressivamente políticas declarações de Valenti à nossa imprensa — chegando a sugerir ao Ministro Ney Braga *revogação do decreto de exibição obrigatória*, além de seus argumentos quanto ao curta-metragem nacional somente agora atendido pela Embrafilme em seu natural anseio de chegar ao público, o aliviando da constante dominação dos Curtas Publicitários (e *Di* um dos melhores curtas-metragens do mundo, por acaso, ainda não foi exibido, não por falta de mercado, mas por falta de exibição) — montam o clímax da Fantazya que pode encontrar público entre políticos, intelectuais de outras áreas e exibidores gananciosos, mas não repercute entre os cineastas brazyleyros, de Humberto Mauro ao mais puro Superoitudigrudista de Rondonya.

Jack Valenti não passeará sobre o cadáver de Paulo Emílio.

[1977]

PERPLEXIDADES BRASILEIRAS

Conto, fita e consequências

Dois jovens cineastas paulistas resolveram filmar uma farsa alegre, tomando como ponto de partida um conto pessimista e sinistro de Lima Barreto. Pelas mãos de César Mêmolo Jr. e Carlos Alberto de Sousa Barros, "A nova Califórnia" transformou-se em *Osso, amor e papagaios*. Ao mesmo tempo que teve um sucesso de estima em círculos limitados, a fita não recebeu acolhimento caloroso do grande público. Penso que vale a pena examinar o empreendimento com atenção, pela influência que possa vir a ter no cinema brasileiro e pelas lições que comporta.

Temo que a indústria cinematográfica, cuja tendência a desprezar o público é conhecida, atribua o insucesso precisamente ao que houve de mais positivo em *Osso, amor e papagaios*, isto é, o esforço em arrancar a comédia cinematográfica brasileira da habitual vulgaridade. Como acontece nessas ocasiões, acusarão os realizadores de "intelectualistas". A expressão é usada aparentemente para significar o oposto de "popular" e já indica o quanto nossos meios cinematográficos estão necessitados de ideias claras.

Quando se compreender que "intelectualistas" é a degradação de "intelectual", como "popularesco" a de "popular", talvez se aprenda de uma vez por todas que o cinema pode ser intelectual e popular. Como concepção, *Osso, amor e papagaios* teve condições para entrar nessa categoria e deve-se procurar esclarecer o que comprometeu o sucesso da realização.

Do conto de Lima Barreto foi utilizada, como ponto de partida, a ideia central: a população de uma cidade do interior se convence de que é possível fabricar ouro com ossos de defunto e, arrastada pela ambição, age em consequência. Naturalmente não se procurou respeitar o tom de crueldade implacável e o possível e misterioso simbolismo do original. O cinema brasileiro não comportaria tal audácia, concebível na obra do velho Stroheim ou na de um moderno como Yves Allégret. Os autores da fita procuraram um tom cômico, fazendo de início uma correção racionalista: o Raimundo Flamel é um louco e não o bondoso Messias e autêntico sábio que n'"A nova Califórnia" realmente descobre a fórmula para transformar ossos em ouro.

A acentuação excessiva dos propósitos cômicos levou os cineastas ao terreno da farsa, e uso o termo no sentido corriqueiro, pois em dramaturgia "farsa" não é o cômico exagerado, mas um gênero com exigências próprias, aliás, difícil e raro em cinematografia. O método de construção dos personagens de *Osso, amor e papagaios* foi a acumulação do cômico pitoresco no vestir e na maquilagem. Quanto ao comportamento, cada gesto ou palavra foi dirigido com a deliberação de provocar risos. Muitas roupas masculinas foram inspiradas em modas antigas, mas como não houve unidade de conjunto o resultado foi disparatado. Os personagens principais, o farmacêutico, o prefeito, o professor, ficaram estereotipados e não adquiriram relevo. Alguns bons pormenores, como a frase do prefeito: "Coisas práticas", ou o gesto do farmacêutico alisando o cabelo, por serem demais repetidos tornaram-

-se mecânicos. Quando nesse mundo assim criado surge a figura do "sábio" Flamel, o espectador não compartilha do espanto dos habitantes do lugarejo. Acrescenta-se simplesmente mais uma figura pitoresca a uma lista já um pouco longa. Teria sido provavelmente mais eficaz o tratamento dos personagens num naturalismo chão do qual os tiques, as manias, as personalidades iriam emergindo paulatinamente, mas sem ultrapassar o limite que permitisse um contraste fecundo com a estranha figura do "dr." Flamel. E quando chegasse o momento culminante, a corrida ao cemitério para desenterrar os ossos, a cena teria, além da comicidade, um lado inquietante que aumentaria consideravelmente seu efeito. Tal como acontece na fita, não espanta que personagens nos quais não acreditamos ajam desta ou daquela maneira.

É, porém, outra a razão principal da pouca comunicabilidade entre o filme e o público. O defeito está na construção da fita. O tema central, a fabricação de ouro com ossos, não forma a linha mestra da obra. A primeira impressão que temos é de que há uma longa introdução cuja finalidade seria familiarizar-nos com os personagens, antes de se iniciar a ação propriamente dita. Esta separação entre a parte descritiva e o desenvolvimento da ação já é um erro. Mas não é só isso.

Na realidade existem no filme três fatos sucessivos que podem ser tematicamente correlatos mas que dramaticamente são distintos. O primeiro é que na cidade não morria ninguém há dez anos. O segundo é que subitamente começa a morrer grande número de pessoas. O terceiro é a ilusão de se poder fabricar ouro com ossos. Lançado sobre essas falsas pistas, o público é em seguida abandonado. Ele se interessa primeiro pela ausência e em seguida pela recrudescência de mortes, mas quando lhe é contado o caso dos ossos e do ouro, fica com suas curiosidades anteriores frustradas, e chega ao fim da fita desamparado pela falta de organicidade do conjunto.

Era necessário criar-se um conflito. Rejeitada a sugestão, difícil é verdade, de Lima Barreto — a oposição entre Flamel e a cidade —, teria sido preciso um conflito que levasse a ação de forma harmoniosa até seu ponto mais alto, o saque do cemitério, e ao desenlace. O conflito entre a Prefeitura e a oposição, que percorre todo o filme, não foi uma solução satisfatória, pois se limita simplesmente à utilização de cada um dos fatos que continuam, distintos, a dominar como interesse dramático.

Talvez fosse preciso associar romance ao conflito. Os cineastas acrescentaram um Romeu e uma Julieta, separados pelas dissensões entre a Prefeitura e a oposição. São eles os únicos que não participam da colheita de ossos e não são atingidos pela loucura da ganância generalizada. Mas dada a força que tem em cinema a simples associação visual, não foi acertado situar o encontro final e decisivo do jovem par no cemitério saqueado. Por outro lado, a tensão dramática do encontro está em desproporção com o pouco que nos fora apresentado anteriormente sobre ambos.

Escrevi essas anotações críticas sobre *Osso, amor e papagaios* com a maior severidade porque respeito e confio nas qualidades de César Mêmolo Jr. e Carlos Alberto de Sousa Barros. Tais qualidades também foram reveladas em sua fita. Antes de mais nada, a alegre desenvoltura com que tratam das coisas graves, a começar pela tão respeitada morte. Há na boa coleção de enterros — tema caro ao cinema brasileiro — ótimos momentos, e deploramos quando uma *gag* excelente não é melhor visualizada: os cuidados um tanto aflitos de um candidato a coveiro por duas velhinhas, clientes prováveis num futuro próximo. A associação entre o gosto do delegado em empinar papagaios e as aventuras amorosas da mulher é um sintoma de talento que não engana.

Julgar as qualidades propriamente diretoriais de César Mêmolo e Carlos Alberto não é simples. O cinema nacional, seja na procura do naturalismo ou na estilização, ainda não descobriu como o brasileiro anda, dança, cospe, coça-se ou fala. E a qualidade da matéria-prima a ser usada, os atores, continua má, sobretudo quando dialogam. *Osso, amor e papagaios* não escapa à regra. Talvez algumas linhas do diálogo fossem, ao serem escritas, boas. Mas ouvidas, renova-se o desastre habitual. Quando não temos o sentimento aflitivo do amadorismo é que estamos sob a impressão do mais ultrapassado profissionalismo. Penso que o problema estético primordial em nosso cinema é o da maneira de falar.

É sabido que a dublagem em língua estrangeira mutila artisticamente os filmes. No entanto, as versões dubladas dos filmes brasileiros apresentadas na França eram melhores do que as originais.

O aparecimento de um filme brasileiro em que se fale bem será um acontecimento fundamental na história de nossa cinematografia.

[1957]

Rascunhos e exercícios

Alguém uma vez deplorava não ser facultado aos cineastas realizar duas vezes seguidas a mesma fita, a primeira versão servindo apenas de rascunho para a obra definitiva. Apesar do estabelecimento dessa norma ser industrialmente impensável, desde os tempos heroicos do cinema foram utilizados métodos que dela derivam. Algumas dezenas de filmes pequenos e médios de D. W. Griffith aparecem aos olhos do historiador como esboços preparatórios do *Nascimento de uma nação* e *Intolerância*. A frustração de *Merry-Go-Round* e a imposição comercial a *The Merry Widow* foram utilizadas por Erich von Stroheim como notas e rascunhos de uma de suas obras-primas, *The Wedding March*. As grandes obras de Chaplin estão explicitamente delineadas em seus exercícios menores.

Filmes com esse caráter de exercício e rascunho concedem-nos ainda algumas razões de esperar por um cinema brasileiro. No que concerne à produção nacional mais ou menos estabilizada, tudo indica não haver remédio para a vulgaridade crônica. Há alguns anos acreditei que um amparo indiscriminado à indústria provocaria automaticamente a elevação do nível da produção, mas hoje tenho sobre isso dúvidas profundas. Ainda não existe entre nós uma verdadeira política estatal de proteção, porém causam perplexidade os resultados dos tímidos ensaios protecionistas expressos pela legislação municipal e por algumas facilidades de crédito abertas pelo poder público estadual. A reação dos produtores estabilizados, cuja atividade se desenvolve notadamente no Distrito Federal, não poderia ser mais negativa. Apoiando-se nas vantagens oferecidas, não tiveram outra preocupação que a de aumentar a quantidade dos produtos habituais. A situação tem um lado escandaloso, pois foi alertando os poderes públicos para o nível desmoralizante dos referidos produtos que as Comissões de Cinema conseguiram as medidas preliminares de proteção. Tudo nos convida a abandonar o pressuposto otimista da melhoria automática e a não mais separarmos a ideia de amparo da noção de qualidade.

Ultimamente, no que se refere ao tipo de fita mais habitual no cinema brasileiro, a única que merece consideração é *Absolutamente certo*, precisamente porque não foi realizada por nenhum dos lamentáveis especialistas do gênero, e sim por Anselmo Duarte, ator que, modestamente, deu aos diretores lições de fluência e narração. São exercícios como esse, como os de César Mêmolo Jr., Carlos Alberto de Sousa Barros, Nelson Pereira dos Santos, Walter Hugo Khouri e alguns ensaios rurais, que devem ter a continuidade assegurada por uma legislação de amparo inteligente.

Ninguém escondeu a decepção profunda causada por *Rio, Zona Norte*. A primeira fita de seu realizador — *Rio, 40 graus* — havia provocado justificadas esperanças. É possível, porém, que o relativo sucesso do primeiro filme tenha adormecido a vigilância do autor ao tipo de expressão cinematográfica que procura utilizar. A concepção de *Rio, 40 graus* exigiu uma variedade de situações e uma vivacidade no tratamento que certamente contribuíram para escamotear, até certo ponto, as deficiências que lá se encontravam, porém sem tempo de se manifestarem plenamente. A ação de *Rio, Zona Norte*, condensada em torno de uma linha central, e a decorrente exigência de continuidade dramática permitiram que os defeitos se afirmassem ao ponto de arruinar o filme. Pondo de lado as clamorosas insuficiências técnicas do som e da fotografia, a fraqueza mais evidente da fita redunda da confiança excessiva de Nelson Pereira dos Santos na virtualidade artística dos materiais a serem cinematografados. Adepto de uma escola cinematográfica que procurou fugir do artístico facilitado pelo uso do estúdio e inspirar-se nos ambientes, personagens e situações de uma realidade mais imediata, Nelson Pereira dos Santos foi talvez vítima da ilusão de que esse estilo o dispensasse da necessidade laboriosa de estilização e da procura cuidadosa das convenções mais adequadas aos seus propósitos. Ele simplesmente dispôs numa certa ordem os materiais, quase em estado bruto, de uma realidade pouco trabalhada, na esperança de que a poesia e a beleza nela contidas se comunicassem espontaneamente ao espectador pelo milagre da fotogenia e da sonogenia. Na realidade, as exigências do chamado neorrealismo são mais imperiosas do que as de outras escolas cinematográficas. Quando o ponto de partida não é a fidelidade meticulosa ao real, os recursos ditados pela convenção ou pela estilização, mesmo quando aparentes, não chocam, a menos que perturbem a realidade puramente artística do que se está criando. Ninguém pensará em acusar de artificialismo Sternberg ou Cocteau e muito menos o *Dr. Caligari* e sua descendência. A maior dificuldade do cineasta, cujo propósito é dar a impressão de realidade objetiva absoluta, é, por um lado, a necessidade de utilizar todos os artifícios inerentes à criação artística e, por outro, ser obrigado a manter rigorosamente invisíveis os recursos de que lança mão, a fim de conseguir essa ilusão de transparência, de completa adesão à realidade, que é a característica do gênero. Esse esforço de recriação foi mínimo em *Rio, Zona Norte*; porém, tendo chegado a ser exercido, o filme perdeu igualmente no terreno extra-artístico, o do registro automático de aspectos da vida carioca, que poderia eventualmente solicitar o nosso interesse. Apesar de tudo isso, é um exercício válido. Essa fita fracassada contém momentos que, bem estudados, poderão provocar uma tomada de consciência sobre as sutis e misteriosas exigências do cinema e contribuir para o desenvolvimento da tendência neorrealista brasileira. Penso sobretudo na sequência em que o personagem interpretado por Grande Otelo acorda, levanta-se, faz a toalete e recebe a noiva. Gostaria de saber se esses minutos de fita foram obtidos por acaso ou se o diretor agiu conscientemente. De qualquer maneira, os movimentos do ator, as palavras que troca com a noiva, o comportamento com a criança e sobretudo a extraordinária presença tátil dos objetos de uso corrente ou da ornamentação humilde do barracão criam uma harmonia interior e comunicam uma doçura que conferem a essa sequência modesta uma consistência artística e humana rara no cinema brasileiro.

    Walter Hugo Khouri situa-se, artisticamente, nos antípodas de Nelson Pereira dos Santos. O ponto de apoio para este é um objetivo a ser expresso, e para aquele é o próprio meio de expressão. Para fazer sua fita, Nelson partiu do Rio de Janeiro e de suas favelas. Para colocar alguns personagens em situação dramática nos arredores de São Paulo, Khouri partiu do próprio cinema. A ideologia que informa o autor de *Rio, Zona Norte* tem raízes num humanismo difuso para o qual o cinema é uma entre muitas outras válvulas de escape. A formação do diretor de *Estranho encontro* é essencialmente cinematográfica. Nisso reside ao mesmo tempo a sua força e sua fraqueza. O rascunho populista de Nelson Pereira dos Santos empalidece ao lado do exercício brilhante de

Walter Hugo Khouri, mas se em *Rio, Zona Norte* e mesmo em *Rio, 40 graus* temos um autor que se revela inábil na manipulação do tipo de expressão estética que escolheu, *Estranho encontro* nos dá às vezes a impressão curiosa de um estilo à procura de um autor e de uma história.

A presença desse estilo desgarrado é tão forte que leva o espectador por caminhos e sensações alheios às intenções do realizador. Segundo suas expressas declarações, toda a primeira parte, o encontro de Marcos com a moça na estrada, a instalação de ambos na casa de campo de Vanda até a chegada da proprietária, deveria constituir um acontecimento lírico. Na realidade, o tom que domina é o do mistério, particularmente nas admiráveis sequências de flashback que se iniciam na relojoaria e nas quais visualiza-se a narração da heroína. A longa introdução enigmática foi tão poderosa que, enquanto pode, o espectador conserva-se fiel ao seu espírito, até que se desvanece a hipótese, um momento aventada, da loucura da moça. A partir daí, o realizador domina essa espécie de rebelião do estilo contra a sua vontade, porém o espectador se sente um pouco perplexo. Há uma evidente ruptura de tom, o mistério desapareceu, tudo é claro, mas como a fita ainda dura bastante tempo o espectador procura adaptar-se à nova situação, interessando-se mais detidamente pela psicologia dos personagens, pela situação e pelo rumo dos acontecimentos. Vanda chegou, mas suas relações com Marcos já haviam ficado esclarecidas há mais tempo. Ele é uma espécie de gigolô sem muita vocação, para quem o encontro com a heroína significa uma perspectiva de amor mais autêntico e novo rumo de vida. A moça está escondida num barracão próximo e o criado já denunciou o seu refúgio ao homem que a persegue e que logo chegará. Durante certo tempo, a situação estabiliza-se nesses termos. Enquanto isso, o estilo, novamente autônomo, faz das suas. A tempestade, o gato, o medo da heroína, tudo é bom, e é soberba a imagem final das últimas gotas que tombam da teia de aranha destruída e encharcada pela chuva. Porém, quando Marcos repete para a moça que precisam encontrar uma saída para a situação, a impaciência do espectador revela a não identificação dramática com o personagem. Por que Marcos não parte imediatamente com a moça? A razão sugerida é a falta de meios, pois na véspera saiu à procura de dinheiro sem resultado. Quando explica a Vanda o ar preocupado e ausente, atribuindo-o a sua posição difícil frente aos credores, desponta uma nova motivação para um comportamento até então inexplicável: ele tentará obter dinheiro da amante para partir com a heroína. Apesar de imoral, essa intenção daria coerência dramática à situação e seria recebida com simpatia pelo espectador. Mas quando a resposta de Marcos ao oferecimento de Vanda é "Não posso aceitar isso", e não aceita mesmo, desaparece a última possibilidade de estrutura temática e não se pode mais fugir à impressão de que há um tecido de pretextos cuja função é ganhar tempo até a chegada do perseguidor. Quando este finalmente aparece, o principal susto que provoca — o excelente reflexo da fisionomia no vidro do carro — é de natureza puramente estilística. Com efeito, nada de grave poderia acontecer à heroína, pois Marcos encontra-se a dois passos, dentro da casa. Aliás, o outro grande susto de *Estranho encontro* também está em flagrante desproporção com a situação e seu valor é exclusivamente virtuosístico. Trata-se do poderoso momento em que a moça entra no quarto do homem com quem coabitava e subitamente estaca. A câmera percorre lentamente de cima para baixo uma perna ortopédica e no plano seguinte há uma aproximação rápida da parte posterior do aparelho. A impressão profunda que esse tratamento cinematográfico causa seria plenamente justificável se até aquele momento a moça não soubesse que o companheiro não tinha uma perna.

Os brilhantes exercícios de estilo de Walter Hugo Khouri o situam imediatamente entre os poucos bons realizadores que possuímos e como uma grande esperança para o cinema brasileiro. A experiência de *Estranho encontro* faz-nos, entretanto, perguntar se como argumentista, roteirista e dialoguista ele está em terreno que lhe é adequado. A análise feita neste artigo contém um julgamento implícito sobre o argumento e o roteiro. Quanto aos diálogos, o tom nos é dado pelas primeiras palavras de Marcos, quando na estrada se dirige à moça: "Vamos, acorda, está melhor?". Através da fita continua: "Vamos parar com esse jogo de adivinhação" ou "Vamos, continue". Mesmo que o realizador não tivesse sido traído pelo estilo, sua intenção de fazer do encontro entre os dois jovens um episódio lírico ficaria irremediavelmente comprometida pela mediocridade dos diálogos.

Faço uma crítica sem complacência de uma película a que assisti três vezes, frequentemente com muita admiração, porque acredito que de rascunhos e exercícios realizados à margem da produção corrente sairá o cinema brasileiro no qual confiamos.

[1958]

O autor de *Ravina*

"Diante desse homem só há duas posições possíveis: ou a gente o assassina ou morre por ele", dizia do presidente Artur Bernardes um jornalista entusiasta, que não fez, aliás, uma coisa nem outra. As paixões que suscita a figura do homem de cinema Rubem Biáfora fizeram-me pensar naquela antiga história. O sr. Roland Corbisier observou num dos seus dias de bom humor, sempre um pouco sinistro, que Biáfora não pertence ao reino animal nem ao vegetal, mas sim ao mineral. Até aí todos poderiam concordar, ninguém discute a dureza das suas convicções; apenas alguns pensam na qualidade do diamante e outros na limitação da pedra. Um dos jovens cineastas paulistas de mais valor considera Biáfora o maior crítico de cinema do mundo e já passei horas discutindo com pessoas de excepcional categoria intelectual que lhe negavam qualquer valor. Essas anotações sumárias e a discrepância que revelam indicam em todo caso tratar-se de uma personalidade pouco comum. Até hoje Biáfora interessou ou exasperou um número relativamente pequeno de pessoas que participam mais de perto do nosso movimento de cultura e produção cinematográfica ainda incipiente. Agora, porém, ao ser lançado o seu primeiro filme, *Ravina*, ele está nas vésperas de transformar-se em personagem público e o momento é oportuno para tentarmos definir o seu perfil artístico e humano.

Sem ter lido o *Doutor Jivago* sei, contudo, que para Larissa Fiodoróvna Antípova o mal do mundo consistia em não terem as pessoas suficiente confiança nas próprias ideias. Aos olhos do personagem de Pasternak uma pessoa como Biáfora seria exemplar, pois não conheço ninguém tão certo como ele de ter razão. Apenas a seu propósito hesito em falar de ideias, conceito que implica um mínimo de formulação e comunicabilidade de que em geral Biáfora é incapaz. Penso que essa falha é responsável pela dificuldade que encontrou até hoje em interessar uma audiência maior pelos seus pontos de vista, impressões e sentimentos. Como acontece nesses casos, Biáfora criou um jargão pessoal, principalmente ao falar, adotado pelos companheiros mais chegados mas totalmente inadequado para refletir a riqueza do seu mundo interior. Pessoalmente, estou convencido de sua existência e espero que tenha se tornado explícita no ato de criação cinematográfica, possivelmente o único meio de comunicação que lhe é facultado. O seu linguajar, uma taquigrafia pobre em signos, avançando aos trancos, significa o anseio de exprimir sentimentos interiormente coesos e capazes de se encarnar harmoniosamente na composição de uma cenografia, no delineamento dos gestos e movimentos de personagens, na procura do acordo íntimo de todas as coisas, que é o mistério maior do ato de filmar.

Provavelmente o cinema é também a única linguagem que Biáfora entende. Com filmes processaram-se os seus diálogos mais profundos e contínuos. Suas experiências fundamentais de vida foram esclarecidas ou reveladas no ritual das salas escuras. A palavra "ritual" não é no caso excessiva, pois assistir cinema é para

Biáfora um ato religioso. Suas indignações que tanto espanto causam tornam-se compreensíveis se interpretadas como reações de crente contra a blasfêmia. Como ele encontra no cinema muito mais desvios blasfematórios do que reflexos das verdades que durante 25 anos lhe foram reveladas, ele sofre constantemente e protesta. Sua biografia de homem distingue-se pouco da do espectador. Se a adolescência apresenta-se em sua memória como a idade do ouro é porque coincidiu com a produção cinematográfica americana de 1933 a 1939.

Muito cedo Rubem Biáfora procurou informações mais amplas a respeito do cinema. Procurou Guilherme de Almeida, Otávio Gabus Mendes e conheceu Eduardo Batista da Costa. Mais tarde participou ativamente do segundo Clube de Cinema de São Paulo, ao lado de Almeida Sales, Benedito Duarte e Múcio Porfírio Ferreira. Escreveu críticas em diferentes publicações e teve namoros com o socialismo. Essencialmente nunca aprendeu nada com ninguém. É possível que tenha pairado sobre a maior parte das suas atividades na vida social um constante mal-entendido para o qual, aliás, não haveria solução. Biáfora talvez trouxesse para a vida cotidiana aquela sede de absoluto que às vezes era satisfeita nas salas de cinema. Não encontrava resposta e rebelava-se. A cultura não podia ser para ele um terreno de aproximação humana. Simplificando meu pensamento, poderia dizer que *Biáfora não tem cultura, ele é cultura*. Muita gente se surpreende que ele quase não leia. É preciso compreender que para certas pessoas existe a necessidade de tudo descobrir interiormente, num quadro vital íntimo, e para elas a leitura seria um exercício convencional e estéril. Os caminhos da compreensão para o místico são diferentes do que são para o intelectual.

A ideologia cinematográfica de Rubem Biáfora — na medida em que a seu propósito é possível empregar-se essa terminologia — é um composto de devoção piedosa e veemente iconoclasmo. As suas opiniões positivas são muito mais estimulantes do que as negativas, o que, aliás, é regra geral exceto nos casos raros das grandes vocações polêmicas criadoras, como Léon Bloy ou Léautaud. Nunca me esqueço da impressão que me causou Biáfora falando sobre *O morro dos ventos uivantes* no auditório do Museu de Arte Moderna. O seu transporte permitiu que fossem ultrapassadas as habituais barreiras da comunicabilidade e que o público comungasse do seu êxtase, à margem de qualquer esquema racional ou estético; quando se dirigiu ao piano para martelar com hesitações de míope algumas teclas e evocar esse ou aquele motivo musical da fita, subitamente foi como se a Graça houvesse pairado na sala da rua 7 de Abril. Capaz, quando fala do que aprecia, de uma proeza espiritual dessa ordem, Biáfora pode chegar a demonstrações de total obtusidade quando trata do que não gosta. Esse homem que adquiriu com o cinema contatos de uma sutileza excepcional é totalmente impermeável à sua maior figura, tendo-lhe sido negada a alegria e o orgulho de reconhecer a presença de um Molière no mundo contemporâneo. Não é apenas pela insensibilidade a Charles Chaplin que Biáfora se empobrece, mas também opondo uma impenetrabilidade mineral ao cinema italiano do após-guerra, ou a tudo que seja suscetível de perturbar os dados constitutivos da idade do ouro que modelou para sempre a sua personalidade. Não seria, entretanto, apropriado falar-se de saudosismo a seu propósito. A maior parte das ideias cinematográficas que promulga tem valor permanente e muitas receberam uma ilustração exaltante na obra de Ingmar Bergman. Há em Biáfora discriminação, opção, fé nos valores que nele penetraram e floresceram em anos decisivos da adolescência. Este homem tão pouco dotado de recursos técnicos para a discussão é a ela condenado pela natureza religiosa das suas convicções estéticas. O mais das vezes vê na discordância um desafio ou um ataque, sente-se constantemente polemizado e não cessa de polemizar. Os julgamentos o irritam e vive julgando. Demonstrando certa forma de humildade, leva a sério todas as opiniões, sem noção da hierarquia intelectual das pessoas que as exprimem. O mundo da inteligência é para ele um terreno incerto e suspeito, propício às armadilhas da mistificação e da inautenticidade, pouco favorável ao exercício das verdades vitais. Mergulhado no cotidiano ingrato da vida cinematográfica paulistana, pode parecer a um observador ocasional que Rubem Biáfora gasta suas melhores energias nas mesquinharias correntes da vida profissional. Basta, porém, ouvir algumas vezes os seus monólogos — conversar com ele não é fácil e em geral é inútil — para sentirmos através das suas fantasias, distorções, injustiças, o fluido cristalino de um homem íntegro e a presença de um artista criador.

Tal me parece Gervásio Rubem Biáfora, autor de *Ravina*.

[1959]

Perplexidades brasileiras

Incluo-me entre os que procuram acreditar no cinema brasileiro — mas vivemos de esperanças. Há alguns anos um jornalista perguntou-me qual era na minha opinião o melhor filme nacional e preferi responder que seria "O sertanejo", cujo roteiro, lido e representado por Lima Barreto, causou-me forte impressão. No fundo, minha posição tem sido sempre essa, a de confiar no que não foi feito ou ainda não vi. A produção atual nem uma vez concedeu-me a satisfação média, corriqueira, que encontro quase semanalmente nos programas da cidade. Uma ou outra fita brasileira pareceu-me um exercício capaz de sugerir um progresso ulterior; esse é o interesse máximo que o cinema brasileiro moderno tem conseguido de mim. No que se refere aos filmes realizados antigamente, em nosso país, minhas reações são diferentes. Em primeiro lugar, a passagem do tempo permitiu que se revelasse plenamente o valor social e histórico desses documentos, o que por si já é de grande interesse, mas inclusive no terreno estético essas obras adquiriram o sabor particular de arte primitiva que desarma o espírito crítico e permite a descoberta de encantos que não foram calculados, muito pelo contrário, em geral emanam da inépcia. Quando vemos um filme brasileiro de há mais de trinta anos não pensamos um só instante em compará-lo com as obras- -primas produzidas na mesma época nos Estados Unidos ou na União Soviética. A fita interessa-nos porque à sua maneira reflete o Brasil anterior à Revolução de 1930, porque percebemos a constância da velha convenção cinematográfica para a qual a virtude é loura e o pecado moreno, ou ainda porque nos surpreende e diverte uma alusão sensual sugerida pela imagem de uma pua mecânica.

O espectador de uma fita brasileira lançada nas últimas semanas é o mesmo que pouco antes viu *Sonhos de uma noite de amor*, de Ingmar Bergman, e que logo depois verá *Noites de Cabíria*, de Fellini. Indiscutivelmente o teatro brasileiro é, em termos absolutos, muito superior ao cinema, mas é preciso convir que os milhares de aficionados que condicionaram o florescimento da arte teatral entre nós não possuem uma escala ampla de termos de comparação, ao passo que ao aventurar-se a assistir um filme nacional as exigências desse mesmo público são muito maiores, pois tem cotidianamente à sua disposição pelo menos boa parte do que se faz de melhor mundialmente em matéria de cinema. Compreendo que não se goste do cinema brasileiro e confesso mesmo sentir relutância em assistir aos nossos filmes. Minha única desculpa é a natural repugnância em enfrentar um desprazer quase sempre renovado. Reservo-me, pois, para as ocasiões em que acredito tratar-se de uma obra que pelo menos em parte justifique as esperanças que projeto no futuro do nosso cinema. Isso aconteceu em relação a *Ravina*. Na televisão ou em periódicos manifestei o interesse com o qual aguardava esse filme e, creio eu, no decorrer desse artigo tornar-se-á evidente que tinha para isso algumas razões.

A fim de procurar compreender por que *Ravina* não conquistou minha adesão, revi o filme duas vezes. Nas três experiências meu sentimento dominante foi o de estar diante de cinema nacional, dando à expressão a carga pejorativa adquirida junto aos setores mais evoluídos do público cinematográfico brasileiro. O que me impressionou desfavoravelmente não foi a história em si e nem mesmo o fato de ser ela mal contada. Há filmes cujo enredo é absurdo e apresentado de forma incompreensível, como, por exemplo, *A dama de Shangai*, de Orson Welles, e que, no entanto, admiro por conterem personagens e situações consistentes. A dificuldade maior de *Ravina* é tratar-se de um desenho de caracteres onde, apesar de se explicarem verbalmente em excesso, os personagens não conseguem transmitir ao espectador a plena convicção sem a qual torna-se inexistente a emoção dramática. Deixemos deliberadamente fora de qualquer consideração a introdução e o epílogo da fita e examinemos o tio Daniel, primeiro personagem masculino a ser introduzido. Na primeira sequência ele dialoga longamente com a heroína. Os encargos que lhe deram nesse começo da história são excessivos. Os realizadores pretenderam ganhar tempo nos primeiros dez ou quinze minutos e lançaram dois temas, o da situação dos negócios da família e o drama antigo dos pais de Ravina, temas que não cessarão de reaparecer durante toda a fita, sem, no entanto, conseguir se entrosar no desenvolvimento da história. Ainda na mesma ocasião o tio refere-se à sua situação particular na família. "Sou filho do segundo casamento da sua avó", diz ele a Ravina. A multiplicidade de explicações num filme apenas iniciado já desorienta um pouco o espectador. Além das palavras, o comportamento dos personagens sugere outros elementos. A sobrinha procura conforto nos braços do tio, mas um movimento de repulsa do segundo indica eventuais sentimentos incestuosos. O tio ainda fala a respeito dos reparos urgentes de que necessita a propriedade. A maneira pela qual mais tarde contempla da janela o encontro de Ravina com o galã é tratada com uma intenção dramática que reacende nossas expectativas, novamente justificadas ao presenciarmos a rispidez do tom com que o tio interrompe as possíveis confidências de Ravina sobre o namoro. Nessa altura dos acontecimentos tudo indica sentimentos pelo menos ambíguos de Daniel em relação à sobrinha e provavelmente estava nas intenções dos realizadores a introdução desse elemento na psicologia do personagem como remanescente do amor que tivera vinte anos antes pela mãe de Ravina. Nesse caso, teria sido necessária uma sugestão tênue e não a forma carregada de intenções com que foi conduzido o intérprete. Quando no decorrer da fita o tio Daniel recebe alegremente a notícia de que Ravina vai se casar, não nos surpreendemos porque já perdemos o interesse por um personagem que depois de delineado em determinada direção dela se afasta e acaba por não existir. Os menores detalhes impedem que sua personalidade assuma forma. Sabemos que se preocupava muito com a propriedade e ao chegar o sobrinho da Europa alegra-se com a ideia de que este poderá ajudá-lo. Mas essa situação é dramaticamente expressa em cenas nas quais pede ajuda para o conserto de uma caixinha de música, preocupação frívola que caberia melhor ao personagem blasé do sobrinho.

Essa análise um pouco longa do tio Daniel poderia ser recomeçada com resultados mais ou menos melancólicos a propósito dos outros personagens, particularmente os masculinos. O primo André é um aristocrata decadente, mas seu tipo devia implicar certa finura que de início é comprometida pelo horrível sotaque. O pormenor da fotografia tirada em Versalhes na cama de Luís xv sugere uma vulgaridade mais adequada ao outro vilão, Oto, o cafajeste vitorioso na vida. Quando chega a vez deste último indicar pela primeira vez sua personalidade, a frase de diálogo escolhida é, no contexto em que se situa, um modelo cômico de grosseria:

"Você pensa que deixei no Rio e em São Paulo os meus negócios e as minhas mulheres para vir aqui perder tempo?".[1]

Ravina, no momento em que não se encontra presa ao leitmotiv insuportável do problema da mãe, chega a existir de maneira mais espontânea, mesmo porque seus elementos de mistério, deploravelmente contrariados pelos realizadores, emanam de um arquétipo tradicional. Mas o seu comportamento nas situações que envolvem o primo e o namorado não segue nenhuma lógica dramática. Aliás, a falta de justificação dramática ou psicológica compromete alguns dos momentos centrais do filme. Nunca compreenderei por que Ravina e o noivo acompanham durante horas os vilões na quermesse, a não ser como resultado do arbítrio dos realizadores, que os arrastam para o espetáculo de premonição aziaga onde mais uma vez a utilização indiscriminada dos olhares desorienta os espectadores; o sentido da sequência ultrapassa mal o plano da intenção. Talvez o defeito básico de *Ravina* resida na crença dos seus realizadores no desenvolvimento automático da intenção desde que tenham sido fornecidas algumas explicações verbais e sublinhados alguns traços. Na realidade, em cinema a essência é o fruto da série completa das aparências, como diria a filosofia sartriana.

A segunda parte de *Ravina* é melhor do que a primeira, porque a partir da morte do galã a inconsistência dos personagens e de suas relações humanas perde importância em favor de uma temática elementar e direta, o desejo de dois homens pela mulher que os provoca. Todo o trabalho da primeira parte, as laboriosas sequências de negócios, as alusões sucessivas à mãe de Ravina, as tentativas de constituição de personagens, revela-se como esforço inútil para a economia geral da fita desde que esta adquire certa vibração dramática.

1. Citado de memória.

Existem qualidades na primeira parte, devidas estritamente ao trabalho de direção, mas submergidas pelas incertezas do conjunto. Penso no gracioso movimento de Ravina para afastar a flor no lago, e principalmente na cena do quarto quando começa com uma mão e continua com a outra a delinear as formas do corpo. É possível descobrir através do filme numerosos momentos de boa direção cinematográfica e apontar na segunda parte uma harmoniosa sequência, a de Ravina e Oto na olaria em ruínas. As qualidades são em número suficiente para permitir conjeturas a respeito do que poderia ter sido *Ravina*. Aqui minha perplexidade aumenta. A obra foi conscientemente preparada como oposição estética a duas das principais correntes do cinema brasileiro atual, a comédia carioca e o drama regional; pergunto-me, porém, se uma fita brasileira do tipo *Ravina*, mesmo bem realizada, seria mais do que o reflexo de filmes muito melhores produzidos em outros países. A reação contra a mediocridade do statu quo cinematográfico nacional é salutar e deve ser encorajada, mas sem cairmos no erro de confundir a noção de universal com a de estrangeiro. Ainda numa conjetura exclusivamente teórica, gostaria de ir mais além e perguntar se o caminho certo não seria o exame mais cuidadoso da vitalidade sociológica da comédia carioca e do drama regional e a aceitação dessa realidade básica, assim como o encorajamento dos jovens talentos para que aprofundem e elevem esses gêneros.

Ravina não foi o fato novo que tanto se espera no panorama cinematográfico brasileiro, mas o estudo atento dos seus erros de execução e concepção poderá ter consequências positivas para o cinema nacional. Em primeiro lugar, é preciso que se compreenda definitivamente a impossibilidade de se imaginar qualquer progresso real do nosso cinema antes de tirarmos o diálogo escrito e a fala dramática do nível inqualificável em que permanecem.

[1959]

Mauro e dois outros grandes

Contam-se nos dedos de uma mão os brasileiros que conhecem bem a obra de Humberto Mauro, e eu não estou incluído entre estes. Não existe, entretanto, diretor cinematográfico brasileiro que me interesse tanto quanto ele. Conheço mal seus filmes porque durante muito tempo me distanciei da cinematografia brasileira não só geograficamente mas também intelectualmente. Quando adquiri o gosto pela problemática social, econômica e estética do cinema do meu país, os filmes de Mauro tinham se tornado dificilmente acessíveis. Felizmente não estão perdidos; existem negativos ou cópias de quase todos, e sei que surgirá um dia a oportunidade de vê-los e estudá-los.*

Se os contatos com a obra foram parcos, em compensação

---

* O interesse de Paulo Emílio por Humberto Mauro e sua obra levou-o a dedicar a este cineasta a sua tese de doutoramento, apresentada ao Departamento de Filosofia da Faculdade de Filosofia, Letras e Ciências Humanas da Universidade de São Paulo, e publicada sob o título *Humberto Mauro, Cataguases, Cinearte*. São Paulo: Perspectiva; Edusp, 1974.

estive com o autor muitas vezes, poderia dizer que somos amigos e tenho a tentação de escrever que o conheço bem. Um segundo momento de reflexão, porém, me faz voltar atrás. Então me pergunto se a sua personalidade é tão simples como parece à primeira vista. Talvez a sua maneira de ser bonacheirona de homem do interior satisfeito em afirmar-se como tal constitua uma máscara atrás da qual se escondem sentimentos complexos e atormentados. De qualquer maneira, o método mais adequado para se abordar Humberto Mauro é certamente o da dúvida sistemática quanto à sua simplicidade como artista e homem.

Como muitos de seus colegas estrangeiros, as três figuras mais célebres do cinema brasileiro — Mário Peixoto, Humberto Mauro e Lima Barreto — sofrem todos de mania de grandeza. Esse traço se manifesta de maneira diversa em cada um deles, e a de Mauro é de longe a mais sutil.

Peixoto é o autor de *Limite*, filme famosíssimo e de muito prestígio mas que pouca gente assistiu. Eu me incluo entre os privilegiados, pois há cerca de vinte anos vi o filme uma vez e, aliás, gostei. A impossibilidade de revê-lo estava, porém, esfumaçando os seus contornos na minha memória. Ultimamente, ao acaso de uma visita à Faculdade Nacional de Filosofia, no Rio de Janeiro, assisti à projeção de meia dúzia de tomadas de *Limite*, talvez variantes que não tenham sido utilizadas na montagem da versão original. Seja qual for o caso, algumas dessas filmagens de Peixoto me deram a impressão de algo muito poderoso. Por maior, contudo, que seja a grandeza da fita, acho pouco provável que possa justificar a mania do seu autor.

A posição de Mário Peixoto diante do seu único filme possui tonalidades de delírio. A única cópia positiva existente está mutilada e sobraram apenas fragmentos do negativo original. Independentemente da exata estatura artística da obra, *Limite* é um acontecimento de enorme importância no panorama histórico modesto do cinema brasileiro. É normal que se promova imediatamente a contratipagem e restauração do que resta da fita, e isso já poderia ter sido feito não fossem as dificuldades de toda ordem que Peixoto opõe à concretização do empreendimento. Provavelmente nunca compreenderei a natureza exata de suas renovadas negativas e constantes reticências. Às vezes tenho a impressão de que um tortuoso orgulho leva-o a desejar para sua obra uma lenta agonia, acompanhada ansiosamente por um número sempre crescente de jovens admiradores em confiança. O mito da obra-prima perdida é uma constante na vida literária do Brasil colonial e dos primeiros tempos da Independência, e não é impossível que, na nação moderna, a fita *Limite* se integre nesse mecanismo compensatório, a partir do momento que sua última cópia entre na fase final da desintegração química.* Daí por diante, não terá mais sentido verificar historicamente a asserção a respeito do entusiasmo de Eisenstein pelo filme, ou de outros fatos controvertidos sobre a impressão que teria causado no Brasil e no estrangeiro, por ocasião de seu lançamento, trinta anos atrás. O universo de *Limite* não será mais da história, da estética e do cinema. A fita se integrará plenamente à legenda e ao mito, e a herança que Mário Peixoto deixará para a posteridade será não sua obra, mas o seu delírio difusamente comunicado a alguns milhares de pessoas.

Lima Barreto também delira, mas diversamente. Sua mania de grandeza é um fato, mas ao mesmo tempo Barreto, que possui um tino publicitário muito agudo, utiliza deliberadamente esse

---

* Por iniciativa de Plínio Sussekind Rocha, o filme foi restaurado por Saulo Pereira de Mello, em 1971. A propósito, ver Saulo Pereira de Mello, *Limite, filme de Mário Peixoto*. Rio de Janeiro: Funarte, 1978. Em 2015, The Film Foundation, em associação com a Cinemateca Brasileira e a Cinemateca de Bolonha, patrocinou a restauração digital da obra, em versão sonorizada.

traço de sua personalidade em exibições calculadas. Julgar que Lima Barreto perdeu a cabeça devido ao gigantesco sucesso internacional de *O cangaceiro* seria um erro. Ele sempre foi assim. Tenho certeza de que a glória não o surpreendeu. Eu teria estranhado se ela não tivesse ocorrido.

Depois de *O cangaceiro*, Barreto preparou "O sertanejo" e a propósito desse projeto sem efetivação eu não hesito em mergulhar de certa forma no mito da obra-prima perdida. Há muitos anos assisti à leitura pública do roteiro de "O sertanejo" feita pelo próprio Barreto. Leitura não dá ideia do que foi este extraordinário espetáculo. O autor, que quando interpreta pequenos papéis em filmes (o que fez pelo menos duas vezes) é em geral mau ator, representou todos os personagens da fita planejada com um brilho e um vigor histriônico invulgares.

Lima Barreto tem muito fôlego, a vulgaridade não o assusta, mas no roteiro de "O sertanejo" ele se salvava sempre por uma constante inspiração. Não era só nos momentos épicos que revelava o seu pulso. Nas cenas íntimas aflorava um lirismo do cotidiano que o cinema brasileiro não conseguiu exprimir e que só encontramos em alguns versos de nossa poesia moderna. Nunca li o roteiro de "O sertanejo" e a impressão duradoura que o projeto me causou deve ser atribuída em parte à presença estimulante e desafiadora de Lima Barreto. É, porém, indiscutível que estávamos diante de uma explosão de energia e imaginação, que foram deploravelmente sufocadas pela conjuntura adversa em que entrou, naqueles anos, a cinematografia brasileira. Só agora, depois de tantos anos, Lima Barreto realizou seu segundo filme de longa-metragem, *A primeira missa*, obra provavelmente de circunstância e dedicada a suscitar vocações sacerdotais. Barreto possui uma capacidade múltipla em acreditar, mas é difícil dizer se ele se sentiu verdadeiramente à vontade ao filmar essa anedota moral, exemplar e convencional. A fita, entretanto, se situa num vilarejo e boa parte da ação se passa no Brasil de antes de 1930 e é possível que Barreto tenha conseguido exprimir a sua adesão afetiva aos valores antigos de um país agrário e subdesenvolvido.

E assim voltamos a Humberto Mauro. Se Peixoto, em trinta anos, só realizou um filme e Barreto acabou agora o seu segundo, a situação de Mauro é bem outra. Comparativamente a sua produção é abundante, uma dúzia de fitas realizadas em 35 anos, às quais se acrescentam os documentários — certamente mais de uma centena — que realizou para o Instituto Nacional do Cinema Educativo.

Conheci Mauro há vinte anos, já no Rio de Janeiro, e no Instituto. Ele falava de suas fitas num tom destacado e impregnado de modéstia. Em determinado momento, a propósito de não sei mais qual recurso técnico que empregara numa das suas fitas, ele comentou num tom negligente: "Dizem que um americano, um tal Griffith, também fez isso em um dos seus filmes. Precisaríamos verificar se foi antes, depois, ou ao mesmo tempo que eu". Até então eu, que naquele tempo não tinha o menor interesse por cinema brasileiro, seguia a conversa distraidamente, mas a observação provocou minha curiosidade. Observei então que Mauro, que evidentemente conhecia muito bem as fitas do "tal Griffith", procurava manhosamente pós-datá-las, a fim de melhor se insinuar como um pioneiro de classe internacional. Quando, ultimamente, eu soube da existência de um obscuro poeta brasileiro, Salomé,* que antedatava as suas poesias inspiradas em Vic-

---

* João Salomé Queiroga (1809-78), poeta, escritor, juiz de direito nas comarcas de Diamantina, Jequitinhonha, Campanha, Serro e Ouro Preto, publicou *Maricota e o padre Chico, Canhenho, Arremedos, Cantigas populares*. Sílvio Romero, ao comparar textos do *Canhenho* com outros das *Contemplations*, de Victor Hugo, desvela o expediente de Queiroga que antedatava "os seus poemetos para disfarçar o furto". Ver "João Salomé Queiroga, folclorista". In: Alexandre Eulalio, *Livro involuntário*. Rio de Janeiro: UFRJ, 1993.

tor Hugo na vã esperança de despistar a sua fonte, eu me lembrei do Humberto Mauro daqueles tempos. Hoje ele percebe que o encantamento que suas fitas provocam repousa em valores mais permanentes do que as proezas técnicas, mas aquela preocupação antiga será certamente útil para orientar os estudiosos quando estes procurarem entender o que levou o jovem Mauro a começar a filmar, em 1925, na cidadezinha de Cataguases, no interior do estado de Minas Gerais.

A Cataguases daquele tempo precisa um dia ser examinada de perto. Não foi só produzindo Humberto Mauro que o vilarejo se salientou. Naqueles anos, o Brasil vivia o período heroico do movimento modernista nas letras e nas artes, iniciado em São Paulo poucos anos antes. Surpreendentemente foi no mundo isolado e perdido de Cataguases que surgiu o primeiro grupo, que editava inclusive uma revista chamada *Verde*, solidário dos jovens escritores e artistas paulistas, cuja rebelião deveria marcar indelevelmente a evolução da vida cultural brasileira. É impossível imaginar que, numa cidadezinha como Cataguases, não houvesse contato entre Humberto Mauro e o grupo Verde, mas não há absolutamente nada que indique que o futuro cineasta tenha sido tocado, de alguma forma, pelo espírito modernista.

Não foi por ser intelectualmente moderno — pois não o era — que Mauro começou a fazer cinema, mas sim porque possuía o gosto e o talento da mecânica. Inicialmente, o que o conquistou para o cinema foi o fato da câmera ser uma máquina. Isso não quer dizer que fosse destituído de sensibilidade. O gosto e as ideias de Mauro eram, porém, bastante convencionais, apesar da vivacidade e sabor de sua indiscutível inteligência. É bastante provável que se ele tivesse escolhido outro meio de expressão, que não o cinema, sua contribuição não teria ultrapassado o limite estreito da curiosidade regional. As imagens enquadradas e encadeadas com gosto por Mauro em suas fitas seriam, transportadas a outro terreno artístico, exemplos do mais aflitivo conformismo. O que permitiu a Mauro superar-se intelectualmente foi a alegria criadora em manejar uma mecânica.

A vocação técnica intuitiva de Humberto Mauro permitiu-lhe absorver bem o que realizavam os autores das fitas estrangeiras a que assistia, e seguir-lhes as pegadas, e tentar repetir suas audácias de linguagem. É o que dá a alguns de seus filmes — notadamente *Ganga bruta* — um tom às vezes clássico e outras vanguardístico, que chamou a atenção dos críticos que ultimamente têm se interessado pela obra de Mauro. A introdução de *Ganga bruta* é um modelo de articulação e contenção de linguagem, de uma precisão que nada fica a dever aos mestres estrangeiros, e através do filme, como, por exemplo, na sequência do andar titubeante de um personagem embriagado, encontram-se ecos dos anseios da vanguarda internacional em fazer da câmera um elemento dramático diretamente participante.

Se os valores do filme se limitassem exclusivamente a esses aspectos, *Ganga bruta* não teria um interesse maior. O que o torna atraente e saboroso é o fato de ser ao mesmo tempo muito brasileiro e pessoal. Se a heroína evoca a visão cinematográfica norte-americana do encanto feminino em curso até aproximadamente 1920, e decorrente da concepção griffithiana da beleza da mulher, o herói de *Ganga bruta*, com seus impulsos, sua melancolia, sua noção de honra, seus bigodes — característica latino-americana em geral e brasileira em particular —, é indiscutivelmente uma expressão nacional. O universo dos personagens secundários é uma expressão da realidade brasileira, acentuada e deformada por um obscuro pessimismo que Mauro partilha com muitos outros realizadores cinematográficos nacionais, antigos e modernos. O povo brasileiro era e ainda é feio. Dir-se-ia, porém, que Mauro deliberadamente escolheu a dedo os seus extras, segundo um critério de anatomia ingrata. Tal sequência de briga num bar assume a forma de um balé grotesco e penoso. Como boa parte do cinema dramático brasileiro, *Ganga bruta* é impregnada de um relento de estagnação e decadência. Nada disso, porém, impede que se manifeste nessa fita, como, aliás, de maneira ainda mais acentuada em fitas anteriores e posteriores do autor, o lirismo que a vida da província inspira a Humberto Mauro.

Faz tempo que não o vejo. Imagino que depois que Georges Sadoul o descobriu ele se tornou impossível. Mas sempre dentro de sua maneira característica, a de um caipirão que aparentemente não quer nada mas que na realidade exige tudo, numa sede insaciável de reconhecimento.

Humberto Mauro, Mário Peixoto e Lima Barreto são, até segunda ordem, as personalidades mais fascinantes da história da cinematografia brasileira. A mania de grandeza de que participam não constitui um traço negativo de caráter. É uma arma de luta contra a frustração a que têm sido condenados até hoje todos os artistas e artesãos do cinema brasileiro. A mania de grandeza é na realidade um grito de protesto.

[1961]

Artesãos e autores

A classificação dos cineastas em artesãos e artistas, ou melhor, autores é bastante arbitrária, mas oferece vantagens expositivas, e apesar de excessivamente simplificadora, reflete razoavelmente a natureza dos homens que fazem filmes. Usada com as devidas precauções, instaura certa ordem. Ninguém ousaria afirmar, por exemplo, que John Ford é apenas um artesão, mas evidentemente ele é muito menos autor que Orson Welles. A divisão não implica hierarquia de valores. Cayatte é incomparavelmente mais autor que Feyder, porém nunca fez um filme tão bom quanto a artesanal *La Kermesse héroïque*.

O artesão, mesmo quando possui autoridade no esquema da produção, é um homem com profundo espírito de equipe, modesto participante de uma obra de expressão coletiva, ao contrário do autor, que procura sempre dar relevo à sua personalidade. Este último é mais moderno, pois participa da concepção individualista, relativamente recente, da obra de arte. O artesão aproxima-se mais dos fabricantes de epopeias e catedrais.

As noções de artesão e autor não se aplicam exclusivamente aos que exercem na cinematografia as funções de diretor, mas também aos produtores executivos, roteiristas e argumentistas, abrangendo ainda, de forma mais complexa, os encarregados de tarefas técnicas. A associação automática entre o filme e o nome do diretor é fruto da convenção. O papel de figura criadora central frequentemente escapa ao diretor, em benefício das outras categorias profissionais. Em qualquer caso, certo tom do filme depende da predominância do artesanato ou da autoria. A presença numa mesma produção de artesãos e autores com personalidade e autoridade equivalentes é uma fonte de conflitos com resultados nem sempre desfavoráveis. Os artesãos harmonizam-se entre si facilmente. Uma discrepância entre artesão e autor em geral prolonga-se mais, porém pode ter efeitos benéficos para ambos e para a obra. As que mais se aprofundam são as divergências entre autores, quase sempre fatais para o filme.

A obra de artesão tende a ser social, não no sentido de crítica revolucionária ou reivindicadora, mas como expressão de ideias coletivas já estruturadas. A autoral tem inclinação psicológica e sugere uma natureza humana conflitiva. O filme artesanal coaduna-se melhor com moldes clássicos, ou acadêmicos; o de autoria é romântico ou vanguardista. O mundo exterior, os outros, existem objetivamente para os cineastas artesanais. Quanto aos autores, eles debatem sobretudo os seus problemas, debatem-se neles, confessam.

Dois nomes da atualidade cinematográfica brasileira, Carlos Coimbra, diretor de *A morte comanda o cangaço*, e Trigueirinho Neto, realizador de *Bahia de todos os santos*, ilustram essa ordem de considerações. Eles facilitam bastante o trabalho do comentarista, pois se apresentam deliberadamente, em declarações públicas ou no comportamento cotidiano, um como artesão e o outro como autor. Coimbra dá a impressão de ser modesto, preciso, cauteloso, de certo modo tímido, isto é, tem uma série de características associadas habitualmente ao artesão. A aparência de Trigueirinho lembra a de muitos autores: muita confiança em si próprio, imprudência, eventualmente alguma impertinência. Quanto às obras, se por um lado confirmam que um é essencialmente artesão e o outro, autor, por outro introduzem muitas emendas nas impressões que suas personalidades provocam no observador, e em ambos os casos as iluminam com luz nova.

A formação dos dois cineastas brasileiros foi muito diversa. Carlos Coimbra nasceu numa família modesta do interior do estado, e Trigueirinho Neto emana da burguesia paulistana. As primeiras trocas de ideias e impressões foram vividas por Coimbra num grupo de quatro amigos campineiros que vinham juntos a São Paulo para ver filmes e que procuravam corresponder-se com os críticos da capital. O ambiente inicial de Trigueirinho foi o Centro de Estudos Cinematográficos, o Museu de Arte Moderna e a convivência de Almeida Sales e B. J. Duarte. A iniciação profissional do primeiro efetuou-se ao lado de Carlos Ortiz, tendo se desenrolado em seguida na via-crúcis da produção cinematográfica paulista, no período imediatamente posterior ao declínio da Vera Cruz. O outro teve oportunidade de trabalhar com Cavalcanti ainda nos tempos áureos da Companhia, e partiu em seguida para aperfeiçoar seus conhecimentos na Europa. Os prêmios que Coimbra recebeu tiveram sobretudo repercussão corporativa, os de Trigueirinho conferiram-lhe prestígio intelectual. Essa diversidade de experiências humanas e técnicas deixou o seu sinal em *A morte comanda o cangaço* e *Bahia de todos os santos*, que exprimem a fisionomia artística atual dos seus diretores.

Carlos Coimbra foi chamado para fazer um filme já ideado pelos produtores, já concebido mesmo em forma de sinopse. Participou em seguida, ao lado de Walter Guimarães Mota e Aurora Duarte, da pesquisa de material e das viagens preliminares aos locais de filmagem, tendo sido encarregado de redigir o roteiro. Ainda aqui não se tratava de um trabalho propriamente pessoal, e sim de dar forma a ideias achadas e discutidas em comum, que exprimiam sobretudo as concepções dos idealizadores da película. Já nessa fase, entretanto, Coimbra, ao mesmo tempo que se diluía modestamente no grupo, provavelmente se impunha pela experiência e competência. Tudo indica que no decorrer da produção esse mecanismo de humildade-afirmação tendeu a acentuar progressivamente o segundo termo. Seria totalmente errôneo interpretar esse fenômeno como um jogo calculado da parte do diretor. O espírito de equipe, a boa vontade, a paciência são características de Coimbra. É com naturalidade que recebe sugestões ou mesmo ordens, sendo o primeiro a desejar que se confiram a outros as tarefas para as quais não se sente dotado, como, por exemplo, escrever diálogos. Durante as filmagens, não foram só os produtores Walter Guimarães Mota e Aurora Duarte, também respectivamente argumentista e intérprete da fita, que participaram ativamente da elaboração das cenas, mas também outros membros da equipe técnica e artística, particularmente o ator Alberto Ruschel. Como esse espírito aberto de colaboração se associa em Coimbra a muita pertinácia, essa segunda fase da realização de *A morte comanda o cangaço* recebeu ainda mais do que os trabalhos preliminares a marca do diretor. E chegado o momento da montagem, cuja execução exige muita experiência técnica, Coimbra foi rei.

    O resultado foi uma história clara, bem contada e ritmada, com heróis e vilões bem definidos. Carlos Coimbra e a equipe responsável por *A morte comanda o cangaço* tiveram a sua tarefa facilitada pelo fato de já existir como ficção aceita e cultivada pela imaginação coletiva a atmosfera geral da obra e seus principais personagens. O fenômeno social do cangaceirismo e de certo tipo de religiosidade nordestina já sofreu durante gerações o processo de estilização artística. É por já terem sido longamente elaborados pela imaginação que esses dados sociológicos adquirem tão facilmente valor de realidade aos olhos do público. Através de *Os sertões*, da literatura de cordel, de altos momentos do romance brasileiro moderno, de *O cangaceiro* de Lima Barreto, da cerâmica de Mestre Vitalino, do desenho de Aldemir Martins, de tantas outras manifestações ilustres ou anônimas, a temática particular do Nordeste impregnou a imaginação e a sensibilidade do brasileiro. Um dos motivos do imenso êxito de Lima Barreto e Carlos Coimbra é que eles nos falam de algo familiar, ou melhor, algo que já existe dentro de nós como ficção.

Para os brasileiros do Sul, a gesta nortista adquire significações suplementares. As condições objetivas, geográficas, culturais e econômicas da unidade nacional brasileira ao serem filtradas como sentimento admitem extensa margem imaginária. Quando tentou exprimir o cerne da nacionalidade, Euclides da Cunha deu as costas ao Brasil real, moderno, litorâneo e sulista, que se estava constituindo na confusão ingrata e aestética dos primeiros tempos republicanos para contemplar com afeição nostálgica um mundo arcaico, em decomposição e condenado. Nada disso impediu que a obra euclidiana exercesse nas imaginações uma poderosa influência unificadora. O folclore nordestino, emanação das condições sociais retrógradas, conserva uma enorme vitalidade, inclusive e sobretudo para os sulistas, que tiveram suas tradições artísticas populares devoradas pelo progresso. Amar o Norte é uma das maneiras que o paulista encontra de sentir-se afetivamente brasileiro. Folclore da era industrial, o cinema é praticado por nós em São Paulo, porém nunca fomos capazes de exprimir plenamente a linha paulistana moderna sugerida por *O grande momento*. As ocasiões mais felizes do nosso cinema permanecem aquelas em que utilizamos, interpretamos e industrializamos o folclore nordestino.

Essa digressão serviu para esclarecer que Carlos Coimbra trabalhou em estruturas existentes. Os personagens e as situações mais convincentes, como o cangaceiro, a benzedeira, ou alguns momentos de religiosidade e crueldade, provêm desse fundo comum, desse domínio público da imaginação brasileira. Não precisaram ser muito trabalhados para adquirir relevo e verdade, alguns traços justos foram suficientes, nós completamos o retrato e o todo adquire o pulsar misterioso e verdadeiro da ficção. Como os outros personagens de *A morte comanda o cangaço* não eram tão óbvios, precisariam ter sido mais metódica e profundamente pensados, a fim de alcançarem a mesma plenitude.

Seria um erro deduzir de algumas dessas considerações que Coimbra foi apenas um artesão preciso. Tal momento do cangaceiro na rede, meditação noturna de guerreiro, possui ecos shakespearianos ou de algumas fitas japonesas. A uma cena litúrgica de casamento falta alguma coisa (não são certamente a igreja ou o padre, dispensados do episódio) que não consegui esclarecer, o que não impede a manifestação de uma veia poética muito rara em nosso cinema. É necessário igualmente sublinhar que em *A morte comanda o cangaço* o artesão Coimbra transforma-se eventualmente em autor. Penso particularmente no papel que tem na obra o tema do pé humano. Nas sequências de caminhada, dança ou desejo, o pé é um leitmotiv que pontua o desenvolvimento do filme. Acho difícil que se trate de algo arbitrário ou ocasional. O fenômeno transmite-nos o sentimento de escolha e empenho, da ordem dos que exprimem as mitologias interiores de um autor. Deve-se à presença dessa parcela da anatomia humana à qual raramente é oferecida oportunidade dramática em cinema o alto momento erótico em que uma entrega amorosa é expressa por uma carícia do pé.

Se para *A morte comanda o cangaço*, de Carlos Coimbra, situar a ação no Norte era uma exigência primordial, o mesmo não acontecia com *Bahia de todos os santos*, de Trigueirinho Neto. Dos motivos que levaram o autor a colocar seus personagens e sua história na Bahia percebo dois, aliás contraditórios, pois um é de natureza comercial e o outro, deliberadamente anticomercial. É sabido, com efeito, que a Bahia vende bem, sobretudo no mercado exterior, e esse cálculo deve ter influído nas disposições de Trigueirinho. Ao mesmo tempo, porém, ele escolheu uma cidade espetacular para servir de quadro a uma obra concebida como antiespetáculo. Esta última resolução é compreensível na perspectiva estética em que o autor se colocou. Ele considerou que o seu empenho polêmico adquiriria maior virulência num quadro tradicionalmente belo e humanamente pitoresco do que num feio ou neutro. Como, porém, as suas intenções só parcialmente se tornaram comunicáveis, o estímulo dialético transmutou-se em ambiguidade e incerteza.

Trigueirinho Neto é um autor e pôde dispor das condições teoricamente ideais para um cineasta desse tipo, pois imaginou, escreveu, dialogou e dirigiu *Bahia de todos os santos* e foi o seu próprio produtor. Essa situação permitiu que se registrassem com a mesma clareza as suas virtudes e os seus defeitos, as primeiras ligadas à sua sensibilidade, e os últimos, oriundos do seu pensamento. A maior qualidade artística de Trigueirinho é a lucidez e a delicadeza com que vislumbra a debilidade escondida atrás da força, a pureza encoberta pelo desgaste, em suma a criança no adulto, pelo menos na visão convencional que se tem de uma e de outro. Nessa ordem de ideias e para citar um só exemplo, que possui algo de sublime em sua simplicidade íntima, temos o momento em que o personagem central da fita se encolhe para dormir na cama de vento dos amigos que o recolheram.

O defeito principal do pensamento de Trigueirinho é a concepção que tem da espontaneidade. Suas ideias a esse respeito destroem a própria noção do que possa ser pensamento. São muito frequentes os autores cinematográficos que criam sobretudo com suas emoções e sentimentos, para os quais o desenvolvimento lógico intelectual não oferece serventia, mas trata-se daqueles que obedecem, às apalpadelas, à lógica interna que impregna a obra em elaboração. Não é o caso do jovem cineasta que estamos examinando, pois Trigueirinho deseja ser um autor intelectual. Ao mesmo tempo, porém, ele não aceita que o pensamento seja uma técnica. Ele delibera utilizar conscientemente a espontaneidade, mas ao mesmo tempo não toma nenhuma das medidas indispensáveis para construí-la.

Como cineasta, Trigueirinho Neto permanece fiel ao estilo dos artigos que publica em jornais e revistas de São Paulo, e essa identidade demonstra que possui personalidade de autor. Esses textos caracterizam-se por uma junção de impressões parciais, estados de espírito difusos, associação bastante livre de ideias e fatos, uma irrupção constante de polêmicas dirigidas a esmo, resultando em suma numa divagação bastante solta ou, antes, num devaneio. Foi *Bahia de todos os santos* que esclareceu para mim a atividade literária anterior de Trigueirinho e permitiu que formulasse um julgamento sobre os seus textos, pois quando os lia tinha a tendência a atribuir a uma insuficiente atenção de minha parte ou a más condições de receptividade a dificuldade que sempre encontrei em acompanhar o desenvolvimento das ideias. Contudo, a liberdade abusiva, o emprego desse tipo de espontaneidade, tem em cinema consequências mais graves do que na escrita. O espírito moderno admite uma margem bastante larga de irracionalidade e não se preocupa com a maior ou menor concatenação entre frases ou parágrafos. Com as imagens em movimento coladas umas às outras a situação é diversa, pois o cineasta é obrigado a servir-se do instinto ou da inteligência, e dispô-los de acordo com suas intenções. Caso contrário, é inútil esperar que elas vagueiem numa imprecisão que poderia eventualmente ser poética. O que acontece é que se articulam por conta própria, escapam do controle do autor e conduzem o filme e o espectador para caminhos que levam ao nada. Quando o cineasta readquire o domínio da situação, o espectador já foi desnorteado, a narrativa truncada e o ritmo perdido.

Num texto sobre a fita, Trigueirinho Neto escreveu que "bastou a câmera rodar, diante de atores expressivos e ambientes verdadeiros", referindo-se ainda à "busca da verdade, que se encontra em toda parte". Certamente, o cineasta encontrou verdades e as registrou em película, da mesma maneira que nos artigos introduziu anotações inteligentes, novas e justas. Mas as verdades e as ideias que não se comunicam com um mínimo de continuidade são inoperantes, e a condição para esta última reside na noção de contexto contra a qual o autor se rebela.

O tipo de pensamento que Trigueirinho advoga impediu que os personagens do filme realmente nascessem. Nesse particular, a sua tarefa era incomparavelmente mais difícil do que a de Carlos Coimbra. Sociologicamente os personagens de *Bahia de todos os santos* são próximos aos de *Capitães da Areia*, mas a inspiração de Trigueirinho Neto não tem o menor parentesco com o lirismo romanesco de Jorge Amado. Tônio e seus companheiros, a inglesa e a prostituta, são produtos diretos do universo do autor. Só que eles permanecem ainda no limbo da espontaneidade ou, antes, na terra de ninguém situada entre a imaginação do autor e a película realizada.

A experiência de *Bahia de todos os santos* estimula o comentário. Na oportunidade em que discorrer sobre a ideologia dos artesãos e dos autores, gostaria de examinar ainda alguns aspectos de *A morte comanda o cangaço* e sobretudo prolongar as considerações a respeito de Trigueirinho Neto e de sua fita de estreia.

[1961]

Perfis baianos

Quando um brasileiro do Sul procura refletir os acontecimentos baianos em matéria de cinema dois nomes emergem espontaneamente: Walter da Silveira e Glauber Rocha. Críticos de grande autoridade na cidade do Salvador, ambos adquiriram renome nacional graças à colaboração em jornais e revistas do Rio e de São Paulo e à presença marcante em conclaves culturais. Acontece que a notoriedade, que poderia ter surgido de circunstâncias fortuitas, corresponde ao papel preponderante de Walter da Silveira e Glauber Rocha no cinema baiano.

Na conjuntura salvadoriana a expressão "cinema baiano" é ampla e envolve, num só movimento, cultura, crítica e produção cinematográficas. Essa situação dá aos acontecimentos da Bahia uma singularidade que provoca o interesse, conquista a cumplicidade e acaba mergulhando o observador numa tensa esperança. No quadro geral do grande cinema brasileiro que certamente irá eclodir na década em que vivemos, a participação baiana será eminente, e os estudiosos irão um dia pesquisar o seu nascimento. Ficará então definitivamente registrado o papel histórico do pensamento e ação de Walter da Silveira.

Quanto mais o conheço mais gosto dele. Comparei-o um dia, numa alocução improvisada, a Francisco Luís de Almeida Sales, Paulo Fontoura Gastal e Jacques do Prado Brandão. Vejo cada vez com maior nitidez a semelhança da função social e intelectual exercida pelo baiano, pelo paulista, pelo gaúcho e pelo mineiro. Nenhum é membro da corporação cinematográfica, mas em suas vidas cinema não é passatempo. A ele já dedicaram dez, quinze ou vinte anos de contínuas preocupações. Porém, não são maníacos. Em seus universos artísticos, intelectuais e sociais o cinema é parte integrada a um todo maior de romance, pintura, poesia, música, ciência e sociologia, onde pulsam os dramas das classes, da nação e do mundo. Para Walter da Silveira, Almeida Sales, P. F. Gastal ou Jacques do Prado Brandão a ação cinematográfica não é, finalmente, compensação psicológica para a mediocridade do existir. São todos homens realizados profissionalmente, intelectualmente, socialmente, cercados de prestígio em suas comunidades. Dão muito mais ao cinema do que este lhes dá. Walter, Almeida Sales, Gastal, Jacques e, neste ponto, eu próprio somos os herdeiros de Otávio de Faria, Plínio Sussekind Rocha, Vinicius de Moraes, Aloísio Bezerra Coutinho, San Tiago Dantas e outros pioneiros da geração do Chaplin Club. Coube-nos a tarefa de participar de forma direta no processo, ainda em curso, através do qual as elites brasileiras estendem ao cinema a dignidade reservada habitualmente às formas mais tradicionais de atividade artística e intelectual.

A significação de Walter da Silveira será talvez maior do que a dos companheiros de luta cultural de outros estados, graças ao rumo surpreendente que tomaram os acontecimentos da Bahia. Tudo que está havendo no Salvador em matéria de cinema se vincula, com efeito, às atividades críticas de Walter e ao Clube de Cinema que fundou há dez anos e dirige até hoje. Em toda parte diretores, argumentistas e sobretudo críticos têm sua formação impregnada pelo movimento de cultura cinematográfica, mas só na Bahia encontrei produtores cuja escola foi o Clube de Cinema. Uma conversa com Palma Neto, Rex Schindler ou Braga Neto é suficiente para nos fazer compreender que esses homens são movidos, ao sacrificar parcialmente ou totalmente as atividades comerciais a que se dedicavam anteriormente, por impulsos mais complexos do que simplesmente ganhar dinheiro. A produção de filmes é para eles inseparável do desejo de participação cultural e social na vida da comunidade e do anseio de expressão artística pessoal. Esse foi pelo menos o clima inicial e até hoje predominante. Veremos mais tarde, no decorrer de nossas considerações a respeito do cinema baiano, o apontar de sinais diferenciadores que irão certamente modificar bastante esse primeiro quadro idílico e eufórico.

Como todo mestre autêntico, Walter da Silveira teve discípulos simultaneamente negadores e criadores, isto é, aqueles que, se insurgindo contra as lições, na verdade prolongam a obra do professor. É dessa dialética harmoniosa e vivificante que surge Glauber Rocha, nascido do cineclubismo para a crítica e daí para a realização. As etapas foram percorridas através de constante rebeldia. Um Clube de Cinema destina-se tradicionalmente a formar espectadores e Glauber Rocha nunca se sentiu como a unidade de um público. A forma de liderança que se exprime na crítica também foi para ele apenas prelúdio e primeiras armas para a ação que realmente lhe convinha, a realização de filmes.

Conheço Glauber Rocha razoavelmente bem. Li com atenção alguma coisa do que escreveu em jornais e cartas, ouvi-o falar no debate sobre cinema brasileiro na Bienal e conversei uma noite inteira com ele e Paulo César Saraceni no Vale dos Sapos.* Nunca

---

* Residência de Paulo Emílio na época: um modesto apartamento de zelador situado na rua Dr. Mário Cardim, 70, no bairro de Vila Clementino, em São Paulo.

o vi na Bahia, mas precisei de duas estadas mais ou menos prolongadas no Salvador para compreender melhor tudo que Glauber Rocha significa. O fato dele não estar na capital baiana durante minhas permanências certamente facilitou a observação. Sua presença ansiosa, tensa, vulcânica teria colorido fortemente tudo que vi e ouvi. A ausência permitiu um melhor reconhecimento das marcas da vitalidade e impaciência de Glauber em tudo que se pratica na Bahia, em cinema. A cinematografia baiana anseia por uma ideologia e esta última lhe tem sido fornecida de forma caótica e improvisada pelos tateamentos apaixonados de Glauber Rocha. A reflexão ideológica a respeito do cinema da Bahia ficará melhor situada por ocasião do exame crítico dos filmes de longa-metragem que têm sido ou estão sendo realizados no Salvador. *A grande feira*, já lançado, *Barravento*, pronto, e *Tocaia no asfalto*, em meio de filmagens. Continuando por ora o traço das principais personalidades em ação, devo dizer que um momento decisivo para o jovem cinema baiano foi assinalado pelo encontro de Glauber Rocha com Rex Schindler.

Esse nome cosmopolita de produtor internacional é o de um baiano completo no espírito, na fala e na cara. Completo e extraordinariamente complexo. Será necessário um dia, conforme declarei ao próprio interessado um pouco inquieto, proceder à análise espectral de Rex Schindler. A posição central que ocupa nos acontecimentos fará com que suas qualidades, contradições e eventuais defeitos assumam um relevo de consequências definidoras para o cinema da Bahia. Desde que o conheci, senti que sua modéstia tinha algo de diabólica e que suas incertezas eram um manto tênue lançado sobre uma teimosia de granito. Esse médico apaixonado por teatro amador obteve enorme sucesso no comércio imobiliário e reagiu a tempo contra o absurdo de apenas enriquecer. Pintar aquarelas, algumas impregnadas de ágil movimento, não lhe deu satisfação duradoura, pois não era um hobby que procurava, mas um tipo de atividade que mobilizasse num só movimento suas múltiplas facetas de comerciante, artista e cidadão. No momento Rex Schindler é o produtor número um e o principal argumentista do cinema baiano. É bastante saborosa a íntima associação que se estabeleceu entre esse liberal cético e no fundo bastante conservador e jovens devorados pelo ardor revolucionário. A palavra, provavelmente sugerida por Glauber, que Rex mais emprega é "polêmica". Suas dissertações e explicações são sempre em torno da necessidade de um "cinema polêmico", da "visão polêmica" da vida brasileira atual. Esse homem "polêmico", porém, é um dos seres que conheço mais alheios ao problema verdadeiro da desmistificação. Esse é um tema a ser desenvolvido à luz dos argumentos que escreveu. Por enquanto, o que desejo é encontrar um dia, juntos, Rex Schindler e Glauber Rocha. Para entender melhor um, o outro e o cinema baiano.

Os nomes enumerados estão longe de esgotar as personalidades marcantes do atual cinema baiano. Preciso conhecer mais de perto o diretor Roberto Pires, o crítico e assistente Orlando Senna, autor igualmente de numerosos argumentos, e muitos outros autores, técnicos ou atores, como Olney São Paulo, Hélio Silva, Geraldo del Rey, Vasconcelos Maia, Antônio Luís Sampaio [Antônio Pitanga], Helena Ignez, Jurema Penna, Milton Gaúcho e Sônia Pereira, às vezes reunidos numa só pessoa como no caso de Walter Webb. A principal figura de diretor é atualmente Roberto Pires. Tentando fazer cinema desde menino, realizou bastante cedo seu primeiro filme de longa-metragem, *Redenção*. Foi, porém, no quadro do movimento Rex-Glauber que Roberto Pires pôde dar sua medida. Dirigiu *A grande feira* e no momento está realizando *Tocaia no asfalto*. Uma possível dificuldade de comunicação pessoal faz dele, talvez, o menos baiano no mundo cinematográfico salvadoriano. Sua autoridade profissional e disciplinadora é certamente um elemento muito positivo num ambiente onde a exuberância da cordialidade tenderia por vezes a prejudicar os trabalhos. Acho significativa a boutade que Roberto Pires lançou ao seu produtor Rex Schindler: "De todos nós você é o único amador...".

O panorama humano do cinema na Bahia ficaria completamente mutilado sem uma referência toda especial às atrizes da terra. Temi por vezes que sentimentos de natureza bastante pessoal estivessem influindo em minhas apreciações. Algumas trocas de ideias com os críticos Alex Viany e Jean-Claude [Bernardet] foram, porém, suficientes para me convencer de minha perfeita objetividade ao pensar que a eclosão da mulher baiana poderá constituir um dos acontecimentos mais importantes da história do cinema brasileiro no terreno estético, sociológico e industrial. Alex Viany chamou a minha atenção para o singular papel da feiura feminina, encarnada sobretudo em Dercy Gonçalves e Violeta Ferraz, no cinema brasileiro, ao que podemos acrescentar que a formosura surgida aqui e ali em nossos filmes é a de mulheres que poderiam ser de qualquer outra parte. Quando vemos atrizes como Gessy Gesse ou Dina Scher* somos assaltados pela ideia de estarmos diante de algo único, totalmente original em matéria de beleza cinematográfica. Dina Scher, particularmente graças ao porte que herdou do avô alemão, é síntese harmoniosa, quase milagrosa, entre o que há de mais cálido e belo na feminilidade africana e os padrões clássicos do Ocidente europeu. Essas duas atrizes representam estupendamente o manancial de beleza que emana da humanidade da Bahia, certamente uma das mais ricas e inspiradoras que conhece o mundo contemporâneo.

O movimento cinematográfico da Bahia não é um aconteci-

---

* Paulo Emílio envolveu-se com Dina Scher, para quem escreveu um roteiro — "Dina do cavalo branco" —, nunca filmado. Gessy Gesse foi a sétima mulher de Vinicius de Moraes.

mento isolado. Para o compreendermos, e para que ele próprio se compenetre, será necessário situá-lo num conjunto de fenômenos artísticos e sociológicos no tempo e no espaço. Será preciso repensarmos tudo, do Barroco à Petrobras, a fim de vermos organizarem-se as linhas de um acontecimento de importância nacional e para o qual a única expressão cabível será a de Renascença baiana.

[1962]

Do circo de Salto a Cannes

A escolha do filme *O pagador de promessas* para representar o Brasil no próximo Festival de Cannes, em maio, é um acontecimento bastante significativo no atual panorama da cinematografia nacional. Nos últimos anos o Brasil tem mandado filmes para as competições internacionais e, de acordo com observadores autorizados, a forma como isso se fazia era até contraproducente. Tratava-se de filmes escolhidos mais ou menos por acaso. Não havia, aliás, o que escolher, pois não se produziam bons filmes. Desde o triunfo de *O cangaceiro*, e isso já vai longe, o Brasil — excetuado pelo interesse ocasional provocado por um ou outro filme — só tem passado vergonha em Cannes e Veneza.

Desta vez a situação é diferente. Não apenas um, mas pelo menos três filmes de qualidade foram submetidos ao júri nomeado pelo Itamaraty, encarregado de disciplinar a representação brasileira nos festivais cinematográficos internacionais.

Os cafajestes e *Pluft, o fantasminha* são tão inéditos quanto *O pagador de promessas*, mas já foram vistos por suficiente número de pessoas de discernimento para autorizar uma opinião, pelo menos provisória. *Os cafajestes* é certamente o mais audacioso, o mais situado em nosso tempo, o mais moderno do ponto de vista estilístico. *Pluft, o fantasminha* conseguiu, ao que parece, impregnar-se de poesia e de certo primitivismo da célebre peça infantil de Maria Clara Machado. *O pagador de promessas* de modo geral levou a melhor, e tudo indica que isso se deve à sua realização equilibrada e da qual emerge uma visão de certos componentes da vida brasileira acessível ao público cosmopolita de Cannes.

A peça teatral de Dias Gomes foi roteirizada e filmada por Anselmo Duarte, que conquistou autoridade nos meios da produção e prestígio junto à crítica após haver dirigido *Absolutamente certo*, interpretado por ele próprio.

Até então sua fama vinha apenas de ator. Encarnando um tipo tímido, um pouco incerto, com algo de inocente na fisionomia e no olhar, Anselmo Duarte solicitava o carinho e a proteção do público, particularmente dos setores femininos, e em pouco tempo adquiriu uma popularidade que não esmoreceu até os nossos dias.

Ele era o galã titular da Atlântida, sociedade produtora do Rio, quando foi fundada em São Paulo a Companhia Vera Cruz.

Franco Zampari ofereceu-lhe um ordenado cinco vezes maior, casa em São Bernardo e um apartamento num hotel paulistano, e incorporou-o à importante aventura cinematográfica da década de 1950.

O desastre econômico da Companhia não interrompeu a carreira do ator que, em quinze anos de atividade, trabalhou em trinta filmes. Na conjuntura cinematográfica brasileira, essa média é excelente. Sua incursão no cinema espanhol, onde interpretou dois filmes de Luis Lucia, foi igualmente apreciável.

O que há de curioso no destino artístico de Anselmo Duarte é que no fundo ele nunca se interessou realmente em ser ator. O que sempre o intrigou e atraiu no espetáculo foram os lados técnico e criativo. Na velha cidade de Salto de Itu (Anselmo, como todos os saltenses, só diz Salto, achando humilhante o acréscimo do nome de outra cidade próxima e rival), no estado de São Paulo, ele era, numa família de cinco irmãos, o único que não representava, apesar da insistência do pai, que trouxera de Portugal a flama teatral e fundara o grupo amador Filhos de Thalma. Colaborava em questões de iluminação e outras. No circo que fundou com os irmãos e onde se cobravam entradas, ele era apenas o porteiro. Mas organizava projeções a vela num lençol branco e tinha paixão por Ivan Mojuskin.

Formou-se em economia em São Paulo, e no Rio foi um bom redator (com bolsa para os Estados Unidos à vista) do *Observador Econômico e Financeiro*, de Valentim Bouças. Chegou ao cinema através da dança, e a esta com o intuito, por assim dizer, de melhor se aproximar das moças. Dançou tão bem que teve uma escola de dança e se tornou um semiprofissional. Alternava as tarefas severas de redator econômico com números em shows, e se apresentava com a namorada no Cassino da Urca como Paco e Lolita. Essas atividades o aproximaram de Orson Welles, quando este esteve no Brasil. Welles filmou Anselmo numa sequência de maxixe num filme ainda hoje inédito.* Foi figurante na *Inconfidência Mineira*, de Carmem Santos. Na Brasil Vita Filmes conheceu Watson Macedo e Edgar Brasil e enveredou para o cinema como ator.

Ser galã de cinema oferece, numa escala incomparavelmente superior à dança, oportunidade de aproximação feminina. Esse cálculo deve ter tido seu peso na decisão de Anselmo em abandonar o *Observador Econômico e Financeiro*, Paco e Lolita e a escola de dança, para se tornar ator.

---

* *It's All True*, de 1942, que Orson Welles nunca pôde concluir. O episódio "Quatro homens numa jangada" foi finalizado por Richard Wilson, assistente de Welles, em 1993.

Todavia, era também movido pela curiosidade de tudo saber do cinema. Assim, ao mesmo tempo que enternecia os corações femininos, Anselmo aprendia montagem, roteiro, filmagem e toda a "cozinha" cinematográfica com o artesão experimentado que foi Watson Macedo ou com o excelente *camera* que foi Edgar Brasil.

Bastante cedo surgiu em Anselmo o desejo de escrever roteiros, dirigir, criar, mas o período Vera Cruz lhe ofereceu poucas possibilidades nesses setores — Franco Zampari defendia o princípio de estrita separação entre os diferentes setores da cinematografia.

Anselmo Duarte testou suas próprias possibilidades num documentário chamado *Fazendo cinema*. Escreveu e realizou em seguida *Absolutamente certo*, mas ainda jogando com sua personalidade de ator. Só neste *O pagador de promessas* o diretor e roteirista Anselmo Duarte não aparece na tela.

Seria engano pensar que o argumento da peça de Dias Gomes foi escolhido ao acaso. Há muito tempo Anselmo Duarte pretendia abordar um tema ligado a certas formas particulares do misticismo brasileiro. Escreveu um argumento roteirizado, "O mensageiro Messias", e quis filmar *Madona de cedro*, de Antonio Callado. Quando, levado por Flávio Rangel, assistiu à representação da peça *O pagador de promessas*, imediatamente apresentou um projeto ao produtor Massaini.

Anselmo sentiu que *O pagador de promessas* abriria uma nova fase em sua carreira, e entregou-se inteiramente à obra. Ele pôs tudo o que sabe, e também o que soube, a serviço da fita. Basta dizer que havia necessidade de berimbau no comentário sonoro e Anselmo aprendeu a tocá-lo, lembrando-se das velhas lições de música de Zequinha Marques, alfaiate de Salto, autor de três missas e proprietário de um Stradivarius.

[1962]

Atmosfera de euforia

No fim de 1960 foi lançado com muito êxito *A morte comanda o cangaço*. Dirigido por Carlos Coimbra e produzido, entre outros, pela atriz Aurora Duarte que interpretou o principal papel feminino, esse filme destacou-se pelo alto nível artesanal da sua fatura e pela qualidade da fotografia em cores de Toni Rabatoni. Servindo de ponte entre *O cangaceiro* e numerosos filmes realizados ou projetados ultimamente, *A morte comanda o cangaço* contribuiu para impor a gesta dos bandidos nordestinos como um dos temas por excelência do cinema brasileiro.

O ano de 1961 não foi rico em filmes de longa-metragem de qualidade. Das vinte e tantas produções talvez só seja possível salientar *Mulheres e milhões*, de Jorge Ileli, *A primeira missa*, de Lima Barreto, e *Bahia de todos os santos*, de Trigueirinho Neto. O primeiro foi visto em geral com agrado devido à fluência da linguagem, mas não deu provas de personalidade. *A primeira missa* decepcionou os admiradores do autor de *O cangaceiro*. Nessa obra de encomenda realizada à margem de seus projetos artísticos pessoais Lima Barreto fixou sem nenhuma convicção um caso de vocação sacerdotal. Num ou noutro momento, como o da árvore de natal, transparece a alta inspiração do artista, mas o tom do conjunto é de um convencionalismo esterilizante. O resultado final ficou ainda mais comprometido pela circunstância dos produtores terem cortado o filme a seu bel-prazer sem a anuência de Lima Barreto. Entre outras desapareceu toda uma longa passagem interpretada pela atriz Araçari de Oliveira. De acordo com o testemunho dos estudiosos, entre outros P. E. Sales Gomes,* que tiveram ocasião de assistir à sequência antes de sua destruição pelos produtores, tratava-se de excelentes momentos de direção, interpretação e integridade dramática.

Bahia de todos os santos foi o primeiro filme de longa-metragem de Trigueirinho Neto, jovem cineasta paulista formado na Itália onde realizou um promissor documentário sobre um mercado. Sua estreia no cinema de ação dramática não correspondeu às expectativas. Ao mesmo tempo que evidencia algumas qualidades reais de realizador, e sobretudo uma personalidade forte mas ainda incerta, *Bahia de todos os santos* dá a impressão de um filme inacabado, cujos materiais de construção foram agrupados de forma mais ou menos ocasional. Os elementos dramáticos não se organizam, os acontecimentos não fluem e as intenções não se transmitem. Tal qual, entretanto, o filme foi apreciado por alguns setores mais jovens da crítica cinematográfica, e tudo indica que seus defeitos não seriam de natureza a comprometer o futuro artístico de seu realizador. De qualquer maneira Trigueirinho Neto teve o mérito de participar do movimento de descoberta cinematográfica da Bahia.

* Embora escrito por Paulo Emílio, o texto não levou assinatura, e passava como postscriptum do editor ao capítulo "O cinema brasileiro" do livro *História do cinema mundial*, de Georges Sadoul, cuja tradução esteve a cargo de Sônia Sales Gomes, primeira mulher do crítico.

Subitamente produtores do Sul do país e do estrangeiro começaram a filmar na Bahia ao mesmo tempo que adquiria forma um movimento cinematográfico local. A personalidade mais consequente do cinema propriamente baiano é o diretor Roberto Pires que realizou para o produtor Rex Schindler duas fitas — *A grande feira* e *Tocaia no asfalto* — baseadas em argumentos originais deste último. Produzidos dentro de orçamentos modestos, esses filmes cheios de vitalidade revelam a riqueza potencial do Brasil em quadros técnicos e artísticos. A figura baiana talvez dotada de mais força e originalidade é a de Glauber Rocha que realizou *Barravento* igualmente para Rex Schindler que nessa primeira fase aparece como o principal produtor e um dos principais argumentistas do cinema baiano.

Entre os que vieram do Sul para filmar na Bahia destaca-se desde logo Anselmo Duarte, que realizou para Oswaldo Massaini *O pagador de promessas* que, pelo conjunto de suas qualidades intrínsecas e de comunicabilidade dramática com amplas audiências do Brasil e do exterior, é certamente o filme mais completo, se não o melhor, jamais realizado entre nós. Anselmo Duarte estreou como diretor no filme por ele igualmente interpretado *Absolutamente certo*, trabalho sem ambição mas onde patenteou sólidas qualidades narrativas e de artesanato. Em *O pagador de promessas* ele não só as confirma integralmente e com brilho excepcional, como ultrapassa de muito o simples terreno da competência profissional, para se alçar a um inspirado e comovente tratamento da história contada por Dias Gomes em sua peça teatral. Contando com a colaboração de ótimos intérpretes do teatro paulista e do cinema baiano, e igualmente auxiliado por técnicos seguros em matéria de fotografia e montagem, Anselmo Duarte deu uma lição de como contar uma história brasileira na língua geral já abundantemente testada nos países cinematograficamente mais adiantados.

Contemporaneamente a Anselmo Duarte, o produtor e diretor carioca Aloísio Teixeira de Carvalho tentou iniciar na Bahia uma fase artisticamente mais ambiciosa de uma carreira até então limitada ao imediatismo comercial, e realizou *Senhor dos Navegantes*. A movimentação baiana está longe de se ter esgotado. Surgem novos produtores locais como Palma Neto que convidou o diretor, crítico e historiador do cinema Alex Viany para realizar *Sol sobre a lama*.

Se *O pagador de promessas* foi aclamado quase unanimemente pelo público e pela crítica, *Os cafajestes* provocou animadas discussões dos meios intelectuais e artísticos brasileiros. Realizado por Ruy Guerra, jovem diretor português* radicado no Brasil, o filme revelou uma personalidade forte, impregnada de cinema francês moderno, e procurando se exprimir com audácia formal e moral.

Jovens diretores como Ruy Guerra ou o baiano Glauber Rocha se vinculam até certo ponto com um grupo de cineastas cariocas que por enquanto só deram sua medida em filmes de curta-metragem. O movimento está ficando conhecido sob a denominação geral ainda não muito definida de Cinema Novo.

A existência artística desses jovens cariocas foi revelada pelo êxito em diversos festivais europeus do documentário de Paulo César Saraceni e Mário Carneiro, *Arraial do Cabo*, sugestão dramática a respeito das transformações trazidas pelo progresso industrial a uma aldeia de pescadores de Cabo Frio. Contemporaneamente Joaquim Pedro de Andrade fixava num curta-metragem as figuras de Gilberto Freyre e de Manuel Bandeira. Esta última parte possuía qualidades reais de evocação poética e humana e anunciava o nascimento de um artista. Logo após Joaquim Pedro de Andrade confirmava sua vocação e permitia

---

* De origem moçambicana.

que vislumbrássemos a envergadura de seu talento, com *Couro de gato*, história deliciosa e cruel de meninos da favela que roubam gatos cuja pele servirá para a fabricação de cuícas. Essa fita apesar de ter sido exibida autonomamente é na realidade parte da obra de longa-metragem *Cinco vezes favela* destinada a uma distribuição normal. Os outros quatro episódios, dramaticamente independentes, foram ou estão sendo realizados por Carlos Diegues, Leon Hirszman, Marcos Farias e Miguel Borges, todos companheiros de Joaquim Pedro de Andrade, não só de geração mas igualmente de preocupações artísticas e sociais.

O segundo semestre de 1962 abriu-se para o cinema brasileiro numa atmosfera de euforia que não fora experimentada desde o período áureo da Vera Cruz. Os produtores cariocas ou paulistas procuram novos caminhos, já que cessou de render o gênero cômico ao qual se dedicavam quase exclusivamente.

Filmes como *Assalto ao trem pagador* ou *Três cabras de Lampião* indicam caminhos para uma produção de nível médio honroso. Os jovens cariocas do Cinema Novo preparam-se para se lançar no filme de longa-metragem. Em São Paulo, Walter Hugo Khouri conclui *A ilha*, o seu quinto filme, e se afirma como o único cineasta brasileiro entre os que levam a profissão a sério que conseguiu, apesar de todos os empecilhos dos últimos anos, realizar uma obra contínua e consequente. Ainda em São Paulo delineia-se um acontecimento que poderá ter enormes consequências para o cinema nacional. Jovens diretores teatrais e dramaturgos, como Flávio Rangel, Gianfrancesco Guarnieri, José Renato, Antunes Filho e Augusto Boal, aos quais se deve a vitalidade e o brilho do teatro paulista, preparam-se ativamente para estender ao cinema as suas atividades criadoras. Se essa tendência se afirmar e produzir frutos, talvez o cinema brasileiro seja definitivamente arrancado da situação marginal inferior que tem sido a sua em relação às outras manifestações artísticas e culturais do país. No Norte, além do fenômeno baiano manifesta-se em universidades um promissor movimento documentarista que no Sul só é por enquanto conhecido através de *Aruanda*, de Linduarte Noronha.

A vitória de *O pagador de promessas* no Festival de Cannes de 1962 teve efeitos estimulantes não só para as pessoas já empenhadas na atividade cinematográfica. Homens públicos e de negócios voltam suas vistas para o cinema brasileiro, considerando-o como algo possivelmente remunerador e que de qualquer forma corresponde certamente a uma necessidade e interesses nacionais.

[1963]

Primavera em Florianópolis

O Cinema Novo brasileiro propriamente ainda não existe, o que não impede que já tenha adquirido certa celebridade e sobretudo esteja cumprindo plenamente sua missão. Cinema Novo é um grito de guerra à procura das guerras que mais lhe convêm. É uma bandeira indiscutivelmente revolucionária que ainda não encontrou a sua revolução. Aliás, na hora do encontro não será uma mas muitas revoluções que se lhe oferecerão no campo ético, social e estético. Isso significa que no momento de sua vitalidade maior o Cinema Novo será ainda mais indefinível do que hoje. Ainda bem, pois a sua força emana dessa indefinição e da liberdade decorrente. Cinema Novo, hoje, é muito mais manifestação do que manifesto ou programa, e oxalá no futuro ele escape às configurações dos relatórios e balanços dos livros de história e permaneça imagem de um tempo vivido e sentido intensamente. Na medida em que se procura identificar com o fluir e o fruir do tempo presente o Cinema Novo envolve todos nós. O mecanismo de participação no Cinema Novo não é o de aceitação de ideias ou filmes, mas o da descoberta de que nossas emoções, ações e palavras são parte integrante de um processo em curso. Foi em Florianópolis que descobri o Cinema Novo dentro de mim. Não sei por que precisamente em Florianópolis nem como. A promoção do Gabinete de Relações Públicas do governo de Santa Catarina intitulou-se Semana do Cinema Novo Brasileiro, mas na realidade os filmes exibidos representavam a produção nacional mais ou menos recente sem maiores definições, além da eventual intenção artística dos realizadores. As atrizes, os diretores, técnicos e críticos presentes ilustravam o leque amplo, variado, divergente e incerto do nosso filme. A comunidade que se criou em Florianópolis durante uma semana exprimiu e serviu exclusivamente à causa do cinema nacional no sentido mais amplo e menos ambicioso. Não houve estratégia delineada, nada foi previamente calculado, mas de maneira harmoniosa e espontânea tudo aconteceu como se a palavra de ordem fosse conquistar para o nosso cinema o mais amplo setor social dirigente daquele estado brasileiro. Cada noite no Cine São José foi um passo dado à frente mesmo quando o filme apresentado era ruim, pois as exibições se enquadravam num contexto maior de discussões e esclarecimentos através de mesas-redondas, de conferências, do rádio e da imprensa. Um mau filme ilustrava a troca de ideias mantida na véspera por críticos cariocas e gaúchos num programa irradiado diariamente e que se prolongava até a uma hora da manhã. O mesmo filme iria servir de exemplo na mesa-redonda que voltava ao ar após as exibições. Não houve encontros estritamente formais. A visita ao governador do estado foi ocasião de interessá-lo pelos projetos elaborados pelo Grupo Executivo da Indústria Cinematográfica, e o ponto central da reunião com o prefeito de Florianópolis foi a Lei do Adicional. A linha de demarcação entre governo e oposição é talvez mais nítida em Santa Catarina do que em outros estados da Federação, particularmente neste período pré-eleitoral; a Semana, porém, apesar de sua origem governamental, a ignorou. Estivemos tão à vontade na Rádio Diário da Manhã, uma fortaleza da oposição, quanto no Palácio do Governo. Uma noite no Cine São José, quando um radialista da oposição, na presença do governador, prestou o seu depoimento sobre a Semana, tivemos a impressão exata de que a causa do cinema brasileiro havia provocado uma pausa na ácida polêmica política pré-eleitoral. No primeiro dia um hebdomadário oposicionista havia publicado uma candente manchete contra a Semana e o governo, mas a partir do segundo dia seus redatores foram companheiros de todos os momentos e no último não dormiram, para conversar ainda mais algumas horas com John Herbert e outros companheiros e nos levar cedinho ao aeroporto.

Essa enumeração de tarefas e acontecimentos úteis talvez dê uma ideia trabalhosa da Semana, o que trairia fundamentalmente o clima primaveril e feliz que reinou em Florianópolis. Quando falo em comunidade que se estruturou durante uma semana não é força de expressão. Graças ao melhor dos acasos pessoas vindas de pontos diferentes, da mais diversa formação e que em geral não se conheciam, se articularam entre si e com os catarinenses que nos aguardavam, com uma imediateza, ritmo e leveza de harmonia preestabelecidos. O mecanismo que em trinta horas fez de algumas dezenas de pessoas um organismo coletivo mereceria um sociólogo ou um poeta. A constituição rápida de um sistema de referências comuns, de valores estilizados e universalmente aceitos com a plenitude que antecede a reflexão pôs em função um sentimento coletivo que logo ansiou por formas mais elaboradas de existência. A frase ritual dita na primeira madrugada pelo ator Mário Benvenuti: "A noite é uma criança", tornou-se o signo poético da Semana e amplificou-se durante os dias e as noites ao ponto de, no momento da morte da comunidade fantástica da gente do cinema, já ter se vinculado à realidade de Florianópolis. No primeiro almoço na praia algumas atenções se voltaram para um engenheiro de estradas de rodagem, originário do sul da Bahia e competente preparador de batidas. Logo nasceu o reino mítico de Itabuna, que em poucas horas teve hino, bandeira, várias constituições e conheceu suas primeiras lutas intestinas, já que era povoado sobretudo por atrizes e jornalistas. Nessa Pasárgada coletiva onde todos eram amigos íntimos do Rei, os momentos fortes de existência se submetiam ao ritual estrito de libações aquém da embriaguez. Estou convencido de que durante algum tempo e ao acaso de encontros no Rio, em São Paulo, Porto Alegre ou Curitiba, em cartas, diários íntimos ou artigos de jornais, estará presente o eco nostálgico do reino disperso de Itabuna.

A comunidade era, porém, feita de pessoas, algumas conhecidas de longa data, como eu, veteranas de cinema, brasileiro ou não. A presença de Zenaide Andreia me levou a algumas reflexões. Ela é o profissional de imprensa cinematográfica mais lido de todo o Brasil. Nos momentos áureos e fugazes de nosso filme, como naqueles constantes de penúria cruel, ela nunca deixou de crer, informar, refletir, divulgar, nas revistas de imensa circulação onde escreve, tudo que se referisse ao cinema nacional. No momento em que nosso filme deseja ficar bom sem deixar de ser popular, a atividade jornalística de Zenaide Andreia poderá adquirir uma dimensão que justificará em pouco tempo a confiança e a teima de tantos anos. Lá estava também Luís Alípio de Barros, pioneiro do movimento carioca de cultura cinematográfica na fase pós-Chaplin Club, da boa raça dos céticos positivos, aqueles cujas dúvidas se transformam em convites para a ação. Lá estava também P. F. Gastal, figura que está se tornando lendária, principal responsável pela constituição em Porto Alegre do público cinematográfico proporcionalmente mais evoluído do Brasil. Ao seu lado, e um pouco obra sua, se encontravam dois jovens críticos, Fernando Peixoto e Flávio Loureiro Chaves, agudos, informados, sensíveis e que ficaram de enviar para esta coluna seus depoimentos sobre Florianópolis e o atual surto cinematográfico brasileiro. A maior parte das pessoas eu não conhecia, mas em pouco tempo elas definiram seus contornos profissionais e humanos, com a única exceção, que só se revelou no último dia e assim mesmo indiretamente, através da tela. Eu havia notado aquele rapaz cortês mas de pouca fala. É possível que trocasse diariamente com ele algumas palavras ocasionais, mas não saberia dizer se era jornalista, técnico ou talvez esposo discreto de alguma das atrizes convidadas. O festival encerrou-se com a apresentação do filme de Walter Hugo Khouri, *A ilha*, e um dos encantos de Florianópolis foi a descoberta súbita de que aquela fisionomia já familiar mas anônima e obscura era a de um ator excelente, Francisco Negrão.

Não foi por acaso que os organizadores da Semana de Florianópolis procuraram consagrá-la ao Cinema Novo brasileiro. O Gabinete de Relações Públicas do governo de Santa Catarina está integrado por jovens intelectuais com participação muito viva na vida cultural do estado. Penso que as figuras do casal de escritores Eglê e Salim Miguéis merecem uma menção especial. Para compreendermos o sentido de sua ação é preciso que se tenha uma ideia da situação catarinense. Por um lado ela evoca certo Brasil anterior à Revolução de 1930, com sua vida política polarizada essencialmente entre duas grandes famílias. Culturalmente é com bastante probabilidade a última região brasileira atingida pela Revolução Modernista de 1922. O acontecimento data de ontem e tomou forma através da revista *Sul* editada na década de 1950 por Salim e Eglê. Ao lado da revista publicavam-se livros e o movimento estendeu-se à produção cinematográfica, mas em condições tão prematuras que o primeiro esforço foi condenado ao malogro. Organizando o festival e procurando orientá-lo na direção do Cinema Novo, o quadro do Gabinete de Relações Públicas teve certamente o propósito de reativar o processo cultural moderno em Santa Catarina. Como já vimos, a Semana, pela maior parte dos filmes exibidos e das personalidades presentes, não foi especificamente de Cinema Novo. Isso não impediu que o objetivo principal tenha sido atingido. Estou convencido de que durante a Semana foram numerosas as virtualidades culturais da sociedade catarinense que se projetaram em ação.

É necessário, porém, não cair no exagero de dizer que de Cinema Novo a Semana só teve o nome e duas fitas. Por minha parte foram numerosas as experiências que vivi neste terreno sem falar da fundamental descoberta interior. Vou limitar minhas referências a três momentos em que senti o Cinema Novo. Numa das sessões, *Couro de gato* foi projetado sem solução de continuidade logo após *Arraial do Cabo*. A tempestade de aplausos que recebeu a fita de Paulo César Saraceni prolongou-se durante toda a apresentação dos letreiros da obra de Joaquim Pedro de Andrade, já vista na véspera. Houve um momento em que o entusiasmo era simultaneamente dirigido à fita que se tinha visto e àquela que se ia rever. É como se o público tivesse vislumbrado agudamente através de filmes totalmente diversos pela temática, inspiração e estilo, a unidade misteriosa de um fato novo. Esse sentimento de fato novo me foi transmitido ainda mais intensamente por um depoimento do jornalista Cláudio Abramo feito publicamente no palco do Cine São José. Falou-se de conversão ao cinema brasileiro e não encontro expressão mais adequada para qualificar a maneira pela qual Cláudio Abramo falou de *Couro de gato* e de outro episódio de *Cinco vezes favela*, precisamente "O favelado", de Marcos Farias, ao mesmo tempo que prestava homenagem a uma atriz que falara antes dele. A atriz era Irma Álvarez e esse nome nos conduz à terceira vivência de Florianópolis que pretendo relatar. Um dia eu olhei para ela e disse: "Você tem cara de atriz do Cinema Novo". Ao voltar, vi uma cópia do trabalho de

Porto das Caixas, de Paulo César Saraceni, no qual Irma Álvarez interpreta o papel central, e fiquei abismado com a profundidade da minha adivinhação. Aquela Bovary que o contexto do subdesenvolvimento torna feroz, aquela fascinante e atroz Capitu suburbana, é o primeiro grande personagem feminino nascido no cinema brasileiro.

Para não asfixiá-lo dentro ou fora de mim, tão cedo não vou tentar definir o Cinema Novo brasileiro. Mas ele existe.

[1962]

Crimes que compensam

O ventilador mais lento que conheço se encontra na Bahia. Seu ritmo é de luta penosa contra a resistência do ar. O ar do local é, aliás, pastoso e o movimento das pás do ventilador fixado no teto baixo evoca enormes colheres de pau revolvendo à força de braço tachos de doce de abóbora. Cada cidade tem seus absurdos e em Salvador um deles é o Anjo Azul, a sede do ventilador. Não sei se o nome decorre da fita ilustrada por Marlene Dietrich e que ilustrou Sternberg, ou se foi inspirada na versão recente filmada com e por não sei quem. Impliquei com esta e com a versão baiana que constitui um preito à memória das caves de Paris e arredores espalhados por todo o mundo. Visitei o Anjo Azul salvadoriano numa madrugada quase fria em que os únicos clientes do estabelecimento eram meus companheiros e eu. Numa saleta estreita no fundo de um corredor que dá na calçada, nós torrávamos em mangas de camisa enquanto o ventilador embalava a conversa. Não consigo imaginar com clareza o que será o Anjo Azul lotado, mas penso em algo próximo do inferno sem o diminutivo das congêneres menos artísticas de São Paulo. A não ser que nessas ocasiões o mal-estar físico seja anulado pela vitalidade mágica que eletriza o ambiente cada vez que um número grande de nortistas em geral, e baianos em particular, se reúne. Mas naquela madrugada do Anjo Azul eles eram apenas quatro: dois cineastas, um crítico e um pretor.

Pretor. A linguagem corrente da Bahia está, como a paisagem urbana de Salvador, impregnada de passado reconhecível. Como, aliás, as manifestações artísticas modernas na arquitetura, na tapeçaria, na escultura, no romance e no filme. O complexo cultural baiano é certamente o mais coerente do Brasil. Pretor — essa palavra que evoca magistrado da Roma clássica ou do Brasil colonial e se harmoniza com as fortalezas e igrejas de Salvador — define na Bahia uma categoria de juízes que iniciam a carreira, em geral no interior. Meu amigo pretor do Anjo Azul se encontrava na capital em férias e fuga. Ele conseguira depois de muito esforço e risco que se prendesse um matador famoso e destemido, autor de cerca de noventa crimes de morte e protegido pela política dominante na longínqua comarca onde exercia sua magistratura. O pistoleiro, sempre amparado pelo chefe político da localidade, que inclusive o acompanhou na viagem de transferência para a penitenciária de Salvador, anunciava para quem o quisesse ouvir que sua próxima tarefa seria abater o atrevido pretor responsável por sua desdita. Entretempo outro assassino célebre, prisioneiro já há cerca de dois anos, realizara a contento um audacioso plano de fuga. Este último era um bandido bem diverso do primeiro cujas atividades criminosas se vinculavam à estrutura social dominante da região onde matava, e faziam dele em última análise uma expressão da ordem vigente. O fugitivo, ao contrário, e se bem que tivesse praticado um número de crimes de morte incomparavelmente inferior ao do seu colega, era um homem que assassinava por conta e interesse próprios, fora de qualquer contexto social e geográfico delimitado, isto é, matava de forma desordenada. Para a polícia, cuja missão é manter a ordem, o inimigo número um tornou-se o bandido individualista, a seus olhos muito mais temível do que o pistoleiro tradicional e por isso mesmo respeitável, apesar de querer assassinar o pretor. Essa discriminação parece que encontra bom amparo no exame psicológico das duas categorias de bandidos, a primeira constituída sempre de indivíduos instáveis e angustiados, ao passo que os homens da segunda são em geral equilibrados e saudáveis. Orientada por essas considerações, e não possuindo meios próprios de ação, a polícia baiana libertou o pistoleiro ajustado com a condição e a missão de caçar o assassino desajustado. Nosso pretor, apesar de ter encarado o episódio com muita filosofia, ou melhor, com muita sociologia e psicologia, apressou-se em requerer férias e pretende prolongá-las na capital até que a situação se esclareça, isto é, que o pistoleiro realize o trabalho de que o encarregou a polícia e ele, pretor, veja efetivada a tarefa de que o incumbiu a justiça.

Essas férias permitiram-lhe assistir ao Festival de Cinema Brasileiro que se realizou na Bahia no fim do mês passado e ofereceram-me a oportunidade de conversar com ele no Anjo Azul e pelas ruas vazias de noturno felliniano da cidade de Salvador. Dias antes havia sido exibida *Tocaia no asfalto*, que representou a produção baiana no certame. Tudo que via e ouvia se aproximava para mim da fita escrita por Rex Schindler e realizada por Roberto Pires. Eu lera o roteiro e assistira ao filme e me recordava de uma sequência que se desenvolvia no Anjo Azul. Melhor do que isso, porém, a própria estrutura dramática de *Tocaia no asfalto* evocava irresistivelmente os acontecimentos que tanto inquietavam o pretor. Nos dois casos tínhamos um pistoleiro lançado à caça de um colega, se bem que o estímulo inicial se devesse no primeiro à livre iniciativa de homens públicos e no segundo à ação estatal da polícia. Para meu amigo pretor, entretanto, era radical a divergência entre a realidade e a ficção. Não enxergava nenhum parentesco entre os pistoleiros de *Tocaia no asfalto*, particularmente o principal, Firmino, herói da fita, e o homem que naquele momento procurava matar outro por conta da polícia e que em seguida viria fatalmente ao seu encalço. Para ele, em suma, o personagem encarnado por Agildo Ribeiro emprestava aos assassinos profissionais da Bahia e do Nordeste uma aura romântica e sentimental ao ponto de retirar-lhes qualquer verdade documental ou artística. Não prossegui na discussão por entender que meu interlocutor, apesar da lucidez tranquila com que vivia a ameaça da morte, estava por demais dentro do problema para julgar com desinteressada isenção os personagens de Rex Schindler e Roberto Pires. Passamos a outros assuntos, outros filmes do Festival e, naturalmente, ao *Assalto ao trem pagador*. Aqui, fortalecido pelo distanciamento, nosso pretor não encontrou resistências para manifestar sua apreciação, apesar da dosagem sentimental no tratamento dos bandidos da favela carioca ter sido superior à empregada na definição dos pistoleiros nordestinos.

Assalto ao trem pagador e *Tocaia no asfalto* foram francos favoritos para público e júri no Festival de Cinema Brasileiro na Bahia e se finalmente o primeiro levou a melhor foi certamente por ser o mais sentimental. Longe de mim manifestar descaso pelo sentimentalismo. Devo a esse ingrediente, mesmo quando empregado de forma pouco comedida, altos momentos de prazer dramático, literário e plástico, bastando lembrar Chaplin maduro, os melhores japoneses de temática contemporânea ou, para citar um exemplo de atualidade, *Morangos silvestres*. Nenhuma objeção, pois, contra o sentimentalismo sem o qual ruiria quase todo o imenso edifício histórico do cinema dramático mundial. O que me chocou na Bahia foi constatar que para grande número dos espectadores, assim como para a elite cultural reunida no corpo de jurados, o sentimentalismo é algo de absolutamente indispensável à alquimia de um filme. É a única explicação que encontro para o sucedido com *Porto das Caixas*, não só preterido pelos dois favoritos mas que foi inclusive colocado pela apreciação média atrás de *Três cabras de Lampião*. Como *Assalto* e *Tocaia*, *Porto das Caixas* é uma obra que se nutre de crime. Só que nas fitas dos Roberto, respectivamente, Farias e Pires são homens que matam, ao passo que na de Paulo César Saraceni é uma mulher. Não é, porém, essa circunstância que determina o comportamento do público, pois é sabido que os espectadores cinematográficos são, como o tribunal do júri, mais indulgentes com mulheres do que com homens. O que faz realmente a diferença é o fato da assassina de Paulo César Saraceni e Lúcio Cardoso não ter, como o Tião ou o Firmino das outras fitas, amor, filhos ou mesmo, propriamente, ódio. A agudeza extrema do desgosto e do fastio que faz a mulher de *Porto das Caixas* matar não pode com efeito ser assimilada automaticamente ao ódio.

A natureza exata da paixão, terrível e humana, que a faz agir não é claramente expressa ao longo do filme. Essa tensão obscura, esse mistério gelado dão alento ao drama cuja secura implacável lança o espectador num jogo cujas regras são diversas das que lhe são familiares em cinema. As cartas dos realizadores de *Assalto* e *Tocaia* são conhecidas de toda gente, ninguém ignora o delineamento da aventura e o destino final de Tião e Firmino. Estamos, porém, em pleno jogo do faz de conta e o espectador se comporta interiormente como se de nada desconfiasse. A primeira coisa que desnorteia o público de *Porto das Caixas* é a explicitação imediata e inconfundível da ação, é o fato do desenvolvimento dramático estar desde o início, e literalmente, na cara. Habitualmente objeto e cúmplice de engano, o espectador não acredita que tudo possa ser tão simples assim e permanece à espera do tradicional inesperado. A mulher deseja matar o homem com quem vive; para isso compra um machado e procura um cúmplice para auxiliá-la no intento. O espectador entende a clara exposição e aguarda os obstáculos, a complicação. Quando esta não chega ou, antes, surge, mas não ao ponto de rechear e diversificar o entrecho; quando o espectador percebe que tudo o que foi anunciado no começo se está processando com ordem e método, que o filme consiste nisso, então se sente enganado de fato e se retrai. Fazendo isso ele se perde, perde o fio e o filme. Aquilo que procurava inutilmente no entrecho e nas situações, isto é, a fonte de emoções, se encontra inexaurível no personagem central, cuja interpretação pela atriz Irma Álvarez possui uma dimensão sem precedentes na cinematografia brasileira. Do momento que seja facultado ao espectador este ângulo exato de apreciação, *Porto das Caixas* aparecerá como o filme mais estimulante realizado na atual fase renovadora do cinema brasileiro. Mas nem sempre será fácil a vinculação da assassina com o público e não apenas devido à ausência do sentimentalismo simplificador. Ela emerge de uma situação social e nacional definida mas que não a define. Ela é que lança alguma luz sobre o meio e o tempo que a produziram. A primeira vez que falei de *Porto das Caixas*, o personagem me sugeriu semelhanças com uma Emma Bovary transportada da burguesia provincial francesa do século xix para o subdesenvolvimento atual, ou com uma Capitu situada em subúrbios ou nas regiões economicamente decompostas do estado do Rio. Existem talvez algumas raízes comuns entre esses personagens imaginados e a heroína de Paulo César Saraceni. A assassina de *Porto das Caixas*, porém, não é mulher que se nutra de veleidades e sua perfídia, se existe, não é daquelas que constituem apenas certo estilo de ser. O que marca o personagem interpretado por Irma Álvarez é a tranquila virulência, e a força sem mácula de quem caça cúmplices não à procura de solidariedade moral mas tão somente de auxílio físico. Ela assume o crime para se libertar do nojo. A figura velada pela severa capacidade do sofrimento, dura, inflexível, feroz, só e verdadeira — porque isenta de sentimentalismo — acaba nos envolvendo e se torna fascinante como a virtude.

A preferência do público do júri oficial do Festival de Cinema Brasileiro por *Assalto ao trem pagador*, *Tocaia no asfalto* e até por *Três cabras de Lampião* foi equilibrada e retificada pela Associação Baiana de Críticos Cinematográficos, que concedeu seu prêmio principal a Paulo César Saraceni pela realização de *Porto das Caixas*.

[1962]

Calor da Bahia

O I Festival de Cinema Brasileiro na Bahia foi improvisado. Nasceu ao acaso do encontro de responsáveis pelo turismo em Salvador com os donos do jornal *A Tarde*. Os primeiros estavam convencidos de que a atividade cinematográfica na Bahia se colocava em pé de igualdade como atração turística ao lado dos espetáculos populares, do Barroco ou da Petrobras. Os homens de imprensa andavam à procura de uma promoção para coroar as comemorações do cinquentenário de seu jornal. O comércio e a produção cinematográfica local puseram-se à disposição dos organizadores, o Festival ficou acertado e acabou se realizando bastante a contento. Nunca, porém, um empreendimento nacional foi tão pouco difundido através da nação. A pasta de recortes do Festival é certamente paupérrima. Para os meios cinematográficos e jornalísticos do Sul, particularmente de São Paulo, o Festival da Bahia era boato com verificação impossível malgrado os esforços. Nas vésperas do encerramento uma coluna jornalística em geral bem informada anunciava que se cogitava da realização de um festival cinematográfico brasileiro em Salvador. Se tivesse dependido de experiência e preparo o malogro teria sido total. Se acabou dando certo é porque foi realizado na Bahia. Todo nascimento tem algo de improvisado e o aparecimento do Festival da Bahia possui muitas semelhanças com a eclosão do próprio cinema baiano. Tudo começa com encontros ocasionais na aparência. É a conversa de esquina de um agente imobiliário que gosta de escrever histórias com um crítico não conformista, são os dois que partem à procura de um jovem apaixonado há muito tempo pelos problemas técnicos do cinema e assim por diante. Mas a parecença maior entre um fato e o outro está no espírito com que agem os promotores de filme ou de festival. O que os caracteriza é a impaciência, a pressa, é a deliberação de fazer, talvez mal e errado, mas já. Se os resultados são melhores do que seria de se esperar isso se deve ao fato da improvisação agir em terreno já bastante trabalhado. Para nós, do Sul, a data oficial do nascimento do cinema baiano é *A grande feira*. Com seus defeitos de importância muito grande e suas qualidades talvez ainda mais importantes, essa primeira fita surgida da associação Rex Schindler-Roberto Pires nos comunicava o sentimento errôneo de criação espontânea sem nada que anteriormente a justificasse e determinasse. Na realidade muita coisa precisou acontecer para tornar *A grande feira* possível. Antes de Schindler, Braga Neto já produzia e Robatto Filho realizara com mais anterioridade seus documentários marítimos que indicaram uma das direções do cinema baiano e foram ultimamente solicitados ao Brasil pelos organizadores da mostra etnográfica de Florença. Roberto Pires não estreou em *A grande feira*, pois além das habituais experiências em 16 mm ele já havia dirigido uma fita dramática de longa-metragem. O movimento cultural com Walter da Silveira e seu Clube de Cinema à frente atuava há mais de uma década e suscitara críticos novos como Glauber Rocha e Orlando Senna.

Quando *A grande feira* ficou pronta, Glauber já estava há muitos meses envolvido na experiência exaltante e frustradora de *Barravento*. Trigueirinho Neto já filmara em Salvador sua *Bahia de todos os santos*, fita malograda mas que teve papel histórico no desencadear dos acontecimentos cinematográficos da Bahia. O teatro da universidade, animado por Martim Gonçalves, preparara atores excelentes como Antônio Sampaio e Jurema Penna. E havia um ator extraordinário, milagrosamente modelado pelo rádio e televisão, Roberto Ferreira. Sem tudo isso e muito mais que não ficou dito, *A grande feira* não teria existido. A fita, entretanto, permanece com direito ao título de marco inicial da indústria cinematográfica na Bahia. Em primeiro lugar porque seu custo de produção foi calculado em função do mercado que poderia razoavelmente atingir e em segundo devido à acolhida calorosa, triunfal mesmo, que lhe reservou o público baiano.

No que toca ao Festival o ambiente não poderia ser mais favorável ao empreendimento, mesmo improvisado. Reina na Bahia uma euforia, uma ebulição cinematográfica de que não temos muita ideia aqui no Sul. Tal produtor, com três fitas prontas mas ainda não distribuídas e exibidas de maneira satisfatória, o que significa um pesado empate de capital, ao mesmo tempo que vende o automóvel para obter algum dinheiro líquido lança-se com tranquilidade e fervor em sua quarta produção. Outro, cuja primeira produção está ameaçando ultrapassar com margem perigosa as estimativas de custo, divide suas preocupações entre a fita inacabada e um novo projeto já em andamento. O que explica e justifica essa situação singular é o aspecto contagiante que assumiu o fenômeno cinematográfico baiano. Homens de negócios da indústria, do comércio e dos bancos se aproximam gradativamente da atividade cinematográfica e hoje em Salvador não é difícil vender cotas de uma produção. Mas é preciso atentar mais de perto para as figuras dos produtores baianos se quisermos compreender a fisionomia particular do que lá ocorre. Em qualquer parte do mundo o produtor assume com frequência papel criador na elaboração dos filmes. Essa ação está, porém, vinculada ao papel centralizador que desempenha, às possibilidades de interferência durante todas as fases de realização do filme. É raro que um produtor esteja particularmente interessado num terreno definido da cinematografia e, no entanto, esta parece ser a regra na Bahia. Lá as atividades habituais dos produtores são inseparáveis do empenho, quase paixão, com que escrevem argumentos, realizam curtas-metragens experimentais e artísticos, ou ainda interpretam papéis com seriedade e cuidado de ator profissional. Essa atividade diversificada dá ao produtor baiano características dificilmente encontráveis nos congêneres de qualquer outra parte e a ela atribuo o calor com que se faz cinema na Bahia.

Esses produtores, artistas ou atores são maníacos de cinema, não perdem um filme apresentado nas salas de Salvador, convivem intimamente com os críticos, participam calorosamente das sempre renovadas disputas acerca da atualidade cinematográfica mundial, e por esses vários traços se distanciam ainda mais dos colegas de profissão de outros estados ou países. Tudo isso confere ao cinema baiano certa liberdade um pouco amadorística que me parece muito estimulante na fase atual de desenvolvimento. O cinema da Bahia está tateando à procura das múltiplas feições que poderá adquirir. Nesse processo várias etapas psicológicas estão sendo facilmente vencidas. O regionalismo desconfiado não tem mais vez e toda gente está convencida de que o cinema baiano será nacional ou ficará condenado a um rápido desaparecimento. Os produtores, diretores, artistas e técnicos do Sul que procuram a Bahia para filmar — e eles são cada vez mais numerosos — não são olhados de soslaio por ninguém, muito pelo contrário, são acolhidos como companheiros do mesmo combate. Os próprios estrangeiros não são malvistos, mas a inexistência de uma legislação específica a respeito da atividade de firmas de outros países ou das coproduções convida à circunspeção. O êxito internacional de *O pagador de promessas* contribuiu muito para generalizar a posição de abertura defendida há muito pelos elementos mais dinâmicos da corporação capitaneados por Glauber Rocha, que sempre desejou inserir os acontecimentos cinematográficos locais numa corrente nacional mais ampla para a qual criou a epígrafe Cinema Novo que tão facilmente conquistaria a popularidade. Depois do triunfo de Anselmo Duarte em Cannes as autoridades públicas da Bahia formularam uma política cinematográfica sumária mas significativa. Ela consiste simplesmente em convidar toda gente a ir fazer cinema na Bahia, o que é desnecessário e pouco. Os acontecimentos cinematográficos baianos estão se processando rapidamente e os políticos e administradores da terra não estão sabendo por enquanto acompanhar-lhes o ritmo. Eles participam da situação contraditória que é válida para a vida pública brasileira tomada globalmente, e de governos que em cada assunto determinado são ou pioneiros ou retrógrados, manifestando curiosa incapacidade na maioria das coisas públicas de assumir posições vivas e equilibradas de acordo com o soprar dos tempos. Nossos governos mostram-se capazes de construir Brasília, mas ao mesmo tempo assumem, suportam e impõem à nação o serviço ignominioso de nossos Correios e Telégrafos. Promovem a indústria automobilística da noite para o dia, mas demonstram uma inconcebível timidez para tomar medidas simples e rotineiras capazes de assegurar o florescimento da indústria cinematográfica brasileira. Os homens públicos da Bahia tomam paulatinamente conhecimento do cinema brasileiro depois do assunto já ter abrasado a imaginação da comunidade local em todos os seus níveis, desde as elites culturais e econômicas até a massa imensa, vibrante e colorida dos espectadores. Os responsáveis pela administração ainda se encontram na fase vaga de enxergar o cinema feito na Bahia como um propulsor do turismo, mas já têm diante dos olhos o campo de trabalho e vitalização econômica que oferece essa nova atividade industrial e não é possível que se abstenham de tirar em tempo todas as consequências úteis do fenômeno. Basta sugerir a mais imediata e simples. Encontra-se já há anos imobilizado na Câmara dos Vereadores um projeto de lei do adicional semelhante ao que já se encontra concretizado e em execução em São Paulo e na Guanabara. A apresentação desse projeto foi obra de Walter da Silveira e não mereceu na ocasião o interesse dos vereadores ou do próprio Executivo municipal. Walter da Silveira chegou até a deixar seus afazeres de lado e candidatar-se a vereador para ver se, de dentro, conseguia levar avante a ideia. Naturalmente não foi eleito e a situação continuou na mesma. Mas hoje à luz de tudo que se passa seria incompreensível que os vereadores de Salvador não percebam o que significa para o cinema baiano a existência da Lei do Adicional na Bahia. O benefício que o cinema carioca ou paulista tiraria dela seria uma migalha, já que o mercado da capital da Bahia é relativamente modesto. Mas, através do jogo da reciprocidade que essas leis preveem, os filmes baianos aufeririam em São Paulo e no Rio uma bonificação, que devido aos seus preços baixos de produção e a importância desses mercados poderia ter papel decisivo na economia cinematográfica da Bahia.

Apesar dos poderes públicos baianos estarem ainda muito afastados do problema, com a única exceção do departamento municipal que cuida de turismo, Salvador é a sede ideal para manifestações anuais, e oficiais, consagradas ao cinema brasileiro. Muitos motivos decorrem da exposição feita através desta crônica. Mas existem muitos outros que merecem ser examinados com vagar.

[1962]

Um filme difícil?

Convidado especialmente pela Associação Francesa de Críticos Cinematográficos, foi apresentado em Cannes durante o último festival o filme brasileiro *Porto das Caixas*. As agências telegráficas e os enviados de jornais falaram do interesse que a fita despertou no público internacional que acompanha essas projeções realizadas à margem da programação oficial mas nem por isso menos prestigiosas.

Porto das Caixas, apesar de pronto há cerca de um ano, ainda é no Brasil um filme inédito. Pelo menos comercialmente, já que uma apresentação privada no Rio de Janeiro e sua inclusão num festival de cinema realizado na Bahia tornaram-no conhecido de pelo menos parte da crítica.

Em Salvador o júri oficial ignorou os méritos de *Porto das Caixas*, mas a Associação Baiana de Críticos Cinematográficos considerou oficialmente a fita como a mais significativa entre as exibidas durante o festival. Ao mesmo tempo críticos do Rio e de São Paulo tornavam pública a alta opinião que tinham da fita.

Porto das Caixas tem até agora encontrado de um lado a resistência e a frieza do comércio cinematográfico e, do outro, o apoio caloroso da crítica. As oportunidades de se ver a fita têm sido raras, de maneira que seria exagerado falar-se de um movimento de opinião a respeito de *Porto das Caixas*. De qualquer maneira aumenta dia a dia o número de pessoas que, tendo ouvido falar do filme e de suas qualidades, estranharam que não seja lançado comercialmente apesar de estar pronto há mais de um ano.

Vem à baila novamente a tradicional má vontade do comércio cinematográfico que abarrota o mercado nacional com filmes importados de qualquer espécie mas que olha sempre com desconfiança para o produto brasileiro. Agora, depois do êxito de crítica em Cannes confirmando a apreciação de ensaístas brasileiros eminentes como Otávio de Faria, novamente os olhos se voltam para os distribuidores e exibidores de filmes no Brasil.

Acontece que para o comércio cinematográfico o fato de uma fita ser elogiada pela crítica não tem a menor significação. Até há certo tempo atrás os comerciantes de cinema tinham razão de pensar assim. Não havia com efeito nenhuma relação entre o gosto do crítico e o resultado da bilheteria ou, antes, manifestava-se constantemente uma relação contraditória. Fita que caía no agrado da crítica intelectual era quase sempre veneno de bilheteria.

Mas hoje isso mudou. Cada vez mais, no mundo todo, os chamados filmes difíceis são apreciados pelas elites e ao mesmo tempo asseguram gordas receitas, sinal de que muita gente os assiste.

Porto das Caixas seria, aliás, um filme difícil? A história que conta é clara e direta. Não há nada na fita que não seja imediatamente compreensível. Não seria, pois, por esse lado que a fita não satisfaria os setores mais populares do público cinematográfico. Um crítico aventou a hipótese do filme desagradar as pessoas ingênuas justamente por não ter mistério nenhum e se basear o tempo todo na mais descarada evidência. Faltaria ao filme a dose de romantismo ou sentimentalismo que seria imprescindível a qualquer boa receita cinematográfica. Só quando a fita for lançada nos centros cinematográficos brasileiros mais evoluídos, isto é, Rio, São Paulo, Porto Alegre e, ao que parece e curiosamente, Manaus, é que teremos respostas definitivas a essas questões.

Porto das Caixas é a filmagem de uma história do romancista Lúcio Cardoso escrita especialmente para o cinema e longinquamente inspirada num crime de mulher que há alguns anos causou sensação e provocou muita curiosidade.

O realizador do filme é Paulo César Saraceni. *Porto das Caixas* é o seu primeiro filme de longa-metragem. A fita pode ser considerada como sua segunda obra. A primeira é um documentário de média-metragem denominado *Arraial do Cabo* e que se aplicava em evocar uma região do Cabo Frio, cuja economia de pesca primitiva era perturbada por uma implantação industrial de largas proporções. *Arraial do Cabo* foi de início ignorado no Brasil, mas depois de ter obtido vários prêmios em festivais no exterior, acabou tendo o seu valor reconhecido nos principais centros de cultura cinematográfica do Brasil. O filme não ultrapassou a audiência das cinematecas, museus, clubes e escolas, pois nunca foi objeto de distribuição através da rede comercial de salas de cinema.

Antes de *Arraial do Cabo*, Paulo César Saraceni já realizara outros filmes em 16 mm, alguns com roteiro e interpretação dramática. Mas eram exercícios que não entram propriamente numa filmografia e que realizava em companhia de outros amigos que sonhavam igualmente com a expressão e a carreira cinematográfica. Esses amigos constituem hoje o grupo do chamado Cinema Novo. Um deles é Mário Carneiro, o responsável pela fotografia de *Porto das Caixas* e de *Arraial do Cabo* e mais uma série de filmes que participam do movimento cuja ambição é integrar o cinema nacional dentro das correntes culturais e humanas mais vivas do Brasil moderno.

A propósito de *Porto das Caixas* deve-se acrescentar aos nomes de Paulo César Saraceni e de Mário Carneiro, o da atriz Irma Álvarez que no papel central da assassina logrou, segundo um crítico, um dos pontos mais altos atingidos pela moderna interpretação dramática no Brasil.

[1963]

Esplêndido amadurecimento

O filme brasileiro *Vidas secas* está fazendo muita gente pensar. Não é a primeira vez que uma obra do cinema brasileiro obtém repercussão, bastando recordar o retumbante *O cangaceiro* de há dez anos, ou, mais recentemente, a vitória espetacular de *O pagador de promessas* em Cannes. Diferentemente, porém, das realizações de Lima Barreto e Anselmo Duarte, o filme que Nelson Pereira dos Santos tirou da narrativa de Graciliano Ramos nada tem de retumbante ou espetacular. É quase sempre tão simples, tão contido, seco, quanto o original literário. O impacto que provoca em todos os brasileiros é, no entanto, de tal ordem que o seu êxito possui uma profundidade que não foi alcançada pelos anteriores sucessos de bilheteria do cinema brasileiro.

Pela primeira vez um romance brasileiro é transposto de maneira totalmente válida para a tela. A temática nordestina foi durante muito tempo a preferida pela melhor literatura brasileira moderna e a tendência de nosso cinema é retomar esse curso. Até agora, porém, os filmes "nordestinos" haviam se inspirado na literatura popular e no jornalismo secundário, ou no teatro. No primeiro caso está a série já longa que vai de *O cangaceiro* até *Lampião, o Rei do Cangaço*. O grande exemplo, ainda isolado, de filme tirado de uma peça teatral é *O pagador de promessas*. A fita *Seara vermelha* partiu da obra de Jorge Amado, mas cingiu-se na realização à utilização de um fragmento do romance reelaborado como argumento e roteiros cinematográficos bastante autônomos. O que caracteriza *Vidas secas* de Nelson Pereira dos Santos é o respeito à integridade da narrativa de Graciliano Ramos. Se, ao que tudo indica, a capacidade de integrar as estruturas romanescas num filme é sinal de maturidade para qualquer cinema, então o cinema brasileiro está atingindo a sua.

A fidelidade de Nelson a Graciliano não significa que o cineasta tenha ousado ignorar a fronteira tradicional entre a expressão literária e cinematográfica, como o fazem tranquilamente alguns realizadores estrangeiros. O leitor do romance *Vidas secas* passa a maior parte do tempo mergulhado nos pensamentos dos personagens, o casal de sertanejos, os dois filhos e a cachorra Baleia. Na fita é através de seu aspecto físico, seu comportamento, seus atos, pouca palavra e alguns latidos que os personagens humanos e a cadelinha se comunicam com o espectador.

Não levando, pois, a fidelidade intelectual até as últimas consequências estéticas, como fez Bresson com Bernanos, Nelson Pereira dos Santos optou pela transposição, o que o levou a proceder a diversas alterações, algumas importantes, e quase todas redundando numa reafirmação de respeito pelo espírito, quando não pela letra, do texto de Graciliano Ramos.

Há na fita uma sequência cheia de significação relativa a cangaceiros da qual não existe, à primeira vista pelo menos, vislumbre na narrativa original. Um pouco de atenção é, todavia, suficiente para fazer-nos sentir a correspondência exata e harmoniosa entre essa passagem da fita e as realidades do personagem literário, o sertanejo Fabiano, que nutre fantasias de ingresso no cangaço como forma de rebelião contra as forças sociais que o oprimem. Em compensação a noite agônica que Nelson Pereira dos Santos faz Fabiano passar na cadeia possui uma explicitação dramática de dor, inclusive física, que se afasta bastante da contenção severa e da generosidade sempre cáustica do escritor alagoano.

O exemplo mais extraordinário de afastamento-aproximação entre o filme e o livro nós o encontramos na sequência em que o filho mais velho pergunta para a mãe o que é inferno, acaba sendo castigado e medita sobre o assunto. O espírito com que Nelson Pereira dos Santos tratou o acontecimento é rigorosamente antagônico à significação que Graciliano Ramos lhe prestou no romance. O curioso é que o cineasta traiu frontalmente o escritor numa passagem bem definida, mas de maneira a permanecer estritamente fiel ao espírito global do livro.

Não é preciso ter lido o livro de Graciliano Ramos para se gostar da fita de Nelson Pereira dos Santos. Esta última adquiriu, para si própria, alta e autônoma validade artística plenamente apreciada pelas centenas de milhares de espectadores que ignoram o livro. Para quem o leu não se coloca o problema ocioso de saber se é melhor do que a fita ou vice-versa. Como, no entretanto, as relações entre o livro e o filme permanecem íntimas, o leitor-espectador de *Vidas secas* adquire o sentimento privilegiado de conhecer uma obra através de duas artes. Essa experiência é rica de ensinamentos para os estudiosos de estética. Por isso a cadeira de Teoria da Literatura da Faculdade de Filosofia da Universidade de São Paulo dedicou alguns seminários ao estudo do filme de Nelson P. dos Santos.

Vidas secas é o quinto filme de seu autor, paulista com pouco mais de trinta anos, radicado no Rio onde em 1954 realizou sua primeira obra, *Rio, 40 graus,* sucesso de bilheteria e crítica, e durante algum tempo assunto obrigatório dos jornais graças à tolice de um chefe de polícia que o tachou de subversivo e pretendeu impedir a sua exibição. Na realidade o filme era composto por uma série de visões singelas da vida popular carioca, tratadas numa maneira aparentada com a dos realizadores italianos do imediato após-guerra. *Rio, Zona Norte* não obteve êxito comercial ou de estima, e os dois filmes seguintes, *Mandacaru vermelho* e *Boca de Ouro,* foram realizações de circunstâncias sem maior significação. Na filmografia de Nelson Pereira dos Santos deve, entretanto, constar ter sido ele o produtor de *O grande momento*, dirigido por Roberto Santos já há vários anos e cuja posição de melhor filme "paulistano" ainda não foi ameaçada.

Muito próximo dos jovens cineastas do chamado Cinema Novo aos quais tem ajudado com sua experiência e competência, Nelson Pereira dos Santos é frequentemente assimilado ao grupo e os próprios cinemanovistas colocam alegremente em seu ativo o sucesso de *Vidas secas*. Na realidade o esplêndido amadurecimento da obra se vincula a uma linha estética tradicional que nada possui de revolucionária.

Apesar de sua excelência, *Vidas secas* tem, como qualquer outra fita brasileira, encontrado dificuldades junto ao comércio cinematográfico do Brasil e cujos interesses são por demais vinculados à importação, distribuição e exibição dos filmes estrangeiros — o jornalista Ely Azeredo denunciou com veemência a sala carioca que lançou *Vidas secas* e que a retirou de cartaz após uma semana, apesar da afluência do público. É que o cinema em questão havia programado a fita apenas para cumprir o decreto de obrigatoriedade, e estava ansioso por exibir os produtos habituais importados do estrangeiro. O crítico da *Tribuna da Imprensa* advertiu o comércio cinematográfico de que essas práticas discriminatórias em relação aos filmes brasileiros, impedidos de ter uma carreira normal em nosso próprio mercado interno, são de natureza a fortalecer a opinião dos que defendem a tese do monopólio estatal em matéria de importação e distribuição de filmes.

[1963]

NA LINHA DE FRENTE

Começo de conversa

Gostaria de saber direito o que vou fazer neste canto da página dedicado ao cinema. Mas não sei. Não darei conselhos e, é claro, não farei moral. Também não farei política que não dou para a coisa. Já tentei, há muito tempo, e fracassei. Política é ter certezas, ou fazer que as tem, e procurar impingi-las aos outros. Minhas eventuais certezas são por demais genéricas ou particulares e não valem para a ação. Posso também assegurar que aqui neste canto não se refugiará um chamado especialista em cinema. Não pretendo influenciar ninguém, mas confesso que tenho horror pelos especialistas em cinema e que só os leio por obrigação, e olhe lá. Não perdoo ao crítico cinematográfico o fato de seus artigos serem sistematicamente mais cacetes do que as fitas que comenta. Também não levo a sério a história do crítico ser intermediário útil entre as fitas e os espectadores. Na realidade os críticos passam a vida se entrelendo e entreolhando. No fundo só eles se entendem e o público tem pouco ou nada a ver com o que dizem nas linhas e sobretudo sugerem nas entrelinhas, já que lhes apraz muito a alusão e o subentendido. Sou amigo de muitos, do Rio e de São Paulo, do Norte e do Sul, e gosto de conversar com eles, inclusive sobre cinema. Uma das coisas boas das fitas são as conversas que motivam ou sugerem. O que há de ótimo em cinema é que toda gente está a par, como a política, o futebol ou os crimes importantes. De maneira que a minha função aqui pelo jeito será promover conversas em torno ou a propósito de filmes ou de qualquer um dos numerosos aspectos da vida cinematográfica. Gosto de falar, mas também sou bom ouvinte. Fico torcendo para receber muita carta a propósito do que foi dito aqui, desde que toque de perto ou longe — não importa — o cinema. Senão, me sentirei falando sozinho, o que não só é fim de conversa mas começo de desconversa e divagação. Sei que tenho tendência para a divagação. Divagar acompanhado não é grave. Só, é ridículo e, o que é pior, inútil. Não deixem. Meu assunto predileto será o cinema nacional que está cada vez melhor mas cujo estrangulamento será fatal se não forem feitas muitas coisas. Aviso final: sou um homem completamente sem princípios pelo menos em matéria estética. Em outras matérias deixemos o futuro falar.

E para começar já a conversa, soube de uma coisa escandalosa. Quero contá-la e ver o que os outros pensam. Um comerciante de passagem por São Paulo assistiu filmes brasileiros e achou que alguns poderiam fazer boa carreira no Japão. Resolveu experimentar com uma fita de Walter Hugo Khouri, *Na Garganta do Diabo*. Os negócios empreendidos corriam bem e estavam prestes a concluir-se quando as autoridades competentes informaram que o Brasil não possuía cota para colocar filmes no mercado exibidor japonês. Enquanto isso, são tranquilamente e anualmente exibidos no Brasil cerca de duzentos filmes japoneses. Esses fatos causam uma indignação salutar, mas é preciso que esta tenha endereço certo. Os japoneses não têm culpa no caso. Não compete a eles sair oferecendo cotas. As autoridades brasileiras é que devem solicitar, e eventualmente exigir, autorização para a venda de nossos filmes no Japão. Se ainda não tomaram esta e outras medidas igualmente simples em favor de nosso cinema, é apenas por descaso.

[1963]

Falar bem e mal de Khouri

Outro dia falei de Walter Hugo Khouri a propósito de uma fita dele que teve a exportação para o Japão impedida devido ao pouco-caso do governo brasileiro pelas coisas do cinema nacional... Pois Khouri continua assunto. Sua última fita, *A ilha*, já apresentada em São Paulo batendo recordes de bilheteria, está para ser lançada no Rio e em outros estados brasileiros. Walter Hugo Khouri, aliás, é o único cineasta brasileiro que tem permanecido continuamente assunto durante os últimos anos. Não há nada mais justo. Para começar, só ele entre os cineastas brasileiros movidos por intenções artísticas mostrou-se capaz de enfrentar e vencer os inúmeros obstáculos que se antepõem, entre nós, à produção mais ou menos contínua de filmes dotados de alguma ambição estética. Khouri tem pouco mais de trinta anos e já realizou cinco filmes de longa-metragem, o que, na conjuntura brasileira, é uma performance quase milagrosa.

O público, essa entidade sem face definida cuja unidade é cada um de nós, não tinha até agora dado muita bola para as fitas de Khouri. Isso lhe valeu a reputação de cineasta difícil, e um empecilho suplementar para o prosseguimento de sua carreira de cineasta. Ao mesmo tempo, porém, suas fitas tornaram-se obrigatórios centros de referência na polêmica viva e estimulante que se manifestou durante os últimos anos nos setores mais jovens da cinematografia brasileira. Suas fitas e também suas ideias, já que Khouri não se limita a filmar. Eventualmente escreve, bem melhor do que a média dos profissionais da crítica, e sobretudo fala, às vezes em público. Khouri tornou-se naturalmente campeão e líder dos que pensavam como ele e, com a mesma naturalidade, alvo predileto dos que tinham ideias diversas e adversas. É fácil resumir numa frase o pensamento de Khouri. Para ele o caminho certo para o cinema brasileiro seria o de temas e sentimentos permanentes e universais tratados numa linha obstinadamente estetizante. Os adversários exigiam filmes definidos no tempo e no espaço, ansiavam por vibrações humanas mais amplas do que as circunscritas ao esteticismo, e denunciavam a obra de Khouri como encarnação do mais estéril alheamento, ou melhor, da alienação, já que é essa a expressão ritual utilizada nesses debates que apaixonam a juventude brasileira. As fronteiras que separavam os amigos e inimigos artísticos de Khouri eram fáceis e simplificadoras demais. É possível que *A ilha* esclareça melhor Walter Hugo Khouri para todos e para ele próprio.

Por hoje quero dizer só mais uma coisa. Khouri tem vivido na ilusão de que é possível filmar intenções. Como, ao filmar, ele está animado por elas, como se esforça em sugeri-las nos pormenores acaba se convencendo de que suas intenções estão impregnando a obra que realiza. Quando a fita pronta não encontrava eco a culpa seria do público. Com *A ilha*, porém, Khouri obteve uma plena comunicação com os espectadores. Só que suas intenções permaneceram, como das outras vezes, letra morta. O que nós, público, encontramos em *A ilha* não foi, como pretendia Khouri, uma meditação pessimista sobre a natureza humana, mas um alimento ambíguo e infantil para o nosso arrivismo. O que talvez lance luzes novas sobre o público e sobre Khouri.

[1963]

Herói Massaini vítima

Li na coluna cinematográfica de Ignácio de Loyola que Oswaldo Massaini, o produtor de *O pagador de promessas*, de Anselmo Duarte, *Lampião, o Rei do Cangaço*, de Carlos Coimbra, e do projetado "Dente de ouro", a ser dirigido por Lima Barreto, decidiu não mais cuidar da realização de filmes. Doravante se dedicaria exclusivamente à distribuição de fitas estrangeiras.

Como Loyola é jornalista bem informado, o fato deve ser verdadeiro. As razões que Massaini teria avançado para explicar sua atitude são, entretanto, bastante surpreendentes. Ele se apresenta como vítima do êxito. O triunfo de *O pagador de promessas* em tantos festivais a começar pelo de Cannes, o mais prestigioso de todos, teria transformado a vida de Massaini num inferno. Ele teria declarado que "é muito fácil atirar pedras em quem está por cima", não se tendo furtado de fazê-lo os inimigos gratuitos brotados como cogumelos desde os primeiros telegramas de Cannes com a boa-nova da vitória.

Essas notícias me parecem graves e me deixam bastante perplexo. Conheço mal Massaini — devo ter conversado com ele umas duas ou três vezes — e não seria capaz de definir a fundo sua personalidade. Segui, porém, com atenção sua carreira de comerciante e industrial de cinema. Ele parecia confirmar os sintomas encorajadores que encontrávamos aqui e ali, no panorama cinematográfico brasileiro. Massaini tornou-se conhecido como distribuidor especializado em filmes brasileiros. Isso o distinguia imediatamente do comerciante-tipo que pratica cinema no Brasil, o qual não passava de peça sem maior relevo no mecanismo importador que se alimenta do subdesenvolvimento. Distribuindo filmes nacionais, Massaini tinha interesse em suscitá-los. Passou a financiá-los e, logo, a produzi-los.

Não vem a pelo observar que eram fitas medonhas. Mesmo porque Massaini sentiu chegada a hora de fazer filmes melhores e os fez. Entre outros, *O pagador de promessas*, que lhe rendeu um bom dinheiro, nos encheu de orgulho e teve efeito tão estimulante na vida cinematográfica brasileira.

E eis que surge a notícia de que Massaini não produzirá mais filmes brasileiros e nem sequer os distribuirá. Só cuidará de filmes estrangeiros. Esse caso extremo de regressão merece muita atenção. Comerciar com o filme importado é o que toda gente faz é ganhar o dinheirinho certo é se integrar num statu quo medíocre e rezar para que não se altere. Em suma, é tudo aquilo contra o que se insurgiu a atividade anterior de Massaini. E ele agora renuncia diante de quê? Da adversidade? Não, do êxito, ou melhor, das responsabilidades e consequências do êxito.

Se tudo isso se confirmar, o mal que Massaini terá feito à causa do cinema nacional será muito grande. Pois, ficará provado, que não são apenas as condições objetivas que atrapalham seu desenvolvimento. As motivações de pessoa assumirão volume igual ou maior. Acabaremos com a impressão de que a psicologia do produtor cinematográfico brasileiro não é adequada ao êxito. O clima que lhe convém é mesmo o da frustração.

[1963]

O Primo e a prima

Não é por virtude que em geral não falo mal das pessoas. Virtude minha ou das pessoas. Também não é por indiferença. Isso não, pois está aí um sentimento que não conheço. Acho que nunca fui indiferente a nada. Vai ver é isso que me dá às vezes uma canseira... É isso, precisamente, o interesse cansa. Sobretudo o positivo, o que simpatiza, quer compreender, ajudar, estimular. O outro, o negativo, até que não é muito, retifico, não é nada fatigante. Muito pelo contrário! Acabo de descobrir que falar mal descansa. É uma descoberta que me fará muito bem.

Vivi até agora na impressão de que falar mal era unir o inútil ao desagradável. Mas agora que descortino sua utilidade para o repouso está me parecendo que devem existir outras faces agradáveis. Nunca separei a teoria da prática e não é agora que vou começar. Quero esclarecer a questão e de agora em diante vou me dedicar com periodicidade e escrúpulo à atividade de falar mal.

Vamos começar hoje tecendo comentários maldosos a respeito de uma senhora e de um senhor. Que os leitores não se sobressaltem. Seria incapaz num primeiro ensaio de alcançar esse limite. Com efeito, a senhora e o senhor não se conhecem sequer. Ou, antes, ele a conhece de vista e de nome e é só. Quanto a ela, o ignora total e absolutamente, se o ignora! Disso tenho certeza. Mas todos que vamos ao cinema em São Paulo o conhecemos pelo menos de nome.

Pois ele se chama Primo Carbonari. Já o encontrei algumas vezes e gosto dele. Ele é inteligente e certamente boa pessoa. O leitor está me achando positivamente desajeitado para falar mal, o leitor que, como qualquer indefeso paulistano, assiste semanalmente aos jornais cinematográficos de Primo Carbonari. "Inteligente, boa pessoa, e daí?" E daí nada. Eu concordo com o leitor, com a cidade de São Paulo e, parece, com vastas áreas do interior, concordo que os jornais cinematográficos de Primo Carbonari são maus, são ruins, são péssimos. E não há como escapar. Se para evitá-los procuramos chegar atrasados à sessão de cinema, corremos o risco de não encontrar lugar.

Somos condenados a Primo Carbonari. A essa pena pesada e hebdomadária alguns cinemas acrescentam às vezes uma dose de Jean Manzon. Não vamos reiniciar a clássica discussão, já acadêmica, sobre qual deles é o pior. O assunto evoluiu e hoje os melhores especialistas estão concordes em que um paralelo entre Carbonari e Manzon não tem sentido, pois é diversa a natureza da ruindade de cada um deles. Manzon é o ruim da classe internacional, ao passo que Carbonari é o ruim subdesenvolvido. Em suma, Carbonari é o pior cineasta brasileiro e Manzon é o pior do mundo.

Afinal em vez de falar mal de um senhor, falei de dois e deixei a senhora para trás, o que me obriga a, por ora, abandoná-la. Mas não sem antes satisfazer a justificada curiosidade dos leitores.

A senhora é Greta Garbo.

[1963]

Babá Saci Anselmo

Não sei o nome de Babá e pouca gente o conhece. Ela foi babá a vida inteira, sou eu o primeiro marmanjo de quem cuida, o nome da profissão substitui-se ao próprio. Ela cuida da casa e canta, o que é bom para quem não possui TV ou rádio. Graças a Babá vou conhecendo as músicas de maior sucesso e relembro canções antigas. Não é tudo, porém. Babá chega tarde, mas com tempo folgado para presidir ao meu acordar. Se aconteceu algo de importante no mundo, no país, em São Paulo ou Vila Clementino, é através dela que sei. Pois outro dia ela chegou, me acordou e disse: "O Anselmo devolveu o prêmio!". Nesse instante compreendi que o prêmio Saci de cinema havia se tornado tão ou mais importante do que o de teatro. Até que enfim.

Durante o ritual da entrega da graciosa estatueta de Brecheret o clima costumava ser melancólico para os amigos do cinema brasileiro. Era evidente a familiaridade do público com as peças e a gente de teatro. Aplausos ou murmúrios (a vaia não é praticada, já que essa bela tradição é interpretada entre nós como agressão mal-educada) partiam de torcedores que haviam optado. Na hora do cinema as palmas comedidas tinham o som gelado da cortesia. Uma ínfima minoria havia visto os filmes e os nomes eram pouco, mal ou nada conhecidos. Às vezes, raramente, se manifestava uma maior animação, em torno de um Lima Barreto, por exemplo. E sucedia também que pessoas a par da produção cinematográfica nacional por obrigação ou patriotismo se sentissem constrangidas e encabuladas diante dos premiados. Na madrugada das festas pensava-se com perplexidade naqueles filmes às vezes pejados de Sacis, já esquecidos ou tendo deixado atrás de si lembranças esparsas, poucas e más.

Isso acontecia cada vez, e de ano para ano fomos acostumados a não dar importância ao Saci do cinema. Como também eu não conseguia nutrir interesse pelos resultados, houve quem criticasse meu alheamento e o interpretasse como descaso pelo cinema nacional. Sei que não era o caso, pois data desse tempo a descoberta surpreendente que fiz um dia dentro de mim: o único cinema que me interessa *de fato* é o brasileiro. O que houve então? Um dia vou refletir com vagar a respeito de minha indiferença pelo Saci de cinema. Ela vem do tempo em que a distribuição larga e sem consequências de prêmios era presidida pela generosidade, boa vontade e fé de Francisco Luís de Almeida Sales. Eu não morava em São Paulo quando nasceu o Saci de cinema. Imagino que no período áureo da Vera Cruz havia correspondência entre os prêmios e os filmes ou acontecimentos que despertavam tanta esperança. Depois o cinema nacional deu para trás e os raros sinais animadores foram quase sempre frustrados. Os filmes eram ruins e poucos, mas isso não impedia que os Sacis de cinema continuassem a ser espalhados a mancheias num ritmo imperturbável com algo de automático e maníaco. Almeida Sales partira para cuidar de assuntos culturais brasileiros na França. Seu prestígio e influência, o espírito não prevenido que é o seu, e igualmente o bom humor e o tato que o caracterizam, fizeram falta. O prêmio Saci de cinema assumiu a fisionomia de operação laboriosa em torno da constituição do júri. Escolhidos os jurados, não sobravam dúvidas maiores a respeito da distribuição dos troféus. Chegavam eventualmente até ao meu sossego alguns ecos das quizílias ácidas entre interessados pelo destino deste ou daquele prêmio. Mas como era possível olhar com atenção aos acontecimentos que envolviam número tão reduzido de pessoas em torno de fatos ou filmes de tão pouca monta?

O ano passado do cinema brasileiro alterou totalmente esse panorama desimportante e vai daí o interesse vivo de Babá, meu e de tanta gente. Em 1962 aconteceu um fato sensacional. Anselmo Duarte realizou um filme brasileiro que não é interessante, curioso, prometedor ou estimulante, mas pura e simplesmente bom. Não escondo a alegria que esse fato decisivo, raro e imprescindível me causou. Como se isso não fosse suficiente, o mesmo ano que viu nascer *O pagador de promessas* assistiu à cristalização no Rio de Janeiro de um fenômeno cinematográfico novo cujos frutos estão em *Os cafajestes*, de Ruy Guerra.

Tornando-se importante, o cinema nacional conferiu importância ao seu Saci, mas apanhou-o despreparado. A conclusão que se pode tirar da celeuma levantada por Anselmo Duarte é extremamente positiva. Tendo alcançado o nível de significação do Saci de teatro, o de cinema se subordinará necessariamente de agora em diante a normas idênticas de qualificação e rigor.

[1963]

Susto bom e mau

Soube que o deputado Rogê Ferreira está colhendo assinaturas para a constituição de uma Comissão Parlamentar de Inquérito destinada a esclarecer para o governo e povo a situação do cinema no Brasil. Soube também que o assunto cinematográfico está na pauta das preocupações do ministro Paulo de Tarso desde sua primeira semana de ministério. Um eco cuja procedência não pude verificar indicaria que o próprio presidente da República volta sua atenção para o problema do cinema brasileiro.

Gostei muito desses rumores. Basta as autoridades públicas atentarem um pouquinho para a situação do cinema nacional e o resultado será um susto salutar. Refeitos da emoção, os homens públicos vão desejar fazer alguma coisa e naturalmente procurarão ouvir a gente cinematográfica. Aí levarão outro susto, porém nada salutar.

É, com efeito, assustadora a confusão que reina nas ideias da corporação cinematográfica nacional. Houve um instante, não faz muito tempo, em que não era assim. Alguns pontos bastante simples eram aceitos por todos e uma ação coerente e harmoniosa se processava nas comissões de cinema do município, do estado e da União. O resultado desse esforço combinado foi a criação do Geicine [Grupo Executivo da Indústria Cinematográfica] pelo então presidente Jânio Quadros. Esse ato poderia ter sido um marco decisivo na história da nossa cinematografia. Logo após, entretanto, o Geicine viu-se esvaziado de qualquer autoridade por atos posteriores desse mesmo presidente.

Não poderiam ter sido piores para a causa do nosso cinema os resultados da incoerência governamental. A corporação perdeu o espírito de equipe: renasceu o clima ácido da desesperança e da frustração. Cada vez mais as soluções procuradas voltaram a refletir preocupações imediatistas e individualistas. A desordem das ideias data daí. E perdura até hoje.

Está, porém, chegando a hora de dar respostas claras e soluções válidas às perguntas que serão feitas pelos poderes públicos felizmente — ao que tudo indica — interessados nessas respostas. Se a corporação for incapaz de formular uma política cinematográfica brasileira desta vez a culpa será exclusivamente sua e não dos poderes públicos.

[1963]

Lucidez de Brasília

Ciro dos Anjos, velho brasiliense que há dias, perto da W3, autografava seu último livro como se estivesse na Zé Olímpio carioca, foi quem me explicou tudo. O amor à primeira vista por Brasília é generalizado. À euforia segue-se um período de depressão igualmente válido para todos. É numa terceira e última etapa que os sentimentos se diversificam. Uns se acostumam, mal e mal, olham para o futuro, trabalham para ele e, um dia, surpresos, se descobrem plenos e serenos. Para outros a depressão se cristaliza em rancor.

Há uma suma semelhança entre Brasília e o casamento. Ninguém ainda descobriu como alguns casamentos dão certo ou o porquê exato do amor ou ódio por Brasília. Verifica-se, entretanto, que os melhores se acostumam. Os melhores são hoje, dizem, maioria pelo mundo e aqui também, de forma que Brasília vai bem.

Meu testemunho é, porém, frágil. Não me casei com esta cidade, não experimentei sequer a ligação que marca. Meu namoro inconsequente com Brasília tem se desenvolvido dentro da improvisação e desordem que são aqui a norma, exceto nos grandes empreendimentos como a edificação da própria cidade ou a criação da universidade.

Sei, vi e vivi pouco de Brasília, mas a gente adivinha. Outro dia, encontrei na casa de Ciro dos Anjos seu velho amigo Newton Prado, o poeta e jornalista que forneceu tantos traços para o *Amanuense Belmiro*. Newton evocava nostálgico o Belo Horizonte de antigamente, as noites sem fim com os agiotas dormindo e a cidade povoada de jornalistas pobres e marafonas. Sua conclusão foi de que à noite as pessoas são melhores. Então comecei a pensar como Brasília é uma cidade com vocação para a lucidez diurna que se tornou impraticável no Rio ou em São Paulo. O mergulho acordado na noite em busca de serenidade não será, em Brasília, imprescindível. Aqui será possível, melhor do que em qualquer outra grande cidade, ver claro durante o dia e, à noite, dormir.

Em Brasília tudo é fantasticamente real e ao mesmo tempo bastante imaginário. Eu estou aqui para pensar e discutir cinema, cultura cinematográfica, Cinemateca Brasileira. É uma cidade em que as condições do comércio cinematográfico mais corrente são as mais precárias; onde a organização da mais simples projeção cultural de filmes coloca problemas infindáveis, complexos e menores. E, no entanto, precisei vir aqui para entender os termos exatos do problema da cultura cinematográfica no Brasil.

É incrível como chegou rápido o momento em que ver e ser brasileiro não é mais possível sem a ótica de Brasília.

[1963]

Novembro em Brasília

Organizar e fruir não são compatíveis. Fui membro da Comissão Coordenadora designada pelo professor Cleanto Rodrigues de Siqueira, presidente da Fundação Cultural do Distrito Federal, para organizar e dirigir a 1 Semana do Cinema Brasileiro, em Brasília. Meus colegas e eu tivemos participação responsável num acontecimento que adquiriu significação e proporções inesperadas, mas ao final sentíamo-nos bastante frustrados em meio a uma euforia generalizada. Assistir filmes brasileiros, de 11 a 22 de novembro, em Brasília, era tarefa de tempo integral. Os filmes que passavam no Cine Brasília, na Escola Parque, na Aliança Francesa ou na Casa Thomas Jefferson exigiam atenção exclusiva. Os coordenadores da Semana não podiam obviamente atender a essas condições. Nas poucas vezes que vimos filmes de cabo a rabo instalados numa poltrona, e não de pé ou sentados no chão, as antenas não se desligavam das preocupações inerentes a esses empreendimentos. Não pudemos assim participar plenamente de uma experiência inédita: assistir a uma dúzia de filmes nacionais bons ou ótimos, longos e curtos.

O significado da 1 Semana não se restringiu, porém, à qualidade dos filmes exibidos; foram eles condição necessária, mas por si só não esclarecem o sentido do acontecimento. Apresentados nas habituais manifestações cariocas ou paulistas, se limitariam a dar forma a um resultado artístico esperado. Os poucos milhares de espectadores que no Rio e em São Paulo vislumbram o destino de nosso cinema compreenderiam que os tempos estão chegando. Isso estaria muito aquém do impacto, por assim dizer sociológico, causado em Brasília.

A composição social do público de 2 mil pessoas que acompanhou a 1 Semana do Cinema Brasileiro é diversa da que se encontra no Rio ou em São Paulo. Há na capital um núcleo sólido, estruturado nos cursos de apreciação cinematográfica, mas o número maior de espectadores da Semana se recrutava em setores tradicionalmente indiferentes, desconfiados ou mesmo hostis ao cinema brasileiro. O fenômeno de Brasília foi o da conversão em massa. A nota dominante dos comentários era a surpresa, o espanto, a estupefação. Para o espectador mais velho que vira *O cangaceiro*, para o mais moço que se lembrava de *O pagador de promessas*, parecia incrível assistir em alguns dias cinco ou dez filmes brasileiros e gostar de quase todos. Os que haviam visto *Vidas secas*, *Deus e o Diabo na terra do sol* e *Noite vazia* consideravam esses filmes acontecimentos fortuitos e se encontravam despreparados para o que Brasília revelava: um conjunto onde até os piores haviam melhorado.

Examinando mais de perto os convertidos de Brasília, é fácil prever a contribuição salutar que trarão ao cinema nacional. O público era constituído em boa parte pelos altos quadros do Executivo, do Legislativo, da Magistratura, do Serviço Público e das Forças Armadas. Foi precisamente para esses setores-chave da vida oficial que o cinema brasileiro surgiu como inesperada revelação. Tudo leva a crer que foi atingido em cheio o mais tenaz e invisível obstáculo com que se defronta o filme brasileiro, isto é, a enraizada mentalidade importadora de nossas elites políticas e administrativas em matéria de cinema.

É bastante fechado o pequeno mundo do cinema brasileiro. As permanentes dificuldades e incompreensões, geradoras de malogro e frustração, levam a profissão a uma mentalidade acanhada de gueto corporativo. Um dos méritos dos jovens do Cinema Novo foi estabelecer a mais indiscriminada trama com todas as faces da vivência nacional. Se em Brasília foi alcançada a mais completa abertura para os nossos filmes, isso se deve não só às qualidades intrínsecas dos mesmos ou à natureza particular do público, mas também ao critério que excluiu do júri qualquer especialista em cinema.

O cinema é interessante demais para ficar à mercê de seus críticos. Como a política, a religião, o futebol, os crimes importantes ou as doenças sem importância, o filme é algo de que toda gente entende e fala. O filme não intimida, essa é a sua força e a sua razão de ser. O crítico, incapaz de reconquistar o diapasão da inocência, sufoca as pulsações mais profundas dos filmes. Resistindo mal à fatalidade corporativa, ele se vincula irresistivelmente aos subguetos do gueto corporativo, e nessa atmosfera opressiva se processa a circulação curta de impressões e preferências. Desenvolvi essas ideias perante o Conselho Diretor da Fundação Cultural ao propor um júri sem críticos para a I Semana do Cinema Brasileiro. Os conselheiros não concordaram com as considerações expendidas, mas aceitaram a experiência.

Formaram o júri dois deputados, um arquiteto, um diplomata, um romancista, um violinista, uma professora de teatro, uma jornalista, um poeta, um professor de ginásio, um adido cultural de embaixada estrangeira, um homem de empresa e o secretário de Educação e Cultura de Brasília, que foi o presidente. Segui atentamente os trabalhos finais que se prolongaram durante cinco horas e fiquei bastante impressionado. Tive a sensação quase física de ver o cinema brasileiro liberto das amarras dos especialistas e da corporação para vir ao encontro tão esperado com sensibilidades e imaginações até então modeladas, em cinema, pela importação. A expressão "corpo de jurados" assumiu no meu entendimento um sentido literal. Era um corpo, uma forma orgânica cuja gestalt correspondia, em nível superior, à do público de onde emergia. As vibrações das duas entidades coletivas, júri e público, se assemelhavam bastante às de um espectador com a virtude da disponibilidade. Os entendimentos e desentendimentos, as preferências indiscutíveis, a constituição das maiorias, os dilaceramentos, as opções necessárias e frustradoras, o sentimento final de que a justiça foi feita (mas com que ressalvas) — toda essa movimentação num grupo de treze jurados ou num público de 2 mil pessoas corresponde às dúvidas, certezas, perplexidades e decisões de um espectador de sensibilidade média e boa-fé.

Como estamos distanciados dos júris críticos que ignoram esse borbulhar através do qual a opinião procura sua forma, nos quais o que se alcança não é a opção final de um corpo, mas apenas o modus vivendi aceitável para tais ou quais setores da corporação. Ignorando o mundo cinematográfico brasileiro e por ele ignorado, o júri de Brasília mergulhou sem preparo, preferência ou preconceito no oceano de imagens que lhe foi proposto e nele procurou e encontrou normas e critérios de avaliação. Se eu e outros colegas de cinema tivéssemos participado das deliberações, teríamos contaminado o júri e introduzido na decisão final uma margem de compromisso com laivos de falsificação.

Tal qual, a premiação do júri homologada pelo público corresponde às minhas vivências com os filmes e se harmoniza até com meus desacordos — o que não deixa de apresentar algum mistério. Só me foi dado ver duas sequências completas de *A hora e vez de Augusto Matraga* e me senti diante do melhor já visto em cinema brasileiro. Como não aceitar, pois, que o filme de Roberto Santos tenha sido o grande vencedor da Semana de Brasília? Dos estreantes, *Menino de engenho* e *São Paulo S.A.*, o primeiro me encantou e o outro me interessou muitíssimo. Ambos receberam menções especiais. O prêmio dado à fotografia de *Vereda da salvação* e a menção a dois de seus intérpretes correspondem bem palidamente à impressão profunda que o filme de Anselmo Duarte me causou. Ao mesmo tempo, porém, constato o peso de três referências feitas por um júri extremamente sóbrio em suas manifestações. *A falecida* é um filme que foi bom há um ano e tornou-se medíocre depois de tudo o que aconteceu em 1965 no cinema brasileiro, mas o prêmio dado a Fernanda Montenegro me parece indiscutível. Quanto aos curtas-metragens, apoio inteiramente o prêmio a *O circo* e as menções de *Viramundo* e *Roda e outras histórias*. A inclusão de *Calçadas do Rio* me pareceu supérflua, se bem que compreendia a atração que pode exercer o ensaio de David Waisman e Xavier de Oliveira.

Dos doze filmes de longa-metragem em competição, o júri ignorou sete em sua decisão final. Quanto a seis deles, nada tenho a opor, se bem que tenha visto alguns com bastante curiosidade. Mas no que se refere ao sétimo, *O desafio*, trata-se talvez do filme mais importante apresentado durante a i Semana do Cinema Brasileiro.

A obra de Paulo César Saraceni é indefensável. Adianta pouco tentar demonstrar suas qualidades àqueles — a grande maioria — que não a aceitam. Resta promover uma maior aproximação entre *O desafio* e os seus desafetos através do aprofundamento da hostilidade. Essa operação é fácil. Nunca vi um *não gostar* tão laborioso, preocupante e tenaz como o provocado por *O desafio*. O filme penetra nas pessoas e as verruma por dentro. É revelador o que aconteceu a um casal de jornalistas de Brasília: marido e mulher odiaram a fita num acordo total, discutiram a noite toda e de manhã decidiram que urgia revê-la.

História de um jovem intelectual de esquerda perdido na existência após os acontecimentos políticos e militares de março e abril do ano passado, expressão política em termos coletivos, é caminho certo para a decepção. Igualmente inútil é considerar simples pretexto o contexto histórico onde evoluem os personagens. Uma abordagem mais fecunda seria considerá-lo um filme-conversa na linha sugerida por *Integração racial* do próprio Saraceni ou pelas produções de Thomaz Farkas. Defrontamo-nos, porém, aqui com um filme-conversa reconstituído, no qual o documento é depoimento. Essa expressão, aliás, não satisfaz, pois implica um distanciamento lúcido e concertado de que não há traço em *O desafio*. "Confissão" seria mais adequada se a palavra não carreasse ideias de remorso. O motor que desagrega o universo ideológico e amoroso do herói de Saraceni não é o sentimento de culpa. Ele é reduzido à impotência por relações concretas de vida, mas permanece intacto e disponível. Seu futuro dependerá da exata natureza da fragilidade interior secretamente presente durante todo o percurso dramático. O filme confirma Paulo César Saraceni como o mais pessoal e intransigente autor de filmes que o Brasil já conheceu. Não é, porém, a intransigência e a personalidade que dificultam a comunicação do cineasta com o grande público, mas sim uma defasagem bastante semelhante à do herói de *O desafio* em sua prática de vida.

As condições em que a fita foi exibida em Brasília não poderiam ter sido mais desfavoráveis. Boa parte dos 3 mil espectadores esperava um escândalo de natureza política, o que por si só provocou um desastroso anticlímax. Pior ainda foi o desconforto: metade do público estava sentada no chão ou de pé. Boa parte já havia visto dois filmes de enfiada enquanto esperava *O desafio*, e ainda houve uma longa cerimônia com discursos. Essas pessoas estavam no cinema desde seis horas da tarde e só às onze e meia da noite começaram a ver a fita de Saraceni. Acontece que

O desafio exige de seus espectadores uma atenção e uma tensão ininterruptas. Apesar dos pesares, a obra foi a que provocou mais pensamento e discussão, deixando sua marca na Semana de Brasília. Teria sido possível ao corpo de jurados refletir esse complexo fenômeno em seu austero documento final? No correr dos dias, os membros do júri foram conquistados para a militância em favor do cinema nacional. Os produtores e cineastas presentes em Brasília haviam discutido as linhas gerais de um texto a ser enviado pela classe cinematográfica ao presidente da República. O júri encampou o documento e reuniu centenas de assinaturas de personalidades e pessoas que receberam, em Brasília, a boa-nova de um cinema brasileiro bom.

[1965]

Brasília: O Diabo solto no cinema

Por artes do Diabo, jorrou petróleo e sua exploração atraiu todos os homens válidos de um vilarejo situado nas redondezas. Além dos velhos, mulheres e crianças, só restaram um cego, um maneta e um anão. Até o padre se foi, levando da igreja a imagem da padroeira da cidade: o terreno tornou-se propício à chegada e instauração do Diabo.

Assim começa *Proezas de Satanás na Vila de Leva-e-Traz*. Escolhido como o melhor filme de 1967 pelos três júris reunidos em Brasília (o júri oficial, o católico e o da juventude cineclubista), é fácil imaginar a ansiedade aguda com que foi aguardado pelo público. Toda gente gostou e aplaudiu, mas o fato é que cada espectador, tomado isoladamente, ficou meio decepcionado.

A mim, de início, foi o petróleo que atrapalhou. A carga afetiva que envolve esse combustível no Brasil suporta mal um tratamento dramático negativo. "O petróleo é nosso", o petróleo é bom, resume e simboliza o desejo de progresso e emancipação nacional. Como vincular a Satanás esse poderoso mito, popular e positivo? Outras riquezas se associaram mais facilmente ao malefício, a começar pelo ouro, cuja natureza diabólica é universalmente reconhecida. *Proezas de Satanás* apresenta essa e outras dificuldades, mas suas invenções justificam todos os prêmios conquistados pelo autor, o baiano Paulo Gil Soares. A Bahia impregnou a Semana de Brasília: também baiano o engenheiro Ronaldo Duarte, vencedor com *Falência* na categoria de filme de 16 mm. É ainda à ação do baiano Carlos Augusto Albuquerque que se deve a própria existência do Festival, empreendimento que não teria alcançado seu terceiro ano sem a competência e o tato revelados pelo jovem diretor executivo da Fundação Cultural do Distrito Federal. E lá estava Walter da Silveira. Esse advogado e crítico cinematográfico de Salvador é uma figura nacional do cinema, foi em Brasília o seu melhor intérprete. Participando do júri, redigindo notável documento sobre a censura, comboiando a atriz Leila Diniz ao Supremo Tribunal Federal, discursando nas solenidades, chamando às falas figurões burocráticos ou modestos cabos de polícia, tentando esclarecer o despreparado presidente da República — "meus assessores só me trazem filmes estrangeiros ao Alvorada" —, Walter da Silveira foi a personalidade-chave do III Festival.

Através do próprio presidente o Executivo tomou conhecimento e levou a sério a presença do nosso cinema. O Legislativo também, mas de maneira ridícula: devido à tolice de um punhado de deputados e à leviandade da Mesa da Câmara, nossos representantes se desprestigiaram ao tentar impedir a exibição pública de *Bebel, Garota Propaganda*, do campineiro Maurice Capovilla. Afinal, a surra que leva um deputado nordestino é um episódio totalmente secundário nessa obra tão digna, que reflete expressivamente alguns aspectos vulgares da vida paulista.

Outro importante filme de São Paulo foi *O caso dos irmãos Naves*, antiga história de violência policial que adquiriu imediata atualidade ao contato com o público particularmente vibrátil dos festivais de Brasília. Um terceiro filme paulista, *A margem*, evoca as vanguardas poéticas do tempo do cinema mudo e foi o preferido pelos estetas mais preciosos.

A inclusão de mais um filme de São Paulo no programa, *O matador*, só se explica por uma exagerada cortesia ou por muita incompetência dos responsáveis pela seleção. Em linha comercial equivalente, saiu-se melhor o Rio apresentando *Mineirinho, vivo ou morto*. Esse recurso de conquistar a bilheteria com antigas fórmulas dramáticas não tem mais razão comercial de existir. A fórmula moderna reside no tipo de comédia testado no ano anterior com *Todas as mulheres do mundo* e confirmado agora com *Edu, Coração de Ouro*. Esses filmes desinibidos elevam sem dúvida o nível do cinema comercial brasileiro e devem ser estudados com proveito — notadamente em matéria de diálogo — pelos nossos cineastas.

Vem ainda do Rio o modelo de filme antibilheteria: *O engano*, de Mário Fiorani. Qualquer espectador recusaria esse filme, não fosse o talento de Mário Fiorani em percorrer a superfície dos intérpretes e orientar seus movimentos e expressões. Essa competência diretorial, no sentido mais estrito, é o suporte único da fita. Apesar de estar ainda em seu segundo trabalho, Mário Fiorani é um homem em plena maturidade intelectual. Contrastando com essa maturidade, irrompe a juvenilidade de *Cara a cara*, outro filme carioca cujas relações com o grande público serão provavelmente difíceis. Foi a revelação do Festival de Brasília: nenhuma das insuficiências de *Cara a cara* chega a perturbar a força moderna e trágica de seu autor, Júlio Bressane.

As fitas de curta-metragem também ofereceram surpresas. Ao lado de cineastas já consagrados ou em afirmação como Joaquim Pedro de Andrade (*Brasília: Contradições de uma cidade nova*) ou David Neves (*Colagem*), surgiram Renato Neumann com *Lapa 67*, Gilberto Macedo com *Heleno de Freitas* e Antônio Carlos da Fontoura com *Ver e ouvir*. Esses excelentes curtas-metragens, tão diversos, têm, contudo, um traço comum: a espontaneidade do equilíbrio entre liberdade e rigor.

Limito meus comentários aos filmes que assisti, mas houve muito mais; geralmente as projeções se prolongavam noite adentro e madrugada afora. Houve mesmo quem visse cerca de cinquenta fitas longas e curtas em 35 e 16 mm, permanecendo até o fim com um ar até satisfeito.

Vai bem então o cinema brasileiro? Não. E logo vai piorar, é o que nos diz o Seminário de Estudos que se reuniu no quadro do Festival e dedicou metade de seu tempo ao problema da censura. Eis aí uma que faz o possível para ser malvista...

Tem hoje essa instituição como principal figura — evidentemente — um general, que responde, aliás, pelo nome inquietante de Fulgêncio Façanha. É justificável a irritação de toda a corporação cinematográfica, dos produtores aos estetas. Necessário, porém, que se compreenda de uma vez por todas que esse é um problema insolúvel. Liquidar a censura é impossível; mas se o combate for arrefecido, no mesmo instante ela já levanta a cabeça e fica insuportável. O único modus vivendi é mesmo a luta. E não venham falar em transferi-la da jurisdição policial para o Ministério da Educação: o funcionário da polícia transformado em censor manifesta alguma humildade e respeito diante dos valores da criação, ao passo que o intelectual colocado em idêntica situação se metamorfoseia facilmente em pretensioso esbirro.

Caso tenham sido esquecidas as lições do Estado Novo, que se atente para as incoercíveis vocações policiais que se manifestaram na crítica cinematográfica paulista após abril de 1964. Que a censura seja preservada dos críticos-policiais amadores e permaneça policial tal qual. Para ser combatida como tal.*

---

* Ver nota na página 166 deste volume, referente ao texto "Panorama do cinema brasileiro".

Mas é por culpa dela que o cinema brasileiro vai tão mal? Não, claro que não. A censura não passa, em suma, de um problema doméstico que vai sendo contornado ou enfrentado com o possível humor. Incomparavelmente mais grave é a ameaça de desnacionalização que pesa sobre a nossa indústria. O próprio Instituto [Nacional do Cinema] já está consciente do perigo e é nítida a principal conclusão do Seminário de Brasília: se o governo não alterar o atual método de utilização dos recursos oriundos da lei de remessas de lucros, *dentro de pouco tempo o cinema brasileiro se reduzirá à condição de cinema estrangeiro produzido em nosso território.**

[1968]

* Esse mecanismo permitia às distribuidoras estrangeiras, que remetiam divisas às respectivas matrizes no exterior, aplicar uma porcentagem do imposto de renda devido na remessa numa produção brasileira. Passavam assim a se tornar produtores de filmes nacionais, com recursos públicos.

Tolice × *La Chinoise*

O cinema tem uma vocação muito forte para a tolice. Sempre foi assim e antigamente era pior, pois parece não haver dúvida de que as salas de boa parte do mundo apresentam hoje uma porcentagem menor de bobagens do que, digamos, há vinte anos. Com a censura brasileira acontece o contrário. Seu reino que poderia ser — parafraseando o exemplo trágico — ofertado em troca de um burro foi sempre o dos tolos, com a agravante que os tolos de hoje são muito mais tolos do que os de antigamente. Essa acumulação primitiva do capital de tolice na vida social brasileira está condicionando a eclosão dos mais ambiciosos empreendimentos de cretinização que a República já conheceu.

A nossa Carta Magna assegura uma intimidade constitucional entre as duas tolices, a do cinema e a da censura, de tal forma que as vantagens que poderiam advir do declínio da tolice em cinema são anuladas pela florescência vegetativa da burrice censorial. Note-se que o empreendimento de cretinização não deixa de ter uma instintiva sabedoria. A ação da censura frente ao cinema nacional e frente ao cinema estrangeiro tem uma indiscutível coerência. Os censores são muito compreensivos em relação aos filmes brasileiros tolos, e nesse ponto agem acertadamente. Afinal, a tolice é nossa e se não deve ser estimulada, não vejo razão para criar empecilhos à sua propagação, já que dela depende, parcialmente, a nossa incipiente indústria cinematográfica. Contudo, ao mesmo tempo vemos nossos censores fascinados pela produção estrangeira tola, o que é lamentável. Isso de se importar tolices em doses maciças chega a desnacionalizar nossa própria mediocridade.

Diante dos filmes inteligentes — brasileiros ou estrangeiros — a coerência da censura permanece total: procura atrapalhar a todos. Está claro que muito mais grave do que mutilar ou proibir filmes estrangeiros será mutilar e proibir filmes brasileiros. Mas, de qualquer maneira, é a mesma sensação de desfalque em face de tal gênero de proibição artística e que ilustra com um último caso em pauta, expressivo exemplo do funcionamento atual da censura: o caso de *La Chinoise*. Esse filme, de Jean-Luc Godard, não foi aplaudido por nenhum grupo político organizado de esquerda, centro ou direita, muito pelo contrário. Ao mesmo tempo, porém, suscitou muito pensamento e reflexão em indivíduos pertencentes a qualquer dessas tendências ou mesmo aos partidos políticos que delas emanam. Absurdo mesmo descobrir qualquer tipo de propaganda em *La Chinoise*, realização que busca intensamente se comunicar com a inteligência individual de cada espectador, tomado isoladamente. Desse tipo de comunicação decorrem as discussões que o filme provoca, situadas num terreno que escapa às polêmicas habituais. *La Chinoise* é um filme que estuda simplesmente as perplexidades ideológicas e vitais de um setor da juventude, de uma grande cidade do Ocidente, gravando as intermináveis discussões a respeito dos comunismos. É claro que isso foi mais do que suficiente para pôr em movimento toda a ação cretinizadora e tola da atual censura brasileira. Mas isso vai ficar assim? Até quando? Em tempo, o ministro Gama e Silva viu, gostou e liberou *La Chinoise*.

[1968]

El Cuarto

Dou a maior importância ao interesse crescente que a classe média cultural do Brasil manifesta pelos problemas de nosso filme. Jornalistas, estudantes, publicitários, professores e radialistas participam cada vez mais das esperanças e frustrações do nosso cinema. Ultimamente tenho conhecido vários que me procuraram depois de um artigo, de uma conferência ou de um programa de TV, para solicitar e fornecer informações, debater ideias e sugerir técnicas de ação.

Um dos que falaram comigo outro dia trabalha num grande matutino e me expôs um episódio que o intrigava. No mês de fevereiro o seu jornal recebeu material informativo sobre o Festival de Cinema de Mar del Plata. Procurou ler o texto, mas não conseguiu. Foi-lhe explicado que o papel já havia descido às oficinas. No dia seguinte — um domingo — procurou inutilmente a notícia no jornal e teria esquecido o assunto trivial, não fosse o acaso: um colega de um dos semanários dominicais comentou um acontecimento semelhante que ocorrera na sua redação, no mesmo dia e em torno do mesmo assunto: Mar del Plata.

O mistério aguçou a curiosidade dos dois jornalistas, que, entretanto, nada conseguiram esclarecer. Isso até a semana passada, quando um deles acompanhou uma palestra informal que mantive com estudantes do Mackenzie a respeito da política seguida pelo Instituto Nacional do Cinema no que se refere à representação brasileira nos festivais internacionais.

Não foi difícil esclarecer o ponto que o intrigava há meses. O pecado desse colega — como de tantos outros — é ler apenas o jornal onde trabalha. Senão teria encontrado facilmente a notícia que tanto o interessava. Ei-la: "Os organizadores do Festival de Mar del Plata confirmaram ontem a presença do Brasil no concurso, com um filme que recebeu o nome em espanhol de *El Cuarto*" (*Diário Popular*, SP, 11 fev. 1968).

Mas por que um grande cotidiano se preocuparia em esconder uma nota que parece tão inocente? Provavelmente porque comprova a desfaçatez de que é capaz o Instituto Nacional do Cinema para proteger os seus apaniguados.

Os filmes que o Brasil envia oficialmente aos festivais internacionais devem, teoricamente, ser escolhidos por um júri organizado pelo INC. A notícia transcrita prova que o filme em questão foi inscrito como representante do Brasil sem passar pelo crivo do júri competente. Essa anomalia tornou-se possível porque a maioria dos jurados é selecionada a dedo a fim de coonestar e oficializar sem o menor pudor qualquer decisão dos funcionários que controlam o Instituto Nacional do Cinema.

Se o filme que iria receber "o nome em espanhol de *El Cuarto*" não representou afinal o Brasil em Mar del Plata, foi unicamente porque na data marcada ainda estava sendo feito. Parece que agora, cinco meses depois de sua inscrição, já está finalmente pronto, em condições de ter seu nome retraduzido para o português: *O quarto*.*

[1968]

* Escrito e dirigido por Rubem Biáfora.

Roberto Campos em ritmo de aventura[*]

Roberto Campos é um Gudin que cita Brecht. Isso faz dele um economista um pouco mais divertido do que o seu mestre, mas é só. A ideologia e a ação desse aventureiro do statu quo tiveram indiscutível efeito soporífero: são as principais responsáveis pelo estado de adormecimento econômico que está alarmando o bom senso nacional.

Para o cinema brasileiro, Roberto Campos interessa de perto, pois o Instituto Nacional do Cinema nasceu sob seus auspícios no apagar das luzes do melancólico governo Castelo Branco. Esse apadrinhamento marcou a fisionomia do novo órgão, a falta de imaginação, a impotência e a impostura, no sentido exato do termo: "artifício para iludir".

A herança pesada explica alguns pronunciamentos do pre-

---

[*] Paródia do título de um filme popular na época: *Roberto Carlos em ritmo de aventura*. Roberto Campos fora ministro do Planejamento do governo Castelo Branco.

sidente do Instituto Nacional do Cinema como o publicado há dias no Rio: "O sr. Durval Garcia revelou que este ano haverá uma produção recorde e que talvez se registre uma crise de superprodução em função do mercado consumidor". A produção recorde seria da ordem de sessenta filmes. Nosso mercado consumidor aceita quinhentos ou mais filmes por ano. Nessas condições, que superprodução é essa?

A perspectiva do mercado brasileiro de cinema vir a consumir 12% de filmes nacionais ao lado dos 80% de estrangeiros aparece aos olhos alarmados do INC como uma crise de superprodução brasileira. A mentalidade colonial dessa gente torna-a incapaz de imaginar sequer que uma situação normal exigiria que pelo menos 50% dos filmes exibidos no Brasil fossem brasileiros. Para o Instituto Nacional do Cinema a realidade básica à qual tudo o mais deve se submeter é o statu quo de um mercado cinematográfico que existe em função do interesse estrangeiro. O Instituto aceita essa estrutura como imutável, se preocupando apenas em torná-la permeável à infusão de alguns filmes brasileiros através da "exibição compulsória", quando o problema real é a "não exibição" compulsória de tanto filme estrangeiro.

As grandes asas de Roberto Campos ainda projetarão muita sombra na vida brasileira. Mas o país está sarando. Algumas lições de Celso Furtado estão sendo ouvidas:

> Todos os países do mundo preocupam-se em condicionar as empresas estrangeiras instaladas em seu território. Elas devem ser objeto de um tratamento especial tendo em vista a proteção dos empreendimentos locais. Não parece lógico que uma empresa estrangeira goze dos benefícios dos incentivos fiscais, utilizando-se de recursos de que o governo abre mão em seus impostos, para investir nas mesmas bases de uma empresa nacional.

O Instituto Nacional do Cinema deve meditar sobre isso, pois se perseverar na política pela qual enveredou, daqui a pouco tempo os próprios filmes que se beneficiam da "exibição compulsória" estarão sendo produzidos, no Brasil, pelo estrangeiro.

O cinema brasileiro não merece ficar sujeito ao ritmo das aventuras de qualquer Roberto.

[1968]

Explicapresentação

O cinema é o centro de minha vida profissional, mas sou cada vez mais indiferente ao filme estrangeiro. A curiosidade permanece aguçada apenas para o brasileiro: de hoje, de ontem, de anteontem, ou do longínquo atrás de anteontem que nos leva ao fim do século XIX, quando começamos a filmar.

Estou convencido de que "cinema brasileiro" é assunto capaz de satisfazer uma existência. Morreu em mim o espectador estimulado pelo produto estrangeiro e constato que não se trata de um fenômeno pessoal. O sintoma é bom. Anuncia o declínio da mais ilusória das experiências culturais: o gosto pela atualidade cinematográfica internacional.

O interesse aflito pelas novidades de fora apenas mascara o consumo passivo de produtos acabados. Essa massa de filmes que nos envolve, que compreendemos mais ou menos por alto, não passa afinal de vício um pouco irrisório.

Os produtos despejados sobre nós pela indústria estrangeira de filmes na realidade não se comunicam conosco, pois qualquer comunicação viva implica a noção de diálogo. Os filmes nos falam, é preciso responder-lhes, mas não adianta fazê-lo: os interlocutores eventuais estão fora de nosso alcance. A voz deles é forte porque a importamos, mas quando chega a nossa vez ficamos falando sozinhos, isto é, entre nós, gastando nervos para nos movimentarmos na superfície de culturas que têm pouco a ver conosco.

É compreensível que se vejam alguns filmes de fora, mas se empenhar neles é uma ação sem consequências. A procura da intimidade com o cinema estrangeiro tornou-se inseparável do gosto seco da esterilidade. Com o cinema brasileiro tudo muda de figura: por pior que seja o filme, o diálogo com ele possui o mérito de existir e pode ter consequências.

O filme ruim, pelo simples fato de emanar de nossa sociedade, tem a ver com todos nós, e adquire muitas vezes uma função reveladora. Abordar o cinema brasileiro de má qualidade implica uma luta tenaz contra o tédio, mas é raro que o esforço não seja compensado. O subdesenvolvimento é fastidioso, mas sua consciência é criativa.

Sublinhei a hipótese mais desencorajadora apenas para indicar como sempre vale a pena tratar de cinema brasileiro. Na verdade o panorama atual é variado e rico. "Panorama" não é, aliás, a expressão adequada para o caso. "Panorama" dá a ideia de algo que se vê. Acontece, porém, que boa parte dos filmes brasileiros feitos ultimamente não foi vista. Quando afirmo a variedade e a riqueza da produção contemporânea, penso num conjunto que inclui não só as fitas exibidas comercialmente, mas igualmente todas aquelas que pelas mais diversas razões tiveram o encontro com o espectador dificultado ou negado. Esse grande bloco não compreende apenas os longas-metragens de ficção. Nele se incluem filmes de todos os gêneros e formatos, profissionais e amadores.

Nesse enfoque, o cinema brasileiro atual aparecerá com inesperada e prodigiosa vitalidade, no sentido, às vezes, de algo que permanece vivo contra tudo que é feito para sufocar essa vida. Uma crônica dedicada exclusivamente ao cinema brasileiro é exigida pela atual conjuntura nacional nos seus variados níveis industriais e culturais.

As questões econômicas básicas do cinema nacional são problemas de governo e parece que o nosso finalmente se convenceu disso. O cinema se integra nas universidades e chegará a hora em que o filme vai se entrosar com a educação. As lições de nosso passado cinematográfico se tornam conhecidas e ajudam a compreender o que sucede em nossos dias. A produção atual encerra um cinema potencial, capaz de conquistar de forma irreversível o nosso mercado. Lembrete: quanto maior for o desenvolvimento, mais alta será a responsabilidade da censura.

Resta esperar que a solenidade desta crônica não prenuncie o tom das próximas. Infiltradas em páginas que são um convite à diversão, seria imperdoável que contrariassem essa saudável disposição. Diversão é coisa séria, mas é preciso que a gente pelo menos se esforce em fazer da seriedade uma coisa divertida.*

[1973]

* Com essa crítica, o autor inaugurava uma colaboração no caderno Divirta-se, do *Jornal da Tarde* paulistano.

Nas margens da Ipiranga

Na semana passada dava gosto passar em frente dos cinemas da avenida Ipiranga, entre a praça da República e a avenida São João. Os dois maiores vêm do tempo em que a burguesia se distraía no centro da cidade: as poltronas ensebadas dos salões de espera ainda refletem alguma coisa do prestígio antigo. O cinema menor é arranjo recente, sem história.*

Pois outro dia a publicidade das duas grandes salas se defrontava, cada uma dominando as respectivas calçadas e ambas propondo fitas brasileiras: de um lado, *Cassy Jones, o Magnífico Sedutor*, e, em frente, *Geração em fuga*. *Uma amante insaciável* de origem obscura e endereço certo ficou relegada à sala secundária. Tinha-se a impressão agradável de que, por uma vez, o marginal era o filme estrangeiro.

A presença maciça de cinema brasileiro na avenida foi, po-

---

* Na época, os cinemas-palácio dos decênios de 1930 e 1940 tinham sido divididos em dois. O balcão, na parte superior, transformara-se no "cinema menor".

rém, estimulante, sobretudo quando examinada do lado de fora do Ipiranga e do Marabá. Projetada nas telas, começam os problemas. O confronto entre *Cassy Jones, o Magnífico Sedutor* e *Geração em fuga* seria cruel. A parceira adequada para esta última é provavelmente a tal *Amante insaciável*. Acontece que sou muito mais exigente com o criador de *Cassy Jones* do que com o responsável pela *Geração em fuga* e esse critério autoriza o transplante para a crônica do avizinhamento que havia na cidade.

Luís Sérgio Person realizou obras de que gostei muito e que revejo com interesse: *São Paulo S.A.* e *Os irmãos Naves.** Cada vez que aponta um novo filme seu, minha expectativa é grande e aumenta quando sou informado de que ele vai ensaiar um gênero novo. Não acho razoável exigir de Person que permaneça nos caminhos que abriu tão brilhantemente com seus dois primeiros filmes, mas devo confessar que suas incursões no terror e no pastiche das aventuras rurais não me conquistaram.

Com *O Magnífico Sedutor* meu relacionamento é mais ambíguo. Achei certo o prêmio de direção que recebeu no Festival de Gramado e acompanhei o público do Ipiranga na maior parte das vezes em que deu risada, mas ao mesmo tempo não o incluo em meu repertório tão amplo e acolhedor. Vou procurar definir os motivos da minha reticência.

Adilson [Ruiz], um aluno meu da USP, escreveu no quadro-negro o elenco de paródias que compõem *Cassy Jones, o Magnífico Sedutor*. A lista provocou reflexões que se prolongaram depois de encerrada a aula. Quanto a mim, procurei pensar um pouco na natureza da paródia. Não fui longe, mas percebi que a imitação burlesca tem, pelo menos, três funções diferenciais: utilizar o modelo original, como veículo para uma comunicação eficaz, procurar aniquilá-lo pelo ridículo ou, ainda, se impregnar,

---

* O título completo do filme é *O caso dos irmãos Naves*.

até certo ponto, do estilo que está sendo objeto de caçoada. As ilustrações são, como sempre, fornecidas por Chaplin imitando Romeu, satirizando os párocos ou atribuindo ao vagabundo traços da obra-prima da sociedade inglesa: o gentleman. Este último tipo de paródia é o melhor representado na fita de Person, pela singular melancolia que emana do falso professor de dança executando a morte do cisne. Quanto ao mais, a frequência das alusões às fitas burlescas primitivas é reveladora. As paródias de Person não são calcadas sobre modelos originais; são paródias de paródias e chegam a nós necessariamente amortecidas.

Tratar de *Geração em fuga* com seriedade é difícil, devido precisamente à pseudosseriedade com que a fita aborda um fenômeno de decomposição familiar. Estamos longe do descaramento saudável com que tantas comédias recentes enfocam o mesmo assunto. Mas a estreia de um diretor sempre provoca simpatia. Maurício Nabuco já fez muita coisa. Eu o conheci como gerente de um filme que Flávio Rangel realizou nos morros cariocas.* A tarefa não era fácil e pude admirar a autoridade com que obtinha ordem no universo caótico das favelas.

Geração em fuga ressente-se desses talentos de capataz. É como se ouvíssemos a voz enérgica do diretor dando ordens aos intérpretes: "Agora tire a roupa, deite aí e respire de maneira ofegante, não! não!, é preciso arfar mais...".

Sou um cronista de sorte, pois em geral me instalo na vizinhança de espectadores que fazem comentários interessantes. Atrás de mim, no Marabá, estavam uma empregada doméstica e seu companheiro. Na fita há um banheiro com função dramática importante: é aí que a dona da casa aspira cocaína. Minha vizinha

---

* *Gimba: O presidente dos valentes* (1963), no qual Paulo Emílio interpreta um delegado de polícia.

estranhou que uma casa de gente rica tivesse um banheiro só. Daí a pouco foi a vez do rapaz falar. Da família de *Geração em fuga* ele só levou a sério o pai. Trata-se, precisamente, do único personagem que Maurício Nabuco e Antônio Ghigonetto não precisaram construir: ele já existia e seu fado é transformar-se num ébrio celestino.

Sempre aprendo mais com meus alunos do que eles comigo. Gisele informou à classe que os intérpretes da fita são celebridades da televisão e aí tudo se esclareceu: *Geração em fuga* é uma novela cuja nudez a TV fustiga mas que o cinema e o teatro acolhem.

[1973]

Os mansos sem braveza

A estreia de *Os mansos*, sábado, no Olido, correu como seria de se desejar. Na primeira sessão da tarde a sala estava bastante cheia e na segunda repleta. Acho que ninguém se retirou. Grupos maiores ou menores riam com alguma frequência e pelo menos duas vezes houve aquela gargalhada unânime, avassaladora, contagiante. É claro que não vou contar as passagens, seria diminuir o divertimento dos futuros espectadores.

Os mansos possui muito do que é preciso para fazer um filme que funcione bem. A fotografia de Hélio Silva é como sempre boa, a qualidade do som razoável, as moças bonitas, os atores eficazes, o repertório de situações pertence a um gênero suficientemente testado no teatro ligeiro, no circo de antigamente e mais recentemente no cinema. A obediência frouxa de três histórias autônomas ao tema anunciado pelo título torna aceitável uma construção destituída de qualquer rigor. E, finalmente, *Os mansos* se insere numa tradição brasileira ilustre: a chanchada. Pois apesar de todas essas vantagens o produto final está longe de possuir a boa qualidade que a indústria do país já assegura aos mais variados objetos.

As raízes da debilidade de *Os mansos* são de naturezas diversas e para nos aproximarmos da mais evidente basta lembrar como afinal de contas são poucas as ocasiões em que o filme funciona plenamente. Já aludimos aos momentos em que o público gargalha como um todo, mas o normal seria que essas belas ocasiões fossem multiplicadas. Essa também é a convicção dos fabricantes de *Os mansos*, tanto assim que eles tentam durante a fita o feito almejado, mas raramente o alcançam. No fundo só atingiram plenamente o alvo uma vez: o bolo de aniversário. Pelo motivo exposto não vou entrar em pormenores, mas quem já viu a fita pode constatar como é simples a cena do bolo com o seu estopim de surpresa. Trata-se de uma simplicidade por assim dizer em estado bruto, cuja armação depende exclusivamente daquele mínimo de cultura dramática que os mambembes sempre possuíram e de certa competência técnica que não falta ao nosso cinema. Teoricamente, os responsáveis por *Os mansos* deveriam ter à sua disposição esses dados e ser capazes de manipulá-los de forma adequada cada vez que fosse necessário, mas isso não sucede.

Vou escolher um exemplo entre dezenas. Numa dada passagem da fita — por motivos que não vem ao caso explicar — um personagem se encontra numa situação embaraçosa. Contra a sua vontade ele se encontra numa praia urbana, de noite e nu. De um lado numerosos turistas estrangeiros descem de um ônibus especial e do outro se aproxima toda uma juventude dourada instalada em jipes. Pois bem, armada a situação os fabricantes de *Os mansos* ficam sem saber o que fazer dela. Não vou acusá-los de falta de imaginação ou criatividade. Essa exigência seria, aqui, descabida, pois é manifesto que não estariam em condições de satisfazê-la. Só tem sentido criticar *Os mansos* no terreno que seus produtores escolheram. A fita é precária precisamente como produto industrial. Um repertório de situações e desenlaces prontos, um pouco mais amplo do que os dos antigos circos, é, *faute de mieux*,* uma aparelhagem tão indispensável para a indústria que se quer fazer no país como o resto da maquinaria. O Milagre brasileiro tarda em chegar ao cinema e fitas como *Os mansos* permanecem numa terra de ninguém: ainda não são indústria e deixaram de pertencer ao mundo dos espetáculos artesanais, inclusive cinematográficos, de onde em parte derivam.

Essa incerteza se acusa no tratamento dado à vulgaridade. Não fornecerei água para o moinho do farisaísmo, tão ativo ultimamente, sobretudo em torno da televisão. As diferentes qualidades que a palavra "vulgar" encobre — de reles a vernáculo — se unificam todas quando pensamos em espetáculo popular brasileiro. Da figura do velho nos pastoreios e da cantiga de distribuição das partes do boi, até Piolin, Dercy Gonçalves ou Zé Trindade, a vulgaridade floresce como parte integrante do espetáculo, inseparável de sua montagem e poesia.

A carga de vulgaridade de *Os mansos* é muito grande e o estabelecimento de seu elenco pormenorizado seria muito útil, assim como o registro da reação do público, ou de suas parcelas, em cada caso. Alguns estudantes de cinema da USP, Albert [Hemsi], Alain [Fresnot], Wagner [de Carvalho] ou Otávio [Pistelli] — é preferível que sejam só rapazes —, estão certamente cuidando disso. Ficarão devidamente diferenciados os momentos que provocam em grupos maiores ou menores do público os risos propriamente ditos daqueles em que se manifesta um esgar sonoro e individualizado.

Os fabricantes de *Os mansos* só manipulam bem a vulgaridade quando já a encontram trabalhada pela tradição. Durante

---

* Na falta de opção.

a guerra eu estudei Piolin na praça Marechal Deodoro.* Pude constatar a importância que adquiriram na sua elementar montagem de atrações os golpes aplicados em setores particularmente sensíveis da anatomia e a maneira íntima e carinhosa com que a dor era expressa. *Os mansos* retomam essa tradição que é acolhida ou reconhecida com alegria. Quanto mais a vulgaridade é trabalhada, maior é o seu efeito alegre sobre o público.

No sábado à tarde no Olido isso tornou-se evidente. Infelizmente os fabricantes de *Os mansos*, como industriais subdesenvolvidos que ainda são, não se deram muito trabalho e a maior parte de seu acervo de vulgaridades permanece primária. Atribuo a isso a indefinível melancolia com que as pessoas saem do cinema, sem o menor resquício nas fisionomias dos poucos momentos de alegria realmente experimentados.

Em suma, *Os mansos* é um filme muito mais vulgar do que seu público, restabelecido aqui o sentido corrente da expressão.

[1973]

---

* Ver "Vontade de crônica sobre o Circo Piolin solidamente armado à praça Marechal Deodoro", texto que permaneceu inédito em vida do autor e só foi publicado em 1986 em *Paulo Emílio: Um intelectual na linha de frente* (Carlos Augusto Calil; Maria Teresa Machado (Orgs.). São Paulo: Brasiliense; Embrafilme).

Mazzaropi no largo do Paiçandu

Faz vinte anos que ele é uma presença na vida da cidade, do estado, do país. É um bocado de tempo para o cinema e para o Brasil. O elenco do que nasceu, cresceu, definhou ou morreu durante essas duas décadas seria um nunca-acabar.

Mazzaropi foi o produto Vera Cruz que mais pegou, mas se tivesse dependido da crítica ele teria sido barrado logo que apareceu pedindo licença com os cotovelos na altura dos ombros: *Sai da frente.*

Acontece que nos tempos e terras da Vera Cruz a crítica favorável foi tradicionalmente fatídica e Mazzaropi teve a sorte de não ser elogiado. Eu próprio não me lembro de tê-lo feito. Mazzaropi me parecia como um dos sinais do clássico provincianismo paulista frente ao Rio.

Enquanto a animação industrial produzia um Zé Trindade — o Genival ou Isidoro que tanto admirei logo que conheci —, São Paulo nos trazia de volta apenas mais um caipira cujo único sinal, retardado, dos novos tempos era o nome italiano.

Segui mal a sua carreira e nunca o encontrei pessoalmente. Outro dia os deveres universitários me levaram à sala mais popular do largo Paiçandu a fim de ver *Um caipira em Bariloche*.

A sala estava apinhada e como encarei fita e público como um dado só, minha curiosidade nunca decaiu. O conjunto do espetáculo tinha faces arcaicas e modernas que nunca se confundiam.

Perto de mim havia operários, balconistas e pequenos funcionários cujas conversas ouvi durante o intervalo e, às vezes, no decorrer da projeção. Pelos assuntos, cabelos e saias, todos eram emanações de uma grande cidade moderna, mas nunca se vinculavam com o que poderia ser considerado moderno no filme, isto é, alguns ensaios de ação ou erotismo. Nesses momentos a atenção se despegava da fita e os espectadores voltavam às conversas iniciadas no intervalo.

O interesse e o silêncio, incessantemente interrompido pelo riso, ficavam reservados para o que havia de mais arcaico: o coronel Polidoro encarnado pelo autor.

Mazzaropi é mais antigo que o palhaço caipira Veneno, que ainda percorre o interior na companhia de Dalila, a última vedete do mambembe. Ele é sociologicamente anterior ao Genésio Arruda dos anos 1930 e mesmo ao Nhô Anastácio de 1908.

Mazzaropi joga com a carta do patético e decorre daí o sentimentalismo que faz parecer moderna a virulência de Anastácio, Genésio ou Veneno.

Na Companhia Veneno e Dalila, emoção e riso são bem compartimentados. As cortinas cômicas são concentradas na primeira parte e a segunda é reservada para "A mulher marcada". Mazzaropi, como Chaplin, procura fundir as duas expressões. O segredo de sua permanência é a antiguidade. Ele atinge o fundo arcaico da sociedade brasileira e de cada um de nós.

A fim de parecer mais moderno do que Mazzaropi direi que o seu universo é o da redundância. Como só manipula o arquiconhecido, estaria caminhando para a estagnação indiferenciada da entropia. Acontece que isso não acontece. Mazzaropi é estimulante precisamente quando repete e se repete incansavelmente e sem nos cansar.

Sabemos que o lugar-comum é sempre verdadeiro e um filósofo francês já explicou que o único problema é aprofundá-lo. Mazzaropi não aprofunda propriamente nada, mas os lugares-comuns se acumulam tanto que o terreno acaba cedendo e como as minas descobertas ao acaso de desbarrancamentos, de repente desponta dessas fitas incríveis uma inesperada poesia. Isso em geral sucede quando ele não está fazendo nada de especial, apenas olhando, andando ou pondo fumo no pito. O melhor dos seus filmes é simplesmente ele próprio.

O que perde Mazzaropi são os cineastas. Os melhores, ao que eu saiba, nunca o procuraram e o ator certamente fareja neles os venenos de bilheteria que muitos são.

Alguns profissionais que o cercam são competentes e asseguram uma boa fotografia e um som razoável. Seria bom que ficassem nisso e que de resto se preocupassem apenas em nos fazer ver e ouvir Mazzaropi de maneira metódica, sem pressa, dando tempo para que tudo ficasse bem claro. Que fizessem em suma um cinema bem primitivo que teria de moderno apenas a qualidade da imagem e do som. Penso que isso poderia ser um grande acontecimento artístico. Mas não. Influenciado por seus cineastas, Mazzaropi os deixa fazer o temível cinema e temos o baile de Carnaval ou a luta generalizada de *Um caipira em Bariloche*: o erotismo e a ação. São os momentos em que os espectadores acompanhados aproveitam para conversar e os que, como eu, estão sós começam a criticar.

Saí do cinema com vontade de conhecer Mazzaropi. Me disseram que ele tem horror pelos intelectuais, o que, de certa maneira, eu sou. Fico encabulado de procurá-lo, mas acho que um dia irei bater na sua porteira nos arredores de Taubaté.

Como aconteceu tantas vezes na história do cinema acho que Mazzaropi, como Stroheim, se metamorfoseia no personagem que criou. Seu estúdio é uma daquelas fazendas do Vale do Paraíba de onde Monteiro Lobato tirou o modelo de todos os caipiras da ficção.

[1973]

Cataguases Cosmos 70

Na semana passada, Cataguases esteve presente na sala Mário de Andrade do Belas Artes com os três filmes cataguasenses de Humberto Mauro. E logo a seguir o Cosmos 70, da Augusta, lançou *O Anunciador, o Homem das Tormentas*, produzido em Cataguases e estreado naquela cidade em 1970. Tive vontade de escrever sobre a retrospectiva humbertiana programada pela Sociedade Amigos da Cinemateca. Mas naqueles dias eu havia entregado à editora Perspectiva 450 folhas em torno de *O tesouro perdido*, *Brasa dormida* e *Sangue mineiro*.* Senti que escrever mais uma página seria um abuso. Mas corri ao Cosmos 70.

Em maio de 1970 viajei doze horas, gripado — *spécialité oblige* —,** para assistir ao lançamento de *O Anunciador, o Homem das Tormentas* em sua cidade natal. E agora vi a fita duas

---
* Referia-se à sua tese de doutoramento que foi publicada pela Perspectiva, de São Paulo, sob o título *Humberto Mauro, Cataguases, Cinearte*, em 1974.
** Por dever de ofício.

vezes, é verdade que da segunda um pouco constrangido, como ao final veremos.

Desde os fins dos anos 1920, quando Humberto Mauro filmou e o grupo Verde poetou, Cataguases não teve mais sossego. Periodicamente brotam jovens vanguardistas decididos a verdejar a tradição ilustre. Nos anos 1940 o líder foi Francisco Marcelo Cabral e nos anos 1960, Paulo Bastos Martins, respectivamente produtor e diretor de *O Anunciador, o Homem das Tormentas*, dedicado, aliás, a Humberto Mauro de corpo presente naquela noite memorável de maio. Dessa maneira o fio do vanguardismo cataguasense, saltando tranquilamente as décadas de 1930 e 50, é retomado e esticado até arrebentar. Aparentemente ele se encontra de novo hibernando nos dez novos anos de pausa.

Revisto hoje, *O Anunciador* parece vindo de muito longe. A produção deve ter sido complicada, prolongada e, quando em 1970 o filme ficou pronto, era tarde.

A concepção e a justificação do filme devem se situar no começo dos anos 1960, a idade de ouro da contestação juvenil. A obra guarda daquele tempo a animação confusa, a crença nas virtudes criadoras do tumulto, um anseio místico de liderança, a simpatia, a pressa, a angústia e o sentimento de que tem muito que dizer, mas dizendo-o mal, de forma repetida e interminável.

Vários desses traços se acomodam mal com Cataguases, onde tudo foi filmado. A cidade escapa da vigilância do diretor e revela a pacatez bem enraizada de suas moças passeando na praça principal, dos moleques curiosos e da paisagem. Em momentos que deveriam ser dos mais catastróficos, a câmera introduz sem querer uma tranquilidade digna dos belos cartões-postais de Pedro Comello, o mestre de Humberto Mauro na arte de fotografar. O autor teima em dizer que a sua cidade imaginária está contaminada pelo vício do consumo, mas Cataguases é tão teimosa quanto seu filho e não cessa de contradizê-lo. Às vezes se cria entre o Anunciador e os locais por onde perambula uma poética harmonia, nos campos onde gesticula ou na praça, andando de um lado para outro, chutando coisas no chão enquanto recita: "Sou criação tempestuosa e temporária...".

O Anunciador anuncia demais e o diretor Paulo Bastos Martins manifesta melhor seu talento precisamente quando interrompe o discurso do jovem profeta. Pena que não o tenha feito mais vezes com a eficácia e ironia com que introduz uma panela de pressão para ilustrar e cortar a fala do iluminado contra a técnica. As bem-vindas interrupções são, por sua vez e com frequência, inutilmente prolongadas. Foi boa a ideia de associar uma diatribe contra as ideologias com o monólogo de um diretor teatral enlouquecido no meio da cenografia montada para a peça. Mas sua fala é sem fim. Curiosamente o personagem demente, interpretado pelo próprio diretor do filme, está à procura de detalhes cristalizadores da emoção. Guimarães Rosa já advertira Glauber Rocha: "Deus está nos pormenores". Quando Paulo Bastos Martins se cansa e nos descansa da eloquência do Anunciador e se interessa pelos jovens que procuram mergulhar na terra, ou pela dança do fogo de Calibã, a anunciação se encarna.

O Anunciador, o Homem das Tormentas é a aparição de um jovem pregador para tumultuar a vida de uma cidade. O filme pretendeu também anunciar a chegada de Paulo Bastos Martins nos fins dos anos 1960 para sacudir o cinema (novo) brasileiro, do qual, aliás, derivou, como todos os outros que chegaram na mesma época com igual propósito. É sabido, com efeito, que não se encontrava isolado, bastando lembrar os nomes de Sganzerla, Bressane, João Batista de Andrade, Tonacci, João Silvério Trevisan e de alguns jovens baianos entre vários outros do Rio, de São Paulo e de Minas. Paulo Bastos Martins deixou marca pessoal no anseio juvenil de superação dos cinemanovistas que já haviam ultrapassado o marco, considerado fatal, dos trinta anos de idade.

Suas tentativas de montagem sonora e utilização dramática dos letreiros são experiências que ajudam o cinema brasileiro. No fim o Anunciador proclama: "Que esta terra jamais esqueça minha passagem". A de Paulo Bastos Martins pelo nosso cinema eu não esquecerei, mesmo porque estive muito só na sala do Cosmos 70.

Fui rever *O Anunciador, o Homem das Tormentas* na noite chuvosa da estreia. No começo da primeira sessão estava lá, além de mim, um pequeno grupo de rapazes e moças que minha competência pretendeu identificar como cataguasenses. Como o cinema estava vazio não pude decentemente me instalar perto deles: seria indiscrição.

No correr da fita entraram mais dois espectadores, um moço de vastos bigodes e um senhor de idade. Resolvi assistir ao começo da sessão das dez para ver o que acontecia. O grupo jovem partiu no intervalo e o filme recomeçou para o triângulo formado nas cadeiras vazias pelo senhor, pelo moço e por mim. Chegado o ponto que já conhecia, o bigodudo foi embora. O velhinho de vez em quando olhava para ver se eu ainda estava na sala e achei que não ficaria bem abandoná-lo. Mas ele também se retirou e fiquei só. Durante alguns instantes não soube o que fazer. Se saísse, a sessão se interromperia, o projecionista e a porteira voltariam mais cedo para casa, mas eu tinha o sentimento de que estaria traindo um filme brasileiro e cataguasense. Fiquei até o fim e fui compensado.

Resta um problema que há muito tempo desafia a perspicácia dos especialistas. Eu sabia que o público não iria gostar de *O Anunciador, o Homem das Tormentas*, mas como é que ele também soube antecipadamente a ponto de nem ir vê-lo?

[1973]

Bang Bang na SAC

Quando iniciou sua formação, Andrea Tonacci provocou muita perplexidade. Seu talento era evidente, ele tentava ser acadêmico, mas não conseguia. Os filmes que apresentava nos concursos amadores eram bem-feitos, requintados, repletos de fórmulas estéticas e destituídos de vida. Essa foi pelo menos a impressão que guardei. Depois de um intervalo cuja natureza ignoro, Tonacci realizou uma espécie de documentário reconstituído e satírico sobre o discurso de um homem público pronunciado numa situação de crise: *Blá-blá-blá*. O personagem emana de uma terra em transe e não seria de espantar que essa ficção acabasse adquirindo um valor de documento histórico a respeito da debilidade do poder civil brasileiro. A temática de *Blá-blá-blá* é, porém, mais ampla e ultrapassa o tempo em que a fita foi produzida. Num país sem crise e sem poder civil, a eloquência ingênua e delirante que o filme satiriza continua triunfante. Basta ler os jornais: "arma psicológica... sutil e mascarada, de difícil identificação... o inimigo é indefinido e mimetista... se traveste de padre ou de professor, de aluno ou de camponês, de defensor da democracia ou de intelectual avançado... farda ou traje civil...". Eis em plena força o universo brenhoso do *Blá-blá-blá*.

Esse *Bang Bang* de Andrea Tonacci, que a Sociedade Amigos da Cinemateca projetou na semana passada, está pronto há três anos. Desta vez a barreira não foi a censura, mas o comércio cinematográfico. Trata-se de um filme que provavelmente não interessará em igual medida todos os públicos, mas é ao mesmo tempo evidente que existem em São Paulo milhares de espectadores à espreita da oportunidade de assistir uma obra nacional desse gênero. Na sessão especial da SAC, a sala Mário de Andrade, superlotada, foi constrangida a recusar espectadores. Tive o prazer de identificar alguns alunos de cinema da USP, Salma [Buzzar], Adilson [Ruiz] e Alain [Fresnot], pelo menos, além de jovens professores de teoria literária e comunicações.

A liberdade godardiana pode ser liberadora: essa é a primeira lição de *Bang Bang*. Muito jovem de toda parte acabou confusamente tolhido ao se lançar na prática da desenvoltura, mas isso não sucedeu com Tonacci. A eficácia com que constrói a gratuidade e a desordem acaba excluindo do filme essas duas características.

A ausência de uma armação dramática racionalmente contínua torna o espectador muito exigente quanto à coesão interna dos episódios que se sucedem, e dentro desses, quanto a cada pormenor visual ou sonoro.

O personagem principal de *Bang Bang* mantém prolongados diálogos ocasionais com um chofer de táxi ou com um bêbado e uma moça num bar. Como essas sequências não derivam e não levam propriamente a nada é em si mesmas que acabam nos interessando intensamente: cada instante de fala, gesto, ruído e ambiente adquire uma responsabilidade dramática decisiva. O estilo em que tudo é tratado se situa aparentemente no mais corriqueiro naturalismo, que engloba a própria câmera, mas a repetição visual das sequências — integral ou parcial — com pequenas variantes apenas na trilha sonora ajuda a revelar a carga ritual que possuem. As outras partes de *Bang Bang* são fortemente estilizadas, mágicas mesmo, e emergem delas situações e personagens marcantes: a toalete do homem-macaco, a gorda gulosa ou o cego irrequieto, que pontua sua presença dando tiros a esmo. A vocação profunda de Tonacci parece ser o mistério da realidade, mas ele circula à vontade entre diferentes polos e estilos narrativos. É preciso sublinhar o talento todo especial com que filma automóveis, de dentro ou de fora, parados e em movimento.

É escandaloso que *Bang Bang* ainda não tenha sido programado comercialmente por um de nossos cinemas de arte. Isso do ponto de vista do público. No que se refere a Andrea Tonacci pessoalmente, eu imagino como deve estar prejudicando sua carreira de cineasta a imobilidade do filme durante três anos.

[1973]

Uma nudez compensada

Uma das *coquetteries** de Nelson Rodrigues é a de se apresentar como um reacionário. Na realidade, trata-se de um conservador. Penso no moralista, isto é, no dramaturgo e no cronista da chamada "vida como ela é". O moralizador das confissões me interessa menos e, aqui, vem pouco ao caso. O que esse conservador conserva é um universo de pessoas médias poluídas por uma condição — a humana — que para ele é um estigma. Nelson Rodrigues não aceita os modos antigos de assumir a condenação original e não admite novos. Os sacramentos foram esvaziados e são insubstituíveis. O que resta para a lamentável humanidade de suas peças e da vida como ela, para ele, é? Mergulhar no pecado, no remorso, no ridículo, no bordel, na morte, na família, no câncer, na polícia (o moralizador a suporta, mas ela enoja o moralista), tudo, naturalmente, sob o signo do sexo. A forma que tomou o pecado original é para valer e os condenados nunca se desvencilharão dela.

* Vaidades.

A metafísica desse universo pungente e visível sobretudo na leitura das peças de Nelson Rodrigues e sua revelação dependem muito da colaboração do leitor. Quando encenadas, o corriqueiro pitoresco adquire excessivo realce ou então o esteticismo. A sorte de Nelson Rodrigues no cinema tem sido pior. Tirante *A falecida*, onde pelo menos o gosto mortuário do autor foi plenamente transmitido, as outras fitas tiradas de suas peças, quando escapam de uma grosseria simplista que esconde tudo o mais, é para cair no pior: uma solenidade involuntariamente cômica que não tem nada a ver com o humor sinistro de Nelson Rodrigues.

Toda nudez será castigada é um bom passo à frente na história das adaptações cinematográficas da obra do dramaturgo e não compromete de maneira nenhuma — confesso que tive certo temor — o prestígio de Arnaldo Jabor, o diretor do filme. Não quero dizer com isso que veio à tona o que há de mais profundo no universo contaminado de Nelson Rodrigues. A operação é talvez impossível. Certo tipo de pudor espiritual pode tomar a forma de espessa vulgaridade: se enfocada, atolamos nela e, dissipada, a obra se esvai. A coexistência íntima de uma religiosidade cristalina com a boçalidade é segredo de alguns grandes reacionários — Dostoiévski, Léon Bloy ou Michel de Ghelderode — que não fizeram da tragédia humana um tranquilizante.

Arnaldo Jabor não teve a ambição de filtrar a ganga de Nelson Rodrigues para descobrir inesperadas riquezas. Ele procurou ser-lhe fiel, inclusive no sentido de não se aventurar além das aparências. Mas o cineasta otimista e o teatrólogo pessimista são homens muito diversos e o filme se desenvolve atraído pelos dois. O sortilégio da representação contribui para que gire ora em torno de um polo ora de outro. Darlene Glória o inclina para Jabor, Paulo Porto para Nelson Rodrigues.

Geni, a prostituta de *Toda nudez será castigada*, adquiriu no filme uma inocência e alegria de viver enérgicas e comunicativas, sobretudo nas danças pelo terraço do bordel ou pelas ruas movimentadas da cidade. E sua luminosidade a distanciou notavelmente do negrume da peça. Jabor lhe arrumou inclusive um emprego de cantora num cabaré. Essa revitalização do personagem deu vigor novo a uma das intenções prováveis do dramaturgo: opor a florescência dos valores de Geni no prostíbulo ao seu fenecimento no seio da família. A cumplicidade criativa entre Jabor e Darlene Glória foi completa.

Já Paulo Porto, emprestando sua máscara ao viúvo Herculano, aprofundou o personagem dentro do espírito do autor da peça teatral. Dirigindo Paulo Porto, Arnaldo Jabor não traiu um instante a preocupação central de Nelson Rodrigues: ficar aquém ou — o que é mais custoso — eventualmente ir além do melodrama e da farsa. O filme conta ainda com um ator de que gosto muito, Paulo César Pereio, mas a função dramática do tipo que encarna, Patrício, diminuiu consideravelmente na passagem da peça para a fita. O delegado, o padre e o médico ofereceriam talvez bons momentos para se detectar a presença maior ou menor de Jabor e Nelson no filme, mas todos os três se eclipsaram. A peça foi escrita tendo em vista uma encenação moderna, mas o diretor optou por uma estrutura cinematográfica tradicional. Como, por outro lado, permaneceu fiel à armação dramática original, foi obrigado a abolir tudo o que no filme se tornaria lateral.

O sucesso de *Toda nudez será castigada* faz um enorme bem. Ele foi prenunciado em janeiro pelo grande prêmio que a fita recebeu no Festival de Gramado. Se essa manifestação gaúcha alcançar a continuidade, poderá ser a herdeira da tradição do Festival de Brasília, que tanto fez para o cinema brasileiro.

[1973]

Uma orgia saudável

Estamos estudando na USP *Orgia ou O homem que deu cria* e há uma coisa que ninguém entende: por que esse filme pronto há três anos ainda não foi liberado pela censura? Não sabendo o que responder, interroguei o autor, João Silvério Trevisan, e descobri que sua perplexidade é igual à nossa. Os produtores mandaram a fita para Brasília, exatamente como todos os outros fazem, mas para começo de conversa parece que a cópia andou se extraviando pelos serviços federais durante meses. Pelo jeito acabaram encontrando e aí escreveram um ofício a respeito para os responsáveis da obra. O papel levou quase um ano para chegar em São Paulo e não esclareceu nada.

Eu li o curioso documento. O censor responsável pela tarefa é mais vago do que nós, cronistas cinematográficos, e isso na profissão deles é ainda mais grave do que na nossa. Há uns dez anos, quando tive alguns censores como alunos nos cursos de extensão da Universidade de Brasília eles não eram assim.

Alguém lembrou que a censura não aprecia títulos provocativos em filmes nacionais, mas isso era antigamente. A fita de Trevisan não contém, aliás, nenhuma orgia propriamente dita; muito menos, em todo caso, do que no cinema geral do nosso tempo. E quanto ao homem que deu cria, um cangaceiro, ele e o episódio não têm maior importância na economia dramática da obra.

Tudo começa com as ações de uma espécie de playboy do mundo ocidental, incomparavelmente mais rústico do que o de Synge.* Diferentemente, porém, do que acontece com o irlandês clássico, o personagem de Trevisan realiza plenamente seu intento, e depois de assassinado o pai, parte para o mundo, liberado e sem importância. O filme não é a sua história, não é a história de ninguém, mas de um cortejo que se constitui paulatinamente nos campos e se dirige para a grande cidade. A primeira pessoa que o jovem encontra é um fugitivo de penitenciária, mas o personagem seguinte, um intelectual, não será integrado no grupo em formação. Os livros — depois da utilização higiênica de algumas páginas — são queimados e o leitor enforcado.

Um travesti carmiranda, perseguido pelo ardor masculino em meio aos tufos de vegetação silvestre, é protegido e incorporado. Um anjo de asa quebrada conduz todos ao presidente, ou rei, ou ainda, quem sabe, um deus paralítico e gago. Um padre será sacrificado, mas o coroinha recuperado. O universo não cessa de se enriquecer com índios, prostitutas, um artesão de bombas, o cangaceiro... O cortejo caminha, festeja, progride, mas, a partir do encontro com os primeiros arautos da grande cidade, a vitalidade declina.

Contei um pouco a fita porque quase ninguém a conhece e para criar um terreno mínimo que autorize um comentário inicial, necessariamente sumário. Gostaria de escrever mais sobre essa fita.

* John Millington Synge, dramaturgo irlandês (1871-1909).

João Silvério Trevisan passou anos no seminário e outros tantos na Cinemateca e suas blasfêmias contra a religião e o Cinema Novo não são frívolas. Os teólogos e os exegetas reconhecerão nele alguém que se situa nos antípodas do pecado maior da indiferença. Tudo nele vem muito do fundo, às vezes com um ardor de lavas.

Numa primeira aproximação universitária procuramos distinguir as diferentes faces de Trevisan, a artística, a pessoal, a nacional, mas é difícil. O que deve à população primitiva anterior à invasão maiorquina, ou à terra sem pão de Buñuel, a biografia, a visão brasileira, tudo se integra num pátio de milagres carnavalesco e cruel que percorre sem descanso uma paisagem medíocre e familiar. Muitos filmes recentes perseguem a tradição de nossa cultura popular urbana. Trevisan a levou para terras áridas e vibrantes, dando uma raiz nova para nosso rebolado, nossa pintura clássica, nossa chanchada, nossas aspirações e nossa história. Eu falei aos alunos em cosmogonia brasileira. Citei *Macunaíma* de Mário e por enquanto não volto atrás.

O que terá visto a censura nessa orgia útil e fundamentalmente saudável?

[1973]

Fita que evoca todo um mundo

A sala Portinari do Belas Artes programou no horário vespertino *Cômicos e mais cômicos*, de Jurandir Noronha, atendendo à portaria recente do Instituto Nacional do Cinema, que autoriza os cinemas a cumprirem a obrigatoriedade passando de tarde fitas brasileiras liberadas para crianças e adolescentes. A fórmula, por uma vez, poderá satisfazer gregos e troianos, isto é, produtores e exibidores, desde que seu liberalismo não se transforme em novo cavalo de troia contra os interesses do cinema brasileiro. Se não houver vigilância, a nova portaria poderá abrir brechas na legislação de amparo ao nosso filme. Numa primeira fase não serão muito numerosos os filmes brasileiros destinados aos mais jovens, mas logo se acusará a tendência ao crescimento. Compete aos exibidores ter, desta vez, um pouco de paciência. A exigência é feita tradicionalmente aos produtores, cuja paciência, aliás, tem sido excessiva. Lutar para fazer filmes e precisar, para exibi-los no próprio país, recomeçar uma luta ainda mais exaustiva é afinal de contas um escândalo. Não esconderemos, entretanto, que nos primórdios da execução da nova portaria os produtores oferecerão aos exibidores muito presente de grego.

É provavelmente o caso deste *Cômicos e mais cômicos*, de Jurandir Noronha. Na sessão de lançamento nós, os espectadores juvenis ou grandalhões, não éramos numerosos. Isso não atrapalhou em nada o interesse com que assisti à fita. Descartei logo filmagens atuais, feitas com a intenção de transformar *Cômicos e mais cômicos* num espetáculo com alguma unidade, para só me interessar pelos fragmentos de comédias brasileiras mais ou menos antigas intercalados no decorrer da fita. São sempre curiosos e algumas vezes excelentes.

Oscarito e Grande Otelo são os melhores representados e fazem a gente sonhar com o que seria um filme antológico, dedicado exclusivamente à "dupla do barulho". Os dois grandes blocos Atlântida das décadas de 1940 e 1950, separados por pequeno intervalo, são um repositório de riquezas que permanecem na memória coletiva. Há uns três anos, Grande Otelo e Oscarito, este representado pela viúva, foram homenageados no quadro do Festival de Brasília. Foi um momento para o qual só encontro equivalente na acolhida que Cannes fez a Gary Cooper: o tipo de ovação que deriva de um profundo reconhecimento.

Cômicos e mais cômicos ainda traz de volta Genésio Arruda e Tom Bill, Príncipe Maluco, Mazzaropi jovem, Jararaca e Ratinho, Alvarenga e Ranchinho, as excelentes caricatas Violeta Ferraz e Dercy Gonçalves, o grande Zé Trindade, Delorges Caminha, Manuel Rocha e Procópio. Uma boa passagem de *E o circo chegou* reúne Alda Garrido, Abel Pera, Carlos Barbosa, Manuelino Teixeira, João Baldi e, talvez, o palhaço Tiririca. A fita evoca todo um mundo.

O diretor Jurandir Noronha, formado na boa escola de *Cinearte*, conhece bem esse mundo. É pena que por enquanto não tenha encontrado estímulo para alargar a coleta de material.

A falha principal de *Cômicos e mais cômicos* é a mesma de sua antologia anterior, *Panorama do cinema brasileiro*: contentar-se com o que encontra imediatamente ao alcance. Desta vez, porém — graças aos arquivos de Primo Carbonari —, tivemos um pouco de Genésio Arruda.

[1973]

Roleta-russa

É confortador, para um otimista, observar como tudo pode progredir, inclusive nos setores mais inesperados. O progresso do jornalista Ibrahim Sued no terreno cinematográfico merece destaque. Durante anos, ele — sem ganhar nada ou muito pouco — e um Guinle mundano foram figuras centrais de um mecanismo publicitário em favor do cinema estrangeiro, cujos cordéis eram manipulados com maestria por Harry Stone. Mais ingênuo do que seus parceiros, é possível que o colunista agisse convencido de que estava fazendo alguma coisa pela propaganda do Brasil. De minha parte, lhe perdoei essa comparsaria melancólica quando o identifiquei entre os promotores de *Quelé do Pajeú*, fita vinculada a dois nomes respeitáveis de nosso cinema — Lima Barreto e Anselmo Duarte — mas que chegou tarde e cujo malogro não vem ao caso especificar aqui. O que desejo anotar é que esse malogro não desencorajou Ibrahim Sued, que se lançou a novas combinações que resultaram em *Roleta-russa*, filme bem mais próximo de sua sensibilidade do que o anterior.

O argumentista, roteirista e diretor de *Roleta-russa* é, porém, Bráulio Pedroso. Sua inteligência e personalidade já eram apreciadas antes de sua estreia como dramaturgo, em *O fardão*, e como contista em *A catedral*, através de longa carreira jornalística iniciada, aliás, como crítico de cinema. Ele realizou em seguida a proeza do primeiro *Beto Rockfeller*: especialistas e usuários são unânimes em reconhecer que essa novela é um marco em nossa televisão. *Roleta-russa* é nova estreia de Bráulio Pedroso, desta vez na realização cinematográfica. Moço como é, provavelmente ainda nos surpreenderá muitas vezes em empreendimentos dotados de um frescor de estreia.

O I Festival de Gramado teve poucos prêmios para oferecer, mas, se *Roleta-russa* passou em preta nuvem, nenhuma outra fita foi mais discutida. A mim, ela aguçou a curiosidade. Quinta-feira, no Coral, a experiência se renovou. Um dia vou procurar saber como se processou a articulação Bráulio Pedroso-Ibrahim Sued nas diferentes fases de realização da fita. As noções complicadas, mas às vezes úteis, de conteúdo e forma precisam, no caso de *Roleta-russa*, ser substituídas pelas de invólucro e produto. É conhecida a importância do invólucro nos países de consumo. O embrulho de alguns sorvetes americanos custa para o fabricante três vezes mais caro do que o produto gelado consome. A cenografia de *Roleta-russa*, concebida por Marilda Pedroso, foi justamente indicada para receber uma Coruja de Ouro do INC.* Acontece, porém, que a fita, em seu conjunto, acaba dando a impressão de uma cenografia à espera de uma linha dramática que circule nesses vasos preparados com esmero e os justifique. A gente admira os invólucros construídos tendo em vista um variado ritual, mas a frigidez que encerram não é — como no caso dos sorvetes —

---

* Prêmio anual criado pelo Instituto Nacional do Cinema, pálida emulação do Oscar.

consumível, pois é provocada pela ausência de qualquer produto dentro do requintado embrulho.

A principal figura da fita, uma fotógrafa que tomou a forma de Ítala Nandi — admirável peça artística e humana ansiando por uma função real —, diz logo no começo: "Não se impressione com toda essa encenação". Que o numeroso público não siga esse conselho. Para gostar da fita é preciso que a gente se impressione com o seu fingimento, com seu envoltório, que é tudo o que ela tem para nos oferecer. O que acho estranho é a conclusão a que cheguei: essa obra oca confirma, mais uma vez, o talento variado de Bráulio Pedroso.

Li o xerox de uma entrevista de Ibrahim Sued, que está sendo analisada por uma equipe da USP. Se compreendi bem o texto ele serve de prefácio a um livro do jornalista. O curioso documento gira em torno de dois temas: a intimidade do colunista com vários presidentes da República e a ideia de que a vida sem o supérfluo não vale nada. Esse segundo ponto é o mais interessante. Decididamente preciso conhecer pormenores da colaboração entre Bráulio Pedroso e Ibrahim Sued em torno da *Roleta-russa*.

[1973]

Os três justiceiros

A procura do ridículo é às vezes uma forma penetrante de conhecimento. Ridicularizar *Os três justiceiros* seria fácil. Fácil e inoperante, pois a fita não é ridícula. Utilizado aqui, o método nos afastaria irremediavelmente da obra. A dificuldade maior para o cronista é precisamente descobrir ou talvez inventar um enfoque que facilite a aproximação.

Enumerar os defeitos também não leva a nada. Carlos Roberto [de Souza], que está fazendo pós-graduação em Comunicações na USP, fez um listão deles, o que não alterou em nada o encantamento que a fita lhe provocou. Tudo nela é precário e dir-se-ia que *Os três justiceiros* vivem dessa precariedade. Um bom exemplo disso são os próprios Tonico e Tinoco, o centro do filme de acordo com a publicidade e a intenção provável dos realizadores.

As canções sertanejas da Dupla Coração do Brasil ganham muito através do disco, do rádio ou das apresentações pessoais em que os intérpretes são vistos de longe e ouvidos eletronicamente de perto. Frente à câmera, emana de seus corpos, gestos e expressões uma maturidade bem nutrida que se indispõe com o papel que lhes é reservado. Dos três justiceiros, com efeito, os dois principais são Tonico e Tinoco. No intervalo das canções eles partem, vestidos e mascarados de Zorro, a fim de salvar a inocente e punir os culpados. O curioso é que a contribuição da dupla para a fita acaba nascendo de sua total inadequação para a função que lhe foi destinada. O que Tonico e Tinoco trazem de melhor para *Os três justiceiros* é a pasmaceira que se irradia espontaneamente de sua presença visual.

A chave do interesse que a fita é capaz de provocar talvez esteja na pasmaceira. As anedotas mais elaboradas tornam-se tão laboriosas que não se cristalizam na provocação do riso. Um dos vilões, secundário mas importante por se encontrar instalado na família ameaçada pelas forças do mal, possui aquela fisionomia genérica que encontramos no cotidiano das ruas e das repartições. A face abstratamente familiar não abandona o mundo de onde proveio, não se compõe com coisa alguma dentro da fita, torna-se um trambolho dramático, adquirindo então um papel no marasmo, cuja estruturação é ajudada por sucessivos acontecimentos amplamente anunciados mas que nunca acontecem: a fogueira, o churrasco, os balões da noite de são-joão, clímax de uma fita nesta altura atropelada para o melodrama, depois de iniciada na comicidade de Pirulito e Chiquinho e no documentarismo de uma festa de rodeio na Água Branca.

Esse universo de inépcia é, porém, banhado por uma inocência que tende a tudo redimir, além de estimular algumas virtualidades poéticas: uma porta medieval por onde saem os justiceiros; o carro de boi onde Tonico e Tinoco cantam; os violeiros de Osasco; a arquitetura de Carapicuíba; os ornamentos com papel recortado; os versos finais ao santo padroeiro do arraial, rezados por um homem que se viu quase ao mesmo tempo desonrado, viúvo e com a filha morta.

Assisti o filme sábado à tarde no República e voltei à noite para conhecer melhor o público de *Os três justiceiros*: é extremamente popular, com predominância de casais não muito jovens. Na sala de espera um senhor, provavelmente o realizador, recebia cumprimentos de alguns amigos e familiares, todos oriundos de uma classe média modesta. Parecia satisfeito com as reações dos espectadores, que ocupavam cerca de um terço da imensa plateia.

[1973]

O medo das vozes

O cinema brasileiro dos últimos quinze anos tem dois santos padroeiros: Roberto e Nelson Pereira. *O grande momento* e *Rio, 40 graus* são datas cuja importância se aprofunda com o passar do tempo. Os dias longínquos em que essas fitas foram lançadas deviam ser comemorados como o aniversário da redescoberta cinematográfica do Rio e de São Paulo.

O que mais impressiona em Roberto e Nelson Pereira dos Santos é a permanência da juventude dos filmes que fizeram antigamente e a vitalidade dos mais recentes, *Como era gostoso o meu francês* e *Vozes do medo*, entre outros.

Qualificar *Vozes do medo* como uma fita recente e atribuí-la a Roberto Santos são verdades, mas em termos. Na realidade ela está pronta há três anos e foi criação de mais de dez realizadores. Roberto Santos, porém, foi quem mais dirigiu, além de ter sido o responsável pela concepção, acabamento e produção. *Vozes do medo* vai realçar o curso artístico de cada um que participou da fita, mas é justo que entre como um todo na filmografia de Roberto Santos.

A ideia foi fazer um filme dramático de longa-metragem, com uma estrutura inspirada na composição de um magazine moderno e variado: introdução do editor, reportagens, inquérito, crônicas, contos, ensaios, críticas, histórias em quadrinhos, ilustração abundante, com fotos e desenhos, tudo inserido no jogo gráfico preto-branco-cor. O modelo procurado foi um desses números especiais de revistas em torno de um tema determinado. O do filme seria a juventude paulistana.

Vozes do medo guardou alguma coisa da concepção original e teria conservado mais não fosse a liberdade total que Roberto Santos concedeu aos diretores convidados: gente de publicidade, da TV e do teatro, estudantes de cinema da USP ao lado de um cineasta consagrado e até um professor de filosofia. O liberalismo fez mais bem do que mal, pelo menos nessa primeira experiência. Permitiu que uma fórmula se transmudasse em forma nova com possibilidade equivalente de aprofundamento e brilho.

Esse primeiro resultado me impressionou muito. É disparatado e sinfônico, é colado, articulado e fundido. Possui a grandiloquência da ópera e a humildade da crônica, a disciplina da coreografia e o movimento improvisado da existência, o conhecimento e a impressão, a epiderme e o mergulho, a sátira e a poesia. As epígrafes são versos de Carlos Drummond de Andrade, daqueles que assustam um pouco.

Os censores são assustadiços por natureza e por isso tiveram medo. Pareceu-lhes ouvir vozes e não sabendo bem donde vinham e o que diziam resolveram proibir a fita inteira. Passados uns dois anos a censura tornou-se mais atilada, mas permaneceu cismada: liberou a fita menos dois episódios. Aí entrou o INC que passava por uma de suas crises de cegueira: hesitou em dar a *Vozes do medo* o certificado de boa qualidade. Agora é a vez da surdez e cegueira voluntárias do nosso comércio cinematográfico.

Mas Roberto Santos e *Vozes do medo* possuem tenacidade e persuasão. A fita chegará ao público e nessa ocasião voltaremos a ela para contemplá-la por dentro.

[1973]

Zézero

A moça acena para o jovem caipira com as facilidades e prazeres da grande cidade. Ele se despede dos amigos e da família e parte. Na cidade brutal tudo é enlameado e sórdido: o trabalho, a morada, a comida e o sexo. Logo não terá condições de mandar dinheiro para a família. A única esperança é a loteria esportiva. A sorte o favorece, mas quando volta para casa a família está na cova. Pergunta o que vai fazer com todo aquele dinheiro e a garota-propaganda da civilização lhe dá uma resposta chula.

No início do filme a garota-propaganda é uma sereia irrisória — louquinha enfeitada com fitas de celuloide — cujo canto consiste num arsenal de periódicos: os jornais mais importantes do Rio e de São Paulo, as revistas sérias e as outras. A publicidade, os empregos, os crediários e as mulheres nuas.

O caboclo ingênuo do começo de *Zézero*, com seu feixe de lenha no ombro, era, em última análise, feliz. A noção de que o dinheiro não traz felicidade se insinua e também a ideia de que a miséria rústica é afinal de contas preferível à ilusão urbana. Esses arquétipos tradicionais de certo anarquismo, de certa literatura e de certo cinema são, porém, sufocados em *Zézero* pela mais crua desesperança. Depois do prólogo da sereia, a história é desenvolvida de forma metódica e sem perda de tempo. Ultrapassados os umbrais da Estação Sorocabana, a miséria se revela, o caipira pratica um pouco de mendicância, mas é logo aliciado pela construção civil. Num fluir do cotidiano descrito com pontual repetição, são abertas duas ordens de parênteses, colunas mestras do âmago da fita: as cartas para a família e a satisfação sexual.

O filme permite que o espectador leia, com dificuldade, o texto ditado pelo caipira e escrito por um companheiro semialfabetizado. Seguindo a trilha do bilhete afixado numa porta de Buñuel, o cinema moderno — sobretudo Godard — tem perseguido a expressividade das palavras manuscritas, mas eu só encontro uma equivalência para a potencialidade dramática das cartas de *Zézero* em algumas passagens do diário do padre, de Bernanos e Bresson. A brecha emotiva é, porém, mais funda na fita brasileira porque nela individual e social são a mesma coisa.

A quase insuportável gravidade de *Zézero*, porém, será imposta pelas sequências de sexo. Em duas ocasiões o pobre herói se envolve com meretrizes da várzea, uma vez com dinheiro e a outra sem. O tratamento visual dado às duas passagens é semelhante, se bem que numa o negaceio é jogo e na outra, luta. A hostilidade final da prostituta que obteve algum dinheiro ilustra o conceito de que a natureza do sexo pago ou forçado é necessariamente a mesma. A variedade da expressão dramática é, porém, assegurada pela trilha sonora da segunda sequência onde predomina o rosnar de cães enfurecidos. O mesmo tema sonoro já aparecera no dia do pagamento dos trabalhadores da construção e a associação não parece fortuita em *Zézero*. Ela exprime ao seu jeito a nostalgia anárquica por um passado mítico de relações harmoniosas e a aspiração utópica, no entender de muitos, ao trabalho e ao amor livres da paga e da imposição. O tecido dessas alusões é, porém, tênue. Nessa fita qualquer esperança respira mal. As duas sequências de sexo nos marcam de forma direta e impiedosa. Há algo de inadequado e irrisório no emprego das expressões "meretriz", "prostituta" ou sua contração, a propósito dessas mocinhas paulistanas caçando a subsistência nos terrenos vagos do arrabalde. Ainda mal conhecemos as palavras novas criadas pelos usuários e usadas, praticantes de uma clandestinidade sexual ao léu e céu aberto. Algumas delas apontam confusamente na trilha sonora de *Zézero*, rica em criatividade e drama.

O autor dessa obra, composta com um rebotalho de película, é Ozualdo Candeias. Responsável por numerosos filmes desde *A margem* até *A herança*, esse artista original e profundo foi de início muito festejado, mas em seguida seus filmes foram sendo afastados dos espectadores. Ao que tudo indica, *Zézero* ficará igualmente relegado ao ineditismo, o que é uma pena, inclusive porque a última fita de Candeias fulmina a chamada pornografia que anda preocupando tanta gente. É verdade que *Zézero* talvez fosse considerado por essa mesma gente um antídoto demasiado vigoroso.

[1973]

De dentro de um cemitério

Para muitos filmes brasileiros, produzidos entre aproximadamente 1968 e 1971, a marginalidade foi uma opção, eventualmente acentuada pela cisma da censura e/ou pela má vontade do comércio. Com *Anônimo Jr.*, o filme dos Feldman — o pai Aron, o filho Cláudio, o resto da família e os amigos —, não aconteceu nada disso. Essa obra de artesanato familiar, nascida numa cidade-satélite do Grande — e medonho — São Paulo, não deu propriamente as costas a ninguém; a única coisa que rejeitou — na maior inocência — foi o gosto de uma comissão carioca encarregada pelo poder público de avaliar a qualidade dos filmes brasileiros. A tal qualidade não foi reconhecida em *Anônimo Jr.*, o que impediu a sua comercialização, isto é, o seu encontro com a parcela de público popular à qual se endereçava. Nessas condições só restou para o filme a audiência mais sabida e limitada dos clubes de cinema e dos alunos da universidade. O infortúnio teve em todo caso o mérito de sublinhar mais uma vez o alheamento e a ignorância da comissão carioca que se responsabilizou pela marginalização de *Anônimo Jr.*

O que impressiona no comportamento dos comissários governamentais de 1971 é o desconhecimento que revelaram em matéria específica de cinema brasileiro e mais geralmente em torno de cultura nacional e seus diferentes matizes. Tudo aquilo que os chocou em *Anônimo Jr.* — e que se tornou conhecido graças ao saudável hábito carioca de indiscrição e tagarelice — emana de forma cristalina de nossa tradição e é reconhecido com íntima simpatia por qualquer sensibilidade pouco alterada pelo pedantismo.

A começar pelo cemitério — o espaço mais presente no universo de *Anônimo Jr.* É um cemitério para valer, preparado para receber defuntos, oradores que tendem para o delírio fascista ou viúvas inconsoláveis. O jazigo da família Guimarães, decorado pelo profano, pelo sagrado, e fartamente iluminado por velas, é acolhedor para a variedade do cotidiano, leitura, descanso, refeições, e apropriado para sussurros e falas eróticas onde importa a palavra "escorpião". Os locatários permanentes — a viúva é passageira — são Anônimo Jr., borboleta fugitiva do hospício, e seu amigo, confidente e alter ego, Papanatas, o bicho que por enquanto mais falou no cinema brasileiro. Papanatas certamente tem muito que dizer, mas infelizmente suas mensagens nos chegam truncadas pela trilha sonora. A gente se pergunta se foi isso que indispôs os comissários cariocas. Mas seriam eles interlocutores válidos para um ratinho branco? Ou teriam eles suficiente sentimento para apreciar coveiros cuja atividade mais clara é desenterrar ossos esquecidos ou saborear anjinhos ao molho pardo?

Fora do cemitério o mundo não perde a sua razão de ser, basta um lençol imaculado para que o asfalto do progresso se preste ao amor ou ao sono. No hospício o que havia de mais deprimente era a imitação dos vitoriosos. Trabucodonosor — autoridade armada e vulnerável como demonstra uma lavadeira cantante — organiza em torno de sua debilidade subitamente revelada um desses insólitos cortejos que têm enriquecido o cinema brasileiro: gêmeos parecidíssimos, cantores caipiras, um camelô e o comerciante sírio, além do padre que já foi cavalo de Oxumaré.

E então a gente se põe a cismar a respeito de uma sala de projeção do Rio de Janeiro, em 1971. Na tela estavam presentes essas e muitas outras fantasias, farsas e poesia que evoquei. Nas poltronas, a Comissão. O pequeno público e a fita não se encontraram. Os comissários julgadores alegam que foi devido à precariedade. Mas depois de assistir *Anônimo Jr.* a gente pergunta: precariedade de quem?

[1974]

No arraial da crítica

A crítica cinematográfica continua por aí, discretamente delirante, sobretudo diante de nossos filmes, gostando ou não. *Lucíola, o Anjo Pecador* (adaptação de *Lucíola*, romance de José de Alencar, direção de Alfredo Sternheim) anda oferecendo oportunidades para os habituais caprichos da imaginação vagabunda, incapaz de se vincular ao objeto que enfoca. O crítico que gostou do filme de Alfredo Sternheim o compara às outras *Lucíola* que o cinema brasileiro produziu, inclusive aquela que por motivos óbvios nunca pôde ver: o personagem de Alencar encarnado em Aurora Fúlgida, que viveu nas telas entre 1916 e 1918.

O crítico que não gostou é, naturalmente, pior. A arte de não gostar é difícil, e quando quem a pratica tem um elenco enorme de coisas de que não gosta, ela se torna impraticável. Quem é contra melodrama, José de Alencar e a maneira antiga de exprimir sentimentos e descrever situações, nunca poderá compreender o que há de realmente negativo na *Lucíola* de Sternheim, pois tudo o que ela tem de bom lhe escapa.

As coisas, porém, não vão tão mal assim no arraial da crítica. Nomes novos estão aparecendo e um se destaca: Tom Figueiredo, do *Estado de S. Paulo*. Pode acontecer de uma fita boa se encontrar com um bom crítico e eles não se entenderem. E às vezes leva tempo para a gente descobrir as razões do desentendimento. Pois aconteceu isso entre Tom Figueiredo e *Lilian M*,* filme de Carlos Reichenbach. Os defeitos do filme estão na cara, a sua heterogeneidade, aquele episódio final quando dentro da fita exaurida começa outra e muitos outros pontos que se queira salientar. Ao lado disso tudo, entretanto, as qualidades que se encontram através do filme são tão agudas e insólitas, indicam tanta personalidade, que por si só obrigam a gente a redobrar o interesse pela carreira de Reichenbach. E como se isso não bastasse, o primeiro episódio de *Lilian M* é muito bom como conjunto, mesmo depois dos cortes que sofreu num de seus momentos mais patéticos e humanos. Já vi três vezes a introdução de *Lilian M* e meu interesse se aprofundou cada vez mais.

[1975]

---

* O título completo do filme é *Lilian M: Confissões amorosas (relatório confidencial)*.

A alegria do mau filme brasileiro

Em seus debates sobre cinema, a universidade cuida, também, dos filmes brasileiros maus, e ao que tudo indica ela está certa. A abordagem de nosso cinema com preocupações essencialmente artísticas nunca foi possível: o nível de nossa crítica estética coincide com o do cinema brasileiro tomado em bloco. É preciso acrescentar que, mesmo praticado com inteligência e eficácia, o critério discriminatório qualitativo não teria adiantado. É precisamente examinado em bloco, eventualmente com humor mas sem preconceito, que o cinema brasileiro poderá ser destrinchado, compreendido e amado.

Um filme brasileiro inteiramente ruim é tão pouco frequente quanto um inteiramente bom. *Pensionato de mulheres* apareceu como um sério candidato à primeira categoria, e foi encarado assim pela universidade (Escola de Comunicações e Artes, USP), pelo menos de início. Foi examinado de forma pormenorizada e não houve a menor dúvida a respeito de tudo aquilo que tinha de mau: construção (histórias acumuladas); direção-interpretação (conseguiram fazer de Ruthineia de Moraes, para quem não a conhece, uma má atriz); e aí por diante, inclusive a maquilagem (uma senhora madura com problemas vira plasticamente um dragão). Pois é. Mas como *Pensionato de mulheres* estava sendo examinado de perto por uma equipe numerosa, acabou sendo reconhecido o interesse de algumas passagens relativas a um ladrão. A própria introdução do filme, que parecera tão débil e absurda quanto a estrutura do filme como um todo, acabou recebendo alguma justificativa. Mais uma vez constatou-se que não é difícil começar um filme ou qualquer outra narrativa ou coisa: o diabo é continuar. Confirmou-se também, é claro, como também aqui é irrisória a denominação da pornochanchada que a imprensa aplica automaticamente a boa parte de nossa produção. Se os responsáveis por *Pensionato de mulheres* tiveram intenções pornográficas ou pretensões eróticas, ambas não ultrapassaram o estágio de intenção. E a pretensa chanchada é, na realidade, um dramalhão.

Em suma, emana da análise de um mau filme brasileiro uma alegria de entendimento que o consumo da Arte de um Bergman, por exemplo, não proporciona a um espectador brasileiro.

[1975]

Risco de injustiça

Nunca tive sorte com Flávio Tambellini. Uma urdidura de circunstâncias fez com que, até agora, nunca tivesse visto um filme seu, logo eu que procuro ver o que posso em matéria de cinema brasileiro. No período final dos anos 1950 frequentei Tambellini com alguma assiduidade e guardo lembrança de que ambos fizemos um esforço meritório para gostar um do outro, sem muito sucesso, aliás. Foi durante esse tempo que ele organizou a produção de um filme, *Ravina*, que teve o mérito de solicitar a atenção para os valores da chanchada. Não que a fita participasse do gênero — tudo que *Ravina* possuía de grotesco era metodicamente involuntário —, mas aconteceu que procurando contestar a chanchada, como anteriormente havia tentado fazer a Vera Cruz e em seguida o Cinema Novo, o filme produzido por Tambellini e realizado por Rubem Biáfora acabou sendo um convite a um exame mais atento daqueles outros onde o grotesco era deliberado. Mais tarde, quando Flávio Tambellini conduziu o recém-criado Instituto Nacional do Cinema para a vassalagem cultural ao filme importado, na qual permaneceu durante tanto tempo — vejam-se as primeiras séries de *Filme Cultura*, órgão do INC —, eu tinha cessado de frequentá-lo. Durante os últimos anos, em todo caso, ele continuou a fazer algo útil em qualquer circunstância: filmes brasileiros.

No meu encontro com *Relatório de um homem casado*, último filme dirigido por Tambellini e o primeiro que vejo, a má sorte continuou a me perseguir. As duas horas que encontrei para ir ao Belas Artes saíram de um desses dias repletos de tarefas ao cabo do qual a gente se encontra exausto. Minhas condições de receptividade eram certamente desfavoráveis e a prova disso é que, passada meia hora, passei a desejar que o filme chegasse ao fim, o que nunca acontece comigo diante da produção nacional. Essa primeira visão não permite julgar *Relatório de um homem casado* sem risco de injustiça. Estabelecida a ressalva, minha insuficiente primeira abordagem de *Relatório de um homem casado* foi suficiente para desconfiar da consistência das opiniões a respeito do filme de Tambellini que andei lendo e ouvindo por aí. Círculos chegados às coisas de nosso cinema massacraram a fita e não vejo motivo para essa rejeição drástica. Por sua vez, a facção vinculada esteticamente a Tambellini na imprensa carioca e paulista procura apresentar seu último filme quase como uma obra-prima e é muito duvidoso que esse enfoque facilite uma avaliação útil do *Relatório*.

Não deve ser, entretanto, laborioso discernir nessa fita o que há de bom daquilo que é absurdo. O clímax dramático tradicional, que não vou revelar, é em si neutro e o personagem central é daqueles cuja função ainda está longe de ter sido exaurida: uma mulher fatal. Se a de Tambellini se aproxima às vezes da caricatura, como na passagem em que suas mãos, depois de insinuadas como garras, agarram uma garrafa para sorvê-la pelo gargalo, em outros momentos mais simples, como num plano em que simplesmente mastiga, ela realmente se transmuda, não em figura propriamente, mas numa moça encapetada cheia de expressividade. Uma análise a partir desses dois polos de tratamento artístico permitiria provavelmente detectar os momentos de força e de debilidade de Tambellini como diretor através de todo o filme.

Uma primeira visão, mesmo inadequada, de *Relatório de um homem casado* sugere ainda alguns temas para comentário. No dia, por exemplo, em que for feita uma reflexão a respeito da presença e da ablação do povo no cinema brasileiro, este filme de Tambellini será evocado seguramente com proveito. Seria igualmente útil examinar de perto os diálogos. A fala de nossos filmes foi objeto de muita conversa antiga entre Tambellini e eu. Poderíamos agora recomeçar tudo de novo a partir de duas réplicas de seu último filme:

— Você não é mais o mesmo.
— Você não é mais a mesma.

cabendo notar que a penúria talvez possa ser atribuída, aqui, ao autor e corroteirista Rubem Fonseca.

A conclusão é que vou procurar rever *Relatório de um homem casado* e conhecer os filmes anteriores de Flávio Tambellini. O exame atento do cinema brasileiro é sempre compensador.

[1975]

CINEMATECA E OBSTINAÇÃO

Um pioneiro esquecido

A Cinemateca Brasileira está preparando, há já bastante tempo, uma homenagem aos pioneiros da cinematografia no Brasil. Tendo em vista a elaboração da história do cinema brasileiro, que se está processando graças a homens como Ademar Gonzaga, Pedro Lima, Peri Ribas, Silva Nobre e Alex Viany, terá importância o acontecimento, pois tentar-se-á uma aproximação mais exata da era primitiva do cinema nacional.

Propõe-se antes de mais nada o problema de situar no tempo o cinema primitivo brasileiro. No que até hoje se convencionou chamar de história mundial de cinema mas que na realidade não passa da história do cinema europeu e norte-americano, a questão já está há muito tempo resolvida. A era primitiva do cinema inicia--se em 1895 com a atividade dos irmãos Lumière e conclui-se em 1913-14 com a realização de *Cabiria*, o apogeu do cinema primitivo, e de *Nascimento de uma nação*, a primeira fita muda *moderna*.

No Brasil ainda não é possível estabelecer-se as datas e os filmes com a mesma precisão. A tradição segundo a qual o cinematografista Leal foi o primeiro a filmar entre nós, por volta de 1903, está se tornando cada vez mais discutível com o progresso das pesquisas. Quanto à segunda data-limite, as incertezas também são grandes. A tendência era situar o fim do cinema primitivo brasileiro, considerando a grande diferença de desenvolvimento entre nós e os países mais avançados, nos primeiros anos da década de 1920, por ocasião do lançamento, por exemplo, de *O guarani*, produzido por Botelho. Mas a comparação entre as fotografias de *O guarani* e as de filmes realizados anteriormente, como *Vivo ou morto*, de Luís de Barros, faz parecer estes muito mais modernos. Já não haveria surpresas se, considerando-se o cinema brasileiro, por motivos metodológicos, como uma realidade autônoma, chegássemos a fixar como data conclusiva da era primitiva do nosso cinema o ano de 1913, com a produção, na rica e europeizada Pelotas do tempo do charque, de *O crime dos Banhados*, de Francisco Santos.

De qualquer forma, para efeitos da homenagem aos pioneiros do cinema nacional, a Cinemateca Brasileira estabeleceu considerar como tais os que filmaram no Brasil antes de 1914. Foi muito intensa a atividade cinematográfica no Brasil até essa data, quando entrou em colapso devido às dificuldades de importação de película virgem, causadas pela guerra.

Os pioneiros serão homenageados nas pessoas dos dois sobreviventes, Campos, de São Paulo, e Botelho, do Rio. Melancólico é o desaparecimento, quase total, dos filmes realizados antes de 1914. De Botelho só restou um documentário sobre uma corrida de automóveis em 1910 e, de Campos, *O Diabo*, uma fantasia num estilo provavelmente próximo ao de Méliès.

Quanto aos pioneiros mortos, Lafayette, Benedetti, Leal, Segreto, do Rio; Reis, da Missão Rondon; Aristides Junqueira, de Belo Horizonte; Serrador, de São Paulo; Francisco Santos, de Pelotas, dos quais praticamente nada se conservou, às vezes nem uma fotografia sequer para testemunhar a atividade cinematográfica desenvolvida durante os catorze primeiros anos do século, guardou-se, pelo menos, a memória dos seus nomes; outros existem, numerosos talvez, ameaçados de total esquecimento, se não for logo empreendida a pesquisa metódica dos traços porventura ainda existentes de suas atividades nesse setor.

Essa ameaça de olvido pesava sobre Requião, pioneiro cinematográfico paranaense. Afinal Requião nasceu em 1875, e antes de se transformar num próspero comerciante, pertenceu a uma corporação que reuniu durante anos a elite intelectual e política da classe operária brasileira dos gráficos. Quando começou a prosperar, Requião iniciou, paralelamente aos seus trabalhos habituais, uma atividade fotográfica, e em seguida também cinematográfica, em bases profissionais. Os poucos negativos fotográficos que restam indicam que Requião não foi um fotógrafo qualquer. Perfeitamente integrado no gosto do seu tempo, as suas fotografias domésticas refletem com felicidade a preferência da época pela acumulação dos elementos decorativos. Nas vistas para cartões-postais, o gênero mais terrivelmente convencional da fotografia, Requião por vezes manifesta sensibilidade pessoal na escolha de um ângulo ou de um corte. Aníbal Requião viu cinema pela primeira vez em 1905 ou 1906, e à sua decisão de filmar não devem ter sido estranhas as relações que mantinha com um alemão, Schmidt, que trabalhava com aparelhos e material fotográficos. Em todo caso a partir de 1908-09, Requião já filmava com a Pathé Frères que importara, continuando sua atividade até 1914. Nunca fez fitas posadas, limitando-se às atualidades, aspectos da vida urbana e vistas da natureza. Apesar de não ter mais filmado até 1939, data de sua morte, Aníbal Requião conservou o seu material negativo. Felizmente o culto familiar fez que boa parte dos filmes ficasse guardada num sótão até o dia recente em que a família a confiou à Cinemateca Brasileira.

Na homenagem aos pioneiros, a projeção desses filmes constituirá certamente um momento importante na vida da cultura cinematográfica brasileira. O interesse histórico do Acervo Aníbal Requião também poderá ser muito grande. A Cinemateca Brasileira está preparando uma fita sobre a vida nacional durante o século xx, e serão certamente utilizados largos fragmentos dos filmes de Requião, para evocar o Brasil de antes de 1914.

[1956]

Pesquisa histórica

No último congresso da FIAF — Fédération Internationale des Archives du Film —, em Dubrovnik, realizaram-se algumas sessões do Comité International de Recherches sur l'Histoire et l'Art du Cinéma. A criação do comitê é recente, data de uns cinco anos, e responde à necessidade sentida pelos historiadores de cinema de diferentes países de dar aos seus trabalhos um desenvolvimento mais coordenado.

O ativamento das pesquisas históricas nos anos imediatamente anteriores à Segunda Guerra Mundial coincidiu em cada país com o desenvolvimento das cinematecas. É a tomada de consciência nos países mais adiantados da importância do fato cinematográfico.

No Brasil um exame superficial dá a impressão de que o trabalho de arquivamento de filmes está muito mais desenvolvido do que a pesquisa histórica. Uma melhor aproximação do problema mostra que por um lado ainda não existe entre nós uma verdadeira cinemateca, como demonstrei oportunamente, e que por outro os trabalhos históricos em curso têm uma importância fundamental.

Seria injustiça não fazer de início uma referência ao opúsculo de F. Silva Nobre, *Pequena história do cinema brasileiro*.[1] Apesar de sumário — trata-se de uma acumulação de notas dispostas cronologicamente —, o trabalho de Silva Nobre pode ser utilizado como ponto de partida por quem, não dispondo de outro material, queira iniciar o estudo do cinema brasileiro. As lacunas e os erros do livro não são o defeito principal, mas sim a ausência total de referência às fontes de informação.

Ainda quanto ao material publicado, são numerosos os artigos consagrados ao cinema brasileiro e seus autores são frequentemente pessoas da competência de um Peri Ribas, Pedro Lima ou Alex Viany. Não é fácil localizar esses trabalhos espalhados pelas coleções de diferentes jornais e revistas. Urge o estabelecimento de uma bibliografia que torne acessível a consulta dessa documentação.

Tudo indica que a pesquisa histórica relativa ao cinema brasileiro vai entrar numa fase decisiva. Alex Viany prepara para o Instituto Nacional do Livro uma contribuição básica, o repertório mais completo possível dos filmes realizados no Brasil, com as respectivas fichas técnicas. A intenção do INL seria a de programar toda uma série de publicações não só sobre o cinema brasileiro, mas, o que também é importante, sobre o cinema no Brasil. Por seu lado, Benedito Duarte ultima a redação de um livro para uma editora paulista no qual reúne documentação sobre o movimento cinematográfico em São Paulo de 1946 a 1956. Que os historiadores abordem simultaneamente o passado recente e o mais longínquo de nosso cinema é prenúncio da melhor perspectiva cultural.

O acontecimento, porém, mais marcante no atual desenvol-

---

1. Cadernos AABB. Rio de Janeiro, n. 5, 1955.

vimento das pesquisas é o início da publicação, pelo *Jornal do Cinema*,[2] da *História do cinema brasileiro*, de Ademar Gonzaga. O autor é militante cinematográfico há mais de 25 anos e durante todo um período do cinema brasileiro, o da Cinédia, foi sua figura central. Cada vez que as circunstâncias desfavoráveis lhe arrancam os estúdios e as câmeras das mãos, Ademar Gonzaga, enquanto prepara sem esmorecimento a revanche, dedica-se a trabalhos de investigação histórica. Seu arquivo é riquíssimo e as primeiras páginas publicadas de sua *História* indicam que também nesse terreno sua contribuição será notável.

Uma qualidade excelente do trabalho de Gonzaga é a forma minuciosa pela qual comunica aos leitores suas fontes de informação. Para o período focalizado na parte publicada, que vai da introdução no Brasil de diferentes jogos óticos e outros espetáculos visuais até a chegada do cinema em julho de 1896, a fonte principal são os jornais, e o leitor fica reconhecido a Gonzaga por transcrever na íntegra as notícias e os comentários da época.

É curioso constatar como alguns jornalistas brasileiros de então estavam informados sobre os trabalhos dos Lumière. Um deles, a propósito do Kinetoscopio de Edison, escreve, algumas semanas antes da sessão histórica do Grand Café: "O Cinematographo dos irmãos Lumière, de Lyon, distancia de muito o aparelho do grande inventor americano e arreda-o da concorrência". E quando se realiza no Rio a primeira demonstração de um aparelho batizado Omniographo, outro jornalista escreve: "Cremos ser este o mesmo aparelho a que se dá o nome de Cinematographo".

Esse Omniographo, "um aparelho que projeta sobre uma tela colocada ao fundo da sala diversos espetáculos e cenas animadas, por meio de uma série enorme de fotografias", aparecido no Rio em julho de 1896, talvez esclareça um pequeno enigma históri-

---

2. Rio de Janeiro, n. 39, ago. 1956.

co. Causa espécie que a grande investida mundial dos aparelhos Lumière como tais, quer dizer, enviados e controlados pela firma de Lyon, tenha atingido o Brasil bem depois de outros países da América do Sul. É possível que na corrida para a exploração comercial da projeção de imagens animadas os Lumière tenham sido, no Brasil, antecedidos por qualquer franco-atirador rival e nesse caso o Omniographo seria uma das primeiríssimas contrafações, que logo depois iriam pulular, do Cinematographo original. Os títulos das fitas apresentadas no Rio em 1896 sugerem que se tratava de uma mistura de produções dos Lumière com outras realizadas por Edison originalmente para o Kinetoscopio. Os verdadeiros Cinematographos de Lumière só apareceriam no Rio no ano seguinte, quando a fábrica de Lyon iniciou a venda livre de seus aparelhos.

Esta rápida digressão talvez já indique como é estimulante a leitura das páginas iniciais do livro de Ademar Gonzaga. A análise atenta das coleções de jornais antigos, que é a primeira operação a ser feita numa pesquisa sobre os primórdios do cinema no Brasil, precisa ser repetida nas principais capitais brasileiras a fim de que se tenha a visão global do fenômeno e do seu mecanismo. Competiria aos clubes de cinema, esses focos de cultura cinematográfica em todo o Brasil, realizar este trabalho.

O fato de diferentes trabalhos de pesquisas históricas estarem encontrando editores, assim como a publicação num hebdomadário artístico e literário de uma entrevista de página inteira com Ademar Gonzaga em torno de seus arquivos históricos, indica que o interesse por esse gênero de estudos está ultrapassando de muito o círculo restrito dos profissionais e especialistas.[3]

É lembrada naquela entrevista a ótima influência exercida

---

3. "Segredos e mistérios do cinema brasileiro", por Alex Viany, *Para todos...*, n. 12.

por Ademar Gonzaga nos trabalhos da Filmoteca do Museu de Arte Moderna de São Paulo, a futura Cinemateca Brasileira. É com efeito a ele que se deve em grande parte o carinho com o qual são cuidados atualmente os velhos filmes brasileiros. Cedendo à Filmoteca todos os negativos da Cinédia e cópias de alguns importantes primitivos brasileiros como o *Exemplo regenerador*, de Medina, Ademar Gonzaga reforçou nos responsáveis pela instituição a tomada de consciência de que a missão fundamental de cada cinemateca é, de acordo, aliás, com a ideologia da FIAF, cuidar do patrimônio cinematográfico nacional.

Em matéria de pesquisa histórica está acontecendo no terreno nacional, entretanto, o mesmo que ocorria no internacional, uma dispersão de esforços e iniciativas que está exigindo um trabalho de coordenação e harmonização.

Nas reuniões de Dubrovnik foi solicitada a criação de uma seção brasileira do Comité International de Recherches sur l'Histoire et l'Art du Cinéma. Para constituir o núcleo inicial da seção brasileira foram indicados os nomes de Ademar Gonzaga, Alex Viany, Benedito Duarte, Pedro Lima, Peri Ribas e do autor deste artigo, como representantes da Cinemateca. Um trabalho interessante e útil nos espera na seção brasileira e no Comité Internacional, ao lado de nossos colegas de todo o mundo.

[1956]

Evocação campineira

Depois do exemplo paulistano as iniciativas legislativas municipais em favor do cinema nacional tendem a se propagar. Em Campinas, Santos, Sorocaba e Ribeirão Preto já se prenuncia a articulação de movimentos destinados a interessar as respectivas câmaras municipais pela elaboração de leis que, respeitando as peculiaridades locais, se inspirem na promulgada pelos edis da capital paulista e que dentro de duas semanas entrará em execução. Não é impossível que a pioneira dessa etapa da tomada de consciência da importância de um cinema brasileiro seja a cidade de Campinas. Se isso acontecer, a segunda capital paulista reatará uma tradição que seria oportuno relembrarmos.

Existe na história do cinema brasileiro um *ciclo campineiro* que ainda não foi devidamente estudado e esclarecido. Talvez os livros atualmente em elaboração, como os de Ademar Gonzaga, Pedro Lima, Peri Ribas e Alex Viany, consagrem um capítulo importante aos esforços cinematográficos realizados em Campinas, de 1923 a 1925. Sobretudo Ademar Gonzaga, que, segundo atesta um documento fotográfico, conheceu o grupo de perto.

Conforme indica o fichário organizado na Cinemateca Brasileira pelo sr. Caio Scheiby, do ciclo campineiro existem traços de quatro produtoras: Fenix, Apa, Selecta e Condor. Não é certo, porém, que todas tenham realizado mais de um filme. Da Fenix foi depositada na Cinemateca uma cópia, infelizmente fragmentária e em mau estado, de *João da Mata*, de Amilar Alves. Das outras fitas só restam, salvo novas descobertas, algumas fotografias e as lembranças, comunicadas ao acaso de conversas, dos participantes das aventuras cinematográficas.

Como todo pioneirismo cinematográfico, o campineiro foi rico em personalidades singulares. Do ator Rolando esqueceu-se o sobrenome, mas não o hábito de envergar o smoking com extrema frequência, mesmo de dia. "Em Hollywood é assim", explicava para os provincianos. Efetivamente, Rolando chegara pouco tempo antes de Hollywood, onde para a glória de Belém do Pará, sua terra natal, havia trabalhado com Mae Murray em *Fascinação*. Um papel central na produção cinematográfica de Campinas foi representado por um personagem que de início se fazia chamar conde Eugenio Maria Piglinioni Rossiglione de Farnet; logo, porém, americanizou-se, trocando esse nome para o de E. C. Kerrigan.

A fascinação ainda recente exercida pelo cinema da América dominava todas as preocupações. O jovem Santos Galvão, caixeiro do *Rei do pano*, foi contratado devido à sua semelhança com Sessue Hayakawa; consideravam o bancário Roberto Zango como rival de Lon Chaney. Quando a Apa Film prosperou um pouco, contratou os artistas americanos Art Acord e Louise Lorraine, celebridades que iam custar aos campineiros 10 mil dólares, cerca de sessenta contos. A revolução do general Isidoro impediu que os artistas desembarcassem em Santos.

A fundação da Apa está intimamente ligada às atividades do antigo conde. Kerrigan fundara uma escola de cinema, onde em pouco tempo cerca de cinquenta alunos se exercitavam, diante de espelhos, a exprimir os sentimentos fundamentais: alegria, horror, esperança etc. A escola provocava uma intensa curiosidade e eram numerosas as pessoas que pagavam apenas para assistir às aulas dadas aos alunos regularmente inscritos a 30 mil-réis por mês. Alguns capitalistas interessaram-se pelo movimento e assim nasceu a Apa Film, com o capital de cem contos.

O primeiro filme rodado pela companhia foi *Sofrer para gozar*, que custou quarenta contos. O diretor foi Kerrigan, Rolando o decorador. Felipe Ricci, outro nome fundamental da escola, foi o cinegrafista. A atmosfera do filme era a de western e as sequências principais desenrolavam-se no *saloon* de Harry, um chinês sinistro interpretado naturalmente pelo caixeiro Galvão. *Sofrer para gozar* foi distribuído sobretudo no interior, mas os quarenta contos voltaram rapidamente e a margem de lucro foi confortável. Imediatamente promoveu-se um aumento do capital para duzentos contos. O estúdio instalado numa garagem da rua General Osório pareceu insuficiente, sendo adquirido um terreno para nova construção. A Apa lançou-se na realização de *A carne*, de Júlio Ribeiro. Surgiram dificuldades de toda sorte. Kerrigan foi substituído na direção por Felipe Ricci. A história era considerada audaciosa e temia-se que a atriz principal abandonasse o trabalho se descobrisse o sentido exato do enredo. No contorno dessa dificuldade Ricci fez que uma passagem de seu filme prenunciasse a célebre sequência dos cavalos no *Êxtase* de Machatý, com Hedy Lamarr. Não podendo filmar uma cena de amor particularmente realista num bosque, Ricci, inspirando-se no romance, apelou para estranhas imagens de um touro e de uma vaca. Ignorante das possibilidades metafóricas do cinema, a atriz não compreendia por que depois de uma cena idílica o diretor lhe pedia que exprimisse o mais profundo cansaço. *A carne* custou cem contos e foi um fracasso, provocando a derrocada da Apa Film.

De outros filmes do período campineiro como, por exemplo, *Mocidade louca*, de Felipe Ricci, ou *Alma gentil*, de Dardes Neto, restam ainda alguns traços. Mas onde poderão ser encontradas informações e pelo menos algumas fotografias? E terá de ser inteiramente abandonada a esperança de se encontrarem cópias desses e de outros filmes? As respostas a essas e a muitas outras perguntas deverão ser dadas por pesquisadores campineiros interessados na cultura cinematográfica. Também lhes competiria examinar criticamente as lendas que necessariamente envolvem todo pioneirismo cinematográfico. Não me surpreenderia se algumas dessas lendas tivessem penetrado o lado anedótico desta minha evocação.

Esses pesquisadores serão certamente auxiliados pela renascença cinematográfica campineira. O movimento cinematográfico que atualmente se articula está ligado aos esforços do Centro de Ciências, Letras e Artes, uma das instituições de cultura do estado de melhores tradições. Tudo indica que em Campinas uma eventual prosperidade industrial do cinema será inseparável do florescimento da cultura cinematográfica. Tudo depende, porém, de uma lei municipal que ampare a renascente produção cinematográfica local, dando-lhe a possibilidade de se solidificar. Do contrário, as tentativas continuarão esparsas e serão fatalmente atraídas para a zona de influência paulistana.

Votada a lei municipal, Campinas, com uma produção contínua e um movimento vigoroso de cultura cinematográfica, será realmente a segunda capital paulista do cinema.

[1956]

Dramas e enigmas gaúchos

No Brasil as pesquisas históricas sobre o cinema iniciaram-se tardiamente. Quando pessoas como Ademar Gonzaga, Peri Ribas ou Pedro Lima começaram a interessar-se pela questão de forma metódica, os pioneiros, cujas atividades se exerceram nos últimos anos do século passado, já haviam morrido. Da segunda geração de cineastas brasileiros que trabalharam em cinema antes de 1914, muito poucos estão ainda entre nós, o mesmo acontecendo com bom número dos que vieram mais tarde, fazendo cinema na década de 1920; se os trabalhos de pesquisas não forem ativados, faltarão cada vez mais testemunhos fundamentais e serão dispersados arquivos de documentos sem os quais dificilmente poderá ser traçada uma história autêntica do cinema brasileiro das origens até a invenção do falado.

Uma viagem recente ao Rio Grande do Sul deu-me uma ideia da variedade de obstáculos que pode encontrar um pesquisador. O estado gaúcho é rico em fontes históricas para o cinema. Não só existiu, antes de 1914 e depois de 1920, um cinema local ainda muito pouco conhecido, mas também numerosas pessoas que exerceram atividades cinematográficas em diferentes pontos do país acabaram fixando-se em Porto Alegre.

Tal é o caso de Isaac Saidenberg que falecera pouco antes de minha chegada. Ele deixara a Rússia, seu país natal, por ocasião da Revolução de 1905 e desde então se radicara no Brasil. Interessou-se cedo pela indústria cinematográfica e em mil novecentos e vinte e poucos o seu nome aparece como produtor de uma das várias versões de *O crime da mala*. É sabido que se fizeram no Brasil diferentes filmes baseados nos dois ou três crimes, todos semelhantes, que tanto abalaram a opinião pública. Mais tarde Saidenberg fundou em São Paulo a Metrópole Filmes, produtora de *A escrava Isaura* e de *Iracema*, que marcaram época na cinematografia brasileira. Infelizmente ainda não foi possível localizar nenhuma cópia desses filmes. Depois do advento do cinema falado, Saidenberg dedicou-se unicamente à distribuição de filmes.

De outro antigo comerciante cinematográfico, Stefan Fischer, a Cinemateca Brasileira pôde recolher, graças à compreensão e gentileza da viúva de Fischer, parte dos arquivos fotográficos e alguns filmes. Infelizmente era tarde demais para obter o seu testemunho pessoal. Fischer morrera pouco tempo antes baleado por um ladrão na porta de sua casa comercial. Não foi este o único drama que deixou em suspenso alguns aspectos de minha pesquisa. Teria sido grande o interesse em entrevistar o velho cinematografista José Gomelli Barbosa, mas quando cheguei a Porto Alegre li a notícia da prisão das duas moças que o haviam envenenado.

Contrastou com a impressão causada por estes acontecimentos a radiosa atividade de Italo Majeroni, ou Leopoldis, nome pelo qual é conhecido nos meios cinematográficos. Os Majeroni formam uma dinastia de artistas. O avô de Leopoldis era o trágico Achille Majeroni, do Reggio Teatro de Nápoles. Seus pais também eram atores e os tios e irmãos que não seguiram a carreira dramática eram mágicos, ilusionistas e hipnotizadores. Italo Majeroni foi sobretudo transformista e, para evitar confusão com tantos Majeroni, adotou o nome de Leopoldis, The Great Leopoldis. Mais tarde, no tempo do cinema mudo, batizou sua firma comercial com o seu nome artístico, Leopoldis Film e em seguida Leopoldis Som.

Leopoldis levou por todo o mundo os seus programas, sobretudo um célebre número que durava um espetáculo inteiro, durante o qual encarnava cinquenta personagens diferentes, e foi igualmente aplaudido pelo sultão Abdul Hamid e pelo presidente Hermes da Fonseca. Iniciou sua carreira cinematográfica em Recife em 1915, produzindo atualidades: em 1916 o encontramos como colaborador artístico e galã do filme *Vivo ou morto*, dirigido por Luís de Barros.

Este filme é certamente um marco importante na história do nosso cinema. Hoje seu tema provoca sorrisos, mas é provavelmente mais evoluído do que a maior parte dos filmes brasileiros realizados durante os cinco ou seis anos seguintes. Trata-se da história de uma mulher da alta sociedade interpretada pela atriz italiana Tina d'Arco, abandonada pelo amante. Ela assegura que ele voltará. Após uma série de peripécias o cadáver do amante é encontrado e levado à residência da grã-fina, que exclama triunfante, com uma taça de champanhe na mão: "Ele voltou!". Não existe cópia de *Vivo ou morto*, mas uma coleção de documentos fotográficos sugere uma assimilação das lições do *film d'art* francês numa realização em estilo próximo ao do cinema italiano das divas, cujo desenvolvimento ainda não se processara.

Em 1922 Leopoldis fixou-se em Porto Alegre, onde até hoje [1956] se prolonga sua carreira cinematográfica. Muitas atualidades filmadas por Leopoldis, como a película de longa-metragem sobre a Revolução de 1930, teriam grande valor histórico, mas infelizmente só uma parte ínfima de sua obra antiga foi preservada: um desfile de modas, o footing na Porto Alegre de 1923, uma tourada. Esses fragmentos, cujas cópias estão depositadas na Cinemateca Brasileira, dão uma ideia do que se perdeu com a destruição das dezenas de milhares de metros filmados desde 1916. Apesar dessas limitações pode-se avaliar a importância da contribuição cinematográfica de Leopoldis. Há casos mais complicados. Nas conversas com os velhos gaúchos de algum modo ligados ao cinema surge sempre em determinado momento o nome de um filme, *Castigo da vaidade* segundo uns, de acordo com outros *Castigo do orgulho*, realizado em Porto Alegre por volta de mil novecentos e vinte e tantos. Sente-se que na ocasião a fita impressionou muito, mas é impossível obter-se qualquer precisão. Orientado pelo jornalista e crítico de cinema P. F. Gastal, piloto maravilhoso no emaranhado cinematográfico gaúcho, consegui saber o nome do diretor, Boaventura, com a informação complementar de que enlouquecera há vários anos, pouco antes de morrer. Surgiu, porém, uma pista para localizar a atriz principal do filme. Realmente a encontrei, numa pensão na má zona da capital gaúcha, perto do cais. Ela me deu algumas indicações sobre a equipe técnica e artística do filme e contou-me o enredo. Ei-lo.

Carmem era casada, tinha uma vida modesta mas feliz. No entanto, sua mãe, Ernestina, só pensava em luxo e para obtê-lo convence a filha a tornar-se amante de Falcão, rico capitalista. Carmem começa a maltratar o marido e logo o abandona. Surgiu em sua vida Ernesto, que depois de conquistá-la facilmente afastou-se. Abandonada também pelo capitalista, Carmem resvala decididamente para a má vida. Um dia é expulsa de um rinque de patinação onde se encontrava com a mãe. Carmem morre no hospital, tuberculosa e profundamente arrependida. Ernestina torna-se mendiga, e velha maltrapilha vai pedir esmolas num palacete. Atende-a o seu antigo genro que enriquecera, casara-se novamente e era muito feliz. "A fita era um exemplo para senhoras casadas", concluiu a antiga atriz. A história parecia-me coerente e bem ao gosto do cinema brasileiro dos últimos anos do mudo.

A intérprete de Carmem forneceu uma nova pista que me levou ao fotógrafo do filme. Depois de confirmar os elementos da ficha técnica e artística o cinegrafista também me contou o enredo do filme nos seguintes termos:

Carmem, filha de um grande capitalista, apaixonou-se pelo chofer Ernesto. O pai não consente num tal casamento. Seu candidato era um moço rico, Falcão, que um dia rapta Carmem, depois de cloroformizá-la. Ernesto persegue-o e depois de muitas aventuras consegue salvar a moça; Carmem, porém, já havia sido violada pelo celerado. Nessas condições o pai consente em seu casamento com o chofer.

Pesquisas anteriores já me tinham ensinado a receber com a maior prudência as informações cinematográficas baseadas unicamente na memória, mas a discrepância entre essas duas versões deixou-me perplexo. Surgiu a possibilidade de se confirmar uma dessas versões ou, talvez, obter-se uma terceira versão da história, quando se entrevistar Eduardo Abelim, que foi o intérprete de Ernesto e teria também produzido o filme e escrito o roteiro. Seu nome foi localizado no fichário da Cinemateca Brasileira e não há dúvidas de que Eduardo Abelim é hoje cineasta em Niterói. Um exame meticuloso dos documentos, sobretudo de jornais e revistas da época, permitirá ao mesmo tempo avaliar a importância do filme e determinar as linhas exatas de seu enredo.

A maior parte dos numerosos filmes gaúchos realizados na era do filme silencioso está numa situação tão enigmática quanto *O castigo*. A situação é a mesma em outros estados. O trabalho de pesquisa histórica em torno do cinema brasileiro exige um levantamento regional e mesmo local que não pode mais ser adiado.

[1956]

Visita a Pedro Lima

Quando no Brasil se cogita de arquivos de documentação cinematográfica ou de história do cinema brasileiro, os primeiros nomes que ocorrem são Ademar Gonzaga, Peri Ribas e Pedro Lima. Sem o material reunido por esses três homens, dificilmente poderá ser delineada a história de nosso cinema. Se até hoje nenhum deles se lançou na empreitada, deve-se atribuir o fato à falta de estímulo. Mas hoje a situação mudou. O renascimento da produção e a difusão do movimento de cultura cinematográfica criaram em nosso país setores cada vez mais amplos que esperam com muito interesse os resultados dos trabalhos de pesquisas históricas. Não falta sequer editor: o Instituto Nacional do Livro decidiu incluir em seu programa a publicação de livros dedicados ao cinema, manifestando um interesse especial pelos originais que cuidem do cinema brasileiro, ou, de modo mais geral, do cinema no Brasil.

Não é fácil visitar Pedro Lima. Durante a semana o seu tempo é tomado por múltiplas ocupações e os sábados e domingos ele emprega em classificar, ajudado por duas secretárias, a massa de documentos que possui. Os antigos armários de madeira onde Pedro Lima guardava a papelada e as fotografias, muitas de valor inestimável, foram atingidos por um desbarrancamento. Perderam-se muitos documentos, mas a maior parte está sendo cuidadosamente transportada para arquivos de aço colocados em locais novos.

Se quem visita Pedro Lima dedica-se, mesmo de forma acessória, às pesquisas históricas, o primeiro cuidado do anfitrião, que lê atentamente todas as publicações, é aludir à contribuição, por mais modesta que seja, do visitante; retirando de seus arquivos recortes de artigos, a propósito do cinema em Campinas ou no Rio Grande do Sul faz retificações de nomes, datas e fatos, esclarecendo pontos ainda obscuros.

Quem nos dez primeiros anos do século se interessou pelo cinema, na Europa ou nos Estados Unidos, e no Brasil até um pouco mais tarde, eram pessoas cujos espíritos estavam voltados para a fascinação das novas invenções. Pedro Lima pertence a essa família. O menino que em 1914 já era fã de cinema há alguns anos é o mesmo que logo após a deflagração da guerra envia para o Kaiser, que muito admirava, um projeto de torpedo aéreo acompanhado do seguinte recado: "Não repare eu não pintar o resto do canhão, pois não sei (fica ao cuidado do senhor)".

Se durante algum tempo, a partir dos oito anos de idade, Pedro Lima foi um fã isolado, cujo templo era o cinema Pátria, do largo da Cancela, em São Cristóvão, logo organizou o seu primeiro grupo, no Colégio Pio Americano. O Nacional Infante Film, criado em 1917, era uma espécie de clube cujos membros não se limitavam a ser fãs. Pedro Lima e seus amigos, Jaime Marques, José Estruc, Edgar Mallet de Lima, certo Henrique, reputado imitador de Billie Ritchie, e algumas meninas queriam participar ativamente na produção cinematográfica; procuravam com insistência as efêmeras companhias para oferecer seus préstimos artísticos ou técnicos; solicitavam o interesse do diretor Luís de Barros para a mais dotada das quatro estrelas em potencial que faziam parte do Nacional Infante Film; escreviam roteiros em abundância, enviando-os também para o estrangeiro. Para Norma Talmadge enviaram uma história com tema social, o casamento de flagelados da seca no Ceará. O roteiro foi devolvido com uma carta amável da secretária da atriz, explicando que não podiam filmar a história por não conhecerem o local, o que encheu de orgulho todo o grupo. Enquanto não chegavam as esperadas oportunidades cinematográficas, escreviam e montavam peças de teatro, como treino e com a intenção de mais tarde filmá-las.

Lá por 1919, ainda no Colégio Pio Americano, Pedro Lima conheceu Ademar Gonzaga, e juntamente com Paulo Wanderley e Álvaro Rocha formaram um segundo grupo. Era a época da criação da United Artists por Griffith, Chaplin, Douglas e Mary Pickford, e os quatro adolescentes se intitularam Big Four. A sede era o cinema Íris, no largo da Carioca, onde as fotografias afixadas eram metodicamente furtadas, início dos célebres arquivos de hoje. Devido talvez aos poucos resultados práticos do Nacional Infante Film, os Big Four limitaram-se durante algum tempo aos prazeres da devoção de fãs. É curioso constatar que a primeira paixão cinematográfica de Pedro Lima não foi uma Lillian Gish, Mae Marsh ou Mary Pickford, mas Carmem Santos, que estreará em *O urutau*, produzido pela Omega Films. No grupo, Pedro Lima era o especialista de cinema brasileiro; no que se referia aos filmes americanos, particularmente os da Triangle ou da Universal, a competência de Ademar Gonzaga não era discutida.

Logo Pedro Lima, seguido por seus amigos, procurou reaproximar-se das companhias e dos realizadores. Tentou convencer Luís de Barros a montar um estúdio em São Cristóvão, mas o diretor, muito ligado ao cinema primitivo, do qual foi certamente o grande mestre brasileiro (vejam-se as fotografias de *Vivo ou morto*), achava o estúdio um luxo e uma complicação técnica desnecessária.

Nessa ocasião Pedro Lima já iniciara suas atividades de jornalista cinematográfico. Desde 1917, mandava crônicas esparsas que foram publicadas em diferentes jornais. Foi em seguida redator da revista *Cinema*, de *Palcos e Telas*, cujas coleções hoje raríssimas são um repositório precioso de informações sobre o cinema brasileiro, *A Fita*, curioso tipo de jornal hebdomadário, cinematográfico e humorístico, com uma boa parte escrita em versos. Em seguida trabalhou na *Fon-Fon* e na *Selecta*, onde criou a primeira seção permanente dedicada ao cinema brasileiro. Depois foi *Cinearte*, onde lançou o slogan: "Todo filme brasileiro deve ser visto", ao qual ainda obedece. O êxito de Pedro Lima no jornalismo cinematográfico transformou-o no profissional que milita até hoje. Outros ideais da adolescência realizaram-se parcialmente.

Nunca teve grandes ambições de ator e aceitava as oportunidades de aparecer em uma ou outra fita sobretudo porque isto lhe permitia uma aproximação maior com o meio cinematográfico. Foi figurante de *Vivo ou morto*, trabalhou numa produção nacional chamada *Le Film du Diable* (sic), fita de espionagem da Omnia Film, teve um papel de *croupier* na *Joia maldita*, de Luís de Barros, e participou ainda em películas da Patria Film, de Antônio Tibiriçá.

A contribuição importante de Pedro Lima para a produção cinematográfica foi feita em equipe com os companheiros do grupo Big Four, Ademar Gonzaga, Álvaro Rocha e Paulo Wanderley, que haviam fundado o Cinearte Studio. Foi a fita *Barro humano*. Há dias, numa entrevista para o rádio, Peri Ribas declarou que o desastre mais irreparável sofrido pelo cinema brasileiro foi o incêndio no Ministério da Agricultura que destruiu o negativo original de *Barro humano* em 1943. Até hoje não foi possível localizar nenhuma das várias cópias positivas que tinham sido tiradas. Uma foi distribuída na Argentina com o título de *Venenos sexuales* e outra passou na Itália. Como todas as procuras no Brasil foram estéreis, a única esperança que resta é a de que um dia as cinematecas de Roma, Milão ou Buenos Aires, por um desses milagres felizmente frequentes, descubram uma cópia do filme. Todas as opiniões são concordantes em afirmar que *Barro humano*, pela plasticidade da linguagem cinematográfica e pela resolução do problema da luz brasileira, significava o amadurecimento artístico, tão esperado, do cinema mudo brasileiro. Amadurecimento tardio, pois a realização de *Barro humano* coincidia com a chegada do cinema falado. A fita teve também sucesso comercial e o grupo animou-se a continuar. Gonzaga partiu para os Estados Unidos com Eva Schnoor e Carlos Modesto para tentar fazer uma primeira fita falada brasileira, mas a tentativa não logrou êxito. Como o mercado cinematográfico brasileiro ainda não estava empolgado pela nova técnica, o Cinearte Studio resolveu empreender mais uma fita silenciosa, *Saudade*, para a qual haviam descoberto uma estrela, Didi Viana, linda moça do interior de São Paulo, parecida com Clara Bow. Seus encantos talvez tenham contribuído para abalar a harmonia até então reinante entre os Big Four, o grupo dissolveu-se, *Saudade* transformou-se em *Romance proibido* e o Cinearte Studio em Cinédia. Abriu-se novo capítulo na história do cinema brasileiro.

Hoje Pedro Lima, ao mesmo tempo cético e ardoroso, olha tranquilamente para o passado e continua a participar da luta pelo cinema brasileiro. Não se considera crítico de cinema e não sente atração pela discussão de ideias estéticas. Costuma dizer, numa mistura de modéstia e ironia, que desistiu de ser propriamente crítico de cinema quando soube que a montagem podia ser rítmica ou tonal.

O nome de Pedro Lima está ligado a um dos momentos mais importantes da história do cinema brasileiro, e esta depende em boa parte de seus arquivos de aço.

[1957]

Vinte milhões de cruzeiros[1]

Se há mais de 450 anos já existisse o cinema, a viagem de Pedro Álvares Cabral poderia ter sido objeto de um documentário de grande interesse para nós, porém seria pouco provável que a partir de 1530 ainda existisse alguma cópia conservada do filme. Não sei que interesse terão para os brasileiros do ano 2357 a imagem e a voz de Getúlio Vargas prestando juramentos a constituições, as passeatas de Plínio Salgado, os comícios de Luís Carlos Prestes, as vistas do Rio, de São Paulo ou da Central do Brasil, o *Cangaceiro* de Lima Barreto. Mas a perspectiva para quem se ocupa da conservação de filmes é assegurar sua preservação para a posteridade.

Quando em 1910 houve a rebelião dos marinheiros da esquadra em protesto contra o uso da chibata, o cinema brasileiro

1. Nota da Redação: Este artigo já se achava escrito e composto ao irromper o incêndio da Cinemateca Brasileira. Preferimos publicá-lo sem qualquer alteração, certos de que o fogo veio apenas dar maior força e atualidade aos conceitos nele desenvolvidos.

não só existia como já estava em crise. O episódio foi bastante filmado. O cinegrafista Botelho foi a bordo do navio capitânia onde registrou várias imagens, sobretudo de João Cândido, o Almirante Negro, chefe da revolta. Outro operador filmou a multidão que se apinhava nas praias para admirar a maestria da marujada rebelde no manejo do *Minas Gerais* e do *São Paulo*, que eram os maiores motivos de orgulho — ao lado de Santos Dumont — do patriotismo de então. Foi também filmada a sessão da Câmara em que os deputados, sob a ameaça dos canhões dos encouraçados, votaram não só a interdição da chibata como a anistia dos revoltosos. E existiram também imagens da posterior deportação dos marinheiros para a ilha das Cobras onde muitos morreram — de insolação, segundo os comunicados oficiais.

Não existe mais um único metro de filme registrando esses acontecimentos. De todos os cinegrafistas que filmaram a revolta, só Botelho guardava metodicamente os negativos. Um dos incêndios, que também metodicamente devastam o acervo cinematográfico brasileiro, devorou, em menos de uma hora, trinta anos de imagens animadas da vida brasileira, inclusive as do Almirante Negro.

Rui Barbosa foi tão cinematografado quanto, por exemplo, o general Mendes de Morais. No entanto, só restam algumas imagens fugazes do jurista visitando a Exposição Internacional de 1922. De Pinheiro Machado, que teria posado para um cinegrafista poucas horas antes de ser assassinado, não resta nada. Existem alguns metros de película sobre a chegada do *Jahu* de Ribeiro de Barros,* e não desapareceram completamente as imagens da Revolução de 1930. Da Revolução de 1932, acontecimento filmado durante três meses, sobraram apenas cerca de novecentos

---

* Hidroavião, pilotado por João Ribeiro de Barros, que em 1927 realizou a terceira travessia do Atlântico Sul.

metros de película, referentes exclusivamente às manifestações na capital do estado.

Quanto ao filme de ficção, a hecatombe é, se possível, ainda maior. Não resta nenhum dos primitivos de curta-metragem realizados a partir dos primeiros anos do século até 1914. Desapareceram quase todas as obras significativas de metragem mais longa, desde *O crime dos Banhados* feito em Pelotas em 1913 até *Barro humano* realizado no fim do cinema mudo.

A surpreendente força evocativa de algumas cenas cinematográficas anódinas — uma saída da missa em Curitiba em 1910 ou um jogo de futebol disputado no Rio Grande em 1912 — dá uma ideia do valor inestimável das que fixam acontecimentos ou personalidades centrais do passado.

O sumiço dado aos nossos filmes artísticos mudos corresponde ao que seria o desaparecimento na nossa literatura das *Memórias de um sargento de milícias*, dos romances de José de Alencar ou de Aluísio Azevedo (o cinema brasileiro ainda não teve o seu Machado de Assis). A eclipse definitiva daqui a trinta anos dos filmes, feitos ou a fazer, de Lima Barreto e, esperemos, de outros seria uma mutilação do patrimônio cultural brasileiro comparável ao desaparecimento da obra de Villa-Lobos ou de José Lins do Rego.

Até há pouco tempo a conservação de filmes era uma atividade em última análise decepcionante. A base de nitrato da película condenava-a, por melhores que fossem as condições de armazenamento, a uma inelutável decomposição. Daí a necessidade de se prever uma contratipagem* periódica e em consequência uma diminuição gradativa da qualidade das novas cópias obtidas, que culminaria na preservação, a um custo altíssimo, de pálidos fantasmas das obras originais. A invenção da base de triacetato

---

* Processo pelo qual se produzia um negativo a partir de uma cópia de filme.

[de celulose] modificou totalmente o problema. Hoje não só os filmes guardados de forma adequada oferecem uma garantia de durabilidade idêntica à do melhor papel, cerca de quatrocentos anos, mas tudo indica que novos progressos melhorarão sensivelmente as atuais técnicas de preservação, resolvendo inclusive o grave problema do espaço.

Desde 1910 tomou-se consciência no Brasil, com Roquete Pinto, da necessidade de preservar filmes, mas durante as dezenas de anos em que o assunto foi evocado nada se empreendeu de prático. Mil novecentos e quarenta e oito é uma data importante: depois da fusão do Clube de Cinema e do Museu de Arte Moderna, Francisco Matarazzo Sobrinho enviou circulares para as entidades especializadas de todo o mundo e para a Fédération Internationale des Archives du Film anunciando a criação da Filmoteca do Museu de Arte Moderna para cuidar da preservação, documentação e difusão cultural cinematográficas. Da atividade da Filmoteca surgiu, sem solução de continuidade, a associação Cinemateca Brasileira.[2]

A Cinemateca Brasileira tem compromissos não só com a posteridade. A massa de filmes armazenados, que já atinge cerca de 2 milhões de metros, permite ou permitirá à Cinemateca Brasileira satisfazer uma multiplicidade de funções imediatas. Facultando aos quadros técnicos e artísticos da indústria cinematográfica o conhecimento das grandes obras da história do cinema em todo o mundo, contribui para a elevação do nível cultural

2. Sócios instituidores: Ademar Gonzaga, Antonio Candido de Mello e Souza, Benedito Junqueira Duarte, Caio Scheiby, Décio de Almeida Prado, Francisco Luís de Almeida Sales, Francisco Matarazzo Sobrinho, Geraldo Ferraz, Guilherme de Almeida, Humberto Mauro, Jaime de Andrade Pinheiro, João de Araújo Nabuco, Júlio de Mesquita Filho, Lourival Gomes Machado, Luís Lopes Coelho, Múcio Porfírio Ferreira, Paulo Emílio Sales Gomes, Rudá de Andrade, Sérgio Milliet.

desses quadros. Colecionando filmes de ficção e naturais de todas as épocas e países, ela é para a indústria uma fonte preciosa de documentação tendo em vista as produções que exijam uma reconstrução de ambientes afastados no tempo e no espaço. A Cinemateca Brasileira permitirá a criação, nas escolas, de cursos de apreciação cinematográfica, que cada vez mais aparecem como uma necessidade no mundo moderno, pela sua função de elevar o nível de exigências do público cinematográfico. Reunindo, além de filmes, toda espécie de documentação relativa ao cinema, ela será ao mesmo tempo um arquivo e um museu das artes e técnicas cinematográficas. Fora do terreno propriamente cinematográfico, a importância cultural da Cinemateca Brasileira não é menor; particularmente para as diversas disciplinas das ciências humanas pode exercer um papel próximo ao das bibliotecas e arquivos nacionais.

A preservação dos filmes, isto é, sua restauração, contratipagem, copiagem e armazenamento em instalações especiais rigorosamente adequadas, com temperatura e grau de umidade constantes, é um trabalho por si só altamente custoso. Uma cinemateca ainda deve enfrentar as despesas de documentação e difusão. O British Film Institute, que já conta com as instalações especializadas e tem em dia o trabalho de preservação, está achando insuficiente o seu orçamento anual de cerca de 100 mil libras esterlinas.

Uma cinemateca só pode existir quando fortemente apoiada pelos poderes públicos. Neste particular a data de 30 de dezembro de 1955 tem uma grande significação. Nesse dia foi sancionada pelo prefeito Wladimir de Toledo Piza a lei municipal nº 4854 que, entre outras providências, prevê o estabelecimento de convênios entre a Prefeitura e instituições culturais que se dediquem à conservação e difusão de filmes, e assegura os fundos necessários pela cobrança de um adicional ao preço das entradas nos cinemas.

O atraso dos trabalhos no Brasil é tão grande e as necessidades de uma cinemateca tão altas que talvez a Prefeitura não possa, sozinha, satisfazê-las integralmente. O estudo da situação do nosso país em matéria de conservação e difusão cultural de filmes e o conhecimento da experiência estrangeira demonstra que a Cinemateca Brasileira necessita, para atingir plenamente seus objetivos, mais de 20 milhões de cruzeiros anuais. A esperança é de que, depois do municipal, os poderes estadual e federal tomem também consciência da importância do problema. Só assim a Cinemateca Brasileira cumprirá cabalmente sua missão, que é a de transformar a cidade de São Paulo no principal centro de irradiação da cultura cinematográfica do continente.

[1957]

A outra ameaça

Não tendo instalações adequadas para armazenar os seus filmes, enquanto esperava dias melhores, a Cinemateca Brasileira procurava colocá-los em locais pelo menos secos. O incêndio num desses locais, precisamente aquele anexo aos escritórios centrais, e por isso mesmo o mais cuidado, determinou o transporte dos filmes que se encontravam em outros depósitos para novas acomodações, isoladas porém úmidas, o que pode significar uma catástrofe para os filmes num espaço de apenas algumas semanas. O fogo é uma ameaça extremamente grave, mas eventual; a umidade significa a condenação dos filmes a um aniquilamento, que não sendo espetacular como o provocado pelo fogo, não é menos inelutável e definitivo.

Além de todas as coleções de aparelhos, discos, livros, placas e documentos, a Cinemateca perdeu no desastre um terço de seus filmes. Os dois terços restantes são também preciosos e vale a pena lutar para salvá-los contra a nova ameaça, a umidade.

Apesar das terríveis baixas, ainda temos no acervo brasileiro filmes às vezes extremamente importantes para a história de nosso cinema e de nossos costumes, como, por exemplo, *João da Mata*, do ciclo campineiro; *Ganga bruta*, de Humberto Mauro; vários da Cinédia: *Lábios sem beijos, Mulher*; o insubstituível *Exemplo regenerador*, de Medina; e muitos outros, *O segredo do corcunda, Retirada da Laguna, Corpo e alma de uma raça* etc. Temos ainda centenas de rolos de filmes de documentação histórica e social, cobrindo particularmente o período da vida brasileira que vai, aproximadamente, de 1930 a 1945.

As coleções de primitivos europeus e norte-americanos da Cinemateca Brasileira ainda são notáveis. Os desenhos animados realizados por Émile Cohl no começo do século xx; *A conquista do polo* e outros filmes do criador do espetáculo cinematográfico, Georges Méliès; o histórico *O assassinato do duque de Guise*; muitas obras de Max Linder e dos outros cômicos da velha Pathé: Léonce, Prince Rigadin, Onésime, Boireau, Feuillade; Edison, Porter; ingleses de Brighton; *Marcus Licinius*, o primeiro filme grandioso realizado na Itália em 1910, e também *Cabiria*, apogeu e conclusão do cinema primitivo.

Conservou-se o filme mais importante da história do cinema, *Nascimento de uma nação*, o primeiro filme moderno, realizado por Griffith em 1915, o que em parte consola das irreparáveis danificações sofridas por *Intolerância*, único entre os filmes nos locais do desastre a não ser inteiramente destruído. De Griffith temos ainda *True Heart Susie*, com Lillian Gish, para substituir as imagens de *Lírio partido*. Ainda da América conservaram-se filmes de Tom Mix, Mary Pickford, Harold Lloyd, uma boa série Chaplin, realizações de John Ford, King Vidor, Murnau, Flaherty e outros.

A coleção francesa clássica da Cinemateca era célebre. Restaram os principais filmes de René Clair, os dois monumentos de Abel Gance, *La Roue* e *Napoléon*; de Renoir, *La Petite Marchande d'allumettes*, *Nana* e *La Chienne*; filmes de Jean Vigo, Marcel Carné, Jacques Feyder, e, de Jean Epstein, *La Chute de la maison Usher*.

Foram devastadoras as perdas alemãs e russas, em negativos e positivos e cópias novas em acetato não inflamável. Mas para recomeçar o trabalho sobrou um núcleo sólido de filmes, a começar por *Caligari* e *Potemkin*, filmes-fetiche da cultura cinematográfica, e continuando com obras de Fritz Lang, Pabst, Arthur Robinson (o fundamental *Sombras, uma alucinação noturna*), Dupont, Murnau, Pudovkin, Dziga Vertov, Viktor Turin.

Os escandinavos não desapareceram completamente; temos Sjöstrom e Dreyer, cujo *Vampyr* substituirá o *Joana d'Arc*, primeiro filme estrangeiro que entrou para o acervo da Cinemateca, há dez anos.

Os cinemas historicamente menores continuam presentes com Joris Ivens, o inglês Asquith, *Lucros ilícitos*, que representa muito bem o cinema mudo português. Uma alusão deve ser feita aos documentários históricos estrangeiros refletindo desde a guerra de 1914-18 até a de Hitler.

Muitas surpresas ainda são possíveis, pois que dezenas de filmes, norte-americanos, alemães, franceses, ainda não foram submetidos aos trabalhos de restauração e identificação.

No momento em que escrevo, as instalações da Cinemateca Brasileira são as piores do mundo. Mas suas coleções de filmes certamente ainda são, apesar de tudo, as melhores da América Latina.

A Cinemateca sabe que receberá, em breve, uma importante ajuda dos poderes públicos, sobretudo municipal, que dará à instituição uma solidez definitiva. Mas ela precisa, *incontinenti*, de meios para fazer um mínimo de trabalhos de adaptação dos locais contra a umidade.

[1957]

Funções da Cinemateca

Num passado não muito longínquo, manuscritos da Biblioteca Nacional foram vendidos para uma fábrica de rojões e há poucos anos, por ocasião da abertura da avenida Ipiranga, foram perdidos ou dispersados os testamentos dos bandeirantes. Ora, de quatrocentos anos a esta parte a organização e a conservação de bibliotecas e arquivos têm sido o fundamento oficial da cultura no Ocidente. Mereceria, pois, espanto menor a indiferença com que alguns setores oficiais do Rio estão comprometendo a efetivação do movimento inicial de solidariedade manifestado pelo governo federal quando do incêndio da Cinemateca Brasileira. Falta de "mentalidade cinematográfica", comentou alguém. A fórmula não me parece feliz e já direi por quê: a falha me parece mais básica.

As pessoas que melhor têm compreendido o papel das cinematecas não são necessariamente as ligadas ao mundo cinematográfico, e sim as que têm uma visão cultural ampla. Os escritores, administradores, políticos, cientistas, industriais, artistas e

cineastas que se têm interessado pela vida e pela sobrevivência da Cinemateca Brasileira são os que não se limitam ao seu campo próprio de ação, mas estão abertos para as manifestações variadas das artes, ciências e técnicas.
"Mentalidade cinematográfica" não significa muita coisa. Cultura cinematográfica, sim. Ela é, aliás, inseparável da cultura tout court. Um profissional cinematográfico ou um fanático de Clube de Cinema podem estar tão longe da cultura cinematográfica quanto alguém que nunca vai ao cinema.

Entre as variadas e complexas funções de uma cinemateca, a que desconcerta maior número de pessoas é a artística, é o lado museu de belas-artes da instituição. De início é preciso examinar uma das diferenças profundas entre a situação do cinema e a das outras artes. Fabricado num espírito industrial de consumo imediato, o cinema dá a impressão de ocupar uma situação privilegiada como difusor. No entanto, as grandes obras literárias ou artísticas, tendo ou não sido reconhecidas as suas qualidades no momento de sua criação, conquistam com o tempo um público cada vez maior, ao passo que no cinema o fenômeno é inverso. A grande obra cinematográfica entra em comunicação no início de sua carreira com um público imenso, tendo ou não sido reconhecidas as suas qualidades, e com o tempo, depois de ser incluída no repertório da cultura cinematográfica, só entrará novamente em comunicação com uma fração quantitativamente ínfima de seu público original. É a partir desta etapa que a obra de arte cinematográfica entra no processo válido para as outras artes, mas em condições mais difíceis por lhe faltar o prestígio da tradição. É a cultura cinematográfica das elites, incluindo os próprios cineastas, que precisa ser promovida, a fim de se criarem quadros que por sua vez trabalharão para elevar o gosto e as exigências do povo em matéria de cinema. Essa perspectiva é impensável sem uma cinemateca.

Algumas pessoas, em geral cineastas, retrucam que a melhor forma de promover a cultura cinematográfica do povo é fazer boas fitas novas, e não procurar interessá-lo pelas velhas, mesmo excelentes. Porém, não se faz bom cinema sem cultura cinematográfica e uma cultura viva exige simultaneamente o conhecimento do passado, a compreensão do presente e uma perspectiva para o futuro. Enganam-se os que confundem a ação das cinematecas com o saudosismo. Não é sem razão que o grande Festival de Antibes organizado pela Cinémathèque Française chamou-se Le Cinéma de Demain [O Cinema do Futuro]. Um dia serão publicadas as fichas de Orson Welles e Ingmar Bergman guardadas na Cinemateca de Nova York, Estocolmo e Paris e poderemos verificar melhor tudo o que esses cineastas devem ao estudo atento das obras do passado. E já é fato histórico o que para os russos significou *Intolerância* de Griffith, o primeiro filme a ser colecionado pela instituição que se transformaria na Cinemateca Soviética.

Até agora só me referi aos filmes difundidos pela grande indústria e que podem ser revistos, graças às cinematecas. É preciso não esquecer aqueles produzidos fora dos quadros industriais, por exemplo, os primeiros Buñuel ou os Fischinger, ou os que não conseguem distribuição, como *La Règle du jeu*, *The Quiet One*, ou os Sucksdorff, que só poderão ser vistos pelos interessados através da ação da Cinemateca. Sem ela não é possível uma visão ampla do cinema contemporâneo, tão limitada pelo mecanismo comercial da distribuição.

Será preciso lembrar os serviços que uma cinemateca presta diretamente à indústria cinematográfica, facilitando a reconstituição de paisagens urbanas, modas, hábitos, atmosferas afastadas no tempo e no espaço? Ou repetir que é impossível imaginar escolas de cinema sem os serviços prestados por uma cinemateca?

O papel de arquivo histórico exercido pelas cinematecas já está melhor compreendido entre nós. Um dos aspectos do incêndio da Cinemateca Brasileira que mais emocionaram a opinião foi a perda de documentos cinematográficos relativos a Campos Sales, a aspectos da vida brasileira em 1910, ao barão do Rio Branco, às revoluções de Isidoro Dias Lopes e de 1930. Já se compreende que se preservem os filmes relativos aos governos Getúlio Vargas, à campanha presidencial de Armando de Sales Oliveira e José Américo, aos movimentos de Luís Carlos Prestes ou Plínio Salgado. É preciso compreender-se também desde já o interesse provável que terão daqui a algum tempo os documentos cinematográficos de nossos dias e que não se espere mais para colecioná-los.

É preciso arquivar e proteger o maior número de filmes brasileiros. Não guardaremos tudo, sempre. Com o tempo irá sendo feita uma seleção. Mas a experiência internacional demonstra que não é prudente decidir cedo o que deve ou não ser conservado. Os imediatamente contemporâneos não são bons juízes da importância artística, histórica ou documentária das obras. Filmezinhos realizados por Griffith em 1912 e que a maior parte dos contemporâneos não distinguia da produção corrente da época eram a semente da moderna linguagem cinematográfica. Canudo e Delluc desprezaram Louis Feuillade, hoje tão poético para novas gerações francesas. Méliès, Porter, Mack Sennett, a enumeração nos levaria a refazer uma pequena história do cinema. Que seria completada com a citação de obras do passado que em seu tempo pareceram importantes e que perderam aos nossos olhos todas as virtudes.

A fim de assegurar a salvaguarda dos filmes, estudou-se em quase todos os países a possibilidade de estabelecimento do depósito legal, porém a maior parte das cinematecas compreendeu não ser este em nosso tempo o melhor método. A solução encontrada para o problema no terreno municipal paulistano interessou vivamente os participantes do último congresso da Fédération Internationale des Archives du Film realizado em Dubrovnik no ano passado. A lei nº 4854, de 30 de dezembro de 1955, cria um adicional para auxiliar a produção de filmes brasileiros e o desenvolvimento da cultura cinematográfica entre nós. O artigo 14 estabelece que os produtores beneficiados por esta lei depositem na Prefeitura uma cópia de seu filme. A fim de garantir os legítimos direitos dos proprietários, ficou expresso que tais cópias não poderão ser exibidas publicamente senão após cinco anos de seu lançamento, sendo a exibição limitada a projeções de natureza cultural, sem cobrança de ingresso. As cópias ficarão depositadas no Serviço Municipal de Cinema, poderão a juízo do prefeito ser confiadas à guarda de instituição especializada desde que esta disponha de instalações apropriadas para sua conservação. Essa função será exercida pela Cinemateca Brasileira graças a um recente acordo estabelecido com a Prefeitura.

O estabelecimento do convênio cultural entre a Prefeitura e a Cinemateca Brasileira é um marco fundamental na história da cultura cinematográfica no Brasil. A Cinemateca poderá finalmente cuidar seriamente do milhão e meio de metros de filmes que tem sob sua responsabilidade, assim como reconstituir a documentação aniquilada na noite de 28 de janeiro. Se os poderes públicos federal e estadual demonstrarem a mesma compreensão revelada pelo municipal, São Paulo terá novamente, em breve, uma das melhores cinematecas do mundo, e desta vez os tesouros colecionados não estarão à mercê de uma estúpida catástrofe.

O poeta Paul Éluard escreveu certa vez:

> Com ou sem razão, eu creio que o essencial da arte é sua eternidade... A criação não tem pretensões a uma eternidade absoluta. Ela não existe fora do mundo, como um dado absoluto. Ela não é fixa, fora de um mundo em movimento. Mas seu propósito essencial é de transmitir, durar, manter-se tanto quanto possível. Como po-

deria acomodar-se com o cinema, que se devora constantemente, do qual nada permanece fora uma frágil existência na novidade?

E René Clair, que cita essa passagem, comenta:

Desejamos que a criação cinematográfica transmita, dure e se mantenha tanto quanto possível. A tarefa de preparar o seu futuro compete àqueles para quem o cinematógrafo não é somente um objeto de comércio e de indústria. É também a eles que incumbe o cuidado de salvaguardar o seu passado.[1]

[1957]

---

1. René Clair, *Réflexion faite*. Paris: NRF, 1951.

A Cinemateca e os poderes

Pela leitura dos jornais, muitos amigos da Cinemateca Brasileira adquiriram a convicção confortadora de que, depois do incêndio que destruiu os arquivos centrais e um terço dos filmes colecionados, a instituição recebera dos poderes públicos cerca de 20 milhões de cruzeiros. É grande o espanto quando ficam sabendo que até hoje a Cinemateca não recebeu um só cruzeiro.

O desastre de 28 de janeiro calou fundo na opinião da cidade e repercutiu em todo o país e no estrangeiro. Anunciou-se um movimento extenso de solidariedade, manifestado por doações de filmes, livros e demais documentação, feitas por particulares brasileiros ou pelos governos estrangeiros. A espontaneidade comovente desses gestos fraternais não poderia por si só resolver o problema da permanência da Cinemateca. O que o fogo de janeiro revelou foi a contradição lancinante entre os tesouros artísticos, culturais e históricos reunidos durante dez anos de trabalho e os meios ridículos de que se dispunha para defendê-los. Uma cinemateca não pode prescindir das doações de material, mas se ao mesmo tempo não obtiver meios para dele cuidar, esse processo de apoio acaba tornando-se contraproducente. Até a data do incêndio tudo se passou como se a Cinemateca Brasileira tivesse desenvolvido esforços a fim de recolher filmes que se estavam decompondo isoladamente ou se perdendo lentamente em diferentes pontos do país para destruí-los em conjunto e rapidamente. Foi grande o número de pessoas que nas semanas posteriores ao incêndio tomou consciência das necessidades materiais da Cinemateca e que se dispôs a participar de um movimento de auxílio animado por particulares. As auspiciosas e encorajadoras notícias veiculadas pelos jornais a respeito do amparo à Cinemateca pelos poderes públicos as desencorajaram. Atualmente a instituição está ameaçada de voltar ao marco zero de sua existência, e deseja alertar os seus amigos próximos e longínquos e pedir-lhes que tentem alguma coisa para auxiliá-la. Antes disso será preciso dissipar a impressão de prosperidade criada pelo noticiário jornalístico. Faremos o exame das relações entre a Cinemateca e os poderes públicos, por ordem de sua hierarquia política e administrativa: república, estado e município.

    Há quase cinco meses, poucos dias depois do incêndio, a Comissão Federal de Cinema, presidida pelo ministro da Educação e Cultura, enviou a São Paulo dois representantes para investigarem a extensão da catástrofe e fazer um relatório. Uma semana depois os jornais anunciavam abundantemente, alguns em manchete, que por sugestão da Comissão o governo federal iria conceder à Cinemateca uma ajuda de emergência da ordem de 3 milhões de cruzeiros. Realmente o ministro da Educação levou à Presidência da República um projeto de mensagem nesse sentido, pelo que a Cinemateca foi muito cumprimentada. Depois de uns dois meses de silêncio, os jornais anunciaram que o presidente da República decidira, após consultar o DASP [Departamento Administrativo do Serviço Público], solicitar ao Congresso a autorização para dar 1,5 milhão de cruzeiros à Cinemateca. Nessa ocasião, aliás, os diretores da instituição receberam renovados cumprimentos por terem conseguido mais aquela soma. Depois disso, novo silêncio que dura há cerca de três meses. O presidente da República* ainda não mandou a mensagem ao Congresso, não sabemos por quê, e, aparentemente, os amigos cariocas da Cinemateca cansaram-se de pedir, perguntar, telefonar e insistir. A Cinemateca confia na promessa federal, mas sabe que entre o dia do envio da mensagem ao Congresso e o da entrega do dinheiro muitos outros meses passarão. Não é mais lícito esperar que o amparo do governo da República se efetive antes de 1958. A espera não seria dramática se 1 milhão de metros de filmes, os dois terços que escaparam à destruição por não se encontrarem na sede sinistrada, não estivesse ameaçado de decomposição.

Em relação ao governo estadual, os progressos burocráticos dos esforços da Cinemateca foram menores. Seus diretores fizeram uma solicitação diretamente ao governador;** inicialmente o ofício circulou um pouco, mas depois aparentemente se extraviou e dele não mais se ouviu falar oficialmente. Oficiosamente, deu-se a entender à Cinemateca que não deveria contar com o apoio estadual durante o corrente exercício. Mas para 1958 é intenção do governo patrocinar a difusão cultural dos clássicos do cinema no estado, estando previsto 1 milhão de cruzeiros no orçamento do próximo ano. Essa seria uma ocasião interessante para a Cinemateca preservar pelo contratipo alguns dos filmes de suas coleções e poder assim difundi-los. Mas é preciso saber durante quanto tempo os filmes ainda poderão resistir, colocados como estão em depósitos inadequados, onde reinam durante meses e meses 85% de umidade relativa, quando o limite requerido é de 50%.

* Juscelino Kubitschek.
** Jânio Quadros.

No que se refere ao governo municipal há uma situação mais clara. Uma lei pioneira, a de número 4854, que está em pleno funcionamento desde janeiro do corrente ano, prevê em seu artigo 15 o estabelecimento de "convênios entre o Município e entidades que se apliquem à conservação e exibição de fitas, com finalidades culturais". Essa lei fornece ao município meios que ultrapassam largamente as somas necessárias à Prefeitura para sua completa execução, pela cobrança do adicional sobre os bilhetes de ingresso nos cinemas. Pelo convênio firmado com a Prefeitura, a Cinemateca deveria receber 1 milhão de cruzeiros por mês, durante dezoito meses consecutivos. Nessas condições, seriam realmente lançadas as bases sólidas que assegurariam a continuidade do trabalho da instituição. Mas a situação financeira difícil da Prefeitura está impedindo o cumprimento da lei e na parte que toca à Cinemateca está sendo formulada uma solução que será finalmente aceita mas que lhe é terrivelmente desfavorável. Basta indicar que na melhor das hipóteses não lhe será possível contar durante o segundo semestre deste ano crítico de 1957 senão com somas apenas simbólicas.

As experiências dolorosas da Cinemateca Brasileira, causadas pela lentidão burocrática, pelo pouco-caso ou pelas inelutáveis situações de fato, já seriam suficientes para causar um profundo desencorajamento. Mas não é tudo.

Diferentemente da maior parte das cinematecas do mundo, a brasileira não conta com recursos oriundos diretamente da exibição de filmes. Além dos fundadores, cujo número pelos estatutos não pode ultrapassar cinquenta, a Cinemateca não tem sócios. O histórico das íntimas relações de vida entre a Cinemateca Brasileira e o Museu de Arte Moderna explica essa situação anormal. O núcleo original da Cinemateca foi a sociedade civil Clube de Cinema de São Paulo, que existiu em 1947-48. O Clube integrou-se no Museu de Arte Moderna, fundado então por Francisco

Matarazzo Sobrinho. Durante anos, a Cinemateca não teve personalidade jurídica própria, atuando sob a chancela de Filmoteca do Museu de Arte Moderna. Quando a instituição assumiu a forma definitiva e autônoma de Cinemateca Brasileira não cessaram as ligações fundamentais com o Museu. As tarefas centrais do trabalho de difusão continuaram sob a forma de programações para os sócios do Museu. Em troca disso, este tem assegurado, de início parcialmente, e ultimamente na totalidade, a manutenção do reduzido quadro de funcionários permanentes da Cinemateca. Embora insatisfatória, essa situação tem permitido, mal e mal, a continuidade da Cinemateca. Os filmes, apesar de tudo, têm recebido alguns cuidados sumários, como o da revisão simples na enroladeira, sendo possível pelo menos acompanhar a marcha de sua decomposição, de modo que ao surgirem as possibilidades reais de preservação o trabalho possa ser feito segundo um critério seguro de prioridade. As exibições culturais para os sócios do Museu de Arte Moderna não cessaram nunca, e atingiram com frequência um nível digno dos principais centros de cultura cinematográfica do mundo. Antes do incêndio, a Cinemateca havia conseguido estender suas programações clássicas, graças a uma Campanha do Contratipo, a cerca de quinze instituições culturais em diversos pontos do território nacional. Finalmente, o que é mais importante, essa base, por precária que seja, tem permitido que os responsáveis pela Cinemateca se dediquem a uma ação constante no preparo de um futuro melhor.

    Hoje o que é grave é estarem ameaçadas mesmo essas condições insuficientes de vida. Não é impossível que o segundo semestre assista a modificações sensíveis do statu quo existente entre a Cinemateca e o Museu, que este, devido ao acúmulo crescente de outras responsabilidades, se desinteresse cada vez mais pelas atividades cinematográficas e que venha a faltar à Cinemateca nos últimos meses de 1957 este derradeiro ponto de apoio.

Pode-se perguntar se esse acúmulo de dificuldades não indica a impossibilidade da existência no Brasil de uma instituição como a Cinemateca. Em outras ocasiões, tive uma tendência a considerar essa explicação como a única capaz de esclarecer a florescência de impedimentos que a Cinemateca conheceu durante os últimos três anos. Porém, analisando objetivamente a situação, constato que nunca como hoje o Brasil não apenas comporta mas exige uma cinemateca. A cultura cinematográfica não é mais hoje o privilégio de alguns jovens pioneiros entusiastas, mas está se transformando numa expressão de profunda necessidade social. Para nos limitarmos ao campo paulistano, verificamos que não só aumenta o número de jovens desejosos de uma aproximação mais autêntica com o fenômeno cinematográfico, mas que a geração de seus pais procura uma posição moderna diante do assunto a fim de manter o equilíbrio do diálogo familiar.

Por outro lado, tudo indica que, no correr de 1958, a tomada de consciência do problema da Cinemateca por parte dos poderes públicos terá consequências efetivas. O inimigo da Cinemateca é o futuro próximo. Para vencê-lo, ela necessita do apoio certo de seus amigos durante um ano. Tendo em vista o que está em jogo, o que ela pede é muito pouco: 100 mil cruzeiros mensais durante um ano. O sacrifício de 28 de janeiro revelou para muitos o que era uma cinemateca. Se todos se agruparem numa sociedade de amigos da Cinemateca Brasileira será evitado um colapso cuja consequência impediria por tempo indeterminado que o nosso país continue participando do mais importante fenômeno de aprofundamento da cultura democratizada no mundo moderno: a aproximação cultural do cinema.

[1957]

Palavras e imagens

Quando em janeiro último o fogo destruiu as instalações centrais da Cinemateca Brasileira, *A Tribuna*, de Santos, publicou um artigo que foi transcrito por boa parte da imprensa brasileira. Esse texto exprimia com precisão a tomada de consciência e a emoção coletiva provocadas pela catástrofe e transubstanciou-se logo em ação. Assim, a Sociedade Amigos da Cidade de Santos, presidida pelo sr. Osvaldo Paulino, imediatamente se movimentou e incumbiu um de seus membros, o sr. Clóvis Pereira de Carvalho, de coordenar um movimento que culminasse num ato de solidariedade para com aquela instituição. A comissão soube da existência em Santos, em mãos de particulares, de uma coleção completa da revista *A Scena Muda*, e fez do seu oferecimento à Cinemateca o objetivo da campanha. Coleção muito rara, reunida em cerca de setenta grossos volumes impecavelmente encadernados, sua aquisição exigiu uma soma respeitável que foi coberta pela boa vontade dos particulares[1] e da Câmara Municipal.

1. Colaboraram no empreendimento da Sociedade Amigos da Cidade de San-

Sábado último realizou-se na Biblioteca Municipal de Santos a entrega das preciosas revistas à Cinemateca, sendo orador da solenidade precisamente o autor do artigo memorável que tudo desencadeara, o escritor Geraldo Ferraz. Numa passagem de seu discurso o autor de *Doramundo* referiu-se ao fato do seu trabalho ser o das palavras. Nesse caso, porém, não se trata das palavras, "palavras" do príncipe melancólico.* No intervalo entre as palavras impressas num jornal de janeiro e as pronunciadas numa tarde de setembro surgira uma montanha de volumes espalhados naquele instante entre o intérprete da cultura e da fraternidade santistas e os conservadores da Cinemateca Brasileira. E em torno daquela coleção de *A Scena Muda*, repositório de incalculável número de palavras e imagens, prosseguiu o diálogo entre os trabalhadores da palavra, os escritores de Santos, e os responsáveis pela Cinemateca, cuja profissão consiste em salvar imagens. O encontro santista nos fez viver a ocasião que sempre perseguimos, a da reunião em torno dos problemas da cultura cinematográfica das elites intelectuais e dos poderes públicos de uma comunidade.

Os documentos básicos das bibliotecas cinematográficas variam segundo os países: na Alemanha é o *Film-Kurier*, na América, *Photoplay*. No Brasil a coleção central é a de *A Scena Muda*, enquadrada por *Palcos e Telas*, que existiu antes, e *Cinearte*, que apareceu mais tarde. São publicações bastante diferentes, as duas últimas sendo, por exemplo, muito mais ricas em informações

---

tos os srs.: Sílvio Fernandes Lopes, Rero Petrarchi, Manuel Paulino, Paulo Fernandes de Gasgon, Clóvis Pereira de Carvalho, Elias Haddad, Eduardo Haddad, Nagib Haddad, Frederico Figueiredo Neiva, Osvaldo Paulino, Siegfredo Magalhães, Sinval de Barros Melo, Átila Casal, Alceu Martins Parreira, Manuel Jansen Ferreira, Richard Rodrigues Guerra, Ariosto Guimarães, José Gomes da Silva, Antônio Lotufo, Thales de Melo, Nelson Serra, José Pacheco Profeta, Cleóbulo Amazonas Duarte e Carlos Alberto Hernandez.
* Referência a *O pequeno príncipe*, de Saint-Exupéry.

a respeito do cinema brasileiro. A importância sociológica de *A Scena Muda* é, porém, muito maior, particularmente em suas primeiras séries. Editada a partir de 1921, a revista foi a melhor expressão dos tempos áureos do cinerromance, período em que o cinema exercia na vida imaginária um papel muito maior do que mais tarde, quando parte de sua zona de influência foi conquistada pela proliferação das publicações de subliteratura, pelas histórias em quadrinhos e pela novela de rádio. *A Scena Muda* não foi, sobretudo nos primeiros anos, uma revista característica de fã de cinema. Sua matéria principal consistia no resumo, de forma "literariamente" trabalhada, dos enredos das fitas, como se fossem contos e romances ilustrados com fotografias. *Sumurun*, por exemplo, é apresentado como "conto oriental de Frederico Freksa", sem nenhuma alusão ao nome de Lubitsch, o que seria normal, mas também sem dar nenhum relevo ao nome da atriz principal, Pola Negri, e ignorando a origem alemã da fita. A atribuição da autoria dos "contos" e "romances" era sempre fantasista; assim como podia ser indicado o nome do autor do livro original ou do roteirista, aparecia também com essa qualificação o nome do produtor, do diretor ou um nome qualquer encontrado não sabemos onde pela redação. Aliás, é raro que um nome estrangeiro um pouco mais complicado seja transcrito corretamente.

Para os frequentadores das salas de cinema, a leitura da revista servia de primeiro contato com a história que seria vista, ou para reavivar na memória o prazer causado pelas fitas já assistidas. A fórmula da revista, porém, não previa uma relação estrita entre a leitura e a ida ao cinema. As pessoas que por qualquer razão frequentassem pouco o cinema poderiam encontrar numa certa autonomia da revista uma satisfação para seus desejos de fantasia. O tom procurado não era o de quem conta uma fita, mas sim uma história ilustrada no fim da qual a redação acrescentava discretamente: esse conto (ou romance) foi cinematografado pela companhia tal, tendo como protagonista fulano e sicrano.

Pois bem, essa literatura imprecisa e de gosto tão duvidoso tem, além de seu interesse sociológico, muito valor para os estudiosos do cinema. A coleção é um dos melhores instrumentos de trabalho que já chegaram às mãos da Cinemateca. As imagens cinematográficas que esta procura salvar são frequentemente imagens fragmentárias, imagens de trinta ou quarenta anos, nascidas ao mesmo tempo que nós, reflexos de um tempo devorado, inidentificáveis aos nossos olhos modernos impotentes para decifrá-las. Nessas ocasiões, a coleção interminável de *A Scena Muda*, com seu tecido fino de histórias meticulosas e abundantemente ilustradas, registros fixos de imagens móveis, revela-se implacável na caça às imagens anônimas soltas no tempo e no espaço.

A Scena Muda ainda tem mais virtudes. À margem do cinema, por ele suscitado e moldado, surgiu em toda parte um folclore urbano que se manifesta sobretudo nas artes gráficas e cuja espontaneidade e frescor não são necessariamente perturbados pela produção em série. No Brasil, *A Scena Muda* é o mais completo repositório dessas peças, as melhores das quais se encontram nas páginas duplas do centro que, apesar de ingenuamente coloridas e montadas, um dia ficarão célebres. Hoje já revelam muito encanto. Cada vez mais a impressão de ridículo é substituída pelo sentimento do estilo. Para mim, o valor estético de algumas dessas imagens de Epinal do erotismo da década de 1920 é da mesma ordem que o dos boizinhos de Alagoas ou de Caruaru.

A ideia dos amigos santistas da Cinemateca Brasileira foi ajudá-la a restaurar sua biblioteca. Mas eles fizeram muito mais. Antes do incêndio, a Cinemateca só possuiu volumes esparsos e frequentemente mutilados da revista. A coleção completa de *A Scena Muda* é o maior orgulho da biblioteca reconstituída.

O moral da Cinemateca Brasileira está mais alto. Coincidindo com a doação santista, surgiu outro magnífico gesto de amparo. O Centro Cultural Brasil-Israel de São Paulo, presidido pelo professor Fernando de Azevedo, iniciou um movimento de auxílio financeiro à Cinemateca durante os próximos seis meses, após os quais a instituição poderá encontrar estabilidade graças aos compromissos assumidos pelos poderes públicos. Outras associações dedicadas à aproximação cultural entre o Brasil e os países amigos se mobilizam, tendo a Casa de Portugal decidido oficialmente a sua integração na campanha.

[1957]

A volta aos filmes

A volta ao filme é tão importante para a cultura cinematográfica quanto a volta ao texto para a literatura, porém muito mais problemática. Até a década de 1930, mesmo nos países mais adiantados a cultura cinematográfica repousava praticamente na memória ou nas impressões publicadas em jornais, revistas e livros. As histórias do cinema eram, na realidade, autobiografias de espectadores atentos como os franceses Maurice Bardèche e Robert Brasillach ou testemunhos de pessoas, como o americano Terry Ramsaye, que evoluíam nos meios da nova indústria. A atividade dos clubes de cinema desenvolvida sobretudo na França, apesar de realizações importantes como a redescoberta e valorização da obra de Georges Méliès, dava do passado do cinema uma visão fragmentária. A criação das primeiras cinematecas nos Estados Unidos, França, Inglaterra, Alemanha, União Soviética e Itália, a partir de 1935, deu novos rumos à cultura cinematográfica. O intervalo entre a publicação do livro de Bardèche e Brasillach e do *The Rise of the American Film*, de Lewis Jacobs, é de apenas quatro anos, e se este último resiste melhor à crítica moderna é porque o autor americano já pôde utilizar em seu trabalho os filmes colecionados por Iris Barry na recém-criada Cinemateca de Nova York. Na semana passada, Richard Griffith, o atual conservador dessa instituição, lembrava numa entrevista à imprensa de São Paulo que no momento da fundação da cinemateca norte-americana somente uma universidade do país tinha cursos de apreciação cinematográfica, ao passo que hoje o número ultrapassa setenta. A preservação e a difusão dos velhos filmes permitiram ainda que várias centenas de colégios secundários incluíssem em seus programas o estudo do cinema como expressão artística, sem falar de sua utilização nos museus, *film societies* e outras entidades culturais.

Até há uns cinco anos, podia-se explicar o atraso do Brasil em matéria de cultura cinematográfica em termos de um meio social que ainda não comportasse esse gênero de atividade intelectual e artística. Hoje, essa asserção seria frontalmente desmentida pela espontaneidade com que brotam grupos de estudos em todo o território nacional e pelo número crescente de escolas secundárias que se preocupam em dar aos alunos noções de apreciação cinematográfica. Essas diferentes iniciativas deparam com os maiores obstáculos para realizar suas tarefas e, entretanto, dezenas delas já contam com anos de atividade contínua. A dificuldade principal é a obtenção de filmes para ilustrar aulas e conferências ou alimentar as programações dos grupos culturais. A segunda dificuldade, derivada em parte da primeira, é a escassez dos quadros de professores ou dirigentes de grupos com formação adequada. Se a Cinemateca Brasileira tivesse recebido os meios de que necessita para preservar e difundir filmes, já estariam sendo facilmente vencidos os empecilhos básicos para o florescimento da cultura cinematográfica no Brasil e sua transformação no movimento de educação artística mais vivo da coletividade. A Cinemateca já tem relações e compromissos com dezenas de entidades que esperam pacientemente o dia em que poderão receber o material cinematográfico de que precisam. É rara a semana em que não chegam novas solicitações de escolas, bibliotecas e clubes de cinema desejosos de iniciar atividade e que ignoram a situação de miséria e desamparo em que ainda se encontra a Cinemateca Brasileira. Mesmo nesse deplorável estado, a instituição tem procurado, dentro do limite ridículo de suas atuais possibilidades, fazer alguma coisa por aqueles que nela confiam. Com esse espírito, respondeu a um apelo lançado por diferentes entidades da capital e do interior no sentido de auxiliar a ampliação e o aprofundamento da formação cinematográfica de seus quadros.

Desde janeiro deste ano, desenvolve-se o curso para dirigentes de cineclubes promovido pela Cinemateca Brasileira. As aulas realizam-se aos sábados, a fim de permitir o comparecimento dos alunos do interior, alguns dos quais, enviados pelos clubes de cinema de Marília ou Avaré, viajam semanalmente mais de vinte horas. Várias razões indicam que a realização desse curso, que se prolongará até o fim de novembro, marca uma nova etapa no movimento de cultura cinematográfica no estado de São Paulo. O programa foi estabelecido levando em conta a experiência de outros países e procurando evitar um perigo que se manifestou particularmente no cineclubismo francês e italiano — a tendência em levar a formação cinematográfica a constituir uma espécie de gueto cultural. Esse desvio é encorajado por um tipo humano moderno muito característico, que reduz sua vida ao interesse exclusivo pelo cinema. É sempre bom relembrar que, por maior que seja a massa de noções e informações armazenada por este tipo de cineclubista, não caberia a seu propósito falar de cultura cinematográfica, pois essa ideia é inseparável da de cultura simplesmente. Nessa ordem de preocupações, a Cinemateca Brasileira se esforçou em equilibrar as aulas sobre assuntos propriamente cinematográficos com outros dedicados a diferentes disciplinas artísticas. Além de uma iniciação geral à estética, já foram ministradas aulas sobre teatro e literatura e estão em desenvolvimento outras relativas às artes plásticas, sendo ainda previstas algumas sobre música. A receptividade demonstrada por esse programa amplo e ambicioso seria uma prova de que os clubes de cinema dos grandes centros estão se entrosando cada vez mais nas correntes gerais da cultura e que o destino dos que agem nas pequenas comunidades poderia ser o de constituir o principal foco de irradiação artística e intelectual de suas cidades.

O outro fenômeno, que poderá ser decisivo para a nova etapa do movimento de cultura cinematográfica entre nós, processa-se à margem do curso propriamente dito. Os encontros semanais de representantes de clubes de cinema dos mais variados pontos do território estão dando à estrutura da entidade que os reúne, o Centro dos Cineclubes, uma consistência e uma homogeneidade inéditas no Brasil. Até hoje, as federações de clubes de cinema não tinham passado, entre nós, do estágio de projeto ou da afirmação de boa vontade. Paulatinamente, o Centro dos Cineclubes transformou-se num órgão realmente representativo, capacitado para discutir os problemas comuns dos grupos de difusão cultural cinematográfica junto à Cinemateca Brasileira ou aos poderes públicos.

No que se refere ao cerne do curso para dirigentes de cineclubes — o grupo de aulas, sobre assuntos especificamente cinematográficos, distribuídas por doze professores diferentes —, a experiência tem tido, até agora, aspectos positivos e negativos. Parece não haver dúvidas de que foi boa a ideia de fazer frequentemente o mesmo fato ser abordado por ângulos, métodos e professores diferentes. Quase todos os assuntos da matéria História do Cinema foram novamente tratados em História da Linguagem, do Estilo e da Expressão Social Cinematográfica, muitos deles foram ou estão sendo evocados em História das Teorias Cinematográficas, em Teoria Crítica, em Pesquisa Histórica Cinematográfica ou em Filmologia. Essa orientação está certamente promovendo nos alunos uma familiaridade muito grande com os temas centrais da cultura cinematográfica e suscitando muita liberdade de julgamento, pois nada é feito para evitar as variantes de ideia ou eventualmente a contradição de pontos de vista. A falha maior do curso, porém, é justamente a dessa familiaridade com noções, temas e ideias não estar sendo suficientemente completada por uma intimidade maior com os filmes. Nos primeiros meses de aula, as projeções foram numerosas e outras estão previstas para outubro e novembro, mas a experiência está demonstrando que esse esforço é insuficiente. O mau estado do acervo de fitas da Cinemateca e as dificuldades técnicas de instalação foram responsáveis pelo número relativamente pequeno de aulas de ilustração. A necessidade de dar aos alunos possibilidades de aproveitamento máximo estava levando os responsáveis pelo curso a estudar diferentes soluções para o problema, quando este foi facilitado pela cortesia da Cinemateca de Nova York e do Museu de Arte Moderna do Rio de Janeiro. A Cinemateca Brasileira foi autorizada a utilizar em suas aulas de ilustração o material retrospectivo enviado pelos Estados Unidos para o Festival de Cinema Norte-Americano, realizado ultimamente na capital da República. Dessa forma, vão ser novamente abordadas no curso algumas etapas importantes, desde as filmagens de Edison em 1893 até o início da carreira de Orson Welles em 1940. As aulas de ilustração serão realizadas durante cerca de duas semanas, sendo as mais importantes reservadas para os sábados, a fim de não prejudicar os alunos das cidades distantes.

Essas aulas serão dedicadas não só aos alunos do curso para dirigentes de cineclubes mas também aos do Seminário de Cinema, curso intensivo de atores, curso de apreciação cinematográfica e Escola de Arte Dramática.

[1958]

Variações municipais

O desejo de escrever é basicamente a procura de compensação para atos frustrados. Muitas vezes vi essa ideia enunciada, mas só agora reconheço sua plena justificação. O que anuncia o desencadear do mecanismo compensatório é o deslize sutil que se processa da ação para a compreensão. Quando as energias se concentram no primeiro termo, o ato de escrever é apenas complementar. Do momento, porém, em que sentimos antes de mais nada a imperiosa necessidade de compreender e comunicar pela escrita os resultados do esforço de apreensão da realidade, podemos ter certeza que o ato de escrever se transformou em algo de autônomo, num substitutivo precário para o que realmente era importante para nós. Procuramos abordar problemas com certa altura de vistas para adoçar o travo da derrota. Se não me engano, foi Péguy quem lembrou que a pessoa capaz de tudo compreender está madura para todas as capitulações. Na realidade, somos homens de ação e intelectuais, o que facilita certo jogo duplo que em última análise nos protege contra o desespero. Quando nosso desejo de ação, de construção, encontra barreiras ao mesmo tempo absurdas, injustas e intransponíveis, quando atingimos o limite em que habitualmente se perde a cabeça, nós a fazemos funcionar, racionalizamos a situação e se perdemos a parada resta-nos o consolo um pouco ridículo de termos, em relação às forças que nos venceram, uma lucidez que elas não têm quanto a nós ou a si próprias.

Acontecimentos em curso tornaram para mim muito vivas essas considerações. Tenho posição responsável num grupo que escolheu para exercer suas vidas um terreno bem delimitado, o da criação de uma cinemateca no Brasil. Várias vezes escrevi sobre esse assunto nestas colunas. Meus artigos tinham pequena significação em si e pouca expressão pessoal. Eram apenas complementos de uma ação mais ampla na qual me encontro empenhado com outros. Minha intenção era divulgar os nossos propósitos, canalizar eventuais boas vontades para a obra comum, persuadir. Em momentos dramáticos, como o do incêndio que destruiu dez anos de esforços, eu não escrevia para comunicar nossa mágoa, mas para mobilizar forças na reconstrução. Houve às vezes um tom de desabafo, mas ainda eram de luta os momentos em que se infiltrava em nossas considerações uma irritação mal contida.

Hoje, ao sentar-me para escrever este artigo, pensava em falar na linha habitual de militância. Iria novamente explicar que uma cinemateca é tão importante para a nação como o Arquivo Público, a Biblioteca Nacional ou os museus de arte e de história. Apresentaria à opinião novos argumentos suscitados por recentes noticiários da imprensa. Diria que acho justo liberarem mais 75 milhões de cruzeiros para levar avante o monumento aos pracinhas, mas que considero absurdo o abandono de um extraordinário monumento já existente, as dezenas de milhares de metros de filme que registraram a participação do Brasil na guerra. Sublinharia o interesse que devem merecer os estudos a fim de tornarem mais atraentes os programas escolares relativos à história recente do Brasil, mas estranharia ao mesmo tempo que se deixem apodrecer irremediavelmente os reflexos vivos de cinquenta anos de vida brasileira. Iria novamente dizer como é justificada a atenção com que pedagogos, psicólogos, homens públicos, líderes de movimentos cívicos ou religiosos procuram encarar o cinema, e salientaria mais uma vez o fato de que a formação do espectador cinematográfico precisa ser iniciada nas escolas, objetivo impensável sem a existência de uma cinemateca. Aplaudiria como sempre as medidas, ultimamente veiculadas, dos poderes públicos em favor da indústria cinematográfica brasileira, acrescentando, como habitualmente, que cinema também precisa de cultura, inclusive cinematográfica, e que esta não pode criar raízes num país sem cinemateca.

Diria isso tudo e repetiria muito mais. Voltaríamos ao nosso já monótono leitmotiv, de que uma cinemateca é um empreendimento caríssimo e viável somente com o amparo dos poderes públicos municipal, estadual e federal. Relembraria o que já foi tentado nesses diferentes setores com intervalos a partir de 1940 e o que, de forma contínua e cotidiana, esforçamo-nos em conseguir desde 1954. Depois de explicar que a legislação municipal se tornou pioneira em matéria de amparo à indústria e à cultura cinematográfica, entraríamos no cerne da questão, o convênio firmado entre a Prefeitura de São Paulo e a Cinemateca Brasileira e a sua tão precária efetivação. O artigo seria escrito na esperança de elucidar o problema para os responsáveis e para a opinião, de provocar tomadas de consciência, de convencer, de ter consequências, de ser um ato que somado a outros permitisse iniciar o salvamento de 1 milhão de metros de fitas de cinema, que se encontra em acelerado processo de decomposição.

Surpreendi-me, de início, ao constatar a impossibilidade de escrever hoje tal artigo. Quando dei conta, estava diante do papel branco, procurando entender por que não funciona uma lei[1] tão simples e inteligente como a que prevê a participação do poder público paulistano na conservação e difusão cultural cinematográfica. Passaram pela minha memória as fisionomias de algumas dezenas entre as centenas de pessoas dos setores administrativos permanentes ou dos quadros políticos variáveis com as quais quase diariamente meus colegas ou eu temos tratado do assunto. Do momento em que estejam familiarizados com a lei promulgada em fins de 1955, e isso de uns tempos para cá sucede com certa frequência, todos, desde o prefeito aos auxiliares de seção, têm individualmente dado atenção e demonstrado entendimento. A Cinemateca, por sua vez, compreendendo a situação financeira difícil em que vive a Prefeitura, não tem oposto obstáculos a fórmulas de execução da lei e do convênio muito convenientes para ela e extremamente favoráveis à administração municipal. Senão, vejamos.

A lei que determina a cobrança de um adicional nas entradas de cinema está arrecadando para a Prefeitura mais de 50 milhões de cruzeiros. De acordo com essa mesma lei, essa soma deveria ser empregada no amparo à indústria cinematográfica e às instituições que se dediquem à preservação e difusão cultural de filmes e ao ensino da arte e técnicas cinematográficas. Na realidade, só uma parcela modesta da soma arrecadada tem sido consignada no orçamento para os fins previstos.

Em 1956, a execução da lei foi interrompida por um mandado de segurança e só no ano seguinte a cobrança do adicional processou-se normalmente. Em janeiro de 1957 a Cinemateca Brasileira preparava-se para solicitar um convênio de 12 milhões de cruzeiros, quando ocorreu a catástrofe do dia 28, o que a levou

1. Lei nº 4854, de 30 de dezembro de 1955, regulamentada pelo decreto nº 3063, de 26 de janeiro de 1956.

a pedir um acréscimo de 6 milhões. Uma comissão técnica pediu que a soma de 18 milhões fosse distribuída em dois exercícios e a Cinemateca concordou. Assinado o convênio, a administração de então propôs um esquema de pagamento parcelado durante todo o ano. A Cinemateca concordou, mas nada recebeu naquele ano. A nova administração eleita em 1957* ratificou e retificou o convênio, sugerindo à Cinemateca aceitar os primeiros 9 milhões na forma de títulos caucionados da dívida pública. A Cinemateca aceitou e recebeu a promessa de que os outros 9 milhões seriam pagos em dinheiro. Na realidade, em 1958 a Prefeitura novamente sugeriu o pagamento em títulos caucionados, a Cinemateca novamente concordou, mas até agora nada recebeu.

A Prefeitura arrecada, pois, 50 milhões, só põe no orçamento uma parcela, recusa-se a pagar em dinheiro, propõe títulos que até agora não emitiu. É difícil compreender essa situação. Nesse caso, não cabe o argumento das dificuldades financeiras, pois por um lado a lei de amparo à indústria e cultura cinematográfica está permitindo à administração usufruir várias dezenas de milhões e, por outro, no que se refere aos 20 milhões que devem ser empregados segundo determinam a lei e os compromissos assumidos pela Prefeitura, a Cinemateca concordou em não receber a sua parte em dinheiro mas em títulos. O fato da Prefeitura quase no fim do exercício ainda não os ter emitido deixa-me perplexo. Será possível que o processo a eles relativo tenha ultimamente ficado parado de propósito por mais de dois meses e meio numa mesma repartição? Qual seria o motivo para tal comportamento da administração municipal em relação à Cinemateca?

Tudo se passa como se os serviços públicos municipais não agissem como um todo. Tem-se às vezes a impressão de uma des-

---

* Assumia então a Prefeitura de São Paulo Ademar de Barros, em substituição a Wladimir de Toledo Piza.

concertante heterogeneidade. Os processos percorrem um grande número de repartições diferentes e, como cada uma delas se interessa pelo mérito e tem dele uma concepção particular, tudo se torna muito complexo. Ao mesmo tempo as pastas se avolumam, o processo corrente liga-se a outros anteriores que não são mais consultados e a partir de certo momento a tendência dos funcionários é de se interessar apenas pelos últimos pareceres. Tudo fica confuso, a fim de se procurar um esclarecimento, às vezes contido nas primeiras dezenas de folhas, o processo é devolvido à repartição onde já esteve e assim por diante. Não mais surpreende a descoberta frequente de processos que num lento moto-contínuo percorrem a administração durante anos, depois dos interessados se terem deles desinteressado.

Há também o problema das relações humanas. A imagem que se faz da burocracia é a de uma máquina desumana e impessoal. Nada disso na administração municipal, que é multi-humana. E como no Brasil somos incrivelmente pessoais, as relações entre a administração e o público acabam adquirindo uma carga emocional bastante singular. Serão de ordem sobretudo psicológica as barreiras que encontramos, aparentemente tão difíceis de transpor que somos tentados a desistir e a limitarmo-nos apenas ao estudo de sua natureza? É o que procurarei compreender, se um dia renunciar ao meu cordial combate com a Prefeitura em prol da Cinemateca Brasileira.

[1958]

Cinemateca e obstinação

Incluo-me entre os otimistas relativamente ao atual estágio de desenvolvimento do Brasil. Encontro profunda satisfação em viver no tempo em que nos transformamos numa grande nação. Duvidam do Brasil as pessoas por demais presas ao exame dos aspectos desencorajadores mas superficiais de nossa vida política. Entre nós não só o esporte mas também a economia e a cultura são superiores à política. Incapaz de interessar-me por política, meu espírito ficou talvez mais aberto para sentir o que há de inelutável no processo de engrandecimento nacional em curso. À luz desse estado de espírito diante dos problemas globais da civilização brasileira, desejo cuidar aqui de uma questão bem limitada e de minha competência: a criação de uma cinemateca para o Brasil.

O grupo que há quase vinte anos teve a ideia de fundar uma cinemateca em São Paulo e há dez anos se esforça cotidianamente em constituir a Cinemateca Brasileira encontra-se numa situação semelhante à dos brasileiros dos fins do século XVIII e primórdios do XIX interessados em criar uma biblioteca nacional, um arquivo e museu histórico e de belas-artes, um jardim botânico. Esses antepassados sentiam chegada a hora para aquelas diferentes iniciativas e mesmo quando não assistiram às primeiras providências tomadas após a chegada de d. João VI ao Rio, certamente morriam tranquilos, convencidos de que a concretização dos seus sonhos era apenas uma questão de tempo, de pouco tempo. Muitas pessoas estranham a teimosia minha e de meus colegas no trabalho pela instituição de uma Cinemateca Brasileira. Algumas dão ao nosso comportamento uma interpretação lisonjeira e falam de idealismo, simpático e vago. Outras pensam que a obstinação em um fim não atingido após duas décadas explica-se unicamente por um forte grau de obtusidade. Na realidade a nossa ação é animada pela certeza objetiva de que está na hora de existir uma cinemateca no Brasil e pela convicção de que ela existirá hoje ou amanhã, diretamente ou não ligada ao nosso empenho.

A julgarmos pelo sucedido em países mais adiantados, era prematura a iniciativa pioneira de Roquete Pinto em 1910. Os preciosos filmes que recolheu, reflexos da vida brasileira durante a primeira década do século, foram condenados ao apodrecimento numa saleta da Quinta da Boa Vista e dificilmente poderiam ter tido um destino diferente. Na mesma ocasião era reduzidíssimo na Europa e nos Estados Unidos o número de pessoas interessadas pelo filme como documento a ser conservado para a posteridade, e nenhuma delas encontrava eco para suas petições junto aos poderes públicos ou particulares. A Biblioteca do Congresso de Washington ou o Museu do Exército Francês cuidaram um pouco do assunto, a primeira limitando-se apenas a criar uma galeria de imagens animadas dos grandes americanos, desde Buffalo Bill ao presidente McKinley, e a segunda a reunir documentos cinematográficos de caráter militar. Quando, na década de 1930, Ademar Gonzaga procurou inutilmente promover interesse em torno de uma cinemateca, já era diferente a situação nos países mais adiantados. Constituíam-se então as cinco grandes cinematecas, a francesa, a britânica, a americana, a russa e a italiana, que logo deveriam formar a FIAF (Fédération Internationale des Archives du Film) que reúne hoje cerca de trinta instituições especializadas de todo o mundo.

É possível encontrar-se, nas coleções de jornais ou revistas editadas em torno de 1940 ou no arquivo de alguns serviços governamentais como o DIP,* entrevistas, artigos ou relatórios onde se reflete de forma precisa o interesse pela criação de uma cinemateca no Brasil. Mas é preciso convir que os anos correspondentes ao Estado Novo foram extremamente desfavoráveis às iniciativas culturais cinematográficas ou outras, excetuadas, graças ao ministro Gustavo Capanema, as relativas à arquitetura e pintura modernas. O ensaio tímido do Clube de Cinema em São Paulo, como primeiro passo para a constituição de uma cinemateca, foi sufocado pelo Departamento de Imprensa e Propaganda. Quando alguns anos mais tarde o mesmo grupo paulista fez nova tentativa, o clima já estava maduro para o florescimento da ideia.

Em 1948-49 iniciaram-se as atividades da Cinemateca Brasileira, de início ligada a um segundo Clube de Cinema de São Paulo, em seguida ao Museu de Arte Moderna e finalmente na forma atual de sociedade civil, enquanto espera a oportunidade de se enquadrar numa estrutura legal definitiva de fundação. A penúria de recursos da Cinemateca Brasileira durante os seus dez primeiros anos de existência poderia levar a crer que a iniciativa, mais uma vez, fosse prematura. Essa impressão, porém, é desmentida pelo prodigioso desenvolvimento da entidade. O fato de um pequeno grupo de pessoas praticamente sem recursos financeiros ter reunido em poucos anos, até fins de 1956, uma coleção de filmes,

---

* Departamento de Imprensa e Propaganda durante a ditadura do Estado Novo (1937-45).

aparelhos, livros, cartazes, fotografias e demais documentação relativa ao cinema, incomparavelmente mais rica do que qualquer outra na América Latina; e de ter promovido uma difusão cultural que na qualidade só encontra paralelo nos grandes centros artísticos do mundo, é a demonstração de que o meio social brasileiro não só comportava mas exigia uma cinemateca. Entretanto, havia uma desproporção dramática entre essa grande vitalidade quase espontânea e a fragilidade do organismo que a suportava. Era a contradição entre a preciosidade do material recolhido e os meios ridículos de que se dispunha para defendê-lo. O resultado foi o desastre que abalou a opinião pública brasileira e os meios de cultura cinematográfica de todo o mundo. O incêndio de janeiro de 1957 destruiu integralmente a biblioteca, a fototeca, os arquivos gerais e a coleção de aparelhos para o futuro museu de cinema, assim como um terço do acervo de filmes da Cinemateca Brasileira.

Os responsáveis pela Cinemateca Brasileira sempre souberam que o trabalho de interesse cultural coletivo em que se empenharam só adquiriria solidez e permanência quando decididamente amparado pelos poderes públicos municipal, estadual e federal. A tomada de consciência do problema pelos nossos governos tem sido lenta e manifestou-se em primeiro lugar no âmbito municipal. No penúltimo dia do ano de 1955 foi promulgada a lei nº 4854 que impôs um adicional sobre o imposto de diversões públicas destinado a criar recursos para o amparo à indústria cinematográfica paulista e, segundo o artigo 15, para permitir o estabelecimento de convênios entre o município e entidades que se apliquem à conservação e exibição de fitas, com finalidades culturais, ou mantenham cursos e seminários para o estudo da técnica e da arte cinematográficas. Pela primeira vez um diploma legal brasileiro fez referência à conservação e exibição de fitas com finalidades culturais e esse simples fato dá ao documento uma importância histórica. Infelizmente a lei pioneira não tem tido uma execução normal. Um primeiro convênio firmado com a Cinemateca Brasileira só foi cumprido parcialmente pela emissão de títulos caucionados da dívida pública, o que faculta à instituição apenas alguns juros modestos.

O histórico dos ensaios de articulação da Cinemateca Brasileira com o poder público estadual também não é brilhante. Logo depois do incêndio de 1957 foi endereçado um pedido de auxílio de emergência, mas depois de circular longos meses o processo extraviou-se. Foi dado a entender que naquele ano de recuperação financeira o governo estadual nada poderia fazer. No dia 2 de janeiro de 1958 o governador Jânio Quadros recebeu o presidente da Cinemateca e acertou com ele o princípio de um convênio decenal. Encaminhado o novo processo, cujo destino final seria também o extravio, aos órgãos assessores, surgiu um movimento de incompreensão que até hoje dá margem a polêmicas. Na realidade perderam-se meses preciosos, mas a questão amadureceu no espírito das pessoas chamadas a opinar e as dificuldades foram transpostas. No último trimestre de 1958 um terceiro processo relativo à Cinemateca Brasileira foi considerado pelo sr. Jânio Quadros, mas como seu governo chegava ao término passou o assunto para o sucessor.

Há poucas semanas o governador Carvalho Pinto recebeu uma comissão de fundadores da Cinemateca Brasileira que foi ao Palácio dos Campos Elíseos solicitar o seu interesse pelo processo em suspenso. A atenção com que ouviu as exposições, as perguntas precisas que fez, deram a todos a impressão de muita sensibilidade para a função pública da Cinemateca.

É possível que a Cinemateca Brasileira esteja nas vésperas de entrar numa fase decisiva, isto é, comece realmente a existir, não mais apenas na forma de um aglomerado de filmes preciosos roídos pela decomposição química.

[1959]

Estudos históricos

Como quase toda gente, conheço muito mal a história cinematográfica nacional, e esperava ansiosamente a *Introdução ao cinema brasileiro* de Alex Viany, finalmente editada pelo Instituto Nacional do Livro em fins do ano passado.[1] Em meados de 1957 já se anunciava que o livro estava no prelo e cada vez que eu encontrava o autor, manifestava-lhe a minha intensa curiosidade pelo seu trabalho. Alex Viany procurava acalmar o calor da expectativa, ponderando que se tratava apenas de uma contribuição modesta, de um primeiro esforço, de cautelosa incursão em terreno ingrato e pouco conhecido. Reconheço o mesmo tom nas quatro páginas que servem de introdução à *Introdução ao cinema brasileiro*. O autor não esconde a sua "ignorância quanto aos primórdios do nosso cinema", e o medo com que entrega ao

1. Alex Viany, *Introdução ao cinema brasileiro*. Rio de Janeiro: Instituto Nacional do Livro; Ministério de Educação e Cultura, 1959. 487 p. Biblioteca de Divulgação Cultural, Série B-IV.

público o resultado do seu labor. Trata-se, no seu entender, de um "livro-piloto", feito para receber críticas e sugestões, que desejava severas, extensas e pormenorizadas. Em suma, Alex Viany considera a obra ora editada pelo Instituto Nacional do Livro como rascunho de um livro futuro, cuja elaboração tem início neste mesmo momento.

Será estéril qualquer comentário a respeito do alcance dessa primeira versão de *Introdução ao cinema brasileiro* que não leve em consideração o estado da pesquisa histórica cinematográfica em nosso país. Na realidade, estamos atrasadíssimos, apesar do progresso animador que se processou entre 1952 e 1954. Numerosos textos, fixando de forma mais ou menos elaborada um pouco da história do cinema brasileiro, foram publicados entre o fim da década de 1930 e os primórdios da de 1950, mas ainda não existe sequer um inventário desses artigos, em geral esquecidos nas coleções de revistas e jornais. Aliás, tudo indica que tais escritos esparsos devem ser utilizados com muito espírito crítico, pois eram quase sempre fruto de mera curiosidade jornalística, fugaz e superficial. Naquele tempo, pouca gente cuidava de cinema nacional e raríssimas pessoas interessavam-se pelo seu passado. As condições para a tomada de consciência de que o cinema brasileiro tinha uma história foram criadas pela animação industrial e cultural que reinou em São Paulo a partir de 1950. Paralelamente à atividade dos estúdios, desenvolvia-se, dentro dos museus artísticos recém-fundados, o movimento de cultura cinematográfica. No Museu de Arte florescia o Centro de Estudos Cinematográficos e o Seminário, enquanto no Museu de Arte Moderna se instalava a Filmoteca, a futura Cinemateca Brasileira. Essas diversas iniciativas refletiam-se no Rio de Janeiro, através do Círculo de Estudos Cinematográficos de Luís Alípio de Barros. A atmosfera propícia da capital paulista fez do encontro entre Ademar Gonzaga e Caio E. Scheiby um acontecimento cheio de consequências para a cultura cinematográfica brasileira. Basta assinalar, do ângulo de interesse deste artigo, que daí decorreu a i Retrospectiva do Cinema Brasileiro, organizada em 1952 por Caio E. Scheiby e J. H. Trigueirinho Neto. Exibiram-se cerca de trinta filmes, entre os quais *Exemplo regenerador*, de 1919, *Bonequinha de seda*, de Oduvaldo Viana, e diversas obras de Humberto Mauro, realizadas entre 1926 e 1951. Essa retrospectiva é um marco. No catálogo então editado, Caio Scheiby mostra-se inquieto com a ameaça de esquecimento que pesa sobre as velhas películas produzidas no Brasil, e espera, através de novas programações retrospectivas, contribuir para a reunião de elementos tendo em vista uma "futura história do cinema brasileiro". Francisco Luís de Almeida Sales deplora a ausência de "trabalhos monográficos, de depoimentos, de biografias, a inexistência de uma filmoteca brasileira" e clama pela necessidade urgente de se promover "um levantamento da produção brasileira de cinema" sem o qual "nunca vincularemos a nossa produção a uma tradição própria, nunca faremos dela uma experiência consequente", acrescentando que "cabe reivindicar para o Brasil uma experiência cinematográfica, realizada praticamente à margem das possibilidades industriais e comerciais, e que se mostrou de tal forma insistente e obstinada, que os seus resultados são autênticos e puros". O catálogo ainda contém um texto de Jurandir Noronha, que há anos vinha proclamando, sem encontrar eco, a urgência de se conservarem os velhos filmes e de se estudar o passado do cinema brasileiro. A i Retrospectiva foi uma revelação e pode-se considerar como a principal raiz das tentativas de estudos históricos a respeito do cinema brasileiro, que se tem processado de oito anos a esta parte. A sua consequência direta e mais importante foi a ii Retrospectiva, organizada por Benedito J. Duarte, Almeida Sales e Caio Scheiby, em 1954, no quadro do i Festival Internacional de Cinema no Brasil. Durante o intervalo entre as duas manifestações, houve muito progresso na pesquisa de cópias de fitas e informações. No artigo já citado de Jurandir Noronha, escrito em 1952 para o catálogo da I Retrospectiva, sucedem-se as perguntas angustiadas: "Onde encontrar *Brasa dormida*…? Onde encontrar *Sangue mineiro*, derradeiro trabalho do que poderemos chamar o ciclo de Cataguases? Será possível ainda existir, pelo menos em trechos esparsos, *São Paulo, a sinfonia da metrópole*…?". Não só esses três filmes, os dois primeiros de Humberto Mauro e o outro de Rodolfo Rex Lustig [e Adalberto Kemeny], foram localizados e exibidos em 1954, mas ainda vários outros de grande significado para a história do cinema brasileiro, como *Fragmentos da vida*, de José Medina, *O segredo do corcunda*, de Alberto Traversa, *O caçador de diamantes*, de Vittorio Capellaro, além de duas fitas do Ciclo de Recife, *A filha do advogado*, de Jota Soares, e *História de uma alma*, de Eustórgio Wanderley. O grande passo à frente também se manifesta na feitura do catálogo. A publicação oficial da II Retrospectiva do Cinema Brasileiro é um caderno de grande formato com cerca de cinquenta folhas de texto e ilustração. O volume inclui um discurso do representante do governador na sessão inaugural e a tradução do texto francês de uma entrevista de Plínio Sussekind Rocha, mas, fora daí, foi inteiramente redigido por Benedito J. Duarte. Muitos capítulos são o resultado de pesquisas originais e têm grande significação. Todo futuro trabalho histórico a respeito de Vittorio Capellaro ou Alberto Traversa, por exemplo, terá necessariamente como ponto de partida os textos de Benedito Duarte sobre *O caçador de diamantes* e *O segredo do corcunda*. Os dois capítulos sobre Humberto Mauro estão igualmente cheios de ideias a pedir desenvolvimento.

As apreciações relativas à produção posterior a 1950 talvez sobrestimem muitas fitas, mas serão por certo consultadas com muito proveito pelos estudiosos daquele período tão cheio de esperanças para o nosso cinema. O condicionamento dos diversos capítulos do catálogo aos filmes exibidos na Retrospectiva não permitiu que Benedito Duarte desse unidade ao conjunto dos seus escritos. Ele procura, entretanto, corrigir esse defeito de construção nas páginas de introdução, onde ensaia uma visão global do cinema brasileiro, cuja história divide em três tempos, a saber, esplendor, decadência e renascimento. Ainda sob o impacto das revelações inesperadas da I Retrospectiva, Benedito Duarte não duvida em fazer coincidir o tempo do esplendor com a idade muda do nosso cinema. A fase de decadência seriam as duas primeiras décadas do cinema falado entre nós, e o renascimento, a da constituição da Companhia Cinematográfica Vera Cruz em fins de 1949. Minha ignorância do cinema brasileiro, em parte devida a longas ausências do país mas também a um descaso de que hoje me penitencio, é infelizmente muito grande, e não possuo elementos suficientes para iniciar a discussão do esquema proposto por Benedito J. Duarte, de cuja adequação duvido. De qualquer modo, é indiscutível a utilidade das hipóteses globais, mesmo inseguras, para o progresso das ideias, e penso que o capítulo de introdução, "As idades do cinema brasileiro", é mais uma contribuição positiva de Benedito Duarte aos estudos preparatórios da história do nosso cinema.

Depois do brilhante biênio em que se realizaram as retrospectivas com seu corolário de catálogos e artigos em jornais e revistas, entre os quais vale destacar os de Carlos Ortiz, o movimento de pesquisa histórica perdeu muito do seu entusiasmo. Em 1955 foi editado um pequeno volume de F. Silva Nobre, *Pequena história do cinema brasileiro*. O título promete mais do que cumpre. Seu texto não sofreu a menor elaboração. O que nos apresenta são anotações e apontamentos dispostos em ordem cronológica. Não devemos, contudo, subestimar contribuições como a de Silva Nobre. Se as pessoas que colecionam informações e documentos referentes ao cinema brasileiro se dispusessem a torná-los públicos de forma mais ou menos ordenada, verificar-se-ia um grande avanço nos estudos históricos. É, porém, indispensável um mínimo de disciplina científica. O defeito mais grave da *Pequena história do cinema brasileiro* é a falta de referências às fontes das informações.

O despertar do interesse pelo passado do cinema nacional suscitou bastante curiosidade em torno dos arquivos de três homens muito bem documentados acerca do esforço cinematográfico no Brasil durante os últimos quarenta anos, Ademar Gonzaga, Pedro Lima e Peri Ribas. Os três acariciam há muito a ideia de escrever livros, que teriam seguramente em muitos capítulos o sabor de memórias, sobretudo os textos de Gonzaga e Lima, que viveram muitos dos momentos decisivos da aspiração brasileira de ter um cinema seu. Peri Ribas, cuja atividade foi sempre essencialmente jornalística, seria mais o cronista minucioso da modesta epopeia. Todos eles, porém, sentem a necessidade, antes de lançar-se à tarefa, de preencher muitas lacunas dos seus arquivos e, absorvidos por outros afazeres, vão adiando o momento de enfrentar o esforço contínuo de redigir. Muita gente tem a impressão de que, conjugados, os arquivos de Ademar Gonzaga, Pedro Lima e Peri Ribas forneceriam um volume de documentação apto a servir de base para estudos e pesquisas complementares que se prolongariam durante anos. Entretanto, como não poderia deixar de ocorrer, existe entre os três uma natural rivalidade de colecionadores. Seja como for, o fato dessa rica documentação permanecer praticamente inacessível tem sido um sério handicap para o progresso das pesquisas históricas. A publicação de dois capítulos da planejada *História do cinema brasileiro* de Ademar Gonzaga no *Jornal de Cinema* em 1956 foi amostra auspiciosa de tudo o que podemos esperar da sua atividade nesse terreno. Sucede, porém, que a pesquisa histórica é para Gonzaga um hobby que ele pratica sobretudo quando as circunstâncias o impedem de retomar a ação como produtor cinematográfico. Nos dias que correm, cuida ele de reconstruir os seus estúdios no Rio. É um evento feliz para o futuro do cinema brasileiro e infeliz para o seu passado.

Na Cinemateca Brasileira, o interesse pelo cinema nacional não sofreu solução de continuidade durante os últimos dez anos, graças principalmente a Caio E. Scheiby, um dos conservadores adjuntos da instituição e responsável pelo seu Departamento Brasileiro.

A Cinemateca aproveitou a oportunidade de viagens pelo território nacional para prospecção de latas de filmes, entrevistando veteranos da cinematografia nacional e colhendo material. Alguns resultados dessas investigações parciais foram divulgados nesta coluna do Suplemento [Literário]. Quando do incêndio de janeiro de 1957, perdeu-se totalmente uma rica documentação pacientemente coligida. O esforço reiniciou-se no marco zero; e não fossem as dificuldades materiais com que luta a Cinemateca Brasileira, o nível de desenvolvimento de 1957 já teria sido atingido e ultrapassado.

Considero bastante provável que tenham escapado a este comentário alguns trabalhos de pesquisa histórica efetuados no Brasil a partir de 1952. Mesmo incompleta, esta recapitulação é indispensável como pano de fundo para uma avaliação equilibrada do esforço de Alex Viany nesta *Introdução ao cinema brasileiro* agora editada, e que em breve será objeto de nossa crítica nesta coluna.

[1960]

Decepção e esperança

No prefácio da sua *Formação da literatura brasileira*, Antonio Candido lembra que um francês, um italiano, um inglês, mesmo um russo e um espanhol, não precisam sair de suas respectivas literaturas "para elaborar a visão das coisas, experimentando as mais altas emoções literárias", ao passo que um brasileiro precisa. Se aplicássemos esse modo de pensar à arte cinematográfica, provavelmente concluiríamos que só a um norte-americano seria admissível uma experiência assim exclusiva; e, quanto ao brasileiro, seria compelido com desprazer a opinar pela incompatibilidade entre o gosto das altas emoções cinematográficas e a frequência ao cinema nacional. Na realidade, em nosso país, o espectador habitual, que simplesmente procura emoções cinematográficas médias, foge dos filmes brasileiros. A plateia do cinema brasileiro se recruta, por um lado, nos setores mais rústicos do público, por outro, nos quadros da corporação e, finalmente, numa minoria intelectual militante. As três categorias participam, em graus diversos de consciência, desse fenômeno complexo que é o nacionalismo. A convicção do terceiro grupo não é profunda, e o esforço para valorizar o que anda por aí é sobretudo assumido em nome do que há de vir. Na apreciação do passado do nosso cinema, a opção otimista tinge-se de sentimentalismo. Quanto a mim, não me furto a esse estado de espírito, e aplico à cinematografia brasileira as palavras de Antonio Candido sobre a nossa literatura: "Se não for amada, não revelará sua mensagem, e se não a amarmos, ninguém o fará por nós". Cabe acrescentar que, no cinema, ainda muito mais do que nas outras formas de expressão artística, os critérios propriamente estéticos estão longe de exaurir os ângulos de interesse de uma obra. Convém lembrar, ainda, por menos agradável que se considere a asserção, que o cinema brasileiro nos exprime e revela. Aqui fica este parágrafo de introdução, à guisa de resposta aos amáveis leitores desta coluna, que se surpreenderam com o interesse aqui demonstrado pela história do cinema brasileiro, a propósito do livro de Alex Viany, recentemente editado pelo Instituto Nacional do Livro.

No prefácio da *Introdução ao cinema brasileiro*, Alex Viany explica a gênese do seu livro, e ao mesmo tempo faz-nos compreender as razões de tudo aquilo que achamos tão pouco satisfatório nas 170 páginas de texto elaborado, que compõem a primeira parte da obra, sendo as outras constituídas pelos apêndices, acerca dos quais já manifestamos o nosso interesse e apreço. O autor escrevera muito sobre cinema brasileiro durante os "dez últimos anos e reunira um monte de recortes e anotações", com os quais julgou inicialmente que daria cabo da tarefa em três meses de trabalho. Contudo, logo percebeu a distância entre o material coligido e o livro projetado, que finalmente absorveu mais de ano e meio de labor. De qualquer maneira, tudo indica que tomou, de fato, como suporte estrutural do seu trabalho, os documentos iniciais dos seus arquivos, limitando-se em seguida a buscar solução para as dúvidas que surgiam, através de indagações e verificações aqui e ali. Todavia, o resultado está a demonstrar que a insuficiência da sua documentação é ainda mais clamorosa do que ele próprio julgara. Na verdade, tem-se a impressão de que o arquivo de referências de Alex Viany constituiu-se esporadicamente e sem o mínimo rigor. Vários textos de jornais e revistas não estão sequer datados. O "monte de recortes e anotações" cresceu aparentemente ao acaso de leituras mais ou menos fortuitas. Praticamente, todas as publicações citadas por Alex Viany são posteriores a 1948, data do seu regresso de Hollywood, onde trabalhou alguns anos como jornalista. A não ser no caso da filmografia, de que não estamos agora cuidando, não há, em *Introdução ao cinema brasileiro*, qualquer traço de pesquisa sistemática. O autor sabe melhor do que ninguém que *Cinearte* é uma fonte essencial de informações para todo um período do cinema brasileiro, mas evidentemente não consultou a coleção da revista. O mesmo quanto à *Scena Muda*, *Palcos e Telas* e outras. Quando lhe acontece designar um número de *Para todos...* de 1923, é que a referência foi encontrada no cartaz publicitário de uma película. Alex Viany não vai às fontes. Tal citação de Artur Azevedo é feita de terceira mão, através de Raimundo Magalhães Jr. e Brito Broca. Uma entrevista de Plínio Sussekind Rocha publicada originalmente em francês foi literalmente reproduzida, pelo autor do livro, de uma tradução truncada.

Possuindo escassa documentação e sem disposição para pesquisas originais, Alex Viany foi levado a apoiar-se no que outros já haviam escrito. Se houvesse fartura de estudos históricos parciais a respeito do cinema brasileiro, sua tarefa seria melhor sucedida. Quando existe abundância de dados colhidos e trabalhados sobre determinado assunto, estes se estruturam, por assim dizer, espontaneamente, diante do historiador, que sente com clareza onde se acham os pontos obscuros, as principais lacunas; e o seu esforço consiste então em reforçar melhor alguns setores de um conjunto que já se tornou coerente. Não é absolutamente o caso com a história do cinema brasileiro. O que já existe de público tem sobretudo valor de pista, sugestão, indicação, estímulo para pesquisas. Satisfazendo-se quase sempre com o que já encontrou esboçado por outrem, Alex Viany não logrou a menor articulação entre os disparatados elementos de informação que tinha ao seu alcance. *Introdução ao cinema brasileiro* é um livro sem roteiro. Sua técnica de construção é uma montagem bastante livre, cujo único critério é uma frouxa cronologia. Todo o início do primeiro capítulo é praticamente uma súmula dos escritos de Ademar Gonzaga, entrecortada de alusões ao êxito do cinema no Brasil e aos artistas de mais prestígio, alusões essas colhidas em Marcel Lapierre ou Fernández Cuenca. Após referências sumárias a fatos certamente de grande significado, como o início das carreiras de Antônio Leal e Francisco Serrador na primeira década do século, o relato de Viany adquire, durante umas poucas páginas, forma e animação, pois está resumindo trechos de um livro de Magalhães Jr. Em seguida, continuam a aparecer subitamente nomes de pessoas e de fitas como se fossem produtos de geração espontânea. Não há uma situação definida, uma atmosfera recriada, um perfil humano delineado. Daí passamos para diversos textos de Benedito Duarte e, depois de algumas referências e citações a respeito de *São Paulo, a sinfonia da metrópole* ou *Barro humano*, o capítulo conclui-se, em suma, com a longa entrevista de Plínio Sussekind Rocha sobre *Limite*, de Mário Peixoto.

Um bom exemplo de como Alex Viany se contenta com pouco, encontramos nas duas linhas dedicadas ao filme *O crime dos Banhados*, produção gaúcha realizada em Pelotas em 1913, e que alcançou grande celebridade, pelo menos oral. Nas conversas a respeito do passado do cinema brasileiro, é certo o comentário relativo a essa obra, baseada, aliás, numa história real de rivalidade política, que culminou no massacre de uma família inteira. Alex

Viany não demonstra a menor curiosidade em inquirir sobre as condições que permitiram um movimento de produção cinematográfica na cidade de Pelotas. Teríamos esperado que evocasse o aspecto daquela cidade no começo do século, a sua prosperidade econômica, certa animação artística, e nesse contexto, o perfil patriarcal e sem dúvida curioso de Francisco Santos, figura central de todas as iniciativas teatrais, e em seguida cinematográficas, da cidade. Também nos decepciona que o autor não tenha tentado registrar e transmitir-nos o enredo dessa fita e das outras realizadas por Francisco Santos, pois não se limitou ele a *O crime dos Banhados*. Poderia exprimir a minha frustração e repetir esse gênero de considerações em torno de qualquer passagem do livro de Alex Viany.

Minhas dúvidas quanto à vocação do autor para a pesquisa histórica fortaleceram-se consideravelmente ao chegar ao ponto em que alude à personalidade de Luís de Barros. A posição desse homem no cinema brasileiro é singular, pois foi o único a manter-se em atividade incessante durante 45 anos. Em determinado parágrafo diz o autor que o cineasta tornou-se legítima fonte de anedotas. Custa crer que Alex Viany não tenha enxergado um pouco além e percebido o valor indicativo da permanência da ação de Luís de Barros no cinema brasileiro a partir de 1915. Se chegarmos a reconstituir pormenorizadamente o processo pelo qual o cineasta conseguiu desenvolver a sua carreira, em particular durante os primeiros vinte anos, teremos uma chave preciosa para compreender as condições que asseguraram à nossa cinematografia, não obstante tudo, certa estrutura contínua, que faz dela algo diverso de um aglomerado de tentativas sucessivas e desarticuladas. Alex Viany vive na mesma cidade e nos mesmos meios que Luís de Barros frequenta, mas é claro que dele não se aproximou quando empreendeu e executou a sua *Introdução*. A propósito dos filmes de Luís de Barros, Alex Viany continua a manifestar a costumeira falta de curiosidade e informação. Sobre *Vivo ou morto*, por exemplo, limita-se a mencionar um dado pitoresco, isto é, a presença, entre os figurantes, do adolescente Pedro Lima, que mais tarde teria posição de destaque no jornalismo cinematográfico. Ora, se a sua coleção de recortes, mesmo recentes, obedecesse a um mínimo de rigor, poderia ter encontrado, no número 12 deste Suplemento [Literário], uma apreciação dessa primeira fita de Luís de Barros, fragmento bastante modesto mas de maior valor crítico e histórico do que as suas cinco linhas de texto.*

Minha insatisfação diante desta *Introdução ao cinema brasileiro* é constante. Ressalvando sempre os apêndices, a contribuição pessoal de Alex Viany para os estudos históricos brasileiros afigura-se-me bem restrita. Não disponho de espaço nem me sinto competente para reconhecer ou não, em minúcias, os resultados das suas eventuais pesquisas. De um modo geral, destaco o capítulo concernente a Almeida Fleming, baseado numa entrevista jornalística que o cineasta concedeu ao autor há alguns anos. Relativamente a Humberto Mauro, cuja obra e personalidade ainda precisam ser estudadas com atenção, Alex Viany não tem muito de novo a dizer, e a ordenação que dá aos materiais existentes é insuficiente e incerta. Quanto ao surto campineiro da década de 1920, limitou-se ele a ensaiar um tímido passo de pesquisa, ao trocar cartas com a família de um dos pioneiros locais. Obteve um velho cartaz publicitário e deu-se praticamente por satisfeito, tirando desse documento a maioria dos seus informes. Mais uma vez revela-se a pouca atenção com que Alex Viany procurou documentar-se acerca de artigos bastante recentes relativos ao velho cinema brasileiro. O nome de E. C. Kerrigan, que dirigiu filmes em Campinas, é, para o autor da *Introdução*, um enigma. Lança

---

* Ver "Dramas e enigmas gaúchos", na página 408 deste volume.

a hipótese de tratar-se de algum ianque exilado, e atribui-lhe a atmosfera de *far west* de umas tantas fitas. Poderia Alex Viany ter encontrado, ainda neste Suplemento [Literário], no número 10,* certos esclarecimentos, por exemplo, sobre a identidade de Kerrigan, que era um italiano de nome pomposo, conde talvez, que adotara aquele pseudônimo de sonoridade bem norte-americana a fim de melhor coadunar-se aos ambientes cinematográficos da nossa terra, fascinados pela glória de Hollywood.

No setor das publicações periódicas do passado, o trabalho de investigação de Alex Viany reduziu-se à leitura de uma coleção de *O Fan*, em forma de jornal. O órgão do Chaplin Club fornece uma documentação preciosa, porém, muito mais para a história da cultura cinematográfica brasileira do que para a evolução do nosso cinema. Dispondo de pouco material, Alex Viany tratou de aproveitar-se ao máximo do que deparava nas páginas de *O Fan*, e nem sempre o fez com suficiente discernimento crítico. Assim, associa no seu texto a reação dos líderes do Chaplin Club contra o cinema falado a uma série de preocupações com o destino do cinema brasileiro perante a nova invenção. Na realidade, a apaixonada indignação de Otávio de Faria, Plínio Sussekind Rocha e seus companheiros, tinha raízes exclusivas numa ideologia estética. Os jovens intelectuais do Chaplin Club podiam interessar-se por cinema brasileiro, e de fato o fizeram, como se vê em muitas páginas de Alex Viany, mas as suas posições nada tinham que ver com o conceito atual de empenho militante. O divórcio entre a cultura cinematográfica brasileira e o cinema nacional devia ser muito mais acentuado naquele tempo do que hoje. Fora do estímulo dado a Humberto Mauro, os jovens estetas chaplinianos só se comprometeram efetivamente com Mário Peixoto, cujo *Limite* foi um acontecimento à margem do cinema nacional.

---

* Ver "Evocação campineira", na página 404 deste volume.

Minha reação final ao empreendimento tentado por Alex Viany não é pessimista. Ele sempre afirmou que essa primeira edição da *Introdução ao cinema brasileiro* não passava de um esboço, um rascunho, um balão de ensaio. O livro terá por certo a função provocadora positiva que o autor deseja. Muita gente que tem arquivo ou memória se disporá a sair em campo para corrigir, discutir e acrescentar. O texto de Alex Viany chama a nossa atenção, justamente por tudo o que tem de mau, para a urgência de se iniciar a pesquisa histórica sistemática. Deposito ainda esperanças nos recursos de autocrítica de Alex Viany. Se ele avaliar bem todas as falhas da sua concepção de história do cinema e de sua metodologia, muito se poderá esperar ainda da segunda edição da *Introdução ao cinema brasileiro*.

Cumpre, finalmente, salientar o fato novo de vir o Instituto Nacional do Livro, através do seu programa editorial, oferecer aos estudos do passado do cinema brasileiro o estímulo que até agora lhes tinha faltado.

[1960]

Abril em Brasília

Ignazio Silone comentou certa vez num artigo o fato de nunca ter encontrado um dos seus colegas do Parlamento numa exposição de pintura. O escritor quis ilustrar com isso o alheamento dos quadros políticos italianos à vida artística e cultural do país. A reflexão não se aplicaria ao Brasil. No Rio, em São Paulo e outras capitais, deputados e senadores fazem parte integrante do público consumidor de arte e cultura. Em Brasília, cujo primeiro aniversário marcou o início da vida intelectual e artística da cidade, repete-se o fenômeno. As diferentes manifestações de artes plásticas, teatro, música e cinema que se desenrolaram ultimamente na nova capital contaram com numerosos parlamentares entre os seus seguidores fiéis. A equipe da Cinemateca Brasileira, conduzida pelo seu presidente Francisco Luís de Almeida Sales, teve numerosos encontros com deputados e senadores, e a experiência serviu para demonstrar como são falsas algumas ideias correntes no país, principalmente nos meios intelectuais, a respeito dos nossos representantes.

Assim como durante muito tempo o político brasileiro típico englobou os intelectuais na definição global de "poetas", a intelligentsia nacional observa os nossos homens públicos com indisfarçada suspeição, particularmente os componentes do Poder Legislativo. Duvidam do seu espírito público e de sua inteligência. Aos que reconhecidamente possuem competência técnica negam-se as virtudes da sensibilidade. Os que não são especialistas veem-se sumariamente classificados como demagogos. A má vontade imagina os deputados e senadores empenhados apenas nas lutas de facções ou devorados por preocupações mesquinhas. E, finalmente, os nossos representantes são acusados de não trabalhar, de nunca estar em Brasília. Dos contatos que mantive no Planalto, devido a minhas funções de conservador da Cinemateca Brasileira, saí com uma impressão bastante diversa. Uma coluna de cinema não é o local adequado para o exame da composição e do funcionamento do Poder Legislativo e não nutro esta intenção. A experiência vivida com deputados e senadores no terreno de minha atividade, o da preservação de filmes documentais e artísticos, e da difusão cultural cinematográfica autoriza, entretanto, um depoimento suscetível de lançar sobre as personalidades dos nossos representantes, tomadas em conjunto, alguma luz nova. A primeira observação a ser feita é que são extremamente numerosos em Brasília. Numa das tardes que passei na Câmara interessei-me em conhecer o número de deputados presentes, cerca de 250, o que me pareceu mais do que razoável. A maior ou menor afluência no plenário neste ou naquele momento não têm, aliás, muita significação, pois uma boa parte dos representantes está disseminada nas amplas comissões, onde os vi várias vezes discutindo projetos e ideias com afinco e paixão. O que, porém, chamou mais a minha atenção foi o interesse, a sensibilidade e a superioridade de vistas com que os parlamentares acolheram as questões relativas à cultura cinematográfica que havíamos levado à sua consideração no momento em que tramita na Câmara um projeto de lei autorizando a União a estabelecer um convênio com a Cinemateca Brasileira.

Se a qualidade humana do Poder Legislativo me surpreendeu, Brasília foi para mim uma prodigiosa revelação. Não se trata de uma conversão, pois fui sempre, por princípio e convicção, a favor da nova capital. Aconteceu, porém, que inúmeros artigos, fotografias e filmes me tinham dado uma ideia errada da cidade. Imaginava um conjunto arquitetônico monumental, maciço, pousado numa área humana ainda sem estrutura urbana. Na realidade, monumentais, no sentido um pouco frio que tem a expressão, são apenas — e provisoriamente, isto é, antes do ajardinamento e do aumento da circulação — os espaços, as grandes áreas que envolvem as construções. Destas últimas, as fundamentais, as que dão o tom ao conjunto, são surpreendentemente finas, delicadas, sutis. Esta última palavra é a que melhor exprime a minha impressão. Brasília será provavelmente a cidade mais sutil do mundo. Conhecê-la foi uma das maiores sensações que experimentei. Revivi os sentimentos despertados a primeira vez em que, emergindo de uma ruela escura, desemboquei na praça de São Marcos iluminada. Trata-se, contudo, de mais ainda. Brasília é a execução, em alta modernidade, da ideia nutrida pelo Ocidente do que fora a plenitude grega.

Tudo isso, porém, exprime apenas sentimentos estéticos. Numa perspectiva humana mais completa, Brasília também é surpreendente. Naturalmente que muito, e muito, ainda deverá ser edificado em Brasília. Mas é sobretudo sociologicamente que a cidade ainda está inacabada. Com apenas resquícios de burguesia e classe média, Brasília é fundamentalmente composta por um lado de uma aristocracia política e burocrática, e por outro da massa popular dos edificadores. Estes já fazem dela a cidade mais brasileira que a história nacional conheceu. O povo reunido na

Estação Rodoviária, a arena provisória dos grandes espetáculos, para assistir ao desfile da Escola do Salgueiro, ou num estádio improvisado para admirar Pelé, composto em proporções equilibradas de nortistas, nordestinos, sulistas, gente do centro, do litoral ou do interior, com todos os matizes imagináveis de cor e fala, é a primeira comunidade realmente nacional que já se constituiu entre nós. É certamente a mais bela. Se nos adultos a diversidade de origem pode ser notada, nas novas gerações dos meninos e meninas que se exibem em festas e espetáculos coletivos já é possível adivinhar a marca humana da revolução brasiliense. Em dois ou três anos, os filhos dos candangos atravessaram um percurso cultural que nas condições chamadas normais, aquelas em que nasceram, teriam exigido três gerações.

A ausência de uma burguesia enraizada localmente, e sobretudo da classe média, dificulta a florescência dos movimentos artísticos e de uma vida cultural autônoma. Todavia, as condições desfavoráveis não desencorajam as autoridades municipais, que procuram através de uma Fundação Cultural ambientar na nova cidade as atividades e os hábitos indispensáveis a um grande centro moderno. O prefeito Paulo de Tarso encarregou dessas tarefas alguns jovens intelectuais do Rio, escolhidos entre os de mais alto nível. Os primeiros empreendimentos revelaram logo que, também no terreno cultural, Brasília abre perspectivas nacionais inteiramente novas e impossíveis de serem por ora tentadas com pleno êxito em qualquer outro ponto do território. Mesmo os espíritos mais abertos não conseguem escapar inteiramente às artimanhas do regionalismo paulista ou carioca, para citar apenas os dois maiores centros culturais do país. No clima de Brasília, esses sentimentos, e os habituais ressentimentos que os acompanham, se dissipam de forma tão imediata quanto os males do sistema respiratório. É em Brasília e através dela que se processará a unidade íntima e sem preconceitos da inteligência nacional.

A Cinemateca Brasileira foi convocada para colaborar nas iniciativas culturais do primeiro aniversário da cidade. A experiência teve talvez para a instituição uma importância tão grande quanto a sua histórica articulação com os festejos do IV Centenário de São Paulo, que lhe permitiu entrar numa fase inteiramente nova de sua existência. O Festival René Clair apresentado em Brasília para cerca de trezentas pessoas em cada sessão não ofereceu para o observador externo nada de excepcional. No entanto, quando se reflete sobre a sensibilidade particular revelada pelo público, a sua reação diante dos filmes, dos programas impressos e das apresentações orais, e sobretudo quando se testemunhou a reunião realizada, após o encerramento do Festival, para se criar em Brasília um centro permanente de cultura cinematográfica, torna-se evidente que as tarefas de difusão de uma cinemateca poderão adquirir na nova capital um cunho, uma amplidão e um significado em profundidade, ainda inéditos no panorama brasileiro. Como acontece em algumas comunidades pequenas do interior, mas em outra escala e com significação nacional, boa parte da vida artística e intelectual de Brasília poderá girar em torno das atividades de cultura cinematográfica. Foi o que sentiram com agudeza os jovens reunidos em assembleia para criar um centro de estudos cinematográficos, e encorajados nesse propósito pelos engenheiros, arquitetos, artistas e decoradores que se encontram em Brasília, comandados por Niemeyer, pelos jovens cariocas da Fundação Cultural da Prefeitura e pelos paulistas da Cinemateca Brasileira.

Se os serviços que a Cinemateca poderá prestar a setores adultos da população de Brasília já se anunciam tão ponderáveis, tornam-se irrisórios perto do que poderá ser feito junto às crianças. O esquema educacional previsto para Brasília tornará possível, finalmente, a única ação realmente decisiva com a qual sonham os responsáveis pelas cinematecas: vencer o analfabetismo cinematográfico no mesmo terreno, a escola, em que o outro está sendo vencido. O bom encaminhamento do projeto de lei número 711 de 1959, a perspectiva de fundos federais para a Cinemateca, estão delineando uma fisionomia totalmente nova para o movimento de cultura cinematográfica no Brasil.

Abril em Brasília criou novos alentos e permitiu vislumbrar na realidade esperanças até agora imaginárias.

[1961]

Amigos da Cinemateca

Os srs. Dante Ancona Lopez e Florentino Llorente tomaram a iniciativa de criar a Sociedade Amigos da Cinemateca. Esse fato, anunciado na imprensa há cerca de dez dias, é um marco na vida cinematográfica e cultural da cidade. Assistimos em São Paulo à conclusão de um processo em curso há vários anos em todo o mundo, o do entendimento gradual entre aqueles para quem cinema é agir nos quadros da indústria e do comércio e os que procuram na atividade cinematográfica a canalização de preocupações educacionais e artísticas.

Dentre os construtores do universo cinematográfico apenas os elementos criadores sentiram-se, de início, solidários com o movimento cultural que nos países mais adiantados nasceu nos clubes de cinema para se consolidar em seguida na fundação de cinematecas. Foi longo e tenaz o desentendimento que reinou entre os fabricantes e comerciantes de fitas e aqueles que procuravam utilizá-las com propósitos culturais. Para os primeiros o filme era apenas um produto rapidamente perecível que, depois de lançado no mercado do entretenimento e consumido nos espetáculos, perdia a razão de ser. Eles não entendiam o interesse de conservar, estudar e difundir uma mercadoria já esgotada e enxergavam nessa atividade o inconveniente de perturbar o escoamento de novos filmes incessantemente fabricados. Isso por um lado. Por outro os fabricantes e comerciantes olhavam com desconfiança para a diferença de critérios na apreciação dos filmes recentes. A indústria com efeito agrupava seus produtos segundo uma hierarquia que com maior ou menor frequência não era aceita pelos que procuravam interpretar e utilizar o cinema como fenômeno cultural.

Essa linha geral de acontecimentos, válida para todo o mundo, foi mais pronunciada na América do Norte do que na Europa. No Velho Continente a harmonização de interesses que se delineou no fim da década de 1930 permitiu logo após o término da Segunda Guerra Mundial que o movimento cultural cinematográfico adquirisse um impulso notável. Contribuiu para isso o fato do cinema europeu nunca ter conhecido a coerência industrial que caracterizou a Hollywood dos áureos tempos. Os resquícios artesanais que sempre impregnaram o cinema francês e o italiano, e mesmo o inglês e até o alemão, asseguraram aos elementos criadores na feitura dos filmes uma influência que só excepcionalmente se encontrava na América. Essa situação tornou a indústria europeia mais adequada a um bom entendimento com os movimentos de cultura. Por mais que um King Vidor ou um Ben Hecht se interessassem pelos esforços dos museus de Nova York, Rochester ou Chicago em matéria de cinema, sentiam-se sem armas para obter que os filmes nos quais haviam colaborado fossem utilizados culturalmente por aquelas instituições. Na Europa a alta autoridade de um René Clair ou de um Cesare Zavattini servia de ponte entre, de um lado, os industriais e os comerciantes e, de outro, as cinematecas, as universidades e o cineclubismo.

No Brasil, a indústria não entrando quase em linha de conta, foi sobretudo com o comércio que o movimento de cultura teve que se haver. O desenrolar dos fatos foi o mesmo de outros países. Enquanto era limitado o número de pessoas interessadas em se vincular ao cinema com espírito diverso do consumidor habitual de entretenimento e num outro clima que não apenas o das salas públicas de espetáculo, os comerciantes não apresentavam maiores dificuldades em dispor dos filmes, que eram sempre obtidos pelos grupos de estudiosos graças às relações pessoais mantidas com distribuidores ou exibidores. Desde, porém, que o movimento se ampliava, começavam a se manifestar reticências, quando não obstáculos difíceis de serem transpostos. Os tempos, porém, estavam amadurecendo e nada impedia a extensão do espírito cultural cinematográfico a setores cada vez mais amplos da comunidade.

Um momento muito importante foi aquele em que os líderes da corporação cinematográfica compreenderam que o esforço no sentido de elevar o nível de apreciação de largas camadas do público poderia contribuir poderosamente para ajudá-los a enfrentar a nova situação criada com a profunda diversificação que se manifestou no cinema mundial de uns anos a esta parte. Com efeito, já vão longe os tempos em que a maioria dos filmes apresentados no Brasil tinha a mesma origem, eram bastante parecidos entre si e modelavam o gosto de um público dócil que os absorvia mecanicamente. Nunca como atualmente o cinema foi tão bom em tantos países ao mesmo tempo. Está definitivamente quebrada a uniformidade do produto e dos consumidores e hoje todas as fitas não se dirigem a todos os públicos. Nessas condições a extensão do movimento de cultura cinematográfica funciona como um instrumento muito vivo de diversificação e de recrutamento da parcela mais ou menos homogênea de espectadores que tornará possível a apresentação no Brasil dos filmes, em número cada vez maior, considerados difíceis e que os comerciantes hesitavam em importar.

Foi nesse largo contexto que se manifestou o entrosamento entre os expoentes da distribuição e da exibição em São Paulo e os militantes da cultura cinematográfica. Um acontecimento relativamente recente que nos permitiu medir o caminho percorrido foi a homenagem prestada ao então presidente da Fundação Cinemateca Brasileira, Francisco Luís de Almeida Sales, pelas figuras mais representativas do comércio cinematográfico paulista e carioca, por ocasião de sua partida para a Europa a fim de dirigir os trabalhos culturais da embaixada do Brasil em Paris. Aquele banquete foi um momento de tomada de consciência para o conjunto da corporação — e nada mais justo que tenha se estruturado em torno de Almeida Sales, o brasileiro que até hoje mais contribuiu para fazer do cinema algo de culturalmente prestigioso.

No fundo o nascimento da Sociedade Amigos da Cinemateca é a expressão institucional de acontecimento que já vem se verificando há algum tempo mas sem planificação e organicidade. Para só citar Dante Ancona Lopez, que teve a ideia e tomou a iniciativa de criar a Sociedade, basta lembrar a relevância de sua colaboração nos mais recentes empreendimentos da Fundação Cinemateca Brasileira, não só os que assumiram a envergadura do Festival Russo, mas inclusive aqueles de natureza mais especializada como a ilustração cinematográfica do curso literário ministrado pelo professor Antonio Candido na Faculdade de Filosofia, Ciências e Letras.

Os nomes que estão se reunindo, como instituidores da nova Sociedade, em torno de Dante Ancona Lopez e Florentino Llorente demonstram a repercussão dos trabalhos culturais da Fundação Cinemateca Brasileira e o reconhecimento dos serviços que presta à coletividade. A lista parcial de personalidades comunicada no momento em que escrevo[1] exprime o interesse dos mais diversos setores da vida paulistana pelo cinema cultural e artístico assim como pela instituição que reúne as melhores condições para assegurar uma difusão coerente e em nível intelectual elevado. Depois do gesto recente de incompreensão do líder da maioria na Câmara Federal, deputado Martins Rodrigues, não deixa de ser compensador anotar a atenção e a inteligência que cercam, em São Paulo, os esforços da Fundação Cinemateca Brasileira.

Além dos instituidores a Sociedade Amigos da Cinemateca comportará sócios contribuintes e beneméritos. O quadro social, apesar de muito amplo, ficará condicionado, entretanto, à lotação dos locais onde serão realizadas as projeções de filmes. A natureza dessas reuniões será a mais variada. As apresentações de filmes primitivos, clássicos e modernos serão promovidas paralelamente às antestreias da produção mais significativa e recente do cinema mundial. As grandes retrospectivas históricas e os festivais dedicados a um cinema nacional que já se tornaram uma constante na vida cultural brasileira graças precisamente ao trabalho da Cinemateca serão doravante realizados no quadro da Sociedade ou com a sua íntima colaboração. Numa segunda fase um papel relevante será dado aos cursos, seminários e conferências sobre a história e a estética do cinema e às suas relações com as artes, o pensamento e a vida social. Esses vários empreendimentos estão ligados a um esforço editorial e tudo indica que o Brasil terá finalmente o número de publicações especializadas ou de divulgação

---

1. Dentre os vinte ou 25 nomes de instituidores da Sociedade Amigos da Cinemateca constam: Dante Ancona Lopez, Florentino Llorente, Roberto Abreu Sodré, monsenhor Vítor Ribeiro Nicklesburg, Lígia Freitas Vale Jordan, João Guilherme de Oliveira Costa, Rui Nogueira Martins, Maria Serafim Vilela de Andrade, Romeu Mindlin, Cunha Bueno, Vicente Ancona Lopez, Cristina e Flávio Rangel, Renato Sampaio Coelho.

condizente com o estágio já atingido pelo movimento de cultura cinematográfica.

As primeiras programações projetadas ou já elaboradas pela Sociedade Amigos da Cinemateca ilustram o espírito aberto, sem preferências ou preconceitos, que preside aos seus trabalhos. Um grande empenho será colocado na efetivação da grande retrospectiva do cinema japonês prevista para o quadro da próxima Bienal. Desde logo também, já que esse gênero de realizações demanda longo e pormenorizado preparo, iniciam-se trabalhos tendo em vista a mostra dedicada ao cinema alemão. E tudo o que for necessário será feito para finalmente poder ser apresentado em São Paulo o grande festival histórico dedicado ao cinema norte-americano cuja necessidade é vivamente sentida particularmente pelas novas gerações.

No imediato a Sociedade Amigos da Cinemateca está ultimando os preparativos para um ciclo que, não tendo a ambição dos projetos acima enumerados, poderá assumir muita significação pelo que eventualmente revelará de inédito ou inesperado. Refiro-me ao Festival do Cinema Polonês Moderno.

Há pelo mundo críticos e estudiosos respeitáveis que situam o cinema polonês como o melhor da atualidade. Poucas fitas da Polônia foram por enquanto apresentadas no Brasil e a expectativa é grande. Os vinte filmes poloneses produzidos durante os últimos quinze anos permitirão uma avaliação de conjunto e definitiva a respeito desta escola cinematográfica que impressiona cada vez mais a crítica europeia e norte-americana.

[1962]

Cinemateca e briga

Eu escrevo aqui e por aí. Faço bastante conferência e dou curso em São Paulo e pelo Brasil afora. Sempre sobre cinema. Ultimamente andei interpretando papéis pequenos em duas fitas. Escrevi também uma história para ser filmada mas que não foi e não tenho ideia se será.* Mas eu cuido mesmo é da Fundação Cinemateca Brasileira.

Estou dizendo estas coisas para a leitora Elisabeth com sobrenome um pouco complicado que não entendi bem ao telefone. Ela telefonou para se queixar, aliás, gentilmente. Disse que na crônica em que me apresentei aos leitores deste jornal eu falei a meu respeito dum jeito como se todo mundo me conhecesse. Acrescentou que ela e seus amigos não tinham sobre o assunto a menor ideia e continuavam na mesma, já que na crônica em

---

* Paulo Emílio participou como ator coadjuvante dos filmes *Gimba: O presidente dos valentes* (1963), de Flávio Rangel, e *Morte em três tempos* (1964), de Fernando Cony Campos. Escreveu o roteiro "Dina do cavalo branco", que nunca foi filmado.

questão eu me limitara a enumerar tudo o que não era. Elisabeth, aliás, fez questão de salientar que a inquietava um pouco o fato de eu não ser tanta coisa ao mesmo tempo.

Como veem, a moça — ou a senhora — me gozou um bocado. A sua boa-fé me parece total. Realmente Elisabeth, fora o número de meu telefone, não sabe nada de mim, o que pode ser desagradável, mas não é grave. Ao mesmo tempo, porém, ela ignora totalmente o que seja uma Cinemateca e isto me desola. Me desola tanto quanto me intriga o interesse de Elisabeth de Thal (seu sobrenome tem certamente mais um "h") em saber se eu sou "de briga".

Como Elisabeth foi a primeira, e talvez porque sua voz era bela, sua interpelação adquiriu aos meus olhos muita representatividade. Vai ver muitos dos meus provavelmente poucos leitores se perguntam que Cinemateca é essa de que cuido e por outro lado gostariam também de saber — sabe Deus por quê! — se eu sou de briga.

Pois não sou. E o divertido é que pensando bem verifico que não sou de briga precisamente porque o cuidado principal de minha vida é a Fundação Cinemateca Brasileira, tipo de coisa que não provoca controvérsia. Ninguém é contra. A vida da Cinemateca depende de certa lei a ser votada pelos deputados federais. Pois todos eles, há muitos anos, são a favor. Houve um que a certa altura foi contra, mas por engano. O diabo é que era o então líder da maioria que significou para nós quatro anos de esforços perdidos. Mas foi tudo um mal-entendido. Quando reina o bem entendido são todos a favor. Unanimemente.

A tal ponto que nunca discutem o assunto. E dele acabam se esquecendo. Quando a Cinemateca morrer, será cercada por uma unanimidade de opiniões, legislativas e outras, que desejam sua vida.

O que dá vontade de brigar.

[1963]

Festejo muito pessoal

Quando se comemoram os oitenta anos de alguém ou alguma coisa, fica mais ou menos implícito que os setenta, sessenta e sobretudo os cinquenta, com sua notável carga mediossecular, foram devidamente festejados.

Há pouco disso no cinema brasileiro. Duvido que se encontre na imprensa de 1947 qualquer registro da passagem naquele ano de seu quinquagésimo aniversário, tão simplesmente porque ninguém sabia então, ou ainda dez anos depois, quando o cinema brasileiro nascera. Importava, aliás, a pouquíssima gente que houvesse nascido ou não, que vegetasse, abandonado por aí ou jogado na vala comum das veleidades do subdesenvolvimento.

Meu caso pessoal é exemplar e deplorável. Em torno da década de 1940 até meados da seguinte eu já me interessava muito por filmes, mas cinema brasileiro para mim era como se não existisse. Quando a gente fundava um clube ou uma revista é claro que se obedecia ao ritual de interesse por produto nosso: pura retórica sem qualquer consequência.

O melhor crítico que apareceu naqueles tempos foi Rui Coelho, que publicou muito em revista e jornal. De uma feita descreveu em um artigo as perambulações do crítico pela cidade, à procura de uma fita qualquer para comentar. Duas salas anunciavam produções brasileiras, o que não era frequente. Rui Coelho examinou atentamente o saguão de ambas, as fotografias expostas, os cartazes, a pasmaceira dos guichês. Recuou. Seu tema naquele dia foi a não ida ao cinema: primeira e única vez que em artigo seu o filme brasileiro, embora não visto, foi assunto.

Meu mestre em cinematografia, o filósofo da ciência e professor de mecânica celeste Plínio Sussekind Rocha, só se interessava por um filme brasileiro, *Limite*, realizado por Mário Peixoto em 1930. Se interessava é dizer pouco. As distinções de Plínio eram drásticas, só via significação brasileira no que contribuísse para o mundo e afora *Limite* não enxergava outra contribuição, em qualquer terreno.

Não culpo ninguém pelo retrógrado que fui, mas o fato é que durante anos a fio — décadas — não conheci uma única pessoa com cultivo de cinema brasileiro. Quando cruzei com Humberto Mauro, no INCE [Instituto Nacional do Cinema Educativo], numa manhã de 1940, não lhe liguei a mínima.

Mais grave é lembrar — aí já nos anos 1950 —, cuidando de criar uma Cinemateca Brasileira e totalmente descuidado de cinema brasileiro! É até difícil, hoje, me imaginar.

Nessas condições, que eram a norma nos meios que frequentava, quem ia saber a idade do cinema brasileiro, cuja própria e eventual existência não exercia sobre a intelligentsia o menor apelo?

Nós ignorávamos o cinema brasileiro, mas tudo ocorria como se ele não nos ignorasse. Ele ficou à espreita, à espera de uma distração, um descuido em nossos invólucros de colonizados culturais cinematográficos. Foi ele que se deu ao renovado trabalho de nos conquistar, agindo nas malhas da indústria ou nas tessituras artesanais.

Procuro ser compreensivo com muito do que leio e ouço por aí em torno de cinema brasileiro. Tenho ótimas razões para ser bonzinho: desconheço alguém tão totalmente colonizado quanto fui. Daí praticar minha exibição como exemplo, o que não é mais pecado a julgar pelo exército, digamos, da salvação. Permaneço convencido de que se pude ser descolonizado, então é porque essa graça de libertação se encontra ao alcance de qualquer um de nós.

"Um de nós" intelectuais etc., pois com o povo a jogada é outra, como são outras as libertações a que aspira. Uma ideia clara de vez em quando é bom: a elite é mais fundamente corroída pela desnacionalização cultural do que o povo, aqui preservado pela própria ignorância que o sufoca e oprime.

Não é fácil compreender e sobretudo relatar a biografia cultural de cada indivíduo. Simplificando as coisas, eu gostaria de saber se aceitei o filme brasileiro em bloco porque já me descolonizara ou se foi precisamente o gosto pelo nosso filme que me descolonizou.

As anotações do estudioso, nesse caso como infelizmente em tantos outros, adiantam pouco. Outras notas de desigual ortodoxia e agudeza serão mais úteis.

Lembranças soltas do espectador permitem avançar um pouco no tateamento. Soltura obrigatória, pois não há grupo coerente de obras diretamente responsável pela sequência de iluminações que me conduziu à opção cristalizadora por cinema brasileiro. Tal desenrolar de fumo de *O cangaceiro*, a lagartixa de *Rio, 40 graus*, um charuto pousado de *Exemplo regenerador*, versos de *Aitaré da praia*, vento noturno de *Barravento*, sol no sol de *Gigantes de pedra*, um plural de Luiza Maranhão, os letreiros de *São Paulo, a sinfonia da metrópole*, mãos de *O segredo do corcun-*

da, patas de *O tesouro perdido*, e a gente vai continuando, uma coisa puxa a outra, ondas, pés, brincos, velhinhas atormentadas, sorrisos podres, fragmentos de enredo — "você quer me fazer chorar?" —, nem sempre é possível ir identificando as imagens, sons ou sensações desligados das fontes. Esses fluxos temporais se fixam no espaço da memória e fica assim delineado o tecido de fundo, cujo relevo na escolha cultural brasileira é patente.

Esse tecido de lembranças de filmes brasileiros vistos ou ouvidos recebe um singular reforço de filmes não vistos nem ouvidos, porque decompostos, desaparecidos, perdidos para sempre. Acaba-se sabendo alguma coisa a respeito desses filmes e a imaginação, informada e cúmplice, oferece tarefa para restauração e constituição de sentimentos culturais brasileiros. Essa cinemateca realmente imaginária, filha num primeiro momento sobretudo da fantasia, tende a se ampliar e a adquirir consistência: depois da imaginação e da lembrança chegou a hora da erudição.

Na jovem historiografia cinematográfica brasileira o papel da erudição aparece exemplarmente estimulante. A reunião e arranjo de documentação não têm sido um ponto de chegada, mas sobretudo trampolins para mergulhos mais aprofundados nas camadas densas que vão surgindo na medida em que informações tais quais são completadas e esgotadas. Para a gente que procura pensar o cinema brasileiro, a movimentação e o salto se processam articulados e harmoniosos porque do trio lembrança-fantasia-erudição desponta um leque amplo com sociologia, economia, história, política, religião e demais abanos científicos ou literários favoráveis ao respiro.

Não espanta tanto intercâmbio, pois durante os oitenta anos — quase — de sua vida o cinema brasileiro mexeu com tudo. Péssimo, sofrível, medíocre, bom, ótimo, em todas as instâncias o denominador comum que nosso filme cria com coisas nossas vai longe e fundo. Tímido, descontraído, boçal, ingênuo, escuro, luminoso, em qualquer circunstância nosso filme está nos contando, nos repetindo, nos interpretando.

A cinemateca imaginária, documental e posada, ilustra, refunde e completa qualquer fato público que aponte nas memórias de infância de Pedro Nava, dos estranguladores da fé em Deus aos vendedores de ratos, passando pelas xifópagas de Chapot-Prévost.

Uma meditação sobre um grupo de filmes perdidos permitirá talvez esclarecer por que há mais perfídia no crime paulista do que no carioca. Um noivado de sangue, um ato da rainha do café, o cortejo de crimes da mala, permanecem como núcleos potenciais de restauração de faces ocultas de nossa identidade estadual.

O filme que emana de nós é pessoal, local, regional, nacional, stop — interrompendo aqui para evitar o universal, que no subdesenvolvimento iguala o estrangeiro. O estrangeiro não emana de nós, mas, como permanecemos parcialmente emanação dele, nosso filme se sente, se ressente, mas nunca se deteriora. Uma das notas mais agudas de nossa saudabilidade é a admirável incompetência em copiar, apesar das tentativas que em suma se prolongam há quase oitenta anos.

Mauriano, cataguasense, matense, mineiro, brasileiro é, nessa gama de variáveis de uma unidade que se manifesta, um filme para cuja restauração imaginária muito contribuí. Se chama *Na primavera da vida*. Depois de ter deixado de existir como filme, foi durante décadas apenas um título, ficha irrisória e incompleta de uma cinemateca imaginária inexistente. A recomposição teve início nesse quase zero e chegou até a necessidade da quíntupla adjetivação com que dei início ao parágrafo.

São ainda muito numerosos os filmes que permanecem como títulos assombrados clamando por maior existência, como esse *Calvário de Dolores* que periodicamente se instala na minha e em outras consciências, fazendo exigências que ninguém ainda soube satisfazer.

A volta à vida dos filmes perdidos e esquecidos é tanto mais comovente que nunca é conclusiva. O progresso no conhecimento de um filme desaparecido é sempre possível, tudo se passa como se pudéssemos conhecer cada vez mais de perto o que foi o filme em questão. A progressão nos aproxima da projeção que nunca é alcançada. Algo, porém, ocorre às vezes — certo tipo de escamoteamento mágico — que permite prolongar o comentário *como se* um filme irremediavelmente perdido acabasse de ser projetado.

Não foi por acaso que me detive um pouco nessas operações do pensamento e da imaginação em torno de velhos filmes estrangeiros. Esses jogos — que ao olhar desatento poderiam passar por artifícios maníacos — são dos melhores sinais que temos à mão para surpreender o cinema brasileiro cuidando de elaborar, conquistar sua identidade.

Essa identidade não tem nada de metafísica, ela está esteve concretamente contida em mil e coisa filmes posados de enredo e igualmente na dezena de milhar digamos de documentais.

Os oitenta anos de cinema brasileiro são isso, a vontade de conhecer isso e a dificuldade. Comemorá-los seria impedir de uma vez por todas que continue a crescer assustadoramente o número de filmes perdidos.

É possível que a Embrafilme faça o que pode. Nesse caso é torcer para que logo possa fazer o que deve.

Se permanecer o descaso pela conservação de filmes, as comemorações do centenário do cinema brasileiro serão certamente perturbadas pela presença de uma cinemateca inimaginável, esquálida e acusadora.

[1977]

Posfácio
O caminho de São Bernardo

Carlos Augusto Calil

Sob o signo do subdesenvolvimento, a revista *Argumento* publicava no seu primeiro número, lançado em outubro de 1973, ao lado de "Literatura e subdesenvolvimento", de Antonio Candido, o ensaio "Cinema: Trajetória no subdesenvolvimento", a culminância do pensamento crítico de Paulo Emílio Sales Gomes. Súmula da reflexão histórica e do percurso de uma vida, propunha ousada interpretação do Brasil, a partir da experiência do cinema. No rastro de certas obras do Cinema Novo, surgia como libelo radical contra a colonização cultural da nossa elite, incluída a sua intelligentsia.

O texto impactou o meio intelectual e artístico e consolidou o prestígio do autor. Sua compreensão, no entanto, ficou truncada, desfavorecida pelo acesso aos textos que ao longo da carreira foram moldando o pensamento de Paulo Emílio até a síntese candente. O ensaio não decorria de inspiração momentânea; resultava de lento amadurecimento, ao cabo de um processo doloroso de tomada de consciência de nossa fragilidade primordial.

A publicação póstuma da obra não facilitou a compreensão do percurso intelectual do seu autor. O ensaio ficou isolado de suas origens, dispersas em antologias arbitrárias. Dar legibilidade à obra crítica de Paulo Emílio, na sua vertente nacional — e nacionalista —, é o objetivo primeiro deste livro.

Após uma segunda temporada em Paris, que durou oito anos, e na qual se tornara um pouco francês, Paulo Emílio retornava a São Paulo para dirigir o I Festival Internacional de Cinema, no âmbito do IV Centenário da fundação da cidade. O Festival convidou André Bazin, Henri Langlois, Abel Gance, entre outros, mas trouxe sobretudo Erich von Stroheim, a cuja obra dedicou uma retrospectiva. Requinte entre cinéfilos, a retrospectiva consagrava a alta iconoclastia de um autor/ator que soubera impor em Hollywood um cinema cáustico e antirromântico.

Em paralelo, o Festival apresentava a II Retrospectiva do Cinema Brasileiro, a cargo de Caio Scheiby, da qual Paulo Emílio esteve alheio. A partir de 1954, dedica-se à implantação da Cinemateca Brasileira, na vertente da valorização da cultura cinematográfica internacional. Nesse mesmo ano, o sistema de estúdios paulistano entra em colapso, com a falência da Companhia Vera Cruz, ocorrida no auge do sucesso, depois de lançar *O cangaceiro* e *Sinhá moça*, paradoxo que desafiava o bom senso e as regras do mercado.

A causa imediata da falência foi a execução de uma dívida pelo Banco do Estado de São Paulo, tornando uma produtora privada vítima de intervenção governamental. A reação emocional da classe artística não tardou, agravada pela incompreensão dos reais motivos da queda. A manifestação foi de tal ordem que o poder público foi chamado a legislar, particularmente nas esferas municipal e federal.

Por essa mesma época, numa reunião havida no TBC — Teatro Brasileiro de Comédia —, em que o cineasta Lima Barreto brindaria a plateia com uma demonstração de brilhante histrionismo na leitura de seu roteiro sobre Canudos, Abílio Pereira de Almeida, ator, roteirista e diretor da Vera Cruz, fazia uma "chocante revelação". Enquanto as produções nacionais se debatiam com a descapitalização decorrente do tabelamento do preço do ingresso nos cinemas, os filmes estrangeiros eram beneficiados com um artifício:

> Tratava-se do mecanismo cambial que autoriza as companhias cinematográficas estrangeiras a exportarem para os países de origem, *pelo câmbio oficial*, 70% dos lucros obtidos na exploração de seus filmes no território nacional. [...] [havia] da parte de nossas autoridades, por intermédio do aludido mecanismo cambial, um verdadeiro financiamento, da ordem de cerca de 11 milhões de dólares anuais, da produção cinematográfica estrangeira. ["O ópio do povo", pp. 38-9 deste volume.]

Análises e estudos elaborados no calor da hora haviam apontado para excesso de despesas, amadorismo, boicote de parceiros comerciais, sobretudo estrangeiros. Nada disso justificava a falência da Vera Cruz no auge do sucesso. Além do mais, a inviabilidade atingira também duas produtoras menores — Maristela e Multifilmes — que não necessariamente padeciam das mazelas da Vera Cruz. A descapitalização das empresas, decorrente do congelamento no preço dos ingressos, em regime de inflação alta, é que liquidara suas perspectivas de sobrevivência.

Em dezembro de 1956, no artigo "Novos horizontes", um dos primeiros da longa colaboração com o Suplemento Literário de *O Estado de S. Paulo*, Paulo Emílio desperta para a dimensão industrial, constatando o movimento das forças do cinema paulista, robustecidas e unidas na adversidade em torno do patrimônio material e político que constituía o legado da orgulhosa companhia cinematográfica sediada em São Bernardo do Campo, cujo lema era "Do planalto abençoado para as telas do mundo". Desse esforço surgira uma lei municipal de amparo ao cinema, baseada em prêmios automáticos e seletivos, financiada pelo imposto sobre divertimentos públicos, de nítida inspiração francesa.

Passados seis anos, depois de o crítico se debater entre pioneiros gaúchos, incêndio na Cinemateca, Brecht, Buñuel, René Clair, Orwell e conto de Lima Barreto, Griffith, Eisenstein e Orson Welles, alemães, italianos, Chaplin e Louis Malle etc., e de enfrentar a suspeita de a mediocridade do cinema francês de então estar relacionada com os fartos subsídios governamentais, eis que surge um ponto de inflexão no seu pensamento: o artigo "Uma situação colonial?".

Tese apresentada à 1 Convenção Nacional da Crítica Cinematográfica, ocorrida em novembro de 1960, "Uma situação colonial?" foi decisiva na mudança de foco da militância pelo cinema brasileiro.

> Em cinema, de forma ainda mais clara do que em outros terrenos da atividade humana, há uma solidariedade total entre as tarefas mais prosaicas e as construções mais finas.
>
> O denominador comum de todas as atividades relacionadas com o cinema é em nosso país a mediocridade. A indústria, as cinematecas, o comércio, os clubes de cinema, os laboratórios, a crítica, a legislação, os quadros técnicos e artísticos, o público e tudo o mais que eventualmente não esteja incluído nesta enumeração mas que se relacione com o cinema no Brasil apresentam a marca cruel do subdesenvolvimento. ["Uma situação colonial?", pp. 47-8 deste volume.]

A conversão de Paulo Emílio ao cinema brasileiro se dera no caminho de São Bernardo. Série de oito artigos sucessivos na coluna do Suplemento Literário, reproduzidos neste volume, dá conta da compreensão histórica da herança colonial, que submete a cultura porque submete a economia, e insere o cinema na perspectiva de luta pela emancipação política, combatendo o conformismo, a dependência, os interesses cruzados entre colonizadores e colonizados.

Uma breve amostra ilustra o projeto político e ajuda a compreender sua visada cultural.

> Há pouco mais de dez anos manifestou-se um fenômeno que ficará como um marco na história do empreendimento cinematográfico brasileiro: personalidades da alta hierarquia social paulista lançaram-se à aventura cinematográfica. Como seus predecessores pequenos, esses grandes burgueses foram igualmente orientados por ficções e malograram. Este acontecimento de vulto criou, contudo, condições para o florescimento de algo totalmente novo na consciência cinematográfica brasileira: o gosto da realidade. ["Um mundo de ficções", pp. 60-1 deste volume.]

> Durante os últimos quarenta anos, nunca faltaram jornalistas empenhados em fazer a promoção do cinema brasileiro. Essa atividade, porém, não refletia desejos manifestados por algum setor considerável da opinião pública. O hábito do cinema foi adquirido entre nós pelo consumo de filmes estrangeiros. [...]
> A ação dos cronistas tinha uma natureza militante, eles procuravam inculcar nos espectadores uma consciência cinematográfica nacional. As armas empregadas eram os apelos, como o célebre e pouco seguido slogan de Pedro Lima: "Toda fita brasileira deve ser vista por todos". As campanhas destinadas a inflamar a imaginação do leitor e mobilizar sua vontade frequentemente perdiam pé na realidade. ["A agonia da ficção", p. 62 deste volume.]

O mercado cinematográfico brasileiro tem dono. Eis o resumo e a conclusão a que leva uma primeira reflexão sobre o cinema no Brasil. O dono é o fabricante de fita estrangeira. [...] A continuidade quase milagrosa da produção cinematográfica brasileira durante décadas foi assegurada pela teimosia de um artesanato cujos produtos encontravam um trabalhoso e insatisfatório escoamento nos quadros do comércio organizado. No panorama do cinema em território brasileiro, a produção de fitas nacionais constituiu tradicionalmente uma atividade marginal. ["O dono do mercado", pp. 73-4 deste volume.]

A campanha pela institucionalização do cinema brasileiro, tendo passado pela Prefeitura de São Paulo (Comissão Municipal de Cinema), pelo governo do estado de São Paulo (Comissão Estadual de Cinema), pelo governo do estado da Guanabara (CAIC — Comissão de Apoio à Indústria Cinematográfica), pelo governo federal (Geicine — Grupo Executivo da Indústria Cinematográfica; INC — Instituto Nacional do Cinema; Embrafilme — Empresa Brasileira de Filmes; e mais recentemente Ancine — Agência Nacional do Cinema), foi vitoriosa, ainda que seus resultados hoje decepcionem. A existência do cinema brasileiro desde então se tornou "problema de governo".[1]

Paulo Emílio foi avalista intelectual desse processo, que contou naturalmente com lideranças expressivas da classe cinematográfica. A bandeira da conquista do mercado interno uniu a classe profissional. Outro não foi o sentido da manifestação vulcânica de Glauber Rocha quando da vinda do presidente da Motion Pictures, Jack Valenti, em visita ao Brasil para advertir o governo das graves consequências econômicas que seriam adotadas em reta-

---

1. Frase cunhada por Cavalheiro Lima, no auge da campanha pela recuperação da Vera Cruz, da qual foi publicista. [N. A.]

liação a medidas protecionistas em benefício do cinema brasileiro. Glauber não hesitou em lançar contra o lobista o cadáver ainda quente de Paulo Emílio.[2]

O ensaio "Cinema: Trajetória no subdesenvolvimento" (1973) é o ambicioso coroamento do processo de descolonização a que se submeteu Paulo Emílio. Lucidez de diagnóstico, amplitude de visão e gosto pela provocação chegam de mãos dadas com culpa e arrependimento pelo passado dedicado a tentar ser estrangeiro e a celebrar coisas estrangeiras, sob a capa do universal. Uma constatação devorava o crítico desde o final de 1960, data em que apresentou a comunicação "A ideologia da crítica brasileira e o problema do diálogo cinematográfico", no mesmo evento em que lançava a tese da "situação colonial".

Naquele novembro promissor, em que se iluminava das ideias que iriam conduzir a sua maturidade intelectual, Paulo Emílio afrontava o lugar-comum que havia proclamado o cinema como linguagem universal, desfrutável por todos em todos os cantos. A crítica em Paris havia descoberto a obra do jovem Bergman, elevada à condição de arte superior no cinema. Os reflexos foram sentidos imediatamente no Brasil com uma igreja de cristal erigida por Rubem Biáfora, Walter Hugo Khouri e outros. Nosso crítico se pergunta entre parênteses se somos capazes de verdade de apreciar na sua plena potência uma obra que emana de uma cultura distante a qual desconhecemos, assim como a sua língua.

> (Não sei se o conhecimento da língua sueca me faria gostar mais, ou menos, da obra de Bergman. Afirmo simplesmente que recebo menos do que existe, e que nada me permite afirmar que haja maior significado naquilo que compreendo do que naquilo que

---

2. Ver "Paulo Emílio e Jack Valenti", na página 206 deste volume. [N. A.]

ignoro.) ["A ideologia da crítica brasileira e o problema do diálogo cinematográfico", pp. 116-7 deste volume.]

Nesse texto, Paulo Emílio visava combater a predominância do visual sobre o sonoro no cinema, enterrando a regressão do cinema silencioso, ao mesmo tempo que questionava o motivo de nossos filmes serem tão mal dialogados.

Impossibilidade de comunicação com o estrangeiro, ilusão de universalidade, necessidade de enfrentar a circunstância medíocre em sua dimensão local, existencial, tornaram-se os pilares em que Paulo Emílio assentou a sua ideologia numa construção corajosa que perturbava o conforto da inteligência refugiada em fantasias de evasão.

> A esterilidade do conforto intelectual e artístico que o filme estrangeiro prodiga faz da parcela de público que nos interessa uma aristocracia do nada, uma entidade em suma muito mais subdesenvolvida do que o cinema brasileiro que desertou. ["Cinema: Trajetória no subdesenvolvimento", p. 205 deste volume.]

Nessa época, Paulo Emílio apresenta-se no figurino radical, por ele mesmo batizado de "jacobino", retomando uma militância comunista, feita de impaciência e combate, sem perder o bom humor. Convidado pela direção do *Jornal da Tarde* paulistano para assinar a coluna de cinema, frustra a todos recusando-se a endossar os filmes de arte estrangeiros que compunham a programação corrente dos cinemas. A crônica com que se apresenta aos leitores é um primor de conversa entre surdos.

> Estou convencido de que "cinema brasileiro" é assunto capaz de satisfazer uma existência. Morreu em mim o espectador estimulado pelo produto estrangeiro e constato que não se trata de um fenô-

meno pessoal. O sintoma é bom. Anuncia o declínio da mais ilusória das experiências culturais: o gosto pela atualidade cinematográfica internacional. ["Explicapresentação", p. 340 deste volume.]

A colaboração quase diária no *Jornal da Tarde* durou apenas um mês, em breves crônicas, coloquiais e envolventes. Nesse período tratou com vivo interesse do lançamento de um filme de Mazzaropi, de comédias eróticas, de filme sertanejo, de adaptação de peça de Nelson Rodrigues, de filmes de vanguarda e das famigeradas pornochanchadas, que não justificavam a fama. Paulo Emílio investe contra os exibidores, tradicionais parceiros das distribuidoras de filmes estrangeiros e notórios sonegadores de rendas e de oportunidades ao cinema brasileiro. Os motivos aventados para a dispensa do crítico são vagos: desapontamento, falta de sintonia com o espírito do jornal e, mais possivelmente, ameaça às boas relações do jornal com os exibidores, tradicionais anunciantes.

Paulo Emílio então passou a ocupar-se exclusivamente do ensino de cinema na USP e a colaborar com periódicos alternativos. Ao jornal *Movimento* esclarece o método de suas aulas, dedicadas ao cinema popular de baixa extração. Diante de *Pensionato de mulheres* (Clery Cunha, 1974), analisado em classe por alunos e professor, ele assevera:

> Em suma, emana da análise de um mau filme brasileiro uma alegria de entendimento que o consumo da Arte de um Bergman, por exemplo, não proporciona a um espectador brasileiro. ["A alegria do mau filme brasileiro", p. 389 deste volume.]

A Arte com inicial maiúscula era alusão a *Gritos e sussurros* (1972), obra que suscitou comoção internacional quando lançada. Havia muito Paulo Emílio deixara de ver filmes suecos. Correndo deliberadamente o risco de se tornar "folclórico" ou mesmo de provocar fortes reações entre amigos e intelectuais ciosos da conveniência de manter laços com a melhor produção internacional, o crítico não se abalava, e, interpelado, soltava sua sonora gargalhada.

CRÍTICO RIGOROSO

A narrativa abreviada do percurso intelectual de Paulo Emílio, se trouxe alguma coerência a uma trajetória feita de hesitações e iluminações, como não poderia deixar de ser, afasta o período em que procurava aproximar-se cautelosamente do cinema brasileiro, que ainda não o havia conquistado totalmente. Refiro-me ao período compreendido entre 1957 e 1962.

Com a maior simpatia, o crítico analisa *Osso, amor e papagaios* (1957), filme baseado no conto "A nova Califórnia" de Lima Barreto, e constata que a estilização cômica dos personagens obtida logo no início deriva para a farsa, que tem regras próprias, não dominadas pelos seus diretores. *Ravina* (1958), de Rubem Biáfora, é filme de crítico, em que as ideias cinematográficas estão mais fora que dentro do filme. Além disso, Paulo Emílio não perdoa o desenraizamento total do entrecho.

Rio, Zona Norte (Nelson Pereira dos Santos, 1957) e *Estranho encontro* (Walter Hugo Khouri, 1958) são brindados com um artigo instigante, intitulado "Rascunhos e exercícios". Insatisfeito com ambas as obras, mas confiante na emergência do cinema brasileiro, o crítico advoga a tese de que os nossos cineastas mereceriam a oportunidade de realizar seus filmes duas vezes, a primeira como "rascunho". Em *Estranho encontro* intui a natureza oculta do cinema de Khouri, capaz de criar atmosferas mas sem fôlego para ultrapassar o nível de um habilidoso maneirismo.

O novo filme de Nelson Pereira causa-lhe funda decepção. Vindo de uma estreia auspiciosa com *Rio, 40 graus*, Nelson sucumbe à facilidade da empatia entre diretor e personagem, crendo que ela seria suficiente para lhe assegurar a adesão do público.

> Pondo de lado as clamorosas insuficiências técnicas do som e da fotografia, a fraqueza mais evidente da fita redunda da confiança excessiva de Nelson Pereira dos Santos na virtualidade artística dos materiais a serem cinematografados. Adepto de uma escola cinematográfica que procurou fugir do artístico facilitado pelo uso do estúdio e a inspirar-se nos ambientes, personagens e situações de uma realidade mais imediata, Nelson Pereira dos Santos foi talvez vítima da ilusão de que esse estilo o dispensasse da necessidade laboriosa de estilização e da procura cuidadosa das convenções mais adequadas aos seus propósitos. Ele simplesmente dispôs numa certa ordem os materiais, quase em estado bruto, de uma realidade pouco trabalhada, na esperança de que a poesia e a beleza nela contidas se comunicassem espontaneamente ao espectador pelo milagre da fotogenia e da sonogenia. Na realidade, as exigências do chamado neorrealismo são mais imperiosas do que as de outras escolas cinematográficas. ["Rascunhos e exercícios", p. 220 deste volume.]

A expectativa de cinema brasileiro do crítico severo é finalmente atendida com o advento inesperado de *O pagador de promessas* (Anselmo Duarte, 1962), vencedor da Palma de Ouro do Festival de Cannes. O êxito de um filme de estreia de um ator conhecido, mas fora do restrito sindicato dos diretores profissionais evoca a Paulo Emílio a questão levantada no artigo "Artesãos e autores", publicado no Suplemento Literário, em abril de 1961. A propósito de *A morte comanda o cangaço* (Carlos Coimbra, 1960) e de *Bahia de todos os santos* (Trigueirinho Neto, 1960), o crítico avalia a disparidade de resultados entre os dois filmes, o que perturba a oposição entre artesão (Coimbra) e autor (Trigueirinho), embaralhando e aproximando os contrastes.

A "política dos autores" estava polarizando a crítica francesa e alcançou o debate mundial. Paulo Emílio, observando a eficiência discreta de Carlos Coimbra, advertiu que essa era uma falsa questão. Autor que não é artesão muita vez não passa das intenções, como sucedeu a Trigueirinho Neto. Artesão sem ambição de autor conduz com mais solidariedade a equipe e dela obtém contribuições inesperadas. A obra fica mais coletiva.

> A classificação dos cineastas em artesãos e artistas, ou melhor, autores é bastante arbitrária, mas oferece vantagens expositivas, e apesar de excessivamente simplificadora, reflete razoavelmente a natureza dos homens que fazem filmes. Usada com as devidas precauções, instaura certa ordem. Ninguém ousaria afirmar, por exemplo, que John Ford é apenas um artesão, mas evidentemente ele é muito menos autor que Orson Welles. A divisão não implica hierarquia de valores. [...]
>
> O artesão, mesmo quando possui autoridade no esquema da produção, é um homem com profundo espírito de equipe, modesto participante de uma obra de expressão coletiva, ao contrário do autor, que procura sempre dar relevo à sua personalidade. Este último é mais moderno, pois participa da concepção individualista, relativamente recente, da obra de arte. O artesão aproxima-se mais dos fabricantes de epopeias e catedrais. [...]
>
> A obra de artesão tende a ser social, não no sentido de crítica revolucionária ou reivindicadora, mas como expressão de ideias coletivas já estruturadas. A autoral tem inclinação psicológica e sugere uma natureza humana conflitiva. O filme artesanal coaduna-se melhor com moldes clássicos, ou acadêmicos; o de autoria é romântico ou vanguardista. O mundo exterior, os outros, existem objetivamente para os cineastas artesanais. Quanto aos autores,

eles debatem sobretudo os seus problemas, debatem-se neles, confessam. ["Artesãos e autores", pp. 244-5 deste volume.]

Essa reflexão nos faz pensar em Mário de Andrade e sua conferência/ aula *O baile das quatro artes*, de 1938, em que defende que o grande artista tem de ser artesão. A aproximação de Paulo Emílio com Mário de Andrade não é fortuita. Apesar do convívio intenso com Oswald de Andrade na juventude, ambos irônicos e demolidores, evocado no artigo "Um discípulo de Oswald em 1935" (1964), Paulo Emílio tinha afinidades ideológicas com as posições de Mário, ambos militando por um nacionalismo programático, que fortaleceria o território da experiência artística original. Paulo Emílio dedicou-se igualmente a uma história do cinema brasileiro, provisória e truncada, mas não menos necessária à "tradicionalização" (expressão de Mário) sem o que a reflexão não se tornava operacional. O projeto histórico de Paulo Emílio era teleológico.

A vitória em Cannes de *O pagador de promessas* mergulha o cinema brasileiro numa "atmosfera de euforia", que embalou o Cinema Novo, em que pesem as tensões com Anselmo Duarte. Paulo Emílio encontra o Cinema Novo num festival em Florianópolis.

> O Cinema Novo brasileiro propriamente ainda não existe, o que não impede que já tenha adquirido certa celebridade e sobretudo esteja cumprindo plenamente sua missão. Cinema Novo é um grito de guerra à procura das guerras que mais lhe convêm. É uma bandeira indiscutivelmente revolucionária que ainda não encontrou a sua revolução. Aliás, na hora do encontro não será uma mas muitas revoluções que se lhe oferecerão no campo ético, social e estético. Isso significa que no momento de sua vitalidade maior o Cinema Novo será ainda mais indefinível do que hoje. Ainda bem,

pois a sua força emana dessa indefinição e da liberdade decorrente. Cinema Novo, hoje, é muito mais manifestação do que manifesto ou programa, e oxalá no futuro ele escape às configurações dos relatórios e balanços dos livros de história e permaneça imagem de um tempo vivido e sentido intensamente. Na medida em que se procura identificar com o fluir e o fruir do tempo presente o Cinema Novo envolve todos nós. O mecanismo de participação no Cinema Novo não é o de aceitação de ideias ou filmes, mas o da descoberta de que nossas emoções, ações e palavras são parte integrante de um processo em curso. Foi em Florianópolis que descobri o Cinema Novo dentro de mim. ["Primavera em Florianópolis", pp. 270-1 deste volume.]

A emergência de *Vidas secas* no horizonte do cinema brasileiro consolida o sentimento de potência enquanto reconcilia o crítico com a obra de Nelson Pereira. Paulo Emílio dedica ao filme aulas, seminários, conferências, debates e pelo menos uma crítica na qual saúda a nova sensação com nada menos que "esplêndido amadurecimento" (pp. 294-8 deste volume).

A postura de Paulo Emílio diante da crítica cinematográfica era de permanente desconfiança. Com humor ácido e autoironia fustigava os colegas que se refugiavam na cinefilia ou perdiam a capacidade de perscrutar as inclinações do público.

> O cinema é interessante demais para ficar à mercê de seus críticos. Como a política, a religião, o futebol, os crimes importantes ou as doenças sem importância, o filme é algo de que toda gente entende e fala. O filme não intimida, essa é a sua força e a sua razão de ser. O crítico, incapaz de reconquistar o diapasão da inocência, sufoca as pulsações mais profundas dos filmes. Resistindo mal à fatalidade corporativa, ele se vincula irresistivelmente aos subguetos do gueto corporativo, e nessa atmosfera opressiva se processa a circu-

lação curta de impressões e preferências. ["Novembro em Brasília", p. 321 deste volume.]

A boa crítica para Paulo Emílio era aquela que atuava como um observatório de recepção. A palavra e o conceito ainda não estavam na moda, nem tinham se vulgarizado como disciplina acadêmica. Ao mesmo tempo, em outra dimensão, a história do cinema brasileiro se confundiria com a da construção de um público.

A BATALHA DA CINEMATECA BRASILEIRA

O terceiro movimento que nossa antologia permite acompanhar é a batalha pela Cinemateca Brasileira. Luta de toda a vida, a criação e a consolidação da Cinemateca absorveram as energias e o espírito de Paulo Emílio, por cuja obstinação pagou caro. Em seu breve diário, no final de 1963, Paulo Emílio anotou: "Nenhuma mulher que me ame pode gostar da Cinemateca. Elas acham que eu dou à Cinemateca algo misterioso que não definem bem mas que em seus espíritos lhes é devido com exclusividade".

O envolvimento com a institucionalização da cultura cinematográfica se dá logo após o Festival do IV Centenário, no auge do prestígio dessa atividade entre nós. Retomava o esforço do Clube de Cinema de São Paulo agora em outro patamar, chancelado pelo reconhecimento internacional. O MAM — Museu de Arte Moderna —, de Ciccillo Matarazzo, criava a sua Filmoteca, embrião da futura Cinemateca Brasileira.

A coluna de cinema no Suplemento Literário de *O Estado de S. Paulo* foi o palco privilegiado dessa guerra dos dez anos, que culminou com a derrota do projeto de lei que autorizava a União a firmar convênio com a Cinemateca Brasileira, âncora de sua estabilidade financeira. Em maio de 1964, em pleno depoimento à Comissão Parlamentar de Inquérito sobre o cinema brasileiro, Paulo Emílio é subitamente informado de que o PL de 1959 estava superado, em vista das medidas adotadas pelo governo que emergira do golpe militar. Projetos que implicassem despesas passaram a ser de iniciativa exclusiva do Poder Executivo.

A colaboração com o Suplemento Literário teve início em outubro de 1956, com texto sobre Aníbal Requião, fotógrafo pioneiro de Curitiba, onde atuou de 1908 a 1914, sempre produzindo "naturais" (filmes de não ficção). A Cinemateca preparava então homenagem aos pioneiros, em âmbito nacional. A oportunidade permitira a Paulo Emílio recolher junto à família em ascensão social toda a produção do patriarca. O incêndio que eclodiu em janeiro de 1957 no último andar do edifício da rua Sete de Abril, que abrigava igualmente as valiosas obras do acervo do MASP (Museu de Arte de São Paulo) e do MAM, condenou a Cinemateca ao exílio por décadas, além de expor a grande fragilidade vivida por Paulo Emílio e companheiros de geração (Almeida Sales, Caio Scheiby).

> O desastre de 28 de janeiro calou fundo na opinião da cidade e repercutiu em todo o país e no estrangeiro. Anunciou-se um movimento extenso de solidariedade, manifestado por doações de filmes, livros e demais documentação, feitas por particulares brasileiros ou pelos governos estrangeiros. A espontaneidade comovente desses gestos fraternais não poderia por si só resolver o problema da permanência da Cinemateca. O que o fogo de janeiro revelou foi a contradição lancinante entre os tesouros artísticos, culturais e históricos reunidos durante dez anos de trabalho e os meios ridículos de que se dispunha para defendê-los. Uma cinemateca não pode prescindir das doações de material, mas se ao mesmo tempo não obtiver meios para dele cuidar, esse processo de apoio acaba tornando-se contraproducente. Até a data do incêndio tudo se

passou como se a Cinemateca Brasileira tivesse desenvolvido esforços a fim de recolher filmes que se estavam decompondo isoladamente ou se perdendo lentamente em diferentes pontos do país para destruí-los em conjunto e rapidamente. ["A Cinemateca e os poderes", pp. 434-5 deste volume.]

Um dos eixos da militância de Paulo Emílio na tribuna ilustre do Suplemento Literário foi o da conscientização pública da necessidade da criação de uma cinemateca. Missão que se revelou ingrata no país que resistia a valorizar as iniciativas de cultura no plano governamental e que só avançara no campo artístico graças à obstinação e à vaidade de classe dos milionários paulistas. Percebido como simples diversão, por força da propaganda da indústria de Hollywood, o cinema não era ainda aceito como uma das artes maiores. Além disso, como se constatara, era altamente inflamável.

A ação do crítico se dá em dois lances simultâneos. Dirigida aos especialistas, a convocação aos estudos e pesquisas sobre o passado do cinema brasileiro encontra os pioneiros ressentidos e desvalorizados. Urge envolver a crítica nesse processo para reanimar o bloco. De outra parte, trata-se de conquistar a adesão da classe dirigente, no plano público ou privado, para a causa nobre da Cinemateca. A literatura do crítico é sedutora e persuasiva. E ele não economiza seus recursos retóricos.

Se há mais de 450 anos já existisse o cinema, a viagem de Pedro Álvares Cabral poderia ter sido objeto de um documentário de grande interesse para nós, porém seria pouco provável que a partir de 1530 ainda existisse alguma cópia conservada do filme. Não sei que interesse terão para os brasileiros do ano 2357 a imagem e a voz de Getúlio Vargas prestando juramentos a constituições, as passeatas de Plínio Salgado, os comícios de Luís Carlos Prestes, as vistas do Rio, de São Paulo ou da Central do Brasil, o *Cangaceiro* de Lima Barreto. Mas a perspectiva para quem se ocupa da conservação de filmes é assegurar sua preservação para a posteridade. ["Vinte milhões de cruzeiros", p. 419 deste volume.]

O apelo não surtiu o efeito desejado, apesar das vitórias intermediárias: uma lei municipal de amparo à produção que contemplava igualmente cinematecas e cineclubes, um aceno da Universidade de São Paulo, que chegou a firmar um convênio com a Cinemateca prevendo a sua transferência para a Cidade Universitária e a construção de depósitos climatizados para a conservação dos filmes, e projeto de lei federal (já mencionado) que asseguraria a manutenção permanente da instituição.

A leitura atenta dos artigos da seção "Cinemateca e obstinação" fornecerá ao leitor um bônus inesperado: a paciência de Paulo Emílio em descrever os labirintos da burocracia possibilita ao crítico o exercício literário da estirpe de um Kafka tropical.

> Há também o problema das relações humanas. A imagem que se faz da burocracia é a de uma máquina desumana e impessoal. Nada disso na administração municipal, que é multi-humana. E como no Brasil somos incrivelmente pessoais, as relações entre a administração e o público acabam adquirindo uma carga emocional bastante singular. Serão de ordem sobretudo psicológica as barreiras que encontramos, aparentemente tão difíceis de transpor que somos tentados a desistir e a limitarmo-nos apenas ao estudo de sua natureza? ["Variações municipais", p. 456 deste volume.]

A batalha da Cinemateca será perdida pela geração de Paulo Emílio. Os prenúncios da derrota estiveram cristalizados no incêndio de 1957, que se repetiu ainda outras três vezes na trágica história da instituição, o último tendo ocorrido recentemente, diante de nossos olhos, em fevereiro de 2016. Não se conhece caso semelhante. A amargura do fracasso não impediu a lucidez com que o professor de cinema enfrentou a questão num nível elevado.

> O Brasil se interessa pouco pelo próprio passado. Essa atitude saudável exprime a vontade de escapar a uma maldição de atraso e miséria. O descaso pelo que existiu explica não só o abandono em que se encontram os arquivos nacionais, mas até a impossibilidade de se criar uma cinemateca. Essa situação dificulta o trabalho do historiador, particularmente o que se dedica a causas sem importância como o cinema brasileiro. ["Pequeno cinema antigo", p. 176 deste volume.]

O último texto de Paulo Emílio, escrito na véspera de sua morte precoce em setembro de 1977, é banhado em melancolia e recende a revolta. "Festejo muito pessoal" foi escrito por encomenda de uma revista e versa sobre a celebração dos oitenta anos do cinema brasileiro. A sua Cinemateca já havia se tornado "imaginária".

> Tímido, descontraído, boçal, ingênuo, escuro, luminoso, em qualquer circunstância nosso filme está nos contando, nos repetindo, nos interpretando.
> A cinemateca imaginária, documental e posada, ilustra, refunde e completa qualquer fato público que aponte nas memórias de infância de Pedro Nava, dos estranguladores da fé em Deus aos vendedores de ratos, passando pelas xifópagas de Chapot-Prévost. [...]
> O filme que emana de nós é pessoal, local, regional, nacional, stop — interrompendo aqui para evitar o universal, que no subdesenvolvimento iguala o estrangeiro. O estrangeiro não emana de nós, mas, como permanecemos parcialmente emanação dele,

nosso filme se sente, se ressente, mas nunca se deteriora. Uma das notas mais agudas de nossa saudabilidade é a admirável incompetência em copiar, apesar das tentativas que em suma se prolongam há quase oitenta anos. ["Festejo muito pessoal", pp. 494-5 deste volume.]

Paulo Emílio não imaginou que a Cinemateca Brasileira, absorvida pelo governo federal, iria se instalar no antigo Matadouro de São Paulo, ponto final do bonde de Vila Clementino, que o levava regularmente ao centro da cidade. Morava ali mesmo, no Vale dos Sapos, na rua Dr. Mário Cardim, a duzentos metros da atual sede da sua Cinemateca.

A presente antologia aproveitou textos publicados em *Cinema: Trajetória no subdesenvolvimento* (Paz e Terra, coedição com Embrafilme, 1980), *Crítica de cinema no Suplemento Literário* (Paz e Terra, coedição com Embrafilme, 1981, 2 v.), *Paulo Emílio: Um intelectual na linha de frente* (Brasiliense, coedição com Embrafilme, 1986), além de alguns artigos inéditos em livro.

Os textos foram submetidos a cotejamentos com originais, manuscritos, datiloscritos ou recortes, e pelo menos um deles — "Mauro e dois outros grandes" — foi reconstituído.

Esse esforço contou com a colaboração inestimável do pesquisador Adilson Mendes, e de Gabriela Sousa de Queiroz e Olga Futemma, do Fundo Paulo Emílio da Cinemateca Brasileira, Ministério da Cultura.

Índice dos textos e publicações originais

Apresentação: "Um homem fabuloso" — Antonio Candido
    Publicado na orelha do livro *Cinema: Trajetória no subdesenvolvimento*. São Paulo; Rio de Janeiro: Paz e Terra; Embrafilme, 1980.

O GOSTO DA REALIDADE
Novos horizontes
    O Estado de S. Paulo, Suplemento Literário, 8 dez. 1956.
O ópio do povo
    O Estado de S. Paulo, Suplemento Literário, 1 jun. 1957.
Situação do cinema francês
    O Estado de S. Paulo, Suplemento Literário, 13 jul. 1957.
Uma situação colonial?
    O Estado de S. Paulo, Suplemento Literário, 19 nov. 1960.
Um mundo de ficções
    O Estado de S. Paulo, Suplemento Literário, 17 dez. 1960.
A agonia da ficção
    O Estado de S. Paulo, Suplemento Literário, 24 dez. 1960.
O gosto da realidade
    O Estado de S. Paulo, Suplemento Literário, 31 dez. 1960.
O dono do mercado
    O Estado de S. Paulo, Suplemento Literário, 28 jan. 1961.

A vez do Brasil
 O Estado de S. Paulo, Suplemento Literário, 11 fev. 1961.
Ao futuro prefeito
 O Estado de S. Paulo, Suplemento Literário, 18 fev. 1961.
Uma revolução inocente
 O Estado de S. Paulo, Suplemento Literário, 18 mar. 1961.
Importância do Geicine
 O Estado de S. Paulo, Suplemento Literário, 25 mar. 1961.
Pagador é promessa e desafio: Uma glória que obriga a pensar
 Visão, 22 jun. 1962. Inédito em livro.
Os exibidores
 Jornal da Tarde, 3 maio 1973. Título atribuído pelo jornal: "A longa história da luta dos exibidores contra o filme nacional".

MEMÓRIA E IDEOLOGIA
A ideologia da crítica brasileira e o problema do diálogo cinematográfico
 Comunicação à I Convenção Nacional da Crítica Cinematográfica (São Paulo, 12-15 nov. 1960), organizada pela Cinemateca Brasileira e promovida pela Comissão Estadual de Cinema do Governo do Estado de São Paulo.
Panorama do cinema brasileiro: 1896-1966
 Texto estabelecido por Maria Rita Eliezer Galvão e Jean-Claude Bernardet a partir de três fontes: (1) original revisto pelo autor, (2) *70 anos de cinema brasileiro* (álbum; iconografia e legendas de Ademar Gonzaga; Rio de Janeiro: Expressão e Cultura, 1966), e (3) *Panorama do cinema brasileiro: 1896/1966* (mimeografado, Curso de Cinema da Escola de Comunicações e Artes da Universidade de São Paulo, 1970). A presente edição reproduz basicamente o *Panorama*. Em casos de divergência entre o impresso e o mimeografado, os editores informaram em notas de rodapé — [N. E.].
A expressão social dos filmes documentais no cinema mudo brasileiro (1898--1930)
 In: *Anais da I Mostra e I Simpósio do Filme Documental Brasileiro* (25-29 nov. 1974). Recife: Ministério da Educação e Cultura; Fundação Joaquim Nabuco de Pesquisas Sociais, 1977, pp. 29-36.
Pequeno cinema antigo
 Escrito para a revista italiana *Aut-Aut*, Milão, mar. 1969. Posteriormente mimeografado para o Curso de Cinema da Escola de Comunicações e Artes da Universidade de São Paulo.
Cinema: Trajetória no subdesenvolvimento
 Argumento, São Paulo, n. 1, out. 1973.

Paulo Emílio e Jack Valenti — Glauber Rocha
    Jornal do Brasil, Caderno B, Rio de Janeiro, 13 out. 1977. In: ROCHA, Glauber. *Revolução do Cinema Novo*. Rio de Janeiro: Alhambra; Embrafilme, 1981. Reed.: São Paulo: Cosac Naify, 2004.

PERPLEXIDADES BRASILEIRAS
Conto, fita e consequências
    O Estado de S. Paulo, Suplemento Literário, 13 abr. 1957.
Rascunhos e exercícios
    O Estado de S. Paulo, Suplemento Literário, 21 jun. 1958.
O autor de *Ravina*
    O Estado de S. Paulo, Suplemento Literário, 14 mar. 1959.
Perplexidades brasileiras
    O Estado de S. Paulo, Suplemento Literário, 11 abr. 1959.
Mauro e dois outros grandes
    In: *Il Cinema brasiliano*. Gênova: Silva, 1961, pp. 65-71. Publicado sob o título "Mauro e due altri grandi". Texto estabelecido a partir do original manuscrito, depositado no Fundo Paulo Emílio da Cinemateca Brasileira.
Artesãos e autores
    O Estado de S. Paulo, Suplemento Literário, 14 abr. 1961.
Perfis baianos
    O Estado de S. Paulo, Suplemento Literário, 24 mar. 1962.
Do circo de Salto a Cannes
    Visão, 13 abr. 1962. Inédito em livro.
Atmosfera de euforia
    Postscriptum (sem assinatura) ao capítulo "O cinema brasileiro". In: SADOUL, Georges. *História do cinema mundial*. Trad. de Sônia Sales Gomes. São Paulo: Martins, 1963. v. 2, pp. 510-3. Título atribuído pelo organizador.
Primavera em Florianópolis
    O Estado de S. Paulo, Suplemento Literário, 6 out. 1962.
Crimes que compensam
    O Estado de S. Paulo, Suplemento Literário, 10 nov. 1962.
Calor da Bahia
    O Estado de S. Paulo, Suplemento Literário, 24 nov. 1962.
Um filme difícil?
    Visão, 14 jun. 1963. Título atribuído pelo organizador. Inédito em livro.
Esplêndido amadurecimento
    Visão, 13 dez. 1963. Título original: "*Vidas secas* respeitou o espírito de Graciliano". Novo título atribuído pelo organizador. Inédito em livro.

NA LINHA DE FRENTE
Começo de conversa
   Brasil, Urgente, São Paulo, n. 1, 17 mar. 1963.
Falar bem e mal de Khouri
   Brasil, Urgente, São Paulo, n. 3, 31 mar. 1963.
Herói Massaini vítima
   Brasil, Urgente, São Paulo, n. 6, 21 abr. 1963.
O Primo e a prima
   Brasil, Urgente, São Paulo, n. 9, 12 maio 1963.
Babá Saci Anselmo
   Brasil, Urgente, São Paulo, n. 14, 16 jun. 1963. Inédito em livro.
Susto bom e mau
   Brasil, Urgente, São Paulo, n. 16, 14 jul. 1963. Inédito em livro.
Lucidez de Brasília
   Brasil, Urgente, São Paulo, n. 16, 30 jun. 1963.
Novembro em Brasília
   O Estado de S. Paulo, Suplemento Literário, 18 dez. 1965.
Brasília: O Diabo solto no cinema
   Realidade, São Paulo, v. 2, n. 22, pp. 12-3, jan. 1968.
Tolice × *La Chinoise*
   A Gazeta, São Paulo, 29 abr. 1968.
El Cuarto
   A Gazeta, São Paulo, 12 jun. 1968.
Roberto Campos em ritmo de aventura
   A Gazeta, São Paulo, 24 jun. 1968.
Explicapresentação
   Jornal da Tarde, São Paulo, 10 abr. 1973. Título atribuído pelo jornal: "Este é Paulo Emílio: nosso crítico de cinema brasileiro".
Nas margens da Ipiranga
   Jornal da Tarde, São Paulo, 14 abr. 1973. Título atribuído pelo jornal: "Uma paródia e uma novela de tevê: dois filmes brasileiros".
Os mansos sem braveza
   Jornal da Tarde, São Paulo, 17 abr. 1973. Título atribuído pelo jornal: "A plateia ri muito. E sai triste do cinema".
Mazzaropi no largo do Paiçandu
   Jornal da Tarde, São Paulo, 19 abr. 1973. Título atribuído pelo jornal: "O segredo de um homem que a crítica nunca elogiou: Mazzaropi".
Cataguases Cosmos 70
   Jornal da Tarde, São Paulo, 19 abr. 1973. Título atribuído pelo jornal: "O filme que o público não viu. E não gostou".

Bang Bang na SAC
   Jornal da Tarde, São Paulo, 21 abr. 1973. Título atribuído pelo jornal: "Os exibidores se esqueceram deste filme".

Uma nudez compensada
   Jornal da Tarde, São Paulo, 26 abr. 1973. Título atribuído pelo jornal: "O drama deste casamento reconciliou o público com o cinema brasileiro".

Uma orgia saudável
   Jornal da Tarde, São Paulo, 27 abr. 1973. Título atribuído pelo jornal: "Por que não deixam esse cortejo seguir seu caminho?".

Fita que evoca todo um mundo
   Jornal da Tarde, São Paulo, 3 maio 1973. Título atribuído pelo jornal: "Estes cômicos só divertem à tarde. Mas divertem". Novo título atribuído pelo organizador. Inédito em livro.

Roleta-russa
   Jornal da Tarde, São Paulo, 8 maio 1973. Título atribuído pelo jornal: "Belas mulheres embrulhadas para presente. E só".

Os três justiceiros
   Jornal da Tarde, São Paulo, 10 maio 1973. Título atribuído pelo jornal: "Há alguma poesia neste cinema sem pecado".

O medo das vozes
   Escrito para o *Jornal da Tarde* mas não publicado, pois a colaboração de Paulo Emílio foi cancelada. Posteriormente publicado em *Cinema*, São Paulo, Cinemateca Brasileira, n. 1, pp. 17-8, set. 1973.

Zézero
   Publicado como folheto de programa de cinema do Cefisma — Centro Acadêmico de Física da USP —, São Paulo, 1973.

De dentro de um cemitério
   Datado de 2 nov. 1974 e publicado no *press book* do filme *O mundo de Anônimo Jr.*, de Aron Feldman.

No arraial da crítica
   Movimento, São Paulo, 25 ago. 1975.

A alegria do mau filme brasileiro
   Movimento, São Paulo, 1 set. 1975. Título original: "Cinema brasileiro na universidade".

Risco de injustiça
   Movimento, São Paulo, 8 set. 1975.

CINEMATECA E OBSTINAÇÃO
Um pioneiro esquecido
   O Estado de S. Paulo, Suplemento Literário, 8 out. 1956.

Pesquisa histórica
> *O Estado de S. Paulo*, Suplemento Literário, 17 nov. 1956.

Evocação campineira
> *O Estado de S. Paulo*, Suplemento Literário, 15 dez. 1956.

Dramas e enigmas gaúchos
> *O Estado de S. Paulo*, Suplemento Literário, 29 dez. 1956.

Visita a Pedro Lima
> *O Estado de S. Paulo*, Suplemento Literário, 19 jan. 1957.

Vinte milhões de cruzeiros
> *O Estado de S. Paulo*, Suplemento Literário, 2 fev. 1957.

A outra ameaça
> *O Estado de S. Paulo*, Suplemento Literário, 16 fev. 1957.

Funções da Cinemateca
> *O Estado de S. Paulo*, Suplemento Literário, 23 mar. 1957.

A Cinemateca e os poderes
> *O Estado de S. Paulo*, Suplemento Literário, 29 jun. 1957.

Palavras e imagens
> *O Estado de S. Paulo*, Suplemento Literário, 28 set. 1957.

A volta aos filmes
> *O Estado de S. Paulo*, Suplemento Literário, 13 set. 1958.

Variações municipais
> *O Estado de S. Paulo*, Suplemento Literário, 13 dez. 1958.

Cinemateca e obstinação
> *O Estado de S. Paulo*, Suplemento Literário, 11 jul. 1959.

Estudos históricos
> *O Estado de S. Paulo*, Suplemento Literário, 23 jan. 1960.

Decepção e esperança
> *O Estado de S. Paulo*, Suplemento Literário, 6 fev. 1960.

Abril em Brasília
> *O Estado de S. Paulo*, Suplemento Literário, 6 maio 1961.

Amigos da Cinemateca
> *O Estado de S. Paulo*, Suplemento Literário, 14 jul. 1962.

Cinemateca e briga
> *Brasil, Urgente*, São Paulo, n. 4, 7 abr. 1963.

Festejo muito pessoal
> *Cinema*, São Paulo, Cinemateca Brasileira, n. 5, 1980. Último texto escrito por Paulo Emílio, em 1977, por solicitação de uma revista de atualidades paulista, a propósito da celebração do octogésimo aniversário do cinema brasileiro, organizada pela Embrafilme sob o lema "Nosso cinema: 80 anos". A revista, contudo, desistiu de publicá-lo por considerá-lo "pessoal demais". Mais tarde o artigo saiu na revista *Panorama*, de Curitiba.

Índice onomástico

606 contra o espiroqueta pálido, 128-30
9º mandamento, O, 127

Abelim, Eduardo, 146, 412
Abnegado do gentio, 152
Abramo, Cláudio, 275
Abreu, Gilda de, 158
Absolutamente certo, 24, 219, 261, 263, 266
Acabaram-se os otários, 154
Accioli Neto, João, 71, 85
Acioly, Antônio Pinto Nogueira, 129
Acord, Art, 405
Agulha no palheiro, 162
Aitaré da praia, 147, 493
Álbum maldito, 133
Albuquerque, Carlos Augusto, 327
Albuquerque, Medeiros e, 135, 140
Alencar, Iracema de (Ida Kerber), 140
Alencar, José de, 130*n*, 135, 139, 386, 421
Aliano, Paulo, 133
Allégret, Yves, 214
Alma do Brasil, 152
Alma gentil, 150, 407
Alma sertaneja, 139
Almeida, Abílio Pereira de, 38-9, 499
Almeida, Canuto Mendes de, 138, 150-1
Almeida, Guilherme de, 227, 422*n*
Almeida, Pinto de, 141
Almirante Negro *ver* Cândido, João (Almirante Negro)
Alvarenga e Ranchinho (dupla musical), 369
Álvarez, Irma, 275-6, 282, 293
Alves, Amilar, 63, 148-50, 405
Alves, Rodrigues, 169
Alvorada de glória, 152
Amado, Gilberto, 58
Amado, Jorge, 160, 196, 252, 295
Amante insaciável, Uma, 343
Amanuense Belmiro (Anjos), 318

Amei um bicheiro, 162
Américo (de Almeida), José, 431
Amor de perdição (Castelo Branco), 133
Amor e patriotismo, 152
Amor que redime, 146
Amorim, Otília, 139
Anchieta entre o amor e a religião, 152
Ancine (Agência Nacional do Cinema), 502
Andaló, Guelfo, 133
Andrade, Carlos Drummond de, 378
Andrade, João Batista de, 357
Andrade, Joaquim Pedro de, 164, 267-8, 275, 328
Andrade, Maria Serafim Vilela de, 487n
Andrade, Mário de, 9, 367, 509
Andrade, Oswald de, 509
Andrade, Rudá de, 422n
Ângela, 161
Animatographo, 119, 121
Anjos, Ciro dos, 317-8
Ankito (Anchizes Pinto), 159
Anônimo Jr., 383-5
Antunes Filho, 268
Anunciador, o Homem das Tormentas, O, 355-8
Apa Film, 405-6
Apólogo, O, 158
Aragão, Salvador de, 134
Araújo, Vicente de Paula, 120n, 122n, 123, 124n, 130n, 167, 190
Argila, 157
Argumento (revista), 13, 21, 497
Arraial do Cabo, 267, 275, 292
Arrelia (palhaço), 157
Arremedos (Queiroga), 240n
Arruda, Genésio, 154, 162, 352, 369-70
Aruanda, 269
Às armas, 152
Asquith, Anthony, 427

Assalto ao trem pagador, 268, 280, 283
Assassinato do duque de Guise, O, 426
Assis, Machado de, 421
Associação Baiana de Críticos Cinematográficos, 283, 290
Associação Francesa de Críticos Cinematográficos, 290
Assunção, Anthony, 69
Astruc, Alexandre, 46
Atlântida, 24, 159, 161, 209, 261, 369
Audrá, Artur, 69
Augusto Aníbal quer casar, 154
Auler, Cristóvão Guilherme, 123, 127-30, 136
Aventura aos quarenta, Uma, 160
Aventuras de Zé Caipora, As, 127
Aves sem ninho, 158
Azeredo, Ely, 297
Azevedo, Alinor, 159, 162
Azevedo, Aluísio, 135, 160, 421
Azevedo, Artur, 128, 471
Azevedo, Fernando de, 444

Babão, O, 154
Bacelar, Francisco, 105
Bahia de todos os santos, 23, 164, 245-6, 250-2, 264-5, 286, 507
Baile das quatro artes, O (conferência de Mário de Andrade), 509
Balão cativo (Nava), 171
Baldi, João, 369
Bandeira, Manuel, 267
Bandeirantes, Os, 157
Bang Bang, 26, 359-61
Barbosa, Carlos, 369
Barbosa, João, 126
Barbosa, José Gomelli, 409
Barbosa, Rui, 68-9, 129, 169, 420
Bardèche, Maurice, 445
Barravento, 164, 256, 266, 286, 493

Barreto, Victor Lima, 22, 33, 37-8, 85, 161, 208, 213-4, 216, 230, 237-9, 243, 248, 264-5, 294, 307, 313, 371, 419, 421, 498, 500, 506, 514
Barro humano, 155, 162, 416, 421, 472
Barros, Ademar de, 455*n*
Barros, Carlos Alberto de Sousa, 213, 216, 219
Barros, João Ribeiro de, 153, 420
Barros, Luís de, 134, 137-9, 153-5, 160, 273, 396, 410, 415-6, 463, 473-4
Barry, Iris, 446
Bazin, André, 45*n*, 498
Bebel, Garota Propaganda, 327
Behring, Mário, 142, 174
Bela época do cinema brasileiro, A (Araújo), 120*n*, 167, 190*n*
Benedetti, Paulo, 134, 146, 155, 396
Benvenuti, Mário, 272
Bergman, Ingmar, 116, 228, 231, 389, 430, 503, 505
Berlim na batucada, 160
Bernanos, Georges, 295, 381
Bernardes, Artur, 225
Bernardet, Jean-Claude, 167, 258
Bernardet, Lucila Ribeiro, 148
Beto "Rockfeller", 372
Biáfora, Gervásio Rubem, 22, 23, 183*n*, 225-9, 336*n*, 390, 503, 506
Biblioteca do Congresso de Washington, 458
Biblioteca Nacional, 174, 428, 452
Bilac, Olavo, 135-6, 140
Bill, Buffalo, 458
Bill, Tom, 154, 369
Bloy, Léon, 228, 363
Boal, Augusto, 268
Boaventura (diretor), 411
Boca de Ouro, 297
Boêmios, 144

Boireau, André Deed, 426
Bonequinha de seda, 158, 464
Bonfioli, Igino, 144
Borges, Miguel, 268
Botelho, Alberto, 126, 129-32, 135
Botelho, Paulino, 130-2, 144
Bouças, Valentim, 262
Bow, Clara, 417
Braga Neto, 255, 285
Braga, Cincinato, 141
Braga, Ney, 210
Brandão, Jacques do Prado, 254
Brant, Celso, 40
Brasa dormida, 145, 155, 355, 465
Brasil selvagem, 169
Brasil, Urgente (jornal), 13, 15, 25
Brasil Vita Filmes, 157, 262
Brasil, Edgar, 145, 262-3
Brasileiro João de Sousa, O, 159
Brasília: contradições de uma cidade nova, 328
Brasillach, Robert, 445
Brecheret, Victor, 312
Brecht, Bertolt, 337, 500
Bressane, Júlio, 328, 357
Bresson, Robert, 46, 295, 381
British Film Industry, The (livro do PEP — Political and Economic Planning), 39*n*, 87
British Film Institute, 38, 423
Broca, Brito, 471
Bueno, Antônio Sílvio Cunha, 487*n*
Bugrinha (dançarina), 169
Buñuel, Luis, 13, 367, 381, 430, 500
Burle, José Carlos, 159
Buzzar, Salma, 360

Cabana do Pai Tomás, A, 127
Cabanas, João (tenente), 152
Cabiria, 395, 426

Cabral, Francisco Marcelo, 356
Cabral, Pedro Álvares, 419, 513
Caçador de diamantes, O, 138, 152, 156, 465
Caçador de Esmeraldas, O, 135
Cafajestes, Os, 164, 260-1, 267, 314
Cahiers du Cinéma (periódico), 22, 42-3, 45-6
Caiçara, 161
Caipira em Bariloche, Um, 352-3
Calçadas do Rio, 323
Calil, Carlos Augusto, 13, 16n, 39n, 350n, 497
Callado, Antonio, 263
Calvário de Dolores, 144, 495
Camargo, Joracy, 160
Caminha, Delorges, 369
Camões, Luís de, 209
Campos, Antônio, 134
Campos, Fernando Cony, 489n
Campos, Roberto, 25, 337-8
Canção da primavera, 144
Canção do bandido, A, 143
Candeias, Ozualdo, 26, 382
Candido, Antonio, 9, 19, 422n, 469-70, 486, 497
Cândido, João (Almirante Negro), 131, 420
Cangaceiro, O, 22, 37-8, 82, 102-4, 161, 208, 239, 248, 260, 264, 294-5, 320, 419, 493, 498, 514
Canhenho (Queiroga), 240n
Cannes, Festival de, 24, 101, 105, 260-1, 269, 288, 290-1, 294, 307, 369, 507, 509
Cantigas populares (Queiroga), 240n
Canto da saudade, O, 158, 162
Canto do mar, O, 161
Canudo, Ricciotto, 431

Capadócios da Cidade Nova, Os, 124, 127
Capanema, Gustavo, 459
Capellaro, Vittorio, 133-4, 138, 140, 152, 156, 465
Capital federal, A, 154
Capovilla, Maurice, 327
Cara a cara, 328
Cara de fogo, 163
Carbonari, Primo, 311, 370
Cardoso, Fridolino, 146
Cardoso, Lúcio, 281, 292
Careta, A (revista), 129
Carletto (criminoso), 125, 170
Carne, A, 150, 406
Carné, Marcel, 427
Carneiro, Mário, 267, 292-3
Carrari, Arturo, 133
Carvalho, Aloísio Teixeira de, 267
Carvalho, Clóvis Pereira de, 440
Carvalho, Wagner de, 349
Casa de Portugal, 444
Casal, Átila, 441n
Casamento de Esteves, O, 130
Casamento é negócio, 156
Caso dos caixotes, O, 132
Caso dos irmãos Naves, O, 327, 344
Cassy Jones, o Magnífico Sedutor, 343-4
Castelo Branco, Camilo, 133
Castelo Branco, Humberto de Alencar, 337
Castigo do Kaiser, O, 136
Castigo do orgulho, 146, 411
Castro, Josué de, 209
Catedral, A, 372
Cavalcanti, Alberto, 33, 69, 161, 207
Cavaleiro negro, O, 154
Cavalheiro deveras obsequioso, Um, 127
Cayatte, André, 83, 244
Celestino, Vicente, 158

Centro Cultural Brasil-Israel, 444
Centro dos Cineclubes, 448
Chagas, Edson, 147
Chanchada, 196, 200, 201n
Chaney, Lon, 405
Chantecler, O, 128
Chaplin Club, 254, 273, 475
Chaplin, Charles, 218, 228, 280, 345, 352, 415, 426, 475, 500
Chapot-Prévost, Eduardo, 124, 170, 495, 515
Chaves, Flávio Loureiro, 273
Chienne, La, 427
Chinoise, La, 331-3
Christensen, Carlos Hugo, 164
Chute de la maison Usher, La, 427
Cidade-mulher, 157
Cinco vezes favela, 164, 268, 275
Cinearte (revista), 142, 145, 147-8, 152, 155-6, 162, 173-4, 369, 416, 441, 471
Cinearte Studio, 416-7
Cinédia, Companhia, 102, 156-8, 401, 403, 417, 426
Cinema (revista), 416
Cinema contra cinema (Almeida), 151n
Cinema do Lixo, 200
"Cinema in Brasile fino al 1920, Il" (Ribas), 126n, 133n
Cinema Novo, 21-3, 164-5, 166n, 196, 199-200, 203-4, 206-8, 267-8, 270-1, 274-6, 288, 292, 297, 321, 367, 390, 497, 509
Cinema pernambucano de 1922 a 1931: Primeira abordagem (Ribeiro Bernardet), 148n
Cinemateca Brasileira, 10, 13, 28-9, 51, 89, 318, 395-8, 403, 405, 409, 411-2, 419n, 422, 424-9, 431-2, 434-5, 437, 439-41, 443-4, 446-9, 453-4, 456-7, 459-61, 463, 468, 477-8, 481, 486, 489-90, 492, 498, 511, 513, 516
Cinemateca do Museu de Arte Moderna de Nova York, 430, 446, 449
Cinemateca do Museu de Arte Moderna do Rio de Janeiro, 51
Cinémathèque Française, 430
Cinematographo, 119, 123, 401-2
Circo, O, 323
Citizen Kane, 117
Clair, René, 426, 433, 481, 484, 500
Clouzot, Henri-Georges, 42, 52
Clube de Cinema (Bahia), 254-5, 285
Clube de Cinema de São Paulo, 227, 422, 437, 459, 511
Cocaneanu, Amélia (Aurora Fúlgida), 139
Cocteau, Jean, 220
Coelho Neto, 135, 140-1
Coelho, Luís Lopes, 422n
Coelho, Renato Sampaio, 487n
Coelho, Rui, 492
Coelho, Simões, 134
Cohl, Émile, 426
Coimbra, Carlos, 22-3, 165, 245-9, 252, 264, 307, 507-8
Colagem, 328
Comello, Pedro, 145, 356
Cometa, O, 128
Cômicos e mais cômicos, 368-70
Comissão de Apoio à Indústria Cinematográfica (CAIC), 502
Comissão de Cinema do Conselho Nacional de Cultura, 99
Comité International de Recherches sur l'Histoire et l'Art du Cinéma, 399, 403
Como Deus castiga, 137
Como era gostoso o meu francês, 377

Companhia Cinematográfica Vera Cruz *ver* Vera Cruz
Comprador de fazendas, O, 161
Comprador de ratos, O, 124, 127
Condamné à mort s'est échappé, Un, 46
Conde de Luxemburgo, O, 128, 130
Condessa descalça, A, 128
Condor (produtora), 405
Confronto (programa de TV), 201n
Conquista do polo, A, 426
Convenção Nacional da Crítica Cinematográfica, 13, 17, 47n, 72, 77n, 80, 82, 86n, 95, 500
Cooper, Gary, 208, 369
Coração do Brasil (dupla musical), 374
Corações em suplício, 144
Corbisier, Roland, 225
Corcunda de Notre-Dame, O, 43
Cordão, O, 127, 129
Corpo ardente, O, 163
Corpo e alma de uma raça, 426
Correia, Viriato, 150
Cortiço, O, 160
Costa, Eduardo Batista da, 227
Costa, João Guilherme de Oliveira, 487n
Costa, Lobo da, 147
Couro de gato, 268, 275
Cousas nossas, 158
Coutinho, Aloísio Bezerra, 254
Crime da mala, O, 154, 409
Crime de Cravinhos, O, 136
Crime de Paula Matos, O, 132
Crime dos Banhados, O, 64, 132-3, 396, 421, 472-3
Crítica de cinema no Suplemento Literário (Sales Gomes), 516
Cruzeiro do Sul, O, 135
Cuarto, El ver *Quarto, O*

Cuenca, Fernández, 472
Cunha, Euclides da, 248

d'Arco, Tina, 137, 410
Dabit, Eugène, 46
Dama de Shangai, A, 232
Dança, amor e ventura, 148
Dançarina descalça, A, 130
Dandini, Italo, 133-4
Dantas, San Tiago, 254
Dardes Neto, 407
Deheinzelin, Jacques, 34, 66, 70-1, 85-7
del Picchia, José, 152
del Rey, Geraldo, 257
Delluc, Louis, 431
Denegri, Antônia, 139
Depravação, 154
Desafio, O, 164, 323-5
Descobrimento do Brasil, O, 157
Descrente, O, 153
Deus e o Diabo na terra do sol, 164, 166n, 320
Dever de amar, O, 155
Di Cavalcanti Di Glauber, 210
di Lorenzo, Pascuale, 153
Diabo, O, 396
Diaboliques, Les, 42
Diário de S. Paulo, 166n, 183n
Diário Popular, 335
Diegues, Carlos, 164, 268
Dietrich, Marlene, 277
Diniz, Iolanda, 140
Diniz, Leila, 327
"Discípulo de Oswald em 1935, Um" (Sales Gomes), 509
Do Rio a São Paulo para casar, 138, 150
Dominó misterioso, O, 139
Dona Inês de Castro, 127
Doniol-Valcroze, Jacques, 45n

Doramundo (Ferraz), 441
Dostoiévski, Fiódor, 363
Doutor Jivago (Pasternak), 226
Downey, Wallace, 158
Drama na Tijuca, Um, 126
Drama nos pampas, Um, 147
Dreyer, Carl Theodor, 427
Duarte, Anselmo, 22, 24, 109, 159, 165, 219, 261, 263, 266-7, 288, 294, 307, 314, 323, 371, 507, 509
Duarte, Aurora, 246-7, 264
Duarte, Benedito Junqueira, 35, 71, 85, 227, 246, 400, 403, 422n, 464-6, 472
Duarte, Cleóbulo Amazonas, 441n
Duarte, Ronaldo, 327
Dubois, 134
Dulcina (de Moraes), 160
Dumont, Santos, 69, 102, 420
Dupont, Ewald Andreas, 427
Durst, Walter George, 85

E o circo chegou, 369
Ébrio, O, 158
Edison, Thomas Alva, 401-2, 426, 449
Edu, Coração de Ouro, 328
Eisenstein, Serguei, 13, 206, 238, 500
Elisabeth (leitora), 489
Éluard, Paul, 432
Em defesa do irmão, 146
Embrafilme, 210, 496, 502, 516
Engano, O, 328
Engrenagem, A, 57
Enquanto São Paulo dorme, 153
Entre as montanhas de Minas, 144
Epitácio (criminoso), 125
Epstein, Jean, 427
Escrava Isaura, A, 151-2, 409
Esposa do solteiro, A, 155
Esse mundo é meu, 164

Estado de S. Paulo, O, 13, 183n, 387, 499, 511
Esteves, Almeri, 147
Estrada, A, 163
Estrangeira, A, 133
Estranguladores, Os, 123-6, 132
Estranho encontro, 163, 184n, 221, 223-4, 506
Estrela da manhã, 160
Estruc, José, 414
Et Dieu créa la femme, 46
Eterna esperança, A, 157
Eulalio, Alexandre, 240n
Exemplo regenerador, 138, 403, 426, 464, 493
Êxtase, 406

Façanha, Fulgêncio, 329
Fagundes, Adalberto Almada, 151-2
Fairbanks, Douglas, 415
Falecida, A, 323, 363
Falência, 327
Falsários, Os, 150
Fan, O (jornal), 475
Fardão, O, 372
Faria, Otávio de, 254, 291, 475
Farias, Marcos, 268, 275
Farias, Roberto, 165
Farkas, Thomaz, 324
Farnet, Eugenio Maria Piglinioni Rossiglione de, conde *ver* Kerrigan, Eugenio
Faroleiro, O, 135
Fascinação, 405
Favela dos meus amores, 157
Fazendo cinema, 263
Fea, Maria, 154
Fédération Internationale des Archives du Film (FIAF), 399, 403, 422, 459

Feldman, Aron, 383
Feldman, Cláudio, 383
Fellini, Federico, 13, 231
Fenelon, Moacir, 159, 162
Fenix (produtora), 405
Fernandes, Rilda, 147
Ferraz, Geraldo, 422n, 441
Ferraz, Violeta, 159, 258, 369
Ferreira, Manuel Jansen, 441n
Ferreira, Múcio Porfírio, 227, 422n
Ferreira, Pires, 129
Ferreira, Roberto, 286
Ferreira, Rogê, 315
Ferrez, Júlio, 124-6
Ferrez, Marc, 123, 126
Festival de Antibes, 430
Festival de Brasília, 24, 328, 364, 369
Festival de Cinema Brasileiro (Bahia), 279-80, 283-4
Festival de Cinema de Mar del Plata, 334
Festival de Cinema Norte-Americano, 449
Festival de Gramado, 344, 364, 372
Festival do Cinema Polonês Moderno, 488
Festival História do Cinema Italiano, 47
Festival Internacional de Cinema do Brasil, I (São Paulo), 464, 498
Festival René Clair, 481
Festival Russo, 486
Feuillade, Louis, 426, 431
Feyder, Jacques, 244, 427
Figueiredo, Tom, 387
Filha do advogado, A, 147, 465
Filho sem mãe, 147
Film du Diable, Le, 136, 139, 416
Filmando fitas, 154
Filme Cultura (revista), 391

Film-Kurier (revista), 441
Filmoteca do Museu de Arte Moderna, 35, 403, 422, 438, 511
Fiorani, Mário, 328
Fischer, Stefan, 409
Fischinger, Oskar, 430
Fita, A (hebdomadário), 416
Flaherty, Robert, 116, 426
Flaud, Jacques, 43-4
Fleming, Francisco de Almeida, 143-4, 474
Fogo de palha, 150
Fon-Fon (revista), 416
Fonseca, Hermes da, 129, 169, 410
Fontoura, Antônio Carlos da, 328-9
Ford, John, 244, 426, 508
Formação da literatura brasileira (Candido), 19, 469
Fowle, Chick, 66
Fragmentos da vida, 151, 465
France Observateur, 52
Freire, Adolfo, 132
Freksa, Frederico, 442
Fresnot, Alain, 349, 360
Freyre, Gilberto, 209, 267
Froes, Leopoldo, 137
Fronteiras do inferno, 163
Fúlgida, Aurora, 139, 386
Fuoco, Paulino e Carluccio, irmãos, 125, 171
Furtado, Celso, 338
Furto dos 500 milhões, O, 136
Futemma, Olga, 516
Fuzis, Os, 164

Gabinete do dr. Caligari, O, 220, 427
Galvão, Maria Rita, 167
Galvão, Santos, 405
Gance, Abel, 426, 498
Ganga bruta, 22, 103, 156, 242, 426

Garbo, Greta, 311
Garcia, Durval, 338
Garimpeiro, O, 135, 138
Garrido, Alda, 369
Gasgon, Paulo Fernandes de, 441*n*
Gastal, Paulo Fontoura, 254, 273, 411
Gaumont, Léon, 134
Gazeta, A, 13, 15, 25
Gazeta de Notícias, 124*n*, 126
Geicine (Grupo Executivo da Indústria Cinematográfica), 95, 97-9, 105, 107-9, 271, 316, 502
Geisel, Ernesto, 210
Geisha, A, 128-9
Geração em fuga, 343-6
Gesse, Gessy, 258, 258*n*
Ghelderode, Michel de, 363
Ghigonetto, Antônio, 346
Gigante de pedra, O, 163, 493
Gigi, 150
Gigolette, A, 155
Gimba: o presidente dos valentes, 345*n*, 489*n*
Gisele (aluna de Paulo Emílio), 346
Gish, Lillian, 415, 426
Glória, Darlene, 363-4
Godard, Jean-Luc, 332, 360, 381
Gomes, Dias, 261, 263, 266
Gomes, Sônia Sales, 265*n*
Gonçalves, Dercy, 159, 258, 349, 369
Gonçalves, Martim, 286
Gonzaga, Ademar, 27, 63, 102, 137, 142, 155-6, 395, 401-4, 408, 413, 415-6, 422*n*, 458, 463, 467, 472
Grande cidade, A, 164
Grande feira, A, 256-7, 266, 285-6
Grande momento, O, 163, 165, 248, 297, 377
Grande Otelo, 158-9, 221, 369
Grant, Nely, 147

Griffith, D. W., 218, 240, 415, 426, 430-1, 446, 500
Grito da mocidade, 158
Grito do Ipiranga, O, 136
Gritos e sussurros, 505
Grupo Executivo da Indústria Cinematográfica *ver* Geicine
Guanabara, Alcindo, 169
Guarani, O, 130, 135, 138-9, 152, 396
Guarani, O (Alencar), 130*n*
Guaranis, Os (peça de Oliveira), 130*n*
Guarnieri, Gianfrancesco, 268
Guarnieri, Rossine Camargo, 85
Gudin, Eugênio, 337
Guerra, Richard Rodrigues, 441*n*
Guerra, Ruy, 164, 267, 314
Guimarães, Ariosto, 441*n*
Guimarães, Bernardo, 135

Haddad, Eduardo, 441*n*
Haddad, Elias, 441*n*
Haddad, Nagib, 441*n*
Hamid, Abdul, 410
Hayakawa, Sessue, 405
Hecht, Ben, 484
Hecker Filho, Paulo, 83
Hei de vencer, 153
Heleno de Freitas, 328
Henrique (ator), 414
Henriques, Augusto, 132
Henry, O., 151
Herança, A, 382
Herbert, John, 272
Hernandez, Carlos Alberto, 441*n*
Herói do século XX, 147
Hiroshima, mon amour, 83
Hirszman, Leon, 164, 268
História de uma alma, 148, 465
História do cinema brasileiro (Gonzaga), 401, 467

História do cinema mundial (Sadoul), 150n, 265n
Hitler, Adolf, 427
Hollywood, 17, 63, 158, 208-9, 405, 471, 475, 484, 498, 513
Homem de Aran, O ver *Man of Aran*
Honra e ciúmes, 156
Hora e vez de Augusto Matraga, A (Roberto Santos), 165, 322
Hossein, Robert, 42
Hossni, Albert, 349
Hugo, Victor, 43, 240n, 241
Humberto Mauro, Cataguases, Cinearte (Sales Gomes), 236n, 355n

Ignez, Helena, 257
Ileli, Jorge, 162, 264
Ilha, A, 268, 274, 304-5
"Imaginação como elemento político, A" (Schwarz), 16n
In hoc signo vinces, 143
Inconfidência Mineira, A, 157, 262
Inocência, 135, 138, 160
Instituto Nacional do Cinema (INC), 40, 110, 112, 158, 240, 330, 335, 337-9, 368, 372, 378, 390-1, 492, 502
Instituto Nacional do Livro, 400, 413, 462, 470, 476
Integração racial, 324
Intolerância, 218, 426, 430
Introdução ao cinema brasileiro (Viany), 27, 462-3, 468, 470-2, 474, 476
Iracema, 135, 138, 140, 152, 409
It's All True, 262n
Ivens, Joris, 427

Jabor, Arnaldo, 363-4
Jacobs, Lewis, 445
Jahu (hidroavião), 420

Jansen, William, 134
Jararaca e Ratinho (dupla musical), 369
Joana d'Arc, 427
João VI, d., 458
João da Mata, 149-0, 405, 426
João de Deus, 126, 140
João José, 127
"João Salomé Queiroga, folclorista" (Eulalio), 240n
Joia maldita, A, 153, 157, 416
Jordan, Lígia Freitas Vale, 487n
Jornal da Tarde, 13, 15, 17, 25, 27, 342n, 504-5
Jornal do Cinema, 401, 467
Jornal do Commercio, 174
José Renato (Pécora), 268
Junqueira, Aristides, 396
Jurando vingar, 147

Kafka, Franz, 514
Kaiser, O, 136
Kast, Pierre, 45n
Kazan, Elia, 52
Keaton, Buster, 147
Kemeny, Adalberto, 465
Kerber, Ida (Iracema de Alencar), 140
Kerensky, Alexander, 55
Kermesse héroïque, La, 244
Kerrigan, Eugenio, 144, 146, 149-51, 405-6, 474-5
Khouri, Walter Hugo, 22-3, 163-4, 166n, 183-4n, 219, 221-3, 268, 274, 302, 304-6, 503, 506
Kinetoscopio, 401-2
Klinger, Bertoldo, 152
Konchin, Jorge, 152
Kubitschek, Juscelino, 436n

Labanca, José, 123-7, 131
Lábios sem beijos, 156, 426

Lafayette (Cunha), 396
Lamarr, Hedy, 406
Lambertini, irmãos, 133
Lampião, o Rei do Cangaço, 295, 307
Lang, Fritz, 427
Lapa 67, 328
Lapierre, Marcel, 472
Lavrador, Paulo, 142
Lazzaro, Salvatore, 130
Leal, Antônio, 124-8, 130*n*, 131-2, 139, 144, 396, 472
Léautaud, Paul, 228
Leenhardt, Roger, 45*n*
Lei do Inquilinato, A, 154
Leite, Eduardo, 126*n*
Leonardo, José Gonçalves, 124
Léonce (Perret), 426
Leopoldis *ver* Majeroni, Italo
Lição de maxixe, Uma, 127
Lilian M: Confissões amorosas (relatório confidencial), 387
Lima, Antônio Augusto de Cavalheiro, 34, 66, 70-1, 77*n*, 78, 80, 86*n*
Lima, Edgar Mallet de, 414
Lima, Pedro, 27, 62, 70, 102, 129*n*, 137, 142, 146, 155, 395, 400, 403-4, 408, 413-8, 467, 474, 501
Lima Jr., Walter, 164
Limite, 22, 103, 156, 206, 237-8, 472, 475, 492
Limite, filme de Mário Peixoto (Pereira de Mello), 238*n*
Linder, Max, 426
Linhares, José, 112
Lírio partido, 426
"Livro espúrio, Um" (Spiewak), 166*n*
Livro involuntário (Eulalio), 240*n*
Llorente, Florentino, 483, 486-7
Lloyd, Harold, 426
Lobato, Monteiro, 135, 154, 161, 196, 354

Lopes, Isidoro Dias, 431
Lopes, Sílvio Fernandes, 441*n*
Lopez, Dante Ancona, 483, 486
Lopez, Vicente Ancona, 487*n*
Loponte, Leonardo, 140
Lorraine, Louise, 405
Lotufo, Antônio, 441*n*
Loyola (Brandão), Ignácio de, 307
Lua de mel, 154
Lubitsch, Ernst, 442
Lucia, Luis, 261
Lucíola, 139, 386
Lucros ilícitos, 427
Luís xv, rei da França, 233
Lumière, irmãos, 395, 401-2
Lustig, Rodolfo Rex, 465
Luxardo, Líbero, 152

Macedo, Gilberto, 328
Macedo, Joaquim Manuel de, 135
Macedo, Watson, 262-3
Machado, Anésia Pinheiro, 153
Machado, Lourival Gomes, 422*n*
Machado, Maria Clara, 261
Machado, Maria Teresa, 16*n*, 350*n*
Machado, Pinheiro, 128, 169, 420
Machatý, Gustav, 406
Macunaíma (Mário de Andrade), 367
Madona de cedro, A (Callado), 263
Madrigano, Francisco, 153-4
Magalhães, Siegfredo, 441*n*
Magalhães Jr., Raimundo, 471
Magliani, Franco, 133, 140
Maia, Abigail, 139
Maia, Vasconcelos, 257
Majeroni, Achille, 409
Majeroni, Italo, 409-11
Mala sinistra, A, 126
Malho, O (periódico), 124
Malle, Louis, 500

Mallerba, Francesco, 134
Man of Aran, 116
Mandacaru vermelho, 297
Mansos, Os, 26, 347-50
Manzon, Jean, 311
Maranhão, Luiza, 493
Marcha de Cádiz, A, 129
Marcus Licinius, 426
Margem, A, 328, 382
Marias xifópagas, 124, 170, 495, 515
Maricota e o padre Chico (Queiroga), 240n
Marinho, Irineu, 134, 136, 139-40
Mário Peixoto: Escritos sobre cinema (org. Pereira de Mello), 207n
Maristela (produtora), 64, 80, 160, 499
Marques, Jaime, 414
Marques, Zequinha, 263
Marsh, Mae, 415
Martins, Paulo Bastos, 356-8
Martins, Rui Nogueira, 487n
Marzulo, Francisco, 126
Masotti, Américo, 144
Massaini, Oswaldo, 25, 109, 208, 263, 266, 307-8
Matador, O, 328
Matarazzo Sobrinho, Francisco (Ciccillo Matarazzo), 69, 207, 422, 437-8, 511
Mateos, Ismênia, 129-30
Matos, Joaquim, 148
Matos, Juvenal Lino de, 71, 85
Mauri (cineasta pioneiro), 128
Mauro, Humberto, 22, 103, 145-6, 155-8, 162, 206, 210, 236-7, 240-3, 355-6, 422n, 426, 464-5, 474-5, 492
Mazzaropi, Amácio, 162, 351-4, 369, 505
McKinley, William, 458
Medina, José, 134, 137-8, 150-1, 403, 465

Méliès, Georges, 396, 426, 431, 445
Mello, Saulo Pereira de, 207n, 238n
Melo, Sinval de Barros, 441n
Melo, Thales de, 441n
Mêmolo Jr., César, 213, 216, 219
Memórias de um sargento de milícias (Almeida), 421
Mendes, Adilson, 516
Mendes, Otávio Gabus, 152, 156, 227
Menino de engenho (Lima Jr.), 164, 323
Merquior, José Guilherme, 206
Merry Widow, The, 218
Merry-Go-Round, 218
Mesquita Filho, Júlio de, 422n
Mesquita, Humberto, 201n
Mesquitinha, 158-9
Messalina, 154
Miguel, Eglê, 274
Miguel, Salim, 274
Milagres de Nossa Senhora da Penha, Os, 127
Milagres de Santo Antônio, Os, 127
Milani, Michele, 133
Milliet, Sérgio, 422n
Milton Gaúcho, 257
Minas Gerais (navio), 129, 169, 420
Mindlin, Romeu, 487n
Mineirinho, vivo ou morto, 328
Mistério do dominó negro, O, 153
Mistérios do Rio de Janeiro, Os, 135
Mix, Tom, 426
Mocchi (empresário), 141
Mocidade louca, 150, 407
Modesto, Carlos, 417
Mojuskin, Ivan, 262
Moleque Tião, 159
Montenegro, Claudina, 128
Montenegro, Fernanda, 323
Moraes, Ruthineia de, 389
Moraes, Vinicius de, 254, 258n

Morais, Mendes de, 420
Morais, Prudente de, 121, 169
Morangos silvestres, 280
Moreira, Alberto, 130
Moreninha, A (Macedo), 135
Morfina, 154
Morgova, Ivo, 147
Morro dos ventos uivantes, O (Wyler), 228
Morte comanda o cangaço, A, 23, 245-7, 249, 252, 264, 507
Morte em três tempos, 489*n*
Mota, Walter Guimarães, 246-7
Motion Picture Herald (periódico), 66
Motion Pictures Association of America (MPAA), 208, 210, 502
Moura, Hastinfilo de, 152
Movimento (jornal), 13, 505
Mulato, O (Azevedo), 135, 138
Mulher, 426
Mulheres e milhões, 264
Multifilmes (produtora), 64, 80, 160, 499
Muniz, Fausto, 134
Murnau, Friedrich Wilhelm, 426-7
Murray, Mae, 405
Museu do Exército Francês, 458

Na Garganta do Diabo, 302
Na primavera da vida, 145, 495
Nabuco, João de Araújo, 422*n*
Nabuco, Joaquim, 169
Nabuco, Maurício, 345-6
Nacional Infante Film, 414-5
Nana, 427
Nanni, Rodolfo, 161
Napoléon, 426
Nascimento de uma nação, 218, 395, 426
Nava, Pedro, 171, 495, 515

Navarro, Olga, 152
Negrão, Francisco, 274
Negri, Pola, 442
Neiva, Frederico Figueiredo, 441*n*
Neme, Mário, 12*n*
Nero, Antônio Dardes, 150
Nery, d. (bispo de Campinas), 149
Neumann, Renato, 328
Neves, David, 328
Neves, Eduardo das, 128, 169
Neves, Pedro, 147
New York Times, The, 52
Nhô Anastácio chegou de viagem, 123-5, 352
Nicklesburg, Vítor Ribeiro, 487*n*
Niemeyer, Oscar, 481
Nil, Eva, 145
Nobre, Francisco da Silva, 27, 395, 400, 466
Noite vazia, 163, 320
Noite, A (jornal), 136
Noites de Cabíria, 231
Noivado de sangue, 126
Noronha, Jurandir, 368-9, 464-5
Noronha, Linduarte, 269
"Nova Califórnia, A" (Lima Barreto), 213-4, 506

Observador Econômico e Financeiro (jornal), 262
Óculos do vovô, Os, 133
Oliveira, Araçari de, 265
Oliveira, Armando de Sales, 431
Oliveira, Benjamim de, 130*n*, 169
Oliveira, Xavier de, 323
Omega Films, 415
Omnia Film, 416
Omniographo, 119, 401
Onde a terra acaba, 156
Onesime (cômico francês), 426

Orgia ou O homem que deu cria, 26, 365
Ortiz, Carlos, 246, 466
Oscarito (Oscar Lorenzo Jacinto de la Imaculada Concepción Teresa Dias), 158-9, 369
Osso, amor e papagaios, 163, 213-4, 216-7, 506

Pabst, Georg Wilhelm, 427
Paco e Lolita (dupla teatral), 262
Padre e a moça, O, 164
Pagador de promessas, O, 24, 101-5, 109, 164-5, 260, 261, 263, 266-7, 269, 288, 294-5, 307-8, 314, 320, 507, 509
Palcos e Telas (revista), 416, 441, 471
Palma Neto, 255, 267
Panorama do cinema brasileiro (documentário de Noronha), 370
Para todos... (revista), 142, 402n, 471
Parreira, Alceu Martins, 441n
Passaperna e companhia, 127n
Passei minha vida num sonho, 150
Passos, Francisco Pereira, 169
Pasternak, Boris, 226
Pátria brasileira, 136
Pátria e bandeira, 135
Patria Film, 416
Patrocínio Filho, José do, 129
Paulino, Manuel, 441n
Paulino, Osvaldo, 440
Paulo e Virgínia, 143
Paulo Emílio: Um intelectual na linha de frente (Calil & Machado), 16n, 350n, 516
Paz e amor, 129
Peçanha, Nilo, 129, 169
Pederneiras, Raul, 128
Pedroso, Bráulio, 372-3
Pedroso, Marilda, 372
Pega na chaleira, 127
Pegatto, Gerônimo, 125, 170
Péguy, Charles, 451
Peixoto, Fernando, 273
Peixoto, Floriano, 121
Peixoto, Mário, 22, 103, 156, 206, 237-8, 243, 472, 475, 492
Pela vitória dos clubes, 127
Pena, Afonso, 169
Penna, Jurema, 257, 286
Pensionato de mulheres, 388, 505
Pepe, Santiago, 128
Pequena história do cinema brasileiro (Silva Nobre), 400, 466-7
Pequeno príncipe, O (Saint-Exupéry), 441n
Pera, Abel, 369
Perante Deus, 144
Perdida, 137
Pereira, Sônia, 257
Person, Luís Sérgio, 164, 344-5
Perversidade, 137
Pessoa, Epitácio, 141
Petite Marchande d'allumettes, La, 426-7
Petrarchi, Rero, 441n
Pfeil, Antonio Jesus, 167
Photo Cinematographia Brasileira, 124, 126-7
Photoplay (revista), 441
Pickford, Mary, 415, 426
Picoral, José, 146
Pimentel, Figueiredo, 124n, 125, 174
Pinheiro, Jaime de Andrade, 422n
Pinheiro, Rafael, 125
Pinto, Edgar Roquete, 169, 175, 422, 458
Piolin (Abelardo Pinto), 349-50
Pires, Roberto, 23, 165, 257-8, 266, 279-80, 285

Pirulito e Chiquinho (dupla cômica), 375
Pistelli, Otávio, 349
Pistone, Giuseppe, 154
Pitanga, Antônio (Antônio Luís Sampaio), 257, 286
Piza, Wladimir de Toledo, 85, 423, 455n
Plataforma da nova geração (org. Neme), 12
Plemiannikov, Roger *ver* Vadim, Roger
Pluft, o fantasminha, 260
Pongetti, Henrique, 133
Porter, Edwin, 426, 431
Porto das Caixas, 24, 164, 276, 281, 283, 290-3
Porto, Paulo, 363-4
Potemkin, O encouraçado, 427
Prado, Décio de Almeida, 13, 422n
Prado, Newton, 318
Prestes, Luís Carlos, 419, 431, 513
Prévert, Jacques, 46
Primeira missa, A, 239, 264
Prince Rigadin (Charles Prince), cômico francês, 426
Príncipe Maluco (ator cômico), 369
Procópio Ferreira, 369
Proezas de Satanás na Vila de Leva-e-Traz, 326
Profeta, José Pacheco, 441n
Pudovkin, Vsevolod, 427
Pulga na balança, Uma, 161
Pureza, 158

Quadrilha da morte, A (Pimentel & Pinheiro), 125
Quadrilha do Esqueleto, A, 136
Quadros, Jânio, 94, 98-100, 105, 316, 436n, 461
Quando elas querem, 151
Quarto, O, 334, 336

Queiroga, João Salomé, 240
Queiroz, Gabriela Sousa de, 516
Quelé do Pajeú, 371
Qui, quae, quod, 149
Quiet One, The, 430

Rabatoni, Toni, 264
Ramos, Graciliano, 163, 196, 294-6
Ramsaye, Terry, 445
Ranchinho do sertão, 147
Rangel, Cristina, 487n
Rangel, Flávio, 263, 268, 345, 487n, 489n
Ravina, 163, 225-6, 229, 231-2, 234-5, 390, 506
Ray, Miss (atriz do cinema silencioso brasileiro), 139
Redenção, 257
Redondo, Jaime, 150
Réflexion faite (Clair), 433n
Règle du jeu, La, 117, 430
Rego, José Lins do, 158, 421
Rei do pano, 405
Reichenbach, Carlos, 387
Reis, Tomás (tenente, depois major), 169, 175
Relatório de um homem casado, 391-2
Remorso vivo, O, 127
Renoir, Jean, 13, 426
República Portuguesa, A, 127, 130
Requião, Aníbal, 397-8, 512
Resnais, Alain, 13
Restauração de Portugal em 1640, A, 127
Retirada da Laguna, A, 135, 426
Retirada da Laguna, A, 152
Retribuição, 147
Retrospectiva do Cinema Brasileiro, 464, 498
Revelação, 146

537

Reveses, 147
Ribas, Peri, 126n, 133, 395, 400, 403-4, 408, 413, 416, 467
Ribeiro, Agildo, 280
Ribeiro, Júlio, 150, 406
Ribeiro Jr., Luís Severiano, 159
Ricardo, Sérgio, 164
Ricci, Felipe, 150, 406-7
Richers, Herbert, 208
Rio Branco, barão do, 127, 169, 431
Rio, 40 graus, 163, 207, 219, 222, 296, 377, 493, 507
Rio, Zona Norte, 163, 219, 221, 297, 506
Rise of the American Film, The (Jacobs), 445
Risos e lágrimas, 151
Ritchie, Billie, 414
Rivette, Jacques, 45n
Robatto Filho, Alexandre, 285
Roberto Carlos em ritmo de aventura, 337n
Robinson, Arthur, 427
Rocca, Eugênio, 125, 170
Rocha, Álvaro, 155, 415-6
Rocha, Glauber, 22-3, 164, 206, 253, 255-7, 266-7, 285-6, 288, 357, 502-3
Rocha, Manuel, 369
Rocha, Plínio Sussekind, 238n, 254, 465, 471-2, 475, 492
Roda e outras histórias, 323
Rodrigues, Martins, 487
Rodrigues, Nelson, 164, 362-4, 505
Rohmer, Eric, 45n
Roiz, Gentil, 147, 156
Rolando, Antônio, 144, 154, 405-6
Roleta russa, 371-3
Romance proibido, 417
Romero, Sílvio, 240n
Rondon, marechal, 169, 175

Rosa que se desfolha, 136
Rosa, Guimarães, 357
Rosanova, Paulo, 144
Rosas de Nossa Senhora, 153
Rossi, Gilberto, 133-5, 138, 146, 150-1, 157
Roubo dos 1400 contos, O ver *Caso dos caixotes, O*
Roue, La, 426
Roulien, Raul, 158
Ruiz, Adilson, 344, 360
Ruschel, Alberto, 247
Russell, Bertrand, 68

Saci, O, 161
Sadoul, Georges, 149, 176, 243, 265n
Saidenberg, Isaac, 152, 409
Saint-Exupéry, Antoine de, 441n
Saint-Pierre, Bernardin de, 143
Sait-on jamais, 46
Salauds vont en enfer, Les, 42
Sales, Manuel Ferraz de Campos, 169, 431
Sales, Francisco Luís de Almeida, 71, 85, 227, 246, 254, 313, 422n, 464, 477, 486, 512
Salgado, Plínio, 419, 431, 513
Salomé ver Queiroga, João Salomé
Samba em Berlim, 160
Sampaio, José Silveira, 160
Sanchez, Plínio Garcia, 85
Sangue de irmão, 147
Sangue mineiro, 145, 355, 465
Santos, Carmem, 63, 156-7, 262, 415
Santos, Francisco, 63-4, 132-3, 396, 473
Santos, Nelson Pereira dos, 22-4, 163-5, 207, 219-21, 294-7, 377, 506-7, 510
Santos, Roberto, 26, 165, 297, 323, 377-9

São Paulo (navio), 169, 420
São Paulo S.A., 164, 323, 344
São Paulo, a sinfonia da metrópole, 465, 472, 493
São Paulo, Olney, 257
Saraceni, Paulo César, 24, 164, 255, 267, 275-6, 281-3, 292-3, 323-4
Sartre, Jean-Paul, 46, 57
Saudade, 417
Scena Muda, A (revista), 440-3, 471
Scheiby, Caio, 150, 405, 422n, 463-4, 468, 498, 512
Scher, Dina, 258
Schindler, Rex, 255-8, 266, 279-80, 285
Schmidt (amigo de Requião), 397
Schnoor, Eva, 417
Schocair, William, 154
Schwarz, Roberto, 16n
Seara vermelha, 295
Segredo do corcunda, O, 151, 426, 465, 493
"Segredos e mistérios do cinema brasileiro" (Viany), 402n
Segreto, Afonso, 120-2
Segreto, Gaetano, 120, 122
Segreto, Luís, 120, 122
Segreto, Pascoal, 120-1, 123, 125, 128n, 131, 396
Selecta (produtora), 405
Selecta (revista), 129n, 142, 416
Semana do Cinema Brasileiro, 24, 319-21, 323
Senhor dos Navegantes, 267
Senhorita agora mesmo, 145
Senna, Orlando, 23, 257, 285
Sennett, Mack, 431
Serra, Antônio, 126
Serra, Nelson, 441n
Serrador, Francisco, 74, 123, 127-8, 130-1, 396, 472

Serrana, A, 130
"Sertanejo, O" (Lima Barreto), 37-8, 40, 230, 239
Sertões, Os (Cunha), 248
Seth (caricaturista), 136
Sganzerla, Rogério, 357
Silone, Ignazio, 477
Silva, Emílio, 126
Silva, Hélio, 257, 347
Silva, José, 144
Silva, José Gomes da, 441n
Silva, Luís Antônio da Gama e, 333
Silveira, Walter da, 23, 253-5, 285, 289, 327
Simão, o Caolho, 161
Simone, Francisco de, 153
Sinhá moça, 161, 498
Siqueira, Cleanto Rodrigues de, 319
Situação econômica e financeira do cinema nacional (Deheinzelin), 85
Sjöstrom, Victor, 427
"Soap" (Henry), 151
Soares, Jota, 147, 465
Sobrado, O, 163
Sociedade Amigos da Cidade de Santos, 440
Sociedade Amigos da Cinemateca (SAC), 355, 360, 483, 486-8
Sodré, Roberto Abreu, 487n
Sofrer para gozar, 150, 406
Sol sobre a lama, 267
Sombras, uma alucinação noturna, 427
Sonho de valsa, 128-9
Sonhos de uma noite de amor, 231
Sousa, Cláudio de, 135
Souza, Carlos Roberto de, 374
Spiewak, José Júlio, 166n, 183n
Staffa, Jácomo Rosário, 123-4
Stamato, João, 134
Sternberg, Josef von, 220, 277

Sternheim, Alfredo, 386
Stone, Harry, 210, 371
Stroheim, Erich von, 51, 214, 218, 354, 498
Sucksdorff, Arne, 430
Sued, Ibrahim, 371-3
Sul (revista), 274
Sumurun, 442
Sydow, Max von, 116
Synge, John Millington, 366

Tagarelices de papagaio, 149
Talmadge, Norma, 415
Talon, Manuel, 144
Tambellini, Flávio, 34, 70-1, 85, 100, 390-2
Tarde, A (jornal), 284
Tarso, Paulo de, 315, 480
Taunay, Alfredo d'Escragnolle, 135, 160
Taylor, Elizabeth, 115
Teatro Brasileiro de Comédia (TBC), 37, 498
Teixeira, Manuelino, 369
Teixeira, Múcio, 129
Teresa de Lisieux, Santa, 148
Terra é sempre terra, 161
Terra violenta, 160
Tesouro perdido, 145, 355, 494
Tibiriçá, Antônio, 137, 153, 416
Tigre, Bastos, 136
Tiradentes, 136
Tiririca (palhaço), 369
Tocaia no asfalto, 256-7, 266, 279-80, 283
Toda nudez será castigada, 363-4
Todas as mulheres do mundo, 328
Togliatti, Palmiro, 55
Tonacci, Andrea, 26, 357, 359-61
Tonico e Tinoco (dupla musical), 374-5

Tormenta, 144
Trad, Miguel, 126
Tragédia paulista, 126
Transformista original, Uma, 155
Traversa, Alberto, 151, 465
Trem da morte, O, 152
Três cabras de Lampião, 268, 281, 283
Três irmãos, Os, 145
Três justiceiros, Os, 26, 374-6
Trevisan, João Silvério, 26, 357, 365-7
Tribuna, A, 440
Tribuna da Imprensa, 297
Trigueirinho Neto, José Hipólito, 23, 245-6, 250-2, 264-5, 286, 464, 507-8
Triste fim de uma vida de prazeres, 130
Trótski, Leon, 91
Trovão, Lopes, 169
True Heart Susie, 426
Tudo azul, 162
Tullio, Tomás de, 149-50
Turin, Viktor, 427

Ubirajara, 135
Urutau, O, 415

Vadim, Roger, 46
Valadão, Jece, 164
Valadião, o Cratera, 145
Vale dos martírios, O, 143
Valenti, Jack, 206, 208, 210, 502
Vampyr, 427
Vargas, Getúlio, 55, 60, 159, 207, 419, 431, 513
Veneno, 161
Veneno (palhaço caipira), 352
Veneno branco, 154
Venenos sexuales, 417
Ver e ouvir, 329
Vera Cruz, Companhia Cinematográ-

fica, 16, 24, 28, 37, 63-6, 69-70, 80, 82, 93, 99, 103, 160-1, 207-8, 246, 261, 263, 268, 313, 351, 390, 466, 498-9
Verde (revista), 241
Verde, grupo, 241, 356
Verdier, Catherine, 115
Vereda da salvação, 165, 323
Verga, Vittorio, 155
Veritas Film, 136
Vertov, Dziga, 427
Viana, Didi, 417
Viana, Francisco José de Oliveira, 174, 191
Viana, Oduvaldo, 157-8, 464
Viany, Alex, 27, 162, 258, 267, 395, 400, 402n, 403-4, 462-3, 468, 470-6
Vício e beleza, 153
Vida do barão do Rio Branco, A, 127
Vidas secas, 24, 163, 294-7, 320, 510
Vidor, King, 426, 484
Vigo, Jean, 13, 427
Villa-Lobos, Heitor, 421
Vinte e quatro horas de sonho, 160
Viramundo, 323
Visão (revista), 13, 105
Visita ao Brasil, 169
Vita, Borba, 112
Vitorino, Eduardo, 133
Viúva alegre, A, 128
Viuvinha, A, 135
Viúvo alegre, O, 128

Vivo ou morto, 137, 139, 396, 410, 416, 474
"Vontade de crônica sobre o Circo Piolin solidamente armado à praça Marechal Deodoro" (Sales Gomes), 350n
Voz do Carnaval, A, 156-7
Vozes do medo, 26, 377-9

Waisman, David, 323
Wanderley, Eustórgio, 465
Wanderley, Paulo, 155, 162, 415-6
Washington Luís, 55
Webb, Walter, 257
Wedding March, The, 218
Welles, Orson, 232, 244, 262, 430, 449, 500, 508
Wilson, Richard, 262n
Wulfes, Alexandre, 152

Xavier, Ismail, 12

Zampari, Franco, 33, 63, 66, 69-70, 103, 261, 263
Zango, Roberto, 147, 405
Zavattini, Cesare, 484
Zé Bolas e o famoso telegrama nº 9, 127
Zé Trindade (Milton da Silva Bittencourt), 159, 162, 349, 351, 369
Zeballos, Estanislao, 127
Zenaide Andreia, 273
Zézero, 26, 380-2

ESTA OBRA FOI COMPOSTA POR ACOMTE EM MINION E
IMPRESSA PELA GEOGRÁFICA EM OFSETE SOBRE PAPEL PÓLEN
SOFT DA SUZANO PAPEL E CELULOSE PARA A
EDITORA SCHWARCZ EM NOVEMBRO DE 2016

A marca FSC® é a garantia de que a madeira utilizada na fabricação do papel deste livro provém de florestas que foram gerenciadas de maneira ambientalmente correta, socialmente justa e economicamente viável, além de outras fontes de origem controlada.